Auxiliando a humanidade a encontrar a Verdade

DAS TREVAS À LUZ

© 2017 — Leonardo Mamede

Das Trevas à Luz
Matheus
Obra psicografada por
Leonardo Mamede

Todos os direitos desta edição
reservados à
CONHECIMENTO EDITORIAL LTDA.
Rua Prof. Paulo Chaves, 276 - Vila Teixeira Marques
CEP 13480-970 — Limeira — SP
Fone/Fax: 19 3451-5440
www.edconhecimento.com.br
vendas@edconhecimento.com.br
Nos termos da lei que resguarda os direitos autorais,
é proibida a reprodução total ou parcial, de qualquer
forma ou por qualquer meio — eletrônico ou mecânico,
inclusive por processos xerográficos, de fotocópia e de
gravação —, sem permissão, por escrito, do editor.

Projeto gráfico: Sérgio Carvalho
Ilustração da capa: Banco de imagens

ISBN 978-85-7618-421-8 — 1ª Edição - 2017
• Impresso no Brasil • Presita en Brazilo

Produzido no departamento gráfico da
CONHECIMENTO EDITORIAL LTDA
Fone: 19 3451-5440
e-mail: conhecimento@edconhecimento.com.br

Dados Internacionais de Catalogação na Publicação (CIP)
(Câmara Brasileira do Livro, SP, Brasil)

Mamede, Leonardo
Das Trevas à Luz / romance mediúnico psicografado
por Leonardo Mamede ; ditado pelo espírito Matheus –
Limeira, SP: Editora do Conhecimento, 2017.
448 p.

ISBN 978-85-7618-421-8

1. Literatura espírita 2. Obras psicografadas I.
Título II. Espírito (Matheus)

17-1704   CDD – 133.93

Índice para catálogo sistemático:
1. Literatura espírita : Espiritismo 133.93

Pelo espírito Matheus

Das Trevas à Luz

Romance mediúnico psicografado por

Leonardo Mamede

1ª edição
2017

Mesmo na mais profunda escuridão a centelha de luz do amor e da esperança jamais deixará de brilhar no íntimo de cada coração.

Dedico estas humildes páginas a Deus, ao nosso senhor Jesus Cristo, aos queridos amigos do plano espiritual que humildemente e pacientemente nos transmitiram seus ensinamentos, à amada esposa e à querida família.

Sumário

Das Trevas à Luz 11
Prefácio 13
Sublime Remição 15

Parte 1 17
1 - Os sofrimentos do espírito 17
2 - Os Vampirizadores 26
3 – A cidade das Trevas 32
4 – O processo de vinculação 35
5 – O Mestre das Sombras 41
6 – A proposta da Legião 46
7 – O trabalho de atormentação 51
8 – Os missionários das Trevas 56
9 – Em busca dos escolhidos 61
10 – Fraquezas do espírito 69
11 – Próximo do fim 75
12 – Protetores do Além 82
13 – À procura de respostas 89
14 – Sucumbindo ao próprio vício 96
15 – Provações da vida 102
16 – O misterioso amigo 109
17 – A casa de Jezabel 115
18 – Intenções ocultas 121
19 – O julgamento de Buriel 128
20 – O velho Gorki 134
21 – Disposto ao sacrifício 141
22 – O tão esperado reencontro 147
23 – O revoltado obsessor 154
24 – Pendências do espírito 161
25 – A almejada vingança 169
26 – A caminho do calvário 177
27 – Rumo ao purgatório 184

28 – O fogo sagrado.............192
29 – O aguardado perdão.............199
30 – A ascensão de uma centelha............. 207

Parte 2.............217
31 – A nova morada.............217
32 – Verdadeiros sentidos............. 223
33 – Dedicados companheiros............. 230
34 – Os primeiros passos.............237
35 – De braços abertos............. 245
36 – Eterna família............. 252
37 – A escola Frei Augusto............. 260
38 – O grupo da prece.............266
39 – Valiosos ensinamentos.............274
40 – Concluindo o ciclo básico.............281
41 – Os instrumentos do Senhor............. 289
42 – Os novos enfrentamentos............. 296
43 – Abnegáveis Samaritanos............. 304
44 – Bálsamos de Luz.............312
45 – Sopro Divino.............319
46 – Importantes elucidações.............327
47 – Não julgueis o próximo............. 334
48 – Todos somos irmãos.............341
49 – O caminho à felicidade............. 349
50 – Sementes da vida.............357
51 – Crer no poder interior............. 365
52 – Jamais estamos desamparados.............372
53 – Seareiros do Amor.............379
54 – O ventre de Maria.............385
55 – Escolhas e realizações............. 393
56 – O jugo e o fardo.............401
57 – Todos merecem a luz............. 408
58 – O Templo das Orações.............415
59 – Aguardado reencontro.............421
60 – Presente de Deus.............429

Das Trevas à Luz

Não se podem compreender as mudanças sem antes realmente conhecer quais foram as dificuldades envolvidas. Um homem não se torna mau simplesmente da noite para o dia. São as suas escolhas e atitudes que moldam o seu caráter no decorrer de cada existência. Esta obra nos apresenta a história de um rapaz identificado como Matheus, que ao longo dos tempos foi permitindo envolver-se em verdadeira escuridão. Uma criatura cujo ódio, alimentado através das existências físicas, acabou tornando-o alguém capaz de causar ao próximo dor e sofrimento, sem que houvesse em si qualquer sinal de arrependimento ou remorso. Apenas com o intuito de realizar seus desejos de vingança, e desta maneira tentar satisfazer suas necessidades incompreendidas.

Contudo, um dos objetivos desta obra como um todo, não é apenas focar-se somente nesta obscuridade que envolve determinadas criaturas, mas sim procurar remover as pesadas nuvens que cercam àqueles que caem em verdadeiras trevas, e mostrar o que realmente existe por trás da escuridão. Iremos apresentar um pouco do importante e tão caridoso trabalho de auxílio realizado pelas inúmeras correntes de benfeitores espirituais, que tanto se empenham em ascender-nos à meta do amor e da humildade, e também elucidar que qualquer criatura, por mais perdida, cruel e voltada à violência que seja, pode perfeitamente encontrar sua verdadeira luz interior e o caminho à tão almejada felicidade, independentemente de quais tenham sido lá atrás, suas escolhas e atitudes.

Narrada não somente pelo espírito Matheus, mas sim por uma grande equipe de colaboradores do plano espiritual, posso dizer que estes escritos constituem uma simples, humilde e verdadeira lição de esperança e conforto. Demonstrando que para qualquer um, seja este um espírito encarnado ou não, encontrando-se perdido ou revoltado, a luz, o auxílio e o amparo necessários a sua libertação sempre estarão ao seu alcance, apenas esperando por seu próprio arrependimento.

Das Trevas à Luz

Encontraremos aqui como nossas más atitudes verificam-se ser as únicas responsáveis por moldar-nos o caráter e colocar-nos a seguir indeterminadamente por um inevitável caminho tortuoso, até que possamos, através dos ensinamentos de Jesus Cristo, ter reais condições de seguir adiante.

Por isto, estendamos as nossas mãos ao próximo, abstendo-nos dos sentimentos de orgulho, raiva e inveja. Conforme nos descrevem nossos amáveis companheiros do plano espiritual, nós somos todos uma grande e eterna família, unida e abençoada pelo sublime e eterno amor de Deus.

Espírito Balthazar

Prefácio

Posso dizer que, evidentemente, tudo que o leitor encontrar narrado nesta obra foi cuidadosamente planejado anteriormente por aqueles que se incumbiram desta tarefa no plano espiritual, e que, naturalmente, dedicaram-se também a sua transmissão. Este livro, *Das Trevas à Luz*, narra a queda às Trevas, o posterior arrependimento e a regeneração do espírito Matheus.

Arrastado às regiões inferiores do submundo das Trevas, completamente perdido e revoltado com sua situação, Matheus prossegue durante longo período padecendo, como consequência de seus atos, até que é convidado a juntar-se à Legião de Espíritos Inferiores com o objetivo de subjugar mais espíritos ao poder das Trevas. Vendo nisto oportunidade para lançar todo ódio e revolta que possuía contra todos e, principalmente, contra aqueles que considerava os maiores responsáveis por colocá-lo naquela situação, segue rumo ao plano físico junto de seus missionários.

Porém, no transcorrer de sua missão a serviço das Trevas, Matheus descobre que eles não eram os únicos que se encontravam junto às pessoas do plano físico. A existência movida pelos sentimentos de ira e cólera que este conhecia, estava distante dos verdadeiros sentimentos que um dia manifestar-se-ão em todos os filhos de Deus.

Então, após longo percurso, acaba arrependendo-se e consegue compreender, a duras penas, os atos malfazejos que vinha praticando não apenas ao próximo, mas também a si próprio. E isto acaba permitindo-lhe enfim ter a oportunidade de ser resgatado e acolhido em uma das inumeráveis Moradas Espirituais dos planos superiores, dando início a sua verdadeira transformação moral e interior. Ele começa a compreender tudo o que realmente existia por trás daquela vida física que conhecia, e todas as consequências provocadas por suas atitudes.

Através do amparo de seus companheiros, Matheus percebe a verdadeira beleza da vida e como é importante o trabalho de

Das Trevas à Luz 13

amor e dedicação em relação ao próximo. Conhece os sublimes ensinamentos deixados por Jesus Cristo e esforça-se, procurando redimir-se não apenas pelos atos que praticou, mas também junto a todos aqueles que de alguma maneira prejudicou.

Sublime Remição

A cada um é dada a oportunidade de decidir os caminhos que deseja trilhar, pois trazemos intimamente o desejo de conhecer e praticar ações, as quais vão ao longo dos tempos surgindo como nossas verdadeiras necessidades. Nosso querido Pai não faz distinções sobre os recursos que serão oferecidos aos seus filhos. Ele entrega para cada um os mesmos benefícios e as mesmas oportunidades de evolução e resgate. Todos nós tendemos ao Pai, não importando quais sejam as nossas escolhas ou limitações ainda pendentes. O tempo necessário a esta ascensão vincula-se diretamente aos anseios de cada um, variando conforme nos demonstremos mais ou menos dispostos.

Do Pai, cujo amor e paciência não têm limites, provém a entrega de condições para que coexistam regiões onde o resgate ou avanço de cada um possa prosseguir. Regiões estas onde aqueles que sintonizem na mesma faixa possam servir-se daquilo que buscam para si próprios. Desta forma, uma vez que toda criação do Pai é parte do mesmo todo, o progresso de cada um correlaciona-se também com o do outro, mesmo que de maneira indireta.

Nada prossegue sem que haja condições para obtenção e absorção do mínimo esperado com relação ao considerado realmente necessário à evolução de cada um. Tudo segue em constante ascensão e movimento, uma vez que nada retrocede. Uma atitude, mesmo que incompreendida, gera uma reação sobre o estado evolutivo em que, até então, encontravam-se tanto o seu executor quanto aquele que foi alvo de sua ação.

Sendo assim, não importam quais forem os obstáculos que impeçam o livre curso ao progresso de cada ser, pois a continuidade é parte integrante da essência existente dentro de cada fruto da criação. Cabe a nós despirmo-nos do proditório indumento que ornamentamos no decorrer de nossa própria formulação, e aceitarmos de maneira sublime os verdadeiros valores, necessários à tão almejada redenção.

Das Trevas à Luz

Lembremo-nos, assim, que somos tudo aquilo que fazemos com as oportunidades que nos são concedidas, estejamos ensejados na carne ou não. Uma vez que no final, quando chegar o momento de prestarmos as nossas devidas contas, restar-nos-ão somente as atitudes que praticamos e a maneira como as conduzimos no transcorrer da senda evolutiva.

Matheus
São Paulo, 13/10/10

Parte 1

1 - Os sofrimentos do espírito

Os últimos acontecimentos haviam sido muito marcantes e difíceis para todos nós. E para facilitar a compreensão da narrativa a que darei continuidade, recapitulo a seguir, resumidamente, estes importantes fatos.

Ambientada em meados do século XIX e em uma pequena vila no interior do estado de São Paulo, nossa narrativa teve início com o encontro entre o jovem Cláudio e a doce e gentil Elisa.

Cláudio era um rapaz bastante humilde e trabalhador, que cresceu tendo somente a dedicação de sua mãe, a senhora Marta, após seu pai abandoná-los quando então descobriu que a mulher estava grávida. Elisa, moça simples e bondosa, desde o desencarne de sua mãe, a senhora Matilda, o que se deu durante o nascimento de seu irmão mais novo, Pedro, teve de aprender a cuidar deste, além de cuidar seu próprio pai, Júlio, cujo sentimento de revolta devido à perda da esposa o assolava profundamente.

Além da revolta, este sentia também culpa por durante o nascimento de seu filho, ocasião em que sua esposa desencarnara, ao invés de estar com ela, estar com a amante Madalena, a irmã de sua mulher. Tomado por estes sentimentos, Júlio, sem perceber, acaba se interligando a inúmeros espíritos perdidos e sofredores, provocando-lhe assim grande influência espiritual que o faz sentir ainda mais ódio e revolta com a vida e com o próprio Deus. Situação esta que acaba fazendo com que Júlio lance sua revolta contra seu filho Pedro, a quem culpava pela morte da esposa, fazendo com que este fugisse de casa, para desespero de Elisa.

Bastante preocupada e sem saber para onde o irmão pudesse ter fugido, Elisa acaba pedindo auxílio a Cláudio, que ela conhecera havia apenas algumas horas. Sem demora ele começa a ajudar a procurá-lo por todos os lados e acaba encontrando o garoto apenas quando vai até uma cachoeira que possuía a imagem de Nossa

Senhora localizada não muito distante. Este era um local aonde Pedro já tinha ido com sua irmã e também onde o pequeno havia conversado com sua mãe já desencarnada, como ele contava. Por isso havia fugido para lá, pois buscava com sua mãe consolo devido aos constantes maus tratos de seu pai.

E a forma como sua mãe o auxiliaria e a toda a família, seria através de Cláudio, que, desacordado após cair num deslizamento de terra na busca por Pedro, é guiado por seu bondoso benfeitor, o espírito Cássius, para, em desdobramento espiritual, comunicar-se com o espírito de Matilda. Esta, então, pede a ele que a ajude a auxiliar sua família, pois conhecia a triste situação em que o marido se encontrava após seu desencarne, principalmente sofrendo com as influências de espíritos inferiores, e procurava assim evitar que ele caísse ainda mais profundamente em revolta. Após despertar, Cláudio, sem ter consciência da conversa espiritual com Matilda, porém com sua missão inconscientemente interiorizada, encontra Pedro e o leva à irmã.

Após retornar com seu irmão para casa, Elisa, ao encontrar uma antiga carta, descobre que seu pai mantinha um secreto relacionamento com sua própria tia, irmã de Matilda. Muito triste e bastante desconsolada por descobrir tal fato, ela acaba saindo de casa com o irmão, indo assim encontrar amparo junto ao bondoso padre Antônio que os acolhe para ficarem na igreja. Porém, sentindo-se culpada por abandonar o pai sozinho, e graças a seu bondoso coração, Elisa decide ir procurá-lo para lhe pedir perdão e consegue então convencê-lo a acompanhá-la durante um culto na igreja.

Mas o que estes não sabiam era que justamente naquele dia, acompanhando sorrateiramente o culto, estava eu, Matheus, bastante revoltado com a vida. Eu era um rapaz que crescera sem a presença da mãe, e o sentimento de ódio por meu pai, trazido de encarnações passadas, seguia me perturbando profundamente. Sem conseguir me reajustar com meu pai, mesmo este se esforçando para tentar colocar-me no caminho do bem e nos ensinamentos de Jesus, não consegui me desvencilhar dos pesados sentimentos de ira e revolta de minhas antigas encarnações, e acabei então sucumbindo plenamente à escuridão após a morte dele.

Considerando-me alguém que havia sido abandonado por Deus, segui disposto a lançar minha revolta contra tudo e todos, principalmente em relação à igreja. Local este que eu julgava repleto de falsos sentimentos. Por isto eu planejava explodir naquele dia a igreja, com uma considerável quantidade de pólvora que levara comigo. Porém acabei presenciando uma cena que me fez modificar meu plano. Vi Júlio bastante alterado e revoltado, causando uma grande discussão com a filha ao descobrir sobre sua amizade com Cláudio. Pois para ele, aquele era o rapaz que havia feito a cabeça de sua filha quando então esta decidiu sair de casa. Muito alterado, Júlio começa a discutir com todos, inclusive com o próprio padre Antônio, que ao ver o culto ser interrompido daquela maneira, tenta apaziguar a triste situação. Mas bastante transtornado, o pai de Elisa não se controla, começa a gritar e proferir vários xingamentos, inclusive contra o próprio Deus, culminando assim num violento tapa no rosto de sua filha.

Observando atentamente a tudo o que ocorria, acabei vendo em Júlio uma grande oportunidade para melhorar meu plano. Pois descobrir que, assim como eu, havia outra pessoa também revoltada contra Deus, era algo que deveria ser aproveitado.

Após ser expulso da igreja pelos presentes, Júlio acaba se reclusando no meio da mata. Depois de muito procurá-lo, o encontrei e propus que se juntasse a mim em meu plano, o que ele não aceitou de início, obrigando-me a tentar descobrir algo para chantageá-lo, através de sua filha.

Então, escondendo minhas reais intenções, acabei conseguindo fazer amizade com a garota, que nem imaginava o tipo de pessoa com quem estava lidando.

Conforme os dias foram passando e o sentimento de ódio criado por Júlio em relação a Cláudio foi aumentando, e estando ele disposto a não mais permitir que alguém ficasse entre ele e sua filha, Júlio decide então pôr um fim à vida do rapaz. Porém, graças ao amparo dos benfeitores que acompanham o rapaz, principalmente de Cássius, ele consegue sentir os bons conselhos e assim sair ileso das tentativas maléficas de Júlio.

Vendo suas tentativas de dar um fim a Cláudio fracassarem, e como meu maior interesse era conseguir que Júlio me ajudasse com meu plano, acabei o convencendo a me ajudar quando lhe disse que acabaria com a vida dele em troca de sua ajuda.

Das Trevas à Luz

Mas comecei a ter ciúmes dos encontros entre Cláudio e Elisa, pois conforme o tempo foi passando e continuava a me encontrar com ela em busca de obter informações que pudesse utilizar contra Júlio, sem perceber acabei despertando um forte sentimento em relação à garota. Então decidi primeiro conhecer o rapaz e assim descobrir o que a garota via de interessante nele. Logo, sem me dar conta, acabei criando uma certa amizade com ele ao perceber que este era uma boa pessoa. E fiquei bastante surpreso com aqueles sentimentos de amizade que começavam a me invadir.

Os dias passaram e comecei a manter amizade tanto com Cláudio quanto com Elisa, sem que estes soubessem de minhas verdadeiras intenções. Até que, sem conseguir controlar os sentimentos que vinham crescendo em mim em relação à Elisa, decide procurá-la e enfim me abrir. Mas, para minha grande decepção, acabei testemunhando entre ela e Cláudio um apaixonado momento de romance em meio a um campo de rosas.

E então, mesmo com toda a dedicação dirigida a mim pelos espíritos de luz, dentre eles Batlhazar, cujo carinho por mim estendia-se de antigas encarnações, furioso, decidi enfim abandonar completamente qualquer sentimento que não fosse de ódio ou revolta. Pois mais uma vez, ali, sentia-me desiludido com a vida e transtornado com o próprio Deus, crendo ser este o responsável por me fazer passar por aquela decepção.

Tomado por ódio no coração e disposto a me vingar de Elisa por ter ficado com outra pessoa, quando fui procurá-la não consegui me controlar, acabando assim por possuí-la à força. Mas, com receio de retaliações quando descobrissem o que eu havia feito, logo optei por fugir temporariamente da vila em que morávamos.

O tempo passa, e com bastante dificuldade, mas amparados pelos amigos espirituais, Cláudio e Elisa seguem tentando superar juntos o triste fato que havia acontecido. Inclusive sendo ela e seu irmão acolhidos na casa de Cláudio.

Mas, como o sentimento de revolta criado por mim em relação a Cláudio prosseguia, e disposto a me vingar dele por ter se deitado com Elisa, decidi que era hora de retornar para terminar o que havia começado. Após procurar Júlio e enfim convence-lo de que deveríamos nos unir, arquitetamos então uma forma de acabar com a vida de Cláudio atirando-o de um penhasco.

Porém, no momento em que executaríamos nosso plano, graças ao auxílio espiritual daqueles que tanto se dedicaram a auxiliar Júlio a se libertar das amarras dos espíritos inferiores que o influenciavam, e após ele descobrir o que eu havia feito contra sua filha, este consegue enfim abrir os olhos da razão e arrepender-se, evitando assim que eu mesmo eliminasse Cláudio com minhas próprias mãos. E como consequência, acabamos ambos caindo do penhasco do qual iríamos atirá-lo.

E então alguns anos se passaram e quando todos imaginavam que com o sacrifício de Júlio eu havia sido eliminado, eis que, no dia do casamento entre Cláudio e Elisa, surpreendi a todos quando surgi na igreja a fim de vingar-me. Com uma faca em uma das mãos e na outra um saco cheio de pólvora, além do coração ardendo em ódio por tudo o que eu tinha passado, avancei sobre Cláudio, esperando encontrar minha aguardada vingança.

Mas em meio a todo o meu tormento enquanto no altar ameaçava a vida dele com uma faca, fui então surpreendido pela visão de dezenas de criaturas desencarnadas. Criaturas estas que haviam se enlaçado a mim, atraídas por todos aqueles atos infelizes que eu tanto praticara. E imaginando estar louco com aquela horrível cena, acabei sendo vítima de minha própria monstruosidade quando, então, desesperado, corri para fora da igreja, tentando fugir daquelas sombras das trevas, e acabei caindo sobre a faca que eu mesmo carregava, adentrando assim no mundo dos mortos.

As descrições a seguir, tem por objetivo elucidar algumas situações pelas quais passei para que possa ser compreendido o real estado em que me encontrava após perder a vida de encarnado.

Apesar de ter sido um acidente que causara minha morte, posso considerar-me um suicida pela forma como lidei com as atrocidades que cometera contra meus irmãos. Enfurecido e com o coração tomado por ódio, acabei buscando minha própria morte ao fugir da igreja, desembestado e entregue às sombras, carregando a faca, que usaria para matar Cláudio, em mãos. Abreviei minha própria vida por ter-me colocado naquela situação, buscando vingança.

Enganam-se aqueles que pensam ser o ato de abreviar a vida um caminho mais fácil para desfazer-se das tribulações que não se conseguem contornar. Mesmo que de maneira não premeditada, ao

Das Trevas à Luz   21

cometer-se tamanha crueldade para consigo, o indivíduo interrompe de forma violenta um processo que havia sido pré-estabelecido antes mesmo de sua entrada na nova encarnação, e causando assim graves complicações ao espírito.

Após ser arrastado impiedosamente pelos espíritos das sombras durante longo percurso, fui jogado em um lugar completamente diferente do que esperava encontrar após a morte. Quando um indivíduo que foi ruim em vida desencarna, ele é uma espécie de ímã que atrai para si toda a maldade existente a sua volta. Sem seu invólucro físico, ele fica à mercê de diversos desencarnados que circulam pelo plano espiritual e unem-se àqueles cujos atos e pensamentos igualam-se.

Eu era perseguido sem tréguas, a todo instante, por diversos desencarnados que vinham furiosos me atormentar, além de ter permanecido durante um incalculável período em estado de total sofrimento, provocando-me indescritível tormento ao constatar-me preso a um corpo inerte e em decomposição.

Realmente as Trevas eram um lugar terrível. Porém, mesmo neste ambiente inóspito, existem centenas de irmãos, companheiros desencarnados que já atingiram um estágio elevado, dispostos ao auxílio, esperando somente que compreendamos todo o mal que praticamos e que, assim, surja em nós o arrependimento e o real desejo em sermos resgatados. Infelizmente para mim, naquele momento, este auxílio não chegaria tão depressa, pois carregava impregnado em meu ser todo o peso de meus atos e um avassalador desejo de vingança. Peso este, que fui acumulando ao longo de minhas encarnações.

Enquanto nas Trevas eu padecia sob a dor de meus atos, no plano físico, Cláudio e sua amada Elisa comentavam o fato acontecido há algumas semanas, no dia de seu casamento.

— Cláudio, ainda não consigo acreditar que Matheus conseguiu escapar da morte mesmo com o sacrifício de meu pai, e que tenha ficado todo aquele tempo escondido, aguardando somente uma oportunidade para vingar-se.

— É realmente difícil de acreditar, Elisa. Que isto nos sirva de lição, para vermos até onde o ser humano é capaz de chegar. Infelizmente, foi meu querido amigo Alê quem teve de pagar com a vida. Faria qualquer coisa para mudar o que aconteceu. Pobre

Alexandre, além de um grande amigo, ele era uma excelente pessoa que acabou encontrando alguém tão cruel quanto Matheus em seu caminho.

— Não fica assim, Cláudio. Sabe que um dia vocês poderão reencontrar-se. Quem sabe se não era este o destino do Alexandre? Além do mais, pelo menos os pais dele poderão ter um pouco de tranquilidade, se é que podemos dizer assim, sabendo o que realmente aconteceu com o filho. Eu não consigo nem imaginar como deve ser a dor de um pai que perde um filho, ou então como fica a cabeça da pessoa quando algum filho desaparece sem motivos.

— Tem razão, Elisa. Notei que a mãe do Alexandre demonstrou sensível melhora desde que soube o que aconteceu. Lembro-me dos dias que ia à casa deles e via tanto a dona Maria quanto o Sr. Fausto debruçados na janela, esperando o retorno do filho. Tenho rezado bastante para que eles possam sair desta situação. Sei das dificuldades em preencher este vazio que parece nos consumir, mas eles ainda possuem um ao outro, e tem uma vida pela frente. E aposto que o Alexandre também gostaria que os pais voltassem para a vida, e compreendessem que por mais que desejemos, não podemos mudar o passado.

— Fico feliz que você continue indo visitá-los. Sempre esteve tão presente na vida deles quando o Alexandre ainda era vivo, que por menor que seja o conforto que podemos levar, pelo menos assim eles podem matar um pouco da saudade, vendo um amigo que era tão querido por Alexandre – alegra-se Elisa.

— Elisa, eu preciso lhe contar sobre uma coisa estranha que ocorreu. Esses dias eu sonhei com o Matheus e não foi um sonho agradável.

— É mesmo? Mas do que se tratava este sonho, Cláudio?

— Então, lembro que eu estava correndo desesperado por um lugar muito escuro, tinha gente gritando, mas diziam coisas que eu não conseguia compreender. Lembro que cheguei a uma casa muito velha, e que ficava no meio do nada. Era um lugar muito feito, muito desagradável. Então entrei nesse lugar e comecei a observar. Eu estava muito assustado, mas agora não me lembro se eu estava fugindo de alguém ou procurando. Só sei que a mobília da casa era muito velha, cheia de móveis empoeirados e vários quadros espalhados pelas paredes. Não consigo dizer ao certo o que

Das Trevas à Luz   23

havia nos quadros, mas sei que eram de pessoas muito tristes, que pareciam gritar por socorro.

— Ai que coisa mais horrível, Cláudio – espanta-se Elisa.

— E isso não foi o pior. Lembro-me que entrei em um dos quartos, e na hora senti meu coração vir à boca. Tive vontade de gritar, mas as palavras não saíam. Minhas pernas não se mexiam, senti como se estivesse paralisado.

— Que horrível, Cláudio. Mas conta o que foi que você viu de tão horrível assim?

— Eu vi o Matheus, Elisa, ele estava lá dentro do quarto. Estava cheio de marcas pelo corpo. Mas não foi somente isto que me assustou. Ele não estava só, havia umas coisas negras, que mais pareciam sombras, que o estavam rodeando. E cada vez que elas passavam por ele, deixavam uma marca em seu corpo, como se fossem cicatrizes, e dele escorria um líquido negro. Uma coisa muito horrível. Dá medo até de lembrar.

— Coitado, Cláudio. Mas que sonho mais estranho. Você precisa começar a fazer o que faço todas as noites antes de dormir. Eu sempre rezo e agradeço pelo dia que eu tive e peço para ter uma boa noite de sono. Por que não tenta? Comigo sempre funciona. E além do mais, é sempre bom rezar e agradecer a Deus por tudo o que temos em nossa vida, e pedir para que nunca nos falte. Pensa que a oração deve ser feita somente uma vez por dia, é? Devemos rezar sempre, quando acordamos e quando vamos dormir, pelo menos.

— Enquanto Cláudio e Elisa comentavam os acontecimentos ocorridos, no plano espiritual Balthazar seguia até seus superiores para questionar sobre a minha situação nas Trevas.

— Eu lhe agradeço muito por ter-me recebido, senhor Paulo. Como o senhor já deve saber, minha vinda até aqui é por notícias de um irmão desencarnado, o qual venho acompanhando por longo tempo.

— Perfeitamente, Balthazar. Você se refere a Matheus, não é mesmo? Desencarnou após ver seus anseios de vingança não se concretizarem. Mas por que me procura querendo saber seu destino? Você mesmo já conhece esta resposta. Conhece o que ocorre com aqueles como ele, ao deixarem o corpo físico – explica Paulo.

— Sim, o senhor tem razão, eu sei onde ele encontra-se. Mas eu esperava que o senhor pudesse auxiliá-lo de alguma forma.

Seu tormento deve estar sendo insuportável, e acredito que todos merecem piedade.

— Meu querido Balthazar. Você sabe que foi ele mesmo que se colocou naquela situação. Negou todas as oportunidades que lhe foram concedidas, e deixou-se influenciar. Matheus cometeu inúmeros pecados contra todos que cruzaram seu caminho, enquanto deixou-se desviar do plano estabelecido na nova roupagem física. Tinha a oportunidade de resgatar seus débitos, mas não suportou os fardos que lhe acometeram, e veio a cair novamente. Sabe que este é um processo pelo qual ele deve passar, para que possa compreender o que fez.

— Sim, eu sei, senhor Paulo, mas é que...

— Vejo que não é somente por este motivo que veio procurar-me, não é mesmo? Você acabou sentindo-se responsável pelo que ocorreu lá na igreja, não é? Acredita que se tivesse surgido diante dele, talvez ele ainda estivesse vivo?

— E o senhor, sabendo disto, não acredita que fui o responsável? – questiona Balthazar

— Ora, meu amigo. Qual seria a sua responsabilidade? Sabe que nós não devemos interferir no livre arbítrio. Matheus possuía uma condição mediúnica despreparada, e mesmo que fosse você a surgir diante dele, este iria assustar-se e agiria da mesma forma. Por isso peço para que não continue com este sentimento. Você deve permanecer com plenas possibilidades de auxílio. Quero que continue acompanhando-o. Nós sabemos que existem muitos procurando utilizarem-se de Matheus. Caberá a ele decidir se irá aceitar a oferta ou não. Porém não se esqueça de que mesmo nas Trevas existem diversos companheiros nossos que destinam todas as suas energias e dedicam-se incessantemente a auxiliar aqueles que assim desejam. Não devemos pular etapas. Enquanto ele não se depurar e desligar-se daqueles que o acompanham naquela faixa vibracional, ele permanecerá neste constante redemoinho. Tenhamos fé e confiemos na providência divina.

Paulo estava certo, caberia somente a mim encontrar a saída daquele labirinto onde me enfiara. Enquanto não compreendesse tudo de negativo que havia feito comigo e com o próximo, não poderia seguir adiante. Infelizmente ainda carregava pesados grilhões, e as marcas em meu corpo permaneciam intactas.

Das Trevas à Luz

— Ah! Deixem-me, deixem-me em paz, seus monstros. Socorro! Alguém pode ouvir-me? Eu não aguento mais, estou faminto, minha garganta está seca. Preciso de comida. Alguém me ajude! Eu estava desesperado, caminhava sem destino por aquelas cavernas imundas, à procura de algum auxílio. O cheiro era insuportável, minhas narinas ardiam, e meus olhos lacrimejavam. Minha cabeça doía, e meu corpo todo parecia estar em chamas. Não tinha um momento de sossego. Quando menos esperava, aquelas terríveis espíritos inferiores surgiam e começavam a perseguir-me. Sentia cansaço, mas não conseguia relaxar, meu coração batia a fortes passadas, fazendo-me encharcar em suor. Por mais que eu andasse, a paisagem era sempre a mesma, e todos que surgiam só procuravam machucar-me. Parecia estar preso naquele pesadelo.

Perdi qualquer tipo de referência de tempo ou de onde estava. Sentia medo, desejava acordar. Porém assim que fechava os olhos, meu corpo era novamente acometido pelas úlceras que brotavam sobre a minha pele. Eu estava em verdadeiras Trevas.

Havia momentos em que algumas pessoas esticavam-se diante de mim, como se quisessem dizer algo. Cadáveres fixavam seus olhos negros e sem vida em mim, parecendo tentar absorver o pouco de energia que ainda restava-me. Porém logo prosseguiam sem rumo, feito seres irracionais, perdidos e desorientados. A eles parecia nada mais restar daquilo que um dia foram. Quanto a mim, prosseguia sem destino, tentando encontrar uma saída.

Logo em meio a um pequeno vale, notei algo que me chamou a atenção. Corri para ver do que se tratava, mas infelizmente, como num passe de mágica, desapareceu. Esgotado, abriguei-me debaixo de pequena saliência em uma rocha. Foi então que consegui parar por alguns instantes e fechar os olhos, sem que algo me acometesse. Parecia testar sonhando, conseguiria finalmente descansar?

2 - Os Vampirizadores

Ao fechar os olhos, diversas imagens começaram a surgir desgovernadamente em minha cabeça. Momentos pelos que passei em vida cruzavam diante de mim, trazendo recordações, coisas das quais eu já nem me lembrava. Em uma delas, eu via-me ainda jovem, frequentando a igreja, e prostrado parecendo estar em oração. Logo em seguida, eu não pude conter as lágrimas ao ver meu pai contando-me uma história durante os momentos em que eu não conseguia dormir. Tão cuidadoso, sempre permanecia ao meu lado até que dormisse. Perturbado, eu sentia tanta saudade dele. Pois ao seu lado parecia sentir-me seguro.

Quis abraçar meu pai e dizer-lhe o quanto me sentia desesperado, porém antes que eu o tocasse, surgiu uma nova cena. Estava agora diante dele no quarto, ele chorava escondido pela minha mãe falecida. Dizia que sentia muito a sua falta e que queria estar ao seu lado. Porém, seu choro foi então interrompido quando eu ainda jovem entrei em seu quarto e comecei a discutir com ele, dizendo que não queria mais ir à missa, estava cansado. Ele, porém, quis fazer-me compreender os benefícios da oração, mas eu só pensava em descansar, estava agitado, não queria saber de conversa, nem de sermão. Já me considerava grande para decidir minhas vontades. Meu pai continuou a tentar argumentar, mas eu não lhe dava ouvidos, queria ficar sozinho. Ele então, como se compreendesse meu sentimento, resolveu deixar-me só, mas antes de sair disse que era eu quem sabia o que realmente queria.

Desde aquele dia, nós começamos a nos afastar, comecei a ficar mais tempo sozinho do que com ele. Não mais frequentava a igreja, e sempre que ele convidava-me, eu rebatia com alguma grosseria. Aos poucos, fui cegamente começando a achar que meu pai não pensava mais em mim, mesmo quando ele procurava uma aproximação. Estava cego, e não conseguia mais vê-lo. Sentia raiva e muito ódio por tudo aquilo que estava acontecendo. A imagem do pai amoroso agora dava lugar a um homem rancoroso e distante do filho, que acreditava ser crescido o suficiente para não mais receber ordens. A lágrima que escorria tempos atrás agora dava lugar à cara fechada e amargurada.

Logo em seguida, outra imagem fez-me sentir revolta da vida que tive. Vi a jovem Elisa entregue nos braços de Cláudio. Podia ver o amor transbordar através de seus olhos apaixonados. Aquela imagem fez-me odiar o casal. Dentro da minha mente uma chama havia reacendido, e o corpo degradado de outrora agora dava lugar a uma força que se alimentava, cada vez mais, conforme minha ira ia crescendo. E conforme aquelas imagens iam surgindo em minha tela mental, cada vez mais eu ia alterando-me. O medo dava lugar

Das Trevas à Luz   27

ao desejo de vingança. Eu podia ver-me à frente de Cláudio, com minhas mãos em seu pescoço, estrangulando-o.

Também cheguei a ver Elisa, mas apesar de odiá-la, eu queria possuí-la novamente. Ela tentava correr de mim, mas eu a alcançava e, tendo posse da jovem em meus braços, eu satisfazia-me sem piedade, arrancando-lhe gritos de dor e desespero. Um misto de ódio e prazer tomavam conta de meu corpo.

Eu queria mais, porém, antes que me desse conta, outra imagem surgia. Desta vez era do jovem que assassinei. Ele caminhava em minha direção, como se quisesse agarrar-me. Não podia acreditar que o rapaz ainda estivesse vivo e disposto a vingar-se. Tentei acertá-lo com um golpe, mas como se este fosse uma criação da minha mente, meu ataque não surtiu efeito algum. Assustado, quis correr, sair dali o mais rápido possível. Foi então que despertei.

Lá estava eu, ainda preso àquele lugar fétido e de aparência grotesca. Ainda faminto e desorientado, resolvi permanecer ali. Pelo menos tinha a impressão de que onde me encontrava aquelas criaturas não poderiam achar-me. Fiquei ali durante longo tempo, tentando compreender onde eu realmente estava.

O estado em que me encontrava ao desencarnar fazia da morte um choque tão violento que se demora muito tempo para começar a compreender o que realmente aconteceu. Pensava que ainda estava vivo, pois ainda respirava e sentia fome. Aparentava apenas estar em um local diferente, e que tudo que me acometera não passava de um pesadelo. Sem que eu soubesse, eu era o tempo todo observado e controlado para que manifestasse sentimentos que saciassem aqueles que lá se encontravam. Espíritos extremamente inteligentes que povoam as Trevas e utilizam-se de nossos sentimentos para fortalecerem-se.

— Isso, isso, odeie tudo. Você deve ter raiva do que lhe fizeram passar. Ninguém gosta de você, todos o abandonaram – ordenava a criatura conhecida como Silas.

Silas fazia parte de uma Legião de criaturas que povoavam as regiões mais inferiores, alimentando-se e vampirizando aqueles que lá chegavam. Assim como Silas, muitos outros lá permaneciam sugando as energias. Outro que se alimentava de meus fluidos vitais era Fabio. Um estuprador desencarnado há longo tempo, que via em mim os mesmos desejos arrebatadores que possuía pela carne.

Sem que me desse conta, fui cada vez mais manifestando sentimentos que iam interligando-me com aquelas criaturas. Assim como Silas e Fabio, muitos outros desencarnados viam em mim uma fonte para saciar seus anseios por maldade, ainda que eu apenas estivesse recordando atos cruéis que outrora cometi no plano físico, tinham, assim como eu, satisfação na recordação minuciosa deles. Querendo mais, eu entregava-me àquelas emoções, mais eu ia firmando-me naquele círculo vicioso. Em minha mente, imagens trazendo as perversidades praticadas por mim fluíam em um turbilhão enlouquecedor.

Aos poucos, sem que percebesse, pois me encontrava em verdadeiro estado de transe, diversas entidades sugavam-me os fluidos, enquanto, de maneira vertiginosa, eu ia interligando-me a eles e, lentamente, esquecendo o que eu era. Sem esboçar uma única intenção de restringir as imagens, eu fui, aos poucos, começando a sentir prazer com o que via. Estava completamente entregue aos vampiros, e em minha mente os únicos sentimentos eram de ódio, vingança e desejo pela carne. Havia-me vinculado àqueles vampiros de tal forma que via imagens não somente de meus atos, mas também dos praticados por alguns deles.

Enquanto as criaturas desencarnadas continuavam a exercer sua função, os seus superiores ficavam controlando e supervisionando para que tudo procedesse conforme as suas vontades. Criaturas más e extremamente inteligentes que seguiam com este único propósito. Porém, diferentemente da maioria dos que lá caíam, eu possuía algo que eles buscavam muito. Carregava em mim muita maldade, impregnada ao longo das encarnações.

Eles sabiam que eu poderia ser utilizado em um propósito maior. Então, conforme o tempo foi passando e eu ficando envolto naquele complexo sistema, comecei a odiar cada vez mais a minha própria existência. Afastei-me dos benfeitores que tentavam, com sua bondade divina, auxiliar-me, e fui tornando-me um animal arredio, pronto a atacar. O ódio pulsava em minhas veias, e o desejo de vingança fortalecia-me. Queria destruir tudo e todos, inclusive Deus, por ter-me abandonado naquela situação.

Contudo, mesmo fortalecido, ainda continuava sob o domínio dos chamados Dragões, que agiam impiedosamente naquele ambiente, onde mantinham tudo a rédeas curtas. Por isso ainda era

Das Trevas à Luz 29

constantemente açoitado, sem dó nem piedade, para que nunca me esquecesse de onde estava e de quem mandava por ali.

Apesar dos seres inteligentes que existiam naquele lugar, a grande maioria era de desencarnados que não possuíam mais qualquer noção de quem foram ou por que se encontravam naquela situação. Ficaram entregues durante muito tempo, deixando-se dominar por aquela legião de vampirizadores, pois, foi devido aos seus próprios atos realizados, é que foram encaminhados para lá.

Durante a nossa jornada evolutiva, somos o tempo todo confrontados por novas situações e, dependendo da forma como agimos, nós somos moldados. É na crosta onde temos, por misericórdia divina, a possibilidade de atuar como intimamente desejamos.

Dependendo de nossas atitudes, nós vamos alimentando-nos de diferentes tipos de energias. Quando uma pessoa desencarna, ela pode subir ou descer, conforme suas realizações. Com gestos de amor, caridade, afeto, compreensão, o indivíduo vai tornando-se cada vez mais leve, e assim poderá subir. Quanto mais puro e desprendido, mais alto seguirá, até atingir as camadas mais superiores.

Para o inverso, ocorre da mesma forma. Ou seja, quanto mais pesado e carregado de energias negativas, que são os atos praticados contra alguém ou contra si mesmo, mais ele irá descer, até atingir as camadas subcrostais, que são as camadas onde se encontra a chamada "Legião dos Dragões". Seres que não concordam com as Leis de Deus e anseiam por um dia assumir o controle de tudo. Eles possuem diversos subordinados que cumprem rigorosamente as suas ordens, sob severa punição caso não as realizem. Porém o indivíduo que se encontra nestas situações tem a possibilidade de relutar, caso assim o queira de verdade. Mas infelizmente se deixam influenciar de tal forma que acabam sendo levados a este estado, e não encontram mais forças para sair da situação, acreditando, posteriormente, que nada pode ser feito para auxiliá-los, e que foram abandonados à própria sorte.

Era o caso de Tomas, um homem que acreditava lutar por seu país e, em nome deste, realizava diversos atos de crueldade. Um soldado que, um dia, deixara de lado o filho e a esposa, acreditando que fazia a justiça. Dezenas de pessoas sucumbiram pelas suas mãos enquanto ele buscava um reconhecimento que nunca obteria. Com o passar do tempo, foi deixando-se influenciar pelas criaturas que o acompanhavam, até que abandonou por completo qualquer tipo de piedade. Buscava somente a vitória acima de qualquer coisa, e quanto mais sangue derramava, mais próximo dela acreditava estar. Prisioneiros de guerra eram impiedosamente torturados na busca de Tomas por sempre demonstrar lealdade a seu país. Contudo teve sua morte planejada por alguns prisioneiros que se rebelaram. Torturado até a morte, Tomas seguiu direto para as mesmas Trevas que eu, a fim de pagar por seus atos. Desde então, ele seguia sofrendo e vampirizando para saciar suas vontades. Muitos outros seguem no mesmo caminho dele, buscando um reconhecimento infindável por seus atos. Abandonaram Deus e seus ensinamentos, e entregaram-se completamente, ficando à mercê das sombras.

Outro que me vampirizava, por encontrar sentimentos correlativos, era Caio. Um jovem muito ligado ao pai, que o considerava como sendo tudo em sua vida, uma vez que sua mãe falecera quando este nasceu. Acostumado a sempre ter o pai por perto quando precisava, e a não ter que o compartilhar com ninguém, não se conformou quando este desejou casar-se novamente. Caio não aceitava ter que dividir o pai com ninguém, pois não queria ser deixado de lado. Logo no início do romance de seu pai, ele fez de tudo para tentar convencê-lo a desistir. Porém seu pai estava apaixonado, e desejava muito ter uma nova companheira. Mesmo com seu pai explicando a ele que nunca perderia seu amor, Caio não aceitava a ideia de seu pai casar-se. Então, vendo-se acuado, ele secretamente assassinou a esposa de seu pai, para poderem voltar a ficar somente os dois juntos.

Após o assassinato, seu pai ficou completamente arrasado, e não compreendia o porquê daquilo haver acontecido. Caio acreditava que tudo voltaria a ser como antes, mas as autoridades da época acabaram descobrindo que ele havia sido o responsável pelo assassinato. Chocado, seu pai não podia acreditar que o filho fora capaz de realizar tal ato. Após ser preso, Caio ficou entregue à própria sorte, pois seu pai não tinha forças para visitá-lo na prisão. Abandonado, e revoltado por seu pai não ficar a seu lado, Caio, em ato de desespero, acabou enforcando-se para por fim a todo sofrimento que carregava. Levado também diretamente para

Das Trevas à Luz

as mesmas Trevas que eu, Caio foi-se definhando e entregando às influências negativas que, com o passar do tempo, começavam a dominá-lo por completo, e assim tornando-o um vampirizador. Mas vale lembrar que mesmo em ambiente tão inóspito e em uma situação tão degradante, ninguém é abandonado jamais. Valorosos irmãos de luz acompanham-nos, tentando auxiliar-nos da melhor forma possível, aguardando ansiosos para que todos possamos livrar-nos das pesadas energias que nos prendem à situação em que nos colocamos, e se Deus permitir, podermos um dia voltar a ter uma outra chance em uma nova roupagem física.

3 – A cidade das Trevas

Já se haviam passado pouco mais de dois anos desde que eu fora arrastado aquela região, e, sem perceber, fazia algum tempo que eu enfim conseguira livrar-me das amarras que me prendiam ao corpo físico que deixara sem vida. Eram estas que me provocavam no íntimo os pesadelos e assombros de que vinha até então sendo vítima. Não se pode abreviar uma existência sem, com isto, sofrer todas as consequências que uma súbita interrupção provoca.

Seguindo naquela situação, perdi completamente a noção do que era ontem, hoje, ou dos locais por onde já havia caminhado. Algo que parecia tratar-se de um pesadelo sem fim, onde eu tinha a impressão de ir perdendo-me cada vez mais. Sentia muito frio, e a escuridão fazia-me enlouquecer. Não aguentava mais caminhar por entre os penhascos e os vales rochosos. Estranhas aves sobrevoavam-me, como se estivessem apenas esperando que eu desistisse e entregasse-me a elas. Havia muita dificuldade para respirar, e o simples movimento de caminhar já me deixava exausto.

Como eu, podia ver centenas de pessoas vagando de um lado para outro, em busca de abrigo, comida, ou alguma resposta para aquela situação. Eu tentava dialogar com a grande maioria dos que cruzavam o meu caminho, mas eles agiam sempre como animais desesperados, pronunciavam palavras sem sentido, e começavam a gritar como se já não suportassem mais aquela situação. Porém, em uma de minhas investidas, para meu espanto, um homem que se arrastava pelo chão fétido como se estivesse querendo esconder-se, pronunciara pela primeira vez algo que eu podia compreender.

— Fuja, fuja! Corra para a cidade antes que eles venham. Siga pela névoa – suspirava o homem alertando-me.

Ates que eu pudesse obter mais informações, aquelas criaturas que vêm das sombras surgiram e começaram a fazer todos correrem desesperados. Eu, sem perda de tempo, segui a instrução do homem e parti em direção à névoa. Acreditava que ele estivesse louco, porém, já me encontrava desesperado para fugir daquele lugar, e decidi arriscar. A névoa era muito espessa, e poucos se arriscavam adentrar nela, pois além de possuir um cheiro de enxofre que causava uma grande tontura, ela situava-se em um local de difícil acesso. Enormes rachaduras estendiam-se por longo percurso, e o chão era coberto por milhares de pedras de formato pontiagudo que furavam a pele com um simples toque. Como eu já havia sofrido todo tipo de maus-tratos, pouco me importava em enfrentar aqueles obstáculos, precisava encontrar uma saída daquele lugar o mais rápido possível.

Vaguei por incalculável período procurando uma saída daquele tormento, até que, quando estava prestes a desistir de arrastar-me, estranha melodia começou a ecoar através da névoa. Era um som completamente diferente de tudo o que já ouvira antes. Podia sentir a vibração diretamente dentro da minha cabeça. Pensava estar delirando, e relutei em acreditar que algo como aquilo pudesse estar ocorrendo. Contudo percebi que a estranha melodia vinha de algum local próximo de onde eu estava. Então, buscando forças, continuei a arrastar-me em direção à névoa mais alguns metros adentro, e cada vez mais a melodia fazia-se mais audível. Foi então que, finalmente, consegui avistar, não muito longe de onde me encontrava, construções que se estendiam pela névoa adentro.

Havia muito tempo que não sentia tamanha satisfação. Finalmente poderia encontrar algum tipo de civilização e respostas para as tantas perguntas que me atormentavam. Busquei todas as forças que ainda possuía em meu corpo e arrastei-me em busca de abrigo. Conforme eu ia aproximando-me das construções, notava cada vez mais semelhanças com o ambiente que um dia conhecera. Pude observar dezenas de prédios e casas com formatos dos mais variados. Comecei a ouvir também muita conversação, porém não conseguia compreender do que se tratava, e no estado que eu estava, queria apenas algum lugar onde pudesse descansar.

Arrastei-me até uma pequena casa, logo no início da rua, e sem

Das Trevas à Luz

33

pensar duas vezes, entrei. Parecia estar vazia. Possuía uma mobília bem antiga e muito mal cuidada, como se tivesse sido abandonada. Um cheiro de podridão tomava conta de todo o ambiente, dando a entender que havia comida estragada em algum local. Eu estava faminto, mas já não possuía mais força alguma para prosseguir, então desmaiei, exausto, esperando que tudo aquilo não passasse de um pesadelo.

Acordei assustado tempos depois, ao olhar pela janela, e notar uma multidão de pessoas seguindo a algum lugar, como se estivessem procurando alguém. Estavam todos muito exaltados e gritavam várias coisas sem sentido. Tentei esforçar-me para entender o que gritavam, mas de onde eu estava ouvia somente algo como "Juiz".

Após algum tempo, depois da multidão enfurecida ter passado e eu ter-me certificado de que já estavam bem longe, busquei coragem e saí para examinar o ambiente. Agoniado com tudo aquilo, decidi tentar buscar uma saída seguindo sorrateiramente na direção que havia seguido aquela multidão. Talvez existisse algum lugar com melhores condições do que aquele. Contudo, a cada passo que eu dava em direção a onde a multidão seguia, fui percebendo que o ar ficava cada vez mais difícil de respirar. Ofegante e cada vez mais fraco, decidi continuar em frente.

Houve momentos em que pensava em desistir e entregar-me. Porém o ódio que sentia por todos que me colocaram naquela situação era a chama que me movia. Buscava arduamente poder vingar-me.

O que eu não sabia era que já não mais pertencia ao mundo dos encarnados. Acreditava que tudo não passava de um pesadelo, que todos os acontecimentos eram fruto da minha mente, pois como pudera eu ter sido atacado, devorado e estraçalhado tantas vezes e mesmo assim ainda continuar respirando? Ao meu entender, tudo aquilo não passava de alucinação. Havia-me rodeado de uma barreira tão espessa que me impedia de constatar a realidade. Eram muito poucas as memórias de meus últimos momentos no plano físico, restando somente pequenos trechos do casamento de Cláudio e Elisa, o que me enfurecia ainda mais.

Fraco, porém decidido, continuava em frente, buscando uma saída para aquela situação. Mais adiante, notei um pequeno aglomerado de pessoas revirando um monte de lixo. Pareciam estar em busca de alimento. Ao notar que um deles havia encontrado algo que parecia uma fruta, corri em sua direção a fim de desesperadamente me apoderar dela.

Contudo, ao dar a primeira mordida no que parecia ser uma maçã, notei que a fruta estava estragada. Com nojo, comecei a cuspir desesperado, dizendo que aquilo estava completamente podre e que eu precisava era de comida de verdade. Ao ouvir o que eu acabara de pronunciar, o homem de quem eu havia tomado a fruta, para meu espanto, começou a gritar ensandecido:

— Consciente! Consciente! – gritava ele, como se estivesse avisando aos outros sobre algo.

Sem compreender porque agia daquela forma, fiquei estagnado, estranhando o fato. Pouco tempo depois, todos que estavam próximos a mim começaram a gritar a mesma coisa. A gritaria era ensurdecedora e fazia-se ecoar por todo o lugar. Então, como se saídos das paredes, dezenas de homens e mulheres começaram a surgir e cercar-me. Logo notei que se tratava da mesma multidão que eu havia visto antes. Assustado e acuado, tentei fugir.

A multidão, porém, já me havia cercado e não permitiu tal ação. Sem eu ter para onde ir, eles agarraram-me com violência maltratando-me impiedosamente. Foi então que, em ato desesperado, implorei pela vida e pedi para que não me matassem. Imediatamente, eles pararam de surrar-me e começaram a gritar algo como: Charon! Charon! Charon! Enquanto estando eu desacordado, amarraram-me e arrastaram novamente em direção à névoa espessa.

4 – O processo de vinculação

Sem a noção de por quanto tempo fui arrastado, ou quais foram os caminhos que percorremos, acordei tempos depois com os berros e gemidos de dor que vinham do ambiente ao lado de onde eu estava. Ao abrir os olhos, percebi que estava encarcerado em uma pequena cela, cujas paredes eram de estranho material, o qual nunca havia conhecido em vida.

No ambiente havia somente um velho colchão e uma xícara vazia. Sem janelas ou qualquer tipo de abertura, não podia verificar onde exatamente estava. Sabia que se tratava de uma cela devido à imensa grade que me impedia de tomar o estreito corredor à frente.

Das Trevas à Luz

Mais uma vez, podia sentir o cheiro desagradável que parecia tomar conta de todo aquele lugar. Sangrando e com um dos braços quebrado devido ao espancamento sofrido, eu estava completamente assustado. Onde eu estava? Por que haviam feito aquilo comigo? O que era Charon e quem era aquele tal de "Juiz" por quem gritavam? Tantas dúvidas rondavam meu pensamento que sentia estar enlouquecendo. Tentei gritar, pedir por auxílio, porém o ar faltava-me e as palavras pareciam morrer na tentativa. Sem saber o que fazer, deitei amuado no velho colchão, esperando que a morte viesse buscar-me e acabasse de uma vez com todo aquele sofrimento.

No plano físico era 1869, e o jovem casal Cláudio e Elisa, agora com 24 e 22 anos respectivamente, tentava levar uma vida normal e tranquila. Contudo, infelizmente eles já começavam a sofrer com as vibrações negativas que vinham do plano inferior diretamente de minha mente perturbada. Apesar de não estar mais no plano físico, sem que eu soubesse, o meu sentimento de ódio por eles era tão forte e intenso, que conseguia chegar até eles e, mesmo que sutilmente, prejudicar suas vidas. Algumas pequenas discussões começavam do nada, com apenas um olhar que se cruzasse. Felizmente, devido ao grande laço de amor e carinho que eles possuíam e as constantes orações que realizavam, as perturbações logo se dissipavam.

— Desculpe-me, Elisa, não sei onde estava com a cabeça para começar a reclamar por uma coisa tão sem sentido.

— Imagina, Cláudio, eu compreendo que às vezes também faço isto com você. Felizmente o nosso amor é muito maior que tudo isso. O importante é sempre mantermos o hábito da oração. Um lar que mantém as portas abertas para Jesus tende a tornar-se cada vez mais harmonioso.

Felizmente o jovem casal possuía o hábito da oração, e as vibrações negativas emitidas por mim não lhes causavam grandes conflitos. No plano superior o bondoso companheiro Cássius continuava fielmente a zelar pelos passos de seu amigo Cláudio, porém havia iniciado no plano superior um curso voltado ao auxílio e orientação aos companheiros encarnados. Já Balthazar continuava preocupado com minha situação nas Trevas.

— Paulo, devo admitir que nunca imaginei que Matheus pudesse ainda continuar a persistir nos tristes caminhos que vem trilhando. Esta sua última encarnação foi completamente aquém do que eu pressupunha. Ele desviou-se muito do correto trajeto, e tenho receio das consequências que isso possa causar-lhe. Gostaria muito de seguir até as Trevas e poder auxiliá-lo – solicita Balthazar.

— Acalme-se, Balthazar. Lembre-se de que não é só porque caiu em uma região tão inferior, que significa que Matheus tenha sido abandonado. Existem diversos companheiros nossos acompanhando os passos de cada um daqueles que seguem para lá. Neste momento ele é acompanhado pelo irmão Otair, que nos tem informado diariamente sobre cada um dos acontecimentos com Matheus. Após transitar por dois anos pelas regiões trevosas, ele agora se encontra em um local governado por entidades muito astutas e perversas, que criaram suas próprias leis e obrigam seus subordinados a segui-las rigorosamente.

— Entendo...

— Contudo lembre-se também de que Matheus precisa livrar-se destas amarras que ainda o prendem em cova profunda. Enquanto ele não esgotar toda a bagagem negativa que veio adquirindo ao longo dos anos, não poderá prosseguir. Vale ressaltar que cada um busca aquilo com o que mais se identifica, restando a ele próprio decidir por quanto tempo permanecerá nestas condições. Tenha fé, Balthazar, verá que nenhum filho de Deus é desamparado, não importa onde esteja. Os braços do Pai estendem-se por todo o infinito e podem acolher a todos. Peço para que aproveite este período por que Matheus está passando para enviar-lhe vibrações positivas. Somente assim ele poderá compreender que você está próximo dele e que zela por sua recuperação.

Enquanto Balthazar era confortado por Paulo no plano superior, nas Trevas eu ainda permanecia encarcerado, aguardando uma explicação para todo aquele sofrimento.

Eu sentia-me como um animal enjaulado, aguardando o julgamento final. Já fazia alguns meses que estava naquela situação, e o único ser que vira até então era um homem muito estranho, de capuz escuro e vestes que lhe cobriam todo o corpo. Ele vinha às vezes trazer-me um caldo gosmento e de gosto horrível. Sempre que ele surgia, eu tentava dialogar, pedir explicações, porém o homem nem sequer olhava em meu rosto, como se tivesse recebido ordens de não conversar.

Conforme o tempo ia passando, eu revoltava-me cada vez mais.

Das Trevas à Luz 37

Não aguentava mais aquela situação. Afinal por que eu estava preso? Quem havia ordenado me prender? Eu estava enlouquecendo e sabia que precisava de ajuda, pois com o braço quebrado há tanto tempo e sem ter recebido os cuidados devidos, uma necrose já havia tomado conta dele e as dores estavam tornando-se insuportáveis. Queria morrer de tanta dor que sentia. Parecia que só não chegava às vias de fato devido ao caldo nojento que comia com muito esforço.

Outro fato que me incomodava era aquela gritaria toda, queria saber de onde vinha, e por mais que eu esforçasse-me, não conseguia identificar o que gritavam. Parecia um gemido de dor misturado com devaneios de alguém que se não estivesse na mesma situação que eu, estava bem próximo.

Preso e abandonado ali naquela cela, eu podia apenas imaginar quanto tempo passava, tomando por base as vezes que o homem trazia o caldo. A cada dia que passava, eu revoltava-me mais e mais, sentia como se fosse explodir. Odiava tudo e a todos cada vez mais. Sempre que fechava os olhos e via a bela Elisa, logo em seguida surgia a imagem de Cláudio, e isto me enfurecia. Acreditava ser ele o principal causador de minha desgraça e o responsável por Elisa não ter ficado comigo.

— Ah, Elisa, se soubesse o quanto eu te amo. Você sabe que será minha e de mais ninguém. Por que foi que você me traiu? Nós tínhamos tudo para dar certo, mas você preferiu ficar com aquele maldito Cláudio. Por que você fez isso, Elisa, por quê? – questionava eu.

Não aguentava mais estar preso, queria vingar-me de Cláudio e retomar Elisa, porém as dores não me permitam raciocinar direito. Então decidi não esperar mais. A partir daquele instante não mais tomaria aquele caldo e morreria de fome. Os dias foram passando e toda vez que o homem deixava o caldo, eu nem sequer tocava nele. Queria a morte e acreditava que desta forma a conseguiria. Infelizmente eu ainda não compreendia que já estava morto e que deixar de comer naquele momento não me traria morte.

Passado cerca de um mês, eu ainda continuava vivo e cada vez com mais dores. Não entendia por que ainda não tinha morrido, afinal há tempos não ingeria nada.

Notando a minha intenção de não comer mais e desejar a morte, para meu espanto o homem encapuzado emitiu um som pela primeira vez quando viera trazer-me o caldo e eu recusara novamente. Ele riu!

Vendo que ele manifestara uma reação pela primeira vez em meses, eu decidi entonar mais a voz e perguntar com mais firmeza insultando-o para saber o que havia de tão engraçado. Imediatamente ele parou de rir e voltou-se para mim. Parecia ter entendido o que eu perguntava. Então, para meu espanto, ele abaixou o capuz e pude, pela primeira vez, ver seu rosto. Não acreditei no que vi e no que ele fez. Sua cabeça estava envolta em ataduras e seus olhos pareciam de serpentes. Assim que ele abaixou o capuz e voltou-se para mim, eu fiquei completamente paralisado. Podia sentir aumentar o ritmo das batidas de meu coração com o pavor que me tomava conta. Pensava estar sonhando mais uma vez, então fechei os olhos e desejei que ele desaparecesse. Porém o homem fez algo que eu não esperava. Ele chamou-me pelo nome. Com o espanto, arregalei os olhos e desejei ainda mais fortemente que ele desaparecesse. Foi então que ele atravessou as barras da cela onde me encontrava, como se elas nem estivessem ali, e estacou bem diante de mim. Assustado, tentei acuar-me no canto da cela, mas ao virar-me de costas para ele, imediatamente o homem surgiu atrás de mim e agarrou-me pelo pescoço.

— O que foi, perdeu a coragem? – perguntou ele.

Sem conseguir produzir uma única palavra, pois estava quase sufocando, apenas me sacudia.

— Preste atenção, Matheus, pois eu irei falar somente uma única vez. Você já está aqui há tanto tempo, e ainda não percebeu? Ainda acredita que é tudo um pesadelo e que mais cedo ou mais tarde irá acordar? Pobre criatura, achando que deixando de comer irá morrer? Saiba que para você esta opção já não existe mais. Agora você é nosso. Foi você quem nos procurou. E saiba que nunca abandonamos aqueles quem vêm atrás de nós. Principalmente os que desencarnaram, como você.

— O que? Como eu? – disse.

Afinal do que ele estava falando? Como eu poderia ter desencarnado se ainda sentia meu corpo e podia respirar? Pensava eu.

Então, imediatamente, ele fez surgir em minha própria mente as imagens dos últimos acontecimentos que tive em vida. Pude ver-me claramente adentrando a igreja a fim de tentar interromper o casamento de Cláudio e Elisa. Eu parecia estar transtornado e dominado pelo ódio. A gritaria foi geral quando eu saquei uma

Das Trevas à Luz   39

faca e ameacei o noivo, dizendo que iria vingar-me dele. Logo em seguida, eu corri em sua direção para acabar com sua vida, mas estranhamente estagnei.

Vale ressaltar que a imagem das criaturas surgindo diante de mim quando estava indo em direção a Cláudio não apareceu. Então, por fim, comecei a gritar e gesticular como se estivesse falando com alguém. E depois me vi correr para fora da igreja, dizendo que eles não iriam pegar-me. Então, de posse da faca que utilizaria para matar Cláudio, acabei caindo sobre ela e fincando-a em meu próprio peito. Eu não pude acreditar no que estava vendo. Afinal eu me havia suicidado, de certa forma. O choque foi tamanho que por alguns segundos até parei de respirar, imaginando que aquilo não mais seria necessário. Foi então que o homem soltou-me e permitiu que eu debruçasse-me sobre o chão. A sensação de perda foi tamanha que não podia explicar como me sentia.

— Finalmente você compreendeu que não adianta um morto desejar a morte. Não se lamente, pois este não é um lugar para isto. Você foi trazido aqui com um propósito. Muitos que aqui chegam não conseguem suportar e acabam enlouquecendo antes mesmo de recordarem-se do que aconteceu. Às centenas, eles só rumam nesta direção como pedras afundando. São como animais seguindo somente o extinto de sobrevivência. Não aceitam o estado em que se encontram, e acabam permanecendo ligados ao plano dos vivos. Somente assim, perto daquilo que conheciam, é que se sentem ainda vivos. São poucos como você que conseguem chegar até aqui com este grau de lucidez – explicou o homem, e prosseguiu.

— E é graças ao ódio que carrega dentro de si e a estas marcas esculpidas ao longo do tempo em seu corpo, que você ainda não se juntou a eles – disse ele, passando a mão sobre mim, revelando enormes manchas negras que começaram a aparecer em meu corpo, como se fossem marcas cicatrizadas das maldades que cometi em vida.

— Como vê,– concluía ele – não adianta fugir, o seu destino é unir-se a nós. Há tempos meus senhores vêm esperando por este momento. Por isso você está sendo alimentado e mantido aqui. Venha, junte-se a nós. É só dizer "aceito", e então nós poderemos oferecer-lhe tudo. Ao nosso lado, você poderá vingar-se daqueles que você tanto odeia. Terá a chance de conseguir tudo o que sempre desejou. Permita que este ódio que o sufoca manifeste-se, e você possa ser o que realmente é. Contudo, pense bem, pois esta não é exatamente uma proposta. Mas lembre-se: se quiser ser aquilo que realmente é, basta você dizer "eu aceito". Eu voltarei em três dias para saber qual é a sua resposta.

O estranho homem saiu, então, de cena, e deixou-me ali na cela, pensando em tudo aquilo que eu havia descoberto e o que ele propusera. Infelizmente mal sabia eu que se aceitasse aquela proposta estaria entregando-me de bandeja nas mãos daquelas criaturas, e caindo ainda mais. Confesso que não sabia o que fazer. O que me aconteceria se recusasse a proposta? E se eu aceitasse, seria liberto e poderia realmente me vingar? Sem alternativa, cabia-me agora esperar.

5 – O Mestre das Sombras

O tempo nunca havia passado tão depressa desde que eu caíra em estranho lugar. A pouco menos de algumas horas para expressar minha decisão, eu ainda me encontrava completamente confuso com tudo aquilo. Não aceitava o fato de ter morrido, principalmente por ainda estar respirando e sentindo fome. Afinal de contas, onde estava o Céu de que tanto ouvira dizer? Confesso que mesmo tendo praticado atos tão terríveis, ao meu ver aquilo ainda não seria motivo para deixar de ir para o Céu. Mal sabia eu que estava muito mais distante do que imaginava.

Sentia-me atordoado com tudo aquilo. Queria voltar, reencontrar minha Elisa e saciar minhas vontades. Não aguentava mais aquela situação. Então, como se algo me empurrasse e fizesse querer ficar de pé, de súbito ergui a cabeça e abri meus olhos. Senti algo acontecer dentro de mim. Um calor indescritível começou a tomar conta do meu corpo, seguido de uma forte dor de cabeça que parecia fazê-la querer explodir. Então, tomado por aquela estranha sensação, gritei. Gritei como nunca antes. Pude fazer-me ouvir de muito longe. Cheguei a ter a impressão de que todo o lugar estremecia com meu grito. Estava tomado por estranha força, que parecia brotar de dentro de mim. Comecei a sentir-me como se estivesse mais pesado. Fazia agora muito mais esforço para manter-me de pé, porém, quanto mais força eu fazia, mais pesado eu sentia-me. Meus olhos também começaram a incomodar, sentia uma ardência seguida de uma forte

Das Trevas à Luz
41

coceira que me fazia querer arrancá-los.

Percebi, então, que a iluminação vinda das tochas que se situavam no corredor em frente às celas começava a irritar-me. Prostrado de costas, via as manchas que se espalhavam pelo meu corpo começarem a ganhar estranha densidade. Instantes depois começaram a duplicar de tamanho e expandirem-se por todo o meu corpo. Quanto mais eu gritava, mais elas expandiam-se. E em pouco tempo tomaram conta de todo meu ser.

Então imagens começaram a surgir em minha mente. Primeiro foi Júlio, pai de Elisa, depois o padre Antônio, e, por fim, a imagem de Cláudio. Nunca sentira tanto ódio em minha vida. Queria destruí-los, fazer-lhes pagar por todo o meu sofrimento, por tudo o que tomaram de mim. Comecei então a salivar de tanta ira que estava sentindo. Tomado pelo ódio e desejo de vingança, esmurrei o chão, desejando que ali estivessem aquelas pessoas. Eu estava completamente entregue àquela situação, àquele estado.

Foi quando, como se soubesse que finalmente a hora havia chegado, virei-me e vi o homem com olhos de serpente parado bem em frente à cela. Antes mesmo que ele pudesse perguntar qual era a minha resposta, eu respondi. Busquei toda a força que havia dentro de mim e gritei, enfurecido:

— Aceitoooo!

— Então, sem que ele pronunciasse uma única palavra, as grades que me privavam simplesmente se dissolveram. Pude, por alguns instantes, ver um rápido sorriso em seu rosto. Levantando ele a destra em minha direção, comecei a voltar ao normal, e em poucos instantes o ser em que eu tornara-me desapareceu e deu novamente lugar ao velho Matheus. Contudo, já não mais me encontrava fraco e faminto, tão pouco com o braço quebrado. Porém ainda podia sentir a fúria dentro de mim. Então, como se não mais quisesse perder tempo, ele ordenou que o seguisse.

Estávamos agora caminhando através dos corredores estreitos que ladeavam centenas de celas. Dentro delas pude ver diversas criaturas debatendo-se e gritando, em estados iguais ou piores do que o meu. Poucos ainda se pareciam com humanos, a maioria havia-se transformado, assim como eu, em seres odiosos e revoltados. Sem que eles pudessem ver-nos, continuávamos a caminhar, cada vez mais ao obscuro.

Sentia como se a cada passo que déssemos, descêssemos cada vez mais. Sem mais me preocupar com as cenas que via, como se não mais ligasse para qualquer um, continuava somente a caminhar. Tempos depois, após atravessar os corredores, estávamos agora atravessando enorme ponte que interligava as celas à enorme muralha. Abaixo de nós, um enorme abismo que parecia não possuir fim. Acima, uma completa escuridão. A única iluminação agora provinha de estranho objeto que o guia carregava em seu pescoço. Conforme íamos seguindo sobre aquela ponte e chegando próximos à muralha, pude perceber a grandiosidade daquela obra. As elevadas muralhas perdiam-se na imensidão, dando a impressão de ser uma enorme fortaleza. Assim que nos aproximamos do que pareciam ser os portões de entrada, meu guia fez um pequeno gesto com a mão, e imediatamente uma abertura começou a surgir diante de nós. Ao atravessarmos as muralhas, uma luz verde fazia-se presente por todo o lugar, e pude observar enormes construções dispostas em formação um tanto curiosa. Porém, sem que pudesse analisar com mais calma o local, meu guia continuou a caminhar.

Estávamos em um corredor, seguindo em direção à enorme estrutura localizada às proximidades do que parecia ser a construção mais elevada do local. Aos poucos pude ver que centenas de entidades surgiam de um lado para outro, como se estivessem ocupadas com seus afazeres. Eu, no entanto, estava tão focado nos meus sentimentos de ódio e vingança, como se estivesse sendo induzido a permanecer naquele estado, que nem me preocupava com o que acontecia ao meu redor.

Assim que chegamos à estrutura, um indivíduo de vestimenta elegante veio receber-nos. Como se estivessem conversando por sinais, ele e meu guia gesticulavam e apontavam para mim. Logo em seguida, como se tivessem acertado algo, meu guia fez um gesto e partiu, deixando-me ali, diante daquele homem, que me media de cima a baixo. Parecia analisar-me, como se quisesse encontrar algo.

Passados alguns instantes, o sujeito, com voz calma e suave, disse:

— Venha, encontrar-nos-emos com Severus, ele é o responsável por encaminhar os que decidem unir-se à Legião.

Após adentramos à enorme estrutura notei que o ambiente interno era muito bem decorado, uma mobília que parecia ser

Das Trevas à Luz   43

das épocas dos reis e rainhas espalhava-se por todo o lugar. Um tapete roxo com detalhes em dourado recebia os recém-chegados. Uma melodia bem suave reinava por todo o lugar. Durante o nosso trajeto, deparei-me com dezenas de entidades que pareciam ser empregados. Todos também muito bem vestidos, seguiam por todos os lados, sem se importar com a nossa presença. Um pouco mais adiante, comecei a sentir o cheiro de comida. Um cheiro tão agradável como não sentia havia tempos. E como se notasse a minha curiosidade de saber de onde provinha aquele cheiro maravilhoso, Proteros tratou logo de esclarecer:

— Não se espante, meu caro Matheus, todos os convidados de Severus são sempre muito bem recebidos. Verá que cuidamos muito bem daqueles que decidem unir-se a nós.

Eu no entanto, apesar do leve momento de descontrole devido ao cheiro da comida, tratei logo de focar-me em meus objetivos. Apesar da fome e de todo o sofrimento que passei até aquele momento, eu estava completamente focado em vingar-me dos que me colocaram naquela situação. Se existia uma oportunidade de saciar o meu ódio, eu pretendia agarrá-la a qualquer custo. Mais alguns passos adiante e finalmente parecíamos ter chegado.

Assim que as portas abriram-se, confesso que não acreditei no que vi: um enorme salão com uma decoração que parecia ser banhada a ouro. Paredes que lembravam um santuário completavam o ambiente. No teto pude constatar dezenas de pinturas que pareciam estar vivas. Ao centro, uma enorme mesa com um banquete maravilhoso, e, sentado à extremidade, como se já nos aguardasse, estava um senhor com pouco mais de meia idade, já com seus cabelos grisalhos. Assim que nos avistou, sorriu e logo em seguida ficou de pé e dirigiu-se a nós. Pude notar que possuía uma estatura elevada, mas à medida que se aproximava de nós, ia ficando da nossa estatura. De braços abertos e com um sorriso no rosto, ele abraçou-me fraternalmente, e disse:

— Que bom que tenha chegado, Matheus. Tenho-o aguardado há algum tempo. Houve algumas dificuldades, mas finalmente você chegou. Venha, sente-se. Ordenei que preparassem este banquete especialmente para você.

Devo admitir que esta não era a cena que esperava encontrar. Eu estava cheio de ódio em meu coração e ansiava por vingança.

Esperava encontrar um homem impiedoso, de voz firme e poucas palavras, no entanto estava diante de um senhor calmo e amoroso, que me tratava como a um filho.

— Não se assuste, Matheus, sei que não sou o que esperava encontrar, mas o poder de liderança não está na aparência, e sim na capacidade de persuasão que se tem. Mas venha, em breve você será informado sobre tudo, agora quero que se alimente, posso ver que está faminto.

Ele tinha razão, o cheiro que provinha daquela mesa parecia chamar-me. Além do mais, havia algo naquele homem que exercia certa indução sobre minha mente, pois antes que me desse conta, já estava sentado, apreciando o banquete.

Conforme eu alimentava-me, ia tendo uma sensação cada vez mais agradável, enquanto o homem apenas me olhava carinhosamente, sem pronunciar uma única palavra. Parecia não querer interromper todo o prazer que eu estava tendo. Então, assim que me havia dado por satisfeito, ele tornou a sorrir e questionou-me se gostaria de repousar um pouco. Eu queria logo tratar de negócios, porém sentia que realmente precisava de um repouso. Estava completamente exausto com a refeição, e meu corpo parecia implorar por um descanso. Sem que eu esboçasse qualquer comentário, ele logo ordenou a uma bela moça que me encaminhasse para um dos aposentos, onde eu poderia descansar. A moça tocou delicadamente em minha mão e solicitou então que a acompanhasse.

Ao chegar ao quarto, fiquei admirado com o que vi. Um ambiente todo decorado com cores que pareciam convidar o hóspede ao cochilo. No quarto, uma enorme cama coberta com lençóis macios e muito bem perfumados completavam o clima. Eu parecia sentir um desejo incontrolável de deitar-me naquela cama, era algo que não podia recusar. Então, sem perda de tempo, segui em direção à cama e deitei-me. Nunca havia experimentado tanto conforto. Em poucos instantes, estava completamente "apagado". Devo admitir que me sentia como se realmente estivesse no paraíso. Perdi a noção de quanto tempo permaneci ali, dormindo.

Quando despertei, a bela moça que me havia trazido ao quarto estava ao lado da cama, a fitar-me. Sem dizer uma única palavra, ela beijou-me e em seguida despiu-se. Jovem, de corpo escultural, a moça estava disposta a entregar-se a mim. Ela levantou suavemente

Das Trevas à Luz 45

o lençol, e então vi que eu também estava completamente nu. Assim que a jovem deitou-se ao meu lado, eu senti meu coração disparar, e uma sensação de calor começou a tomar-me. Inexplicavelmente, um enorme desejo de possuí-la tomou conta de mim. Podia sentir claramente a respiração da jovem e o calor que exalava de seu corpo. Eu estava completamente imóvel com a situação, o controle e a razão pareciam querer abandonar-me. Foi então que, para meu espanto, surgiu em minha mente a imagem de Elisa, e imediatamente voltei a mim e saltei da cama.

— Não posso. Desculpe-me, moça, mas eu não posso fazer isso – disse.

Apesar de tudo o que havia acontecido, eu amava Elisa, e algo dentro de mim impedia-me de fazer aquilo. Era um misto de ódio e desejo que eu sentia por ela, e não descansaria enquanto não a tivesse novamente em meus braços.

A moça então se vestiu e saiu do quarto. Logo em seguida, surgiu Proteros e ordenou que o acompanhasse.

6 – A proposta da Legião

Proteros desta vez estava diferente. Não mais trazia estampado no rosto o sorriso do dia anterior. Mantinha um semblante austero e de poucos amigos. Pensava eu ter algo a ver com a renúncia à bela moça.

Apressado, o sujeito seguia a passos largos, sem se preocupar se eu o estava acompanhando. Percorríamos extenso corredor ladeado por diversas molduras, as quais pareciam expressar grande tristeza. Cobrindo o chão, um tapete em tom escuro direcionava-nos ao caminho. Mais alguns metros à frente, finalmente estávamos diante de enorme porta de ferro.

Assim que adentramos, observei que no ambiente uma estranha vibração fazia-se presente. No centro havia uma enorme fonte de onde escorria líquido viscoso. Ao redor da fonte, contei três entidades com o corpo coberto por um manto, e à sua frente seguravam um estranho elmo de formato curioso. Atrás das entidades, sentado em algo que lembrava um trono, estava o senhor que me tratara tão bem, Severus. Porém agora continha no rosto uma imagem completamente modificada, fazendo entender que o assunto ali era algo realmente sério. Então Severus, como um julgador, ergueu a destra, e imediatamente a a estranha vibração cessou, dando início a uma série de questionamentos.

— Matheus, ao longo de milhares de anos muitos têm-se unido ao nosso propósito, com o intuito de atingirmos os mesmos objetivos. Os de levar o ódio e o caos a todos aqueles que creem no Cordeiro como sendo o Salvador. Há muitos anos, O Primeiro tentou estabelecer aquilo que lhe era de direito e, no entanto, foi cerrado e encaminhado a permanecer aguardando até que nova oportunidade surja. Aguardamos confiantes que este momento não tardará a chegar. Porém continuamos fielmente a trilhar os caminhos a que ele deu início, preparando os planos para seu retorno. A cada instante, dezenas têm vindo até nós, procurando aquilo de que lhes privaram. É nosso dever garantir que possam resgatar estas ações e assim contribuir para o fortalecimento da Legião.

— Matheus, – prosseguiu ele – você mostrou-nos que carrega consigo as marcas que a maioria traz. No entanto não é somente o desejo de vingança, você possui forte ligação com uma jovem, e este sentimento pode afetar o trabalho que ofertaremos a você. Está realmente disposto a unir-se a nós, com o intuito de levar o caos, mesmo que para isto tenha de abandonar este sentimento?

Severus tinha razão, se eu não tive direito de conseguir o que almejava, por que eles haveriam de ter?

Desde o meu nascimento, já sentia que aquele não era o mundo que eu queria. Cheio de regras e falsas ilusões. Nunca me senti bem por ter de suportar uma existência que parecia não ter sentido. Mesmo durante o período em que ainda tinha meu pai, sentia este asco, este repúdio. Estranhamente, só me senti mais completo quando conheci Elisa. Ela possuía algo que me estimulava, que me embriagava. Como agora simplesmente abandonar este sentimento e seguir adiante? Eu queria Elisa, mas também queria vingança. O que eu deveria fazer?

Então, como se algo me impulsionasse, reuni todo o ódio que possuía dentro de mim e, mesmo na dúvida, respondi:

— Aceito! Sim, eu quero poder vingar-me e destruir esta falsa ilusão que existe. Farei o que for necessário para atingir este objetivo!

Eu estava disposto a enfrentar as consequências, somente pela

Das Trevas à Luz 47

oportunidade de vingar-me de todos, principalmente de Cláudio. Ele era o meu principal alvo, e faria de tudo para prejudicá-lo. Então, finalmente aquele turbilhão onde eu encontrava-me até o meu desencarne, parecia estar sendo compreendido. Levei muito tempo para conseguir compreender o que era aquilo que me incomodava. E enfim poderia fazer algo com relação aos que me privaram de uma vida plena.

Após compreender que eu realmente estava disposto a arcar com qualquer preço, Severus tomou um cálice em suas mãos e mergulhou-o na fonte, coletando o líquido que brotava. Levantou-o e disse:

— Todo aquele que beber o sangue do Primeiro, junta-se a uma enorme Legião de companheiros espalhados por todos os cantos. Ontem éramos somente um, mas hoje nós somos milhões... milhões em busca de um mesmo propósito: resgatar o que é nosso por direito. Venha, Matheus, beba em sinal de sua lealdade e servidão.

Tomei o cálice e, sem pensar no que aquilo realmente significava, respirei fundo e então bebi o chamado "sangue do Primeiro".

Imediatamente, as três entidades começaram a emitir irritante som que parecia ecoar diretamente em minha cabeça. Comecei logo a sentir um calor insuportável, seguido de uma grande dormência. Tentei respirar, porém o ar parecia não conseguir chegar aos meus pulmões. Comecei a ficar desesperado e então desfaleci.

Infelizmente não conseguirei descrever o período que se seguiu após ter bebido aquele sangue, uma vez que depois de ter aceitado fazer parte da Legião, fui encaminhado diretamente ao Templo de Beilial, onde iria passar por um processo de vinculação. Este é um local onde o processo utilizado para estabelecer-se a vinculação é recluso e privado.

Submerso em camadas profundas da crosta e nas proximidades de uma das cidades das Trevas, esta enorme fortaleza, chamada Charon, – ou como alguns dizem, Kharon – fora criada há centenas de anos com um único propósito, o de agrupar todos os desencarnados que possuem um certo grau de consciência e conectam-se com o mesmo objetivo.

Diferentemente das regiões purgatórias, onde os espíritos, em sua maioria, estão perdidos, nas Trevas, a grande maioria possui uma consciência totalmente voltada para os atos que visam a desestabilizar a harmonia nos planos, sendo o plano físico seu principal alvo. Com o formato de um heptágono, a fortaleza possui sete pontas em homenagem aos sete príncipes das Trevas. E em cada extremidade situa-se uma ala encarregada de um determinado tipo de trabalho. Sendo elas as alas, norte, leste, oeste, nordeste, noroeste, sudeste e sudoeste. Cada ala agrupa várias divisões, e vale ressaltar também que cada um dos líderes possui entidades que os auxiliam no gerenciamento dos trabalhos. Contudo a fortaleza de Charon não possui um único regente, e sim sete responsáveis por coordenar os trabalhos distintos.

Apesar desta distribuição, pode-se considerar que havia alguém chamado Hórcus que seria uma espécie de olhos das Trevas, pois partia dele a decisão de solicitar ou cancelar determinada investida por parte das alas. Tal afirmação gerou enorme conflito interno durante o início dos trabalhos, pois os demais líderes não aceitavam que existisse alguém com a responsabilidade de supervisionar seus trabalhos. O conflito perdurou por algum tempo, até que foi necessária a investida de Beilial para que a ordem fosse restabelecida. De qualquer forma, os líderes ainda não aceitam plenamente a supervisão de Hórcus, porém o toleram com receio de severas retaliações.

Mal podia imaginar haver tamanha estrutura e organização em um local como aquele. Centenas de desencarnados unidos com um único propósito: o de levar caos e discórdia através de todos os meios possíveis, somente pelo prazer de prejudicar os seus semelhantes.

O nome "Charon" foi dado em homenagem ao barqueiro, também conhecido como Caronte, que transportava as almas dos mortos para o outro mundo. Por situar-se em uma região de transição, a fortaleza está localizada no limiar entre o plano físico e as regiões mais trevosas, logo abaixo da crosta.

O intuito de eu ter sido encaminhando ao Templo de Beilial era que, através do processo de vinculação, eu dissolvesse todo o resquício que pudesse prejudicar o trabalho que eu realizaria, além de provocar a manifestação de minha forma mais perversa, que estivera enclausurada durante longo período e seria o veículo que deveria utilizar dali em diante.

Enquanto eu entregava-me aos domínios das Trevas, o compa-

Das Trevas à Luz   49

nheiro Otair, responsável por levar informações sobre mim ao plano superior, procurava transmitir todos os detalhes acompanhados.

— Senhor Paulo, conforme solicitado, trago as últimas informações sobre Matheus, que não são nada animadoras – salientou Otair.

— Por favor, Otair, pode prosseguir. Solicitei que Balthazar também estivesse aqui conosco, porque ele tem forte vínculo com Matheus – explicou Paulo.

— Pois não, senhor. Tenho acompanhado de perto Matheus, e após ter passado por longo período nas regiões trevosas em um completo estado de perturbação, ele foi encaminhado a um local chamado de fortaleza de Charon, uma das inúmeras organizações maléficas existentes nestas regiões.

— Charon! Conheço... é uma das regiões mais infestadas de criaturas extremamente obcecadas pelo poder. Há centenas de anos nós estamos acompanhando suas investidas – atentou Paulo.

— Perdoe-me a interrupção, mas nunca imaginei que Matheus pudesse seguir a um local como esse. Tenho-o acompanhado por muito tempo, sei das suas dificuldades, mas sempre acreditei que fosse somente uma etapa em sua jornada – espantou-se Balthazar.

— Compreendo as suas dificuldades em crer que Matheus pudesse ter rumado para lá, porém não se esqueça de que ele foi adquirindo pesada bagagem nociva durante todo este tempo. Matheus foi encaminhando-se para um processo degenerativo, e as marcas de seus atos criminosos foram-se expandindo em uma velocidade muito elevada. Mas por favor, prossiga, Otair – solicitou Paulo.

— Pois não... Matheus neste momento está passando pelo processo de vinculação. Ele aceitou a proposta de unir-se às Trevas e vingar-se daqueles que ele acredita que de alguma forma o encaminharam àquela condição – explica Otair.

Balthazar custava a acreditar que seu companheiro pudesse chegar a tal ponto. Como permitiu que chegasse àquele ponto? Por mais que se questionasse, não conseguia encontrar motivos para eu vincular-me a terríveis criaturas. No fundo, Balthazar considerava-me como a um filho que se havia desviado dos caminhos do bem, e encontrava-se completamente perdido. Conhecia claramente minhas dificuldades, porém, como um pai zeloso, Balthazar nunca perdera a esperança de que um dia eu fosse compreender as palavras de Jesus.

Infelizmente, conforme o tempo foi passando, eu fui acumulando a revolta que trazia e fechando de vez as portas abertas que Balthazar mantinha com a esperança de que eu encontrasse o caminho do bem. Restava agora desejar que seu querido companheiro não permitisse que a pequena centelha de luz, que lutava para não desaparecer de seu interior, fosse enfim consumida.

7 – O trabalho de atormentação

Finalmente o processo de vinculação havia sido concluído, e depois de passar quase um ano no Templo de Beilial, eu estava pronto para iniciar meu preparo junto a uma das equipes de atormentadores. Fora acompanhado de perto por Buriel, pois suas intenções eram para que eu fosse o chefe de uma de suas novas equipes.

Existem centenas de Legiões espalhadas por todas as regiões, e cada uma delas possui centenas de equipes atuando nas mais diferentes áreas, tanto na crosta quanto nos outros planos. Após três anos desde que desencarnei, agora eu iria iniciar uma espécie de treinamento junto a algumas entidades, para que compreendesse os mecanismos que se faziam necessários para realização dos trabalhos.

Durante o período em que permaneci no Templo de Beilial, que é uma espécie de câmara onde se faz despertar por completo o lado obscuro que alguns possuem, eu fui deixando-me ser completamente dominado pelos sentimentos destrutivos e impuros que trazia comigo. Pensava somente no ódio, na vingança e no desejo de praticar a maldade em todos os seus aspectos. Vale ressaltar que aqueles que se encontram encarnados são influenciados constantemente pelos que estão nas regiões de purgação, pelos que se encontram presos ao plano físico e por aqueles que caíram nas regiões de trevas, como era o meu caso. Cada região exerce uma influência e um grau de manifestação diferente. Por isso não podemos comparar aqueles que praticam tais atos por pura ignorância com os que o fazem intencionalmente, com o propósito de causar a desordem.

O ano era 1870 e o jovem casal Cláudio e Elisa começava a sentir cada vez mais fortemente minhas emanações de vingança.

— Oi, meu amor, já cheguei – diz Cláudio, ao retornar do trabalho nas plantações.

Elisa, porém, continua com seus afazeres e nem retribui o cari-

Das Trevas à Luz   51

nho do companheiro.

— Ih! O que é que foi? Aconteceu algo para estar aí com esta cara? – questiona Cláudio.

— Não foi nada, só estou cansada – responde ela, em tom de irritação.

— Coitada, não havia reparado. Por acaso você gostaria de sair para relaxar um pouco? Vamos aproveitar que o sol ainda não se pôs. O que acha?

— Não quero. Já disse que estou cansada! – esbraveja ela – Além do mais, sua mãe vai chegar mais tarde hoje, e eu preciso fazer o jantar – completa.

Cláudio e Elisa moravam na mesma casa que a mãe de Cláudio, junto com o jovem Pedro. Apesar de não terem se casado, eles levavam uma vida como tal e haviam escolhido permanecer junto com a dona Marta, mãe de Cláudio, porque ele não queria deixar a mãe sozinha.

A antiga casa onde Elisa morava com seu irmão e seu pai, estava fechada até que decidissem o que fazer. Eles haviam cogitado a ideia de vendê-la ou doá-la a alguma família carente, porém Elisa guardava naquela casa muitas lembranças de seus queridos e saudosos pais.

— Está bem, então, meu amor. Eu vou banhar-me e volto para ajudá-la com o jantar – disse Cláudio.

A jovem e doce Elisa estava sentindo as influências negativas emitidas por mim. Felizmente não era sempre que ela sofria com as perturbações, e não demorava muito para que conseguisse barrá-las, voltando logo ser uma companheira carinhosa.

Também havia momentos em que a influenciação invertia-se, e, ao invés de Elisa, era Cláudio quem chegava perturbado. Porém, no caso dele, estas influências estendiam-se um pouco mais, devido ao seu pouco preparo espiritual.

Quem começava a ficar receoso com aquela situação era Cássius, que continuava a acompanhar atentamente o amigo Cláudio. Mesmo Cássius sendo um espírito de grande evolução e retendo condições de afastar as influências negativas vindas das Trevas em direção ao jovem casal, este não se sentia no direito de intervir. Mas sempre que achava necessário, transmitia emanações de paz ao âmbito familiar, mesmo sem que algum dos dois o solicitasse.

Cássius havia-se informado com Balthazar sobre tais influências pesadas que persistiam em seguir na direção do casal, e o amigo explicara-lhe que se tratavam de minhas emanações, pois eu tinha-me juntado às criaturas das Trevas com o intuito de buscar vingança. Enquanto nos planos elevados o amigo Cássius procurava auxiliar ao máximo o jovem casal, nos planos inferiores eu ia conhecendo cada vez mais os mecanismos de atormentação. Sempre acompanhado pelo atento olhar do perverso Buriel.

— Muito bom, Matheus, continue assim, e em pouco tempo já poderá seguir em direção ao plano físico para começar seu trabalho de atormentação e vingança – desejava ele.

Durante o período que passei no Templo de Beilial, eu pude aprender a liberar toda a energia pesada que havia acumulado. Sabia exatamente como fazer para permitir que fosse liberada a criatura em que me havia tornado durante o tempo em que estivera encarcerado em minha mente e sob os cuidados da entidade com olhos de serpente. Esta era a forma que eu iria assumir a partir do momento em que estivesse preparado para seguir à crosta com a equipe que deveria liderar.

Cada Legião possui milhares de equipes preparadas com o intuito de estabelecer o caos. Contudo, nos planos superiores também existem milhares de centros e equipes que se dedicam intensamente a evitar que a ordem seja desestabilizada. Estes companheiros de luz estão sempre presentes, acompanhando amorosamente cada pessoa, independentemente da situação em que esta se encontre.

Nós nunca somos abandonados à própria sorte, mesmo que nos encontremos no pior estado. Deus está presente em tudo, e seu querido filho Jesus veio mostrar-nos isto. Todos fazemos parte do Pai, e possuímos dentro de nós a semente do amor e da bondade. Mesmo estas criaturas e os milhares de espíritos errantes que se juntam unicamente para praticar a maldade, também possuem a semente de Deus. Não foi Deus quem fez os homens maus, ele criou todos com as mesmas capacidades. Foram os homens que se desviaram do caminho e tornaram-se dessa forma. Deus, em toda a sua misericórdia, permite que cada filho seu escolha que caminho deseja trilhar, e que cada um busque aquilo que julga correto para si.

Eu estava sendo preparado para esquecer qualquer lembrança de humanidade que ainda existisse dentro de mim. Seria utilizado

Das Trevas à Luz

como um instrumento de ódio e vingança, levando não somente a minha própria cólera, mas também a de todos aquele que ali se encontravam.

Segundo as ordens de Buriel, eu iria comandar uma equipe de trinta e dois espíritos em situações não muito diferentes da minha. Todos haviam deixado a carne por própria arrogância e estavam completamente dispostos a vingar-se dos que um dia cruzaram seus caminhos. Dementados e perturbados, perderam a confiança no mundo dos homens e acreditavam terem sido abandonados por Deus.

As ordens que recebera eram para comandar aqueles seres com punhos de ferro e que qualquer falha não seria perdoada. Eu sentia-me outro ser. Estava mais bem disposto e confiante. Havia abandonado a forma que possuía e apagado as recordações boas que tivera. Deveria prejudicar todos quantos pudesse, este era o meu dever.

Aprendera a forma de depositar poderosas energias pesadas nos objetos e pertences, através da manipulação das energias libertas pelos que possuem a inveja. Outra forma que conhecera foi a de criar objetos plasmados e depositá-los nos ambientes a que se pretendia prejudicar. Existem muitos casos onde são os próprios encarnados que solicitam o nosso auxílio para a realização de determinado trabalho. Contudo, é claro que quando chegar a hora, a prestação de contas por estes serviços será devidamente cobrada.

Nossa primeira parada foi na cidade do Rio de Janeiro. Centenas de encarnados propícios ao enlace estavam lançando nocivas energias diretamente sobre si. Um pouco de embriaguez e algumas pequenas discussões entre eles era tudo de que precisávamos. Rapidamente ordenei que seis entidades da minha equipe aproximassem-se dos que lá estavam e iniciassem o processo de atormentação. A tarefa não seria difícil, pois outros seres desencarnados já acompanhavam algumas daquelas pessoas, e não se importavam com a nossa investida. Pareciam alguns estar ali por tanto tempo que nem esboçavam qualquer tipo de reação.

Enquanto seis permaneciam em processo de enlace, ordenei que três fossem ao recinto e começassem a plasmar objetos nos ambientes. O local em si já era bastante carregado, porém aproveitaríamos o momento para elevar o nível de desconforto e conseguir que mais encarnados propícios às energias também caíssem.

Após algum tempo junto àquele grupo, finalmente conseguimos

fazer com que as intrigas e discussões surgissem. De posse de suas mais íntimas ambições, e conscientes de seus conflitos internos, utilizávamos de todos os artifícios disponíveis para modificar aquele ambiente. Desejávamos ver o ódio germinar em seus corações. Nós nos fortalecíamos a cada palavra ofensiva e a cada gesto praticado contra o próximo.

Então, rapidamente conseguimos que aqueles homens estivessem completamente entregues à nossa influenciação. Agindo conforme os instruíamos, sem demonstrar qualquer sinal de rejeição. Foi então que logo começaram os xingamentos e a troca de empurrões entre eles. Quanto mais os incitávamos, mais exaltados iam ficando, até que decidiram trocar os empurrões pelos socos.

Ver aquela cena de violência induzida por nós fazia-me querer que caíssem cada vez mais. Nosso intuito era que se autodestruíssem e lançassem cada vez mais energias pesadas e negativas que alimentavam toda a corja de criaturas que se estendiam pelos planos.

Estava atento a tudo que acontecia e não iria permitir que ocorresse um desfecho tranquilo. Eu queria que todos ali presentes caíssem. Quanto mais, melhor. Se eu não tive a chance de ter uma longa vida, ninguém mereceria ter.

Um dos indivíduos, o mais exaltado, possuía uma faca, e era neste objeto que me concentraria. Decidi eu mesmo enlaçar-me a ele. Transmiti-lhe todo desejo de ódio e vingança que trazia comigo, a fim de induzi-lo a utilizar o objeto. Não requereu muito esforço e, então, atendendo ao meu desejo, ele desembainhou o objeto e desferiu um golpe em um dos que estavam a enfrentá-lo. A faca perfurou o braço do homem no momento em que tentou defender-se. Ao ver a cena, imediatamente todos começaram a correr, inclusive o seu agressor, deixando-o caído e com a faca atravessada em seu braço, à espera de algum socorro.

O nosso trabalho ali estava por hora concluído. Não conseguimos fazer com que alguém caísse, porém já nos havíamos alimentado o suficiente com aquele grupo.

Seguimos nós, então, os trinta e três missionários das Trevas, em busca de outros que também pudessem ser suscetíveis ao nosso tormento. Iríamos levar o ódio, a discórdia, a inveja e todos os sentimentos negativos que pudéssemos manifestar para aqueles seres encarnados que acreditavam na justiça do mundo em que viviam.

Das Trevas à Luz

8 – Os missionários das Trevas

Aquele ano de 1870 foi muito bom para nós em termos de trabalhos e possibilidades de atormentação. Em cada novo local onde adentrávamos, mais podíamos sentir as energias negativas e destruidoras nos corações dos que lá se encontravam. Muitos lutavam por obter uma estabilidade no trabalho, porém as oportunidades eram escassas e pouco frequentes. Por isto, grande parte dos que se encontravam ociosos geralmente demonstrava uma boa facilidade para que provocássemos o enlace, e logo conseguíamos que caíssem.

Havíamos sido enviados a uma cidade grande justamente pela maior facilidade em atingirmos uma maior quantidade de pessoas. Uma vez que quanto maior a concentração de pessoas, maiores seriam os problemas e haveria muito mais energia desprendida que poderíamos utilizar ao nosso favor.

Visitávamos residências, locais de trabalho, centros, enfim todos locais onde existissem estas energias. Diferentemente da grande leva de desencarnados que simplesmente acompanhavam os encarnados por algum tipo de afinidade, nós buscávamos grupos específicos. Deveríamos fazê-lo por um período, conforme foram as ordens de Buriel. Sua intenção era conseguir cada vez mais servos. Pretendia mostrar sua grande capacidade de multiplicação e fortalecimento. Então, sem efetuar questionamentos por enquanto, eu seguia obediente suas ordens e direcionava a minha equipe rumo a esses grupos.

Nas primeiras semanas nós conseguimos fazer com que sete caíssem. Todos já possuíam uma predisposição, e apenas os induzimos a concluírem o que buscavam. Quanto mais o tempo ia passando, mais fortalecidos íamos ficando, e mais eficientes em nosso objetivo.

Contudo, mesmo realizando nosso trabalho sem questionamentos, em todos os locais a que seguíamos, lá sempre estava um servo de Buriel, observando tudo o que fazíamos. Seu nome era Ailos. Este era "os olhos" de Buriel, e relatava ao mestre tudo que via. Criatura miserável e sem pretensões, dedicava sua existência somente a este propósito. Confesso que não me agradava a ideia de ser vigiado, porém a tolerava e não permitia espaço para questionamentos.

Acontecia que Buriel sabia exatamente o que se passava em minha mente. Compreendia que apesar de todo ódio e revolta que possuía em mim, ainda carregava fincado em meu ser o desejo incontrolável de reaver a jovem Elisa. E nem mesmo todo o período em que permaneci no templo de Beilial, entregue ao processo de vinculação, foi capaz de dissolver este sentimento. Contudo, por hora eu concentrava-me em permanecer daquele jeito, e seguia fielmente as suas ordens.

A oportunidade mais tentadora que as equipes das Trevas sempre esperam que ocorra é uma guerra ou epidemia. Contudo, apesar das divergências existentes, aquele não era o momento para tal ato. Sendo assim, nos dirigíamos sempre aos locais onde existiam energias pesadas.

Ainda na cidade do Rio de Janeiro, fomos convocados a comparecer a um centro, atendendo ao chamado de um encarnado muito ligado aos trabalhos das Trevas. Seu nome era Geremias, e há vários anos dedicava-se exclusivamente a estes assuntos. Geralmente era muito procurado por pessoas desiludidas e invejosas, que solicitavam o seu trabalho para com os mais diversos assuntos.

Geremias informara-nos que havia sido procurado por uma senhora de meia idade, com o propósito de vingar-se do ex-marido, que a havia abandonado e decidido iniciar um novo relacionamento com uma moça mais jovem.

Segundo as ordens de Buriel, nosso principal objetivo durante aquela etapa deveria ser o de fazer com que aqueles que já carregavam as marcas da condenação por seus atos fossem induzidos a cair e conduzidos aos planos trevosos. Porém deveríamos comparecer e atender a estes chamados sempre que se tratasse de uma solicitação de um dos nossos, como era o caso de Geremias.

Após ouvir atentamente o trabalho, dirigimo-nos ao encontro do tal marido e sua nova companheira. Seu nome era Miguel, e aparentava estar com cinquenta anos. A moça, bem mais jovem, devia beirar os vinte anos. Ambos residiam em uma casa de classe média localizada próximo ao centro. Tudo indicava ser a antiga casa onde ele e sua ex-esposa residiam, pois a maioria dos ambientes continha pesadas energias, fruto das constantes brigas e discussões dele com sua antiga esposa.

Miguel havia abandonado a esposa por esta não se dedicar aos afazeres do lar e muito menos preocupar-se em cuidar da aparência. Ela passava a maior parte do tempo na ociosidade ou dedicando-se às

Das Trevas à Luz 57

fofocas com as vizinhas. Quando Miguel retornava ao lar após um longo dia de trabalho, não encontrava um jantar, uma casa limpa ou um ouvido amigo para desabafar. As poucas vezes em que mantinham alguma aproximação era quando se entregavam na cama, porém eram poucas as vezes em que conseguiam sentir prazer.

Ao longo do tempo, a situação começou a ficar insustentável, e Miguel começou a preferir a noitada com os amigos ao conforto do lar. Passou a chegar tarde da noite, isto quando não optava por dormir fora, e sempre trazia consigo o cheiro da bebida e do perfume das suas companhias noturnas. Sua esposa começou a revoltar-se com tal situação e a exigir explicações sobre as atitudes do marido. Miguel, no entanto, menosprezava a esposa e sempre rebatia seus questionamentos com palavras secas. As discussões eram inevitáveis e sempre ampliadas pelas entidades desencarnadas que as acompanhavam, buscando compatibilidade com a situação existente.

Cansado da vida que levava e descontente com tantas discussões, Miguel decidiu colocar um basta naquela situação. Vendo que não haveria mais condições de sustentar uma convivência com sua esposa, Miguel expulsara-a de casa, obrigando-a a ir morar com a irmã em um barraco no subúrbio do Rio. Como a esposa era pobre e não o ajudara com a compra da casa em que residiam, Miguel acreditava que esta não possuía direito algum, e que levar as roupas e alguns pertences já era mais do que o suficiente.

Passado algum tempo, Miguel começou a manter um relacionamento mais sério com uma das garotas que conhecera na noite, e decidiu convidá-la a ir residir com ele em sua casa.

Ao saber da atitude do marido em tê-la abandonado para trazer outra mulher para morar em sua antiga casa, ela revoltara-se e decidira fazer algo para vingar-se do ex-marido. Apresentada pela irmã aos trabalhos realizados por Geremias, ela não pensou duas vezes em solicitar seus trabalhos. Queria vingança contra o marido e sua atual companheira, não importando o preço que teria de pagar.

A cada ato praticado desta natureza, o solicitante recebe uma pequena marca negra em simbolismo de seus atos, sendo esta carregada por longo período e de difícil eliminação, enquanto não houver com total firmeza um completo arrependimento.

De posse da residência e munidos das energias encontradas, decidimos dar início aos trabalhos de atormentação.

Miguel e sua atual companheira eram como um casal de jovens apaixonados. Visualizava-se nitidamente a paixão ardente em seus olhos. Não seria tarefa nada fácil desestabilizar aquela harmonia.

Porém, como um livro aberto, os seus mais íntimos pensamentos criavam dezenas de imagens contendo suas reais vontades, entregando-nos que nem tudo naquela relação eram flores.

A bela moça que Miguel conhecera na noite trazia em sua tela mental a imagem de outro homem. Um sujeito de porte atlético e muito mais jovem que Miguel. Podíamos visualizar claramente que durante os momentos de romance em que a jovem estava a entregar-se a Miguel, era a lembrança do outro sujeito que dava forças para a jovem prosseguir.

Após acompanharmos aquele casal, constatamos que enquanto Miguel dedicava-se exclusivamente ao trabalho e ao relacionamento com a bela moça, ela vinha mantendo em segredo um outro romance. Aproveitava quando Miguel saía para trabalhar e entregava-se ao jovem sujeito. Muitas das vezes mantinham relações na própria casa de Miguel, o que ampliava cada vez mais as energias negativas naquela residência.

A jovem moça, na realidade, interessava-se somente pelo dinheiro e o conforto que Miguel oferecia-lhe. Aproveitava também para surrupiar objetos de valor da residência e entregar ao jovem sujeito, para que este os vendesse.

Decidimos então aproveitarmos aquela situação e influenciarmos o jovem sujeito, que já era de fácil persuasão. Conseguimos induzi-lo a desejar possuir o conforto de Miguel e a acreditar que este estava fazendo com que a bela moça interessasse-se mais por ele. Não precisou muito para que o casal, através de nossa influência, planejasse matar Miguel e apoderar-se de seus bens.

Após mais algum tempo, finalmente conseguimos ver nosso trabalho concluído. Durante um jantar com sua bela companheira, Miguel, sem saber do plano que tramaram contra ele, ingere um coquetel preparado por ela, o que o faz desmaiar e abrir espaço para a entrada do sujeito na residência. Estando Miguel desacordado, o sujeito entra na casa e então estrangula-o sem piedade. Com Miguel morto, eles decidem dar um fim no corpo, enterrando-o em um local deserto, para que ninguém suspeite do que aconteceu.

O nosso trabalho com Geremias, a pedido da ex-esposa que

Das Trevas à Luz 59

desejava vingança, havia sido concluído. Contudo aproveitaríamos agora para fazer com o que o jovem sujeito que matara Miguel caísse, uma vez que este já possuía algumas marcas negras devido a seus atos praticados.

A cada ato desta magnitude que é praticado, maior vai-se tornando o círculo de energias pesadas, e mais fortes vão-se tornando as Legiões.

Comecei a sentir orgulho por fazer parte daquela sociedade, e poder prejudicar tantas pessoas. Eu queria provar a Buriel que eu era capaz de cumprir com suas ordens sem que alguém tivesse que me vigiar.

Ainda no Rio de Janeiro, após um tempo, comecei a adotar nova estratégia. Iria separar os trinta e dois missionários que me acompanhavam em oito grupos de quatro membros. Desta forma, poderia abranger um volume muito maior de encarnados.

Diretrizes estabelecidas, era hora de separar os grupos e encaminhá-los ao nosso objetivo. Então, ordenei que cada grupo fosse a uma região a fim de provocar a queda de um determinado indivíduo em cada uma delas. Contudo, eu acompanharia atentamente suas ações para garantir que nada saísse errado.

Ordenei que dois grupos dirigissem-se à região oeste, mais dois à região sul, um à região leste, dois à região central e o último à região norte.

O grupo da região norte iria em busca de um sujeito muito perturbado, que já havia assassinado uma pessoa. Seu nome era Antônio, e atualmente vivia em um casebre com o irmão mais novo.

O grupo da região leste atormentaria um sujeito chamado Miranda. Este havia sido abandonado pelos pais no dia em que nascera, e obrigado a viver na rua. Já havia estuprado sete jovens e uma senhora de idade.

Os grupos da região sul incumbir-se-iam de um rapaz que havia assassinado o pai e obtido suas posses, e de uma moça que havia matado uma criança que estava ainda em seu ventre, fruto de um de seus vários envolvimentos. Seus nomes eram Gustavo e Clarice

Os grupos da região oeste iriam atrás de um senhor de meia idade, chamado Osias, e seu sobrinho Jeferson. Ambos carregavam marcas por seus atos criminosos praticados e por um assalto à residência de uma família muito importante, onde ocorreram duas mortes e um estupro seguido de morte.

Os grupos da região central deveriam dirigir-se à procura de uma senhora chamada Margarete, que ceifara a vida de dezenas de fetos inocentes. E também seguiriam em busca de um rapaz, chamado Maurício, filho de uma família muito rica, que além ter castigado duramente um de seus empregados apenas por este ter ousado dirigir a palavra àquela que seria sua futura esposa, este já havia praticado o estrangulamento de uma de suas amantes, quando descobriu que ela havia engravidado dele.

Talvez, de todos os trabalhos, este último deveria ser o mais difícil, pois a mãe do rapaz, uma senhora muito bondosa e generosa, era uma pessoa muito religiosa e procurava sempre manter um ambiente harmonioso naquela família. Conhecida como Dona Francisca, a mãe do jovem Maurício, sempre que possível, tentava introduzir a oração no seio daquela família. Porém, tanto seu filho quanto seu marido, o Senhor Mendes, eram pessoas muito descrentes. Outra que tentava auxiliar Dona Francisca a conter os impulsos do filho era Verônica, uma jovem moça, fruto de um relacionamento antigo entre o senhor Mendes e a falecida irmã de Dona Francisca. Verônica fora acolhida pela bondosa senhora como se fosse sua própria filha.

Caberia a mim agora conseguir conduzir os grupos que haviam sido designados a cada região, e garantir que todos obtivessem êxito para que o meu senhor Buriel comprovasse a força que eu possuía e permitisse de uma vez que eu pudesse retornar ao interior de São Paulo, para realizar a minha tão aguardada vingança contra Cláudio e aquela escória de sociedade, e sentir mais uma vez o calor de minha amada Elisa.

9 – Em busca dos escolhidos

Durante o período em que estive em Charon, havia sido informado sobre a real necessidade de ter-se um bom número de entidades trabalhando juntas para que o trabalho fosse bem executado e as falhas fossem mínimas. Sabia que a minha atitude em separar a equipe que eu liderava em grupos seria uma manobra arriscada, porém eu queria mostrar a Buriel de uma vez por todas a minha verdadeira força, pois o ódio e a ira explodiam dentro de meu ser. Para que não houvesse falhas, eu acompanharia atentamente cada grupo. E onde houvesse a necessidade, eu mesmo realizaria o trabalho.

Após orientar cada grupo e adverti-los que falhas não seriam toleradas, cada um seguiu ao seu destino a fim de induzir e atormentar os encarnados escolhidos a tal ponto que eles caíssem e fossem levados às Trevas.

Todos os indivíduos que foram alvos da investida destes grupos que eu coordenava, tiveram histórias sofridas e em que causaram sofrimento a seus semelhantes. Portanto, antes de prosseguir com a descrição de suas histórias, para apascentar o coração do caro leitor que se solidariza com o sofrimento de seus irmãos, gostaria de lembrar sobre a perfeição divina, que não permite que existam injustiças. Tudo o que ocorre tem uma sábia razão, e não há uma só alma que cruze o caminho de outra sem que haja nisto um propósito. Apesar de não serem aqui descritas, há relações históricas que ligam as pessoas cujos atos serão a seguir narrados, e as vítimas de suas crueldades, que escolheram, por amor e remição, cruzar os caminhos daqueles que seriam seus agressores, para serem instrumentos de arrependimento e redenção desses irmãos. Além disso, lembremos que ninguém, nunca, está desamparado e que todos recebem o preparo espiritual necessário para cumprirem suas missões.

A primeira história que narrarei é a de Miranda, alvo do primeiro grupo que acompanhei, o da região leste. Conseguir que Miranda caísse não seria complicado, uma vez que os vários estupros que carregava haviam-no feito enlaçar-se a dezenas de infelizes dos planos inferiores que saciavam seus desejos da carne através dele.

Por ter sido abandonado pelos pais, acreditava ser um indivíduo injustiçado. Não podia aceitar que fora largado na rua à própria sorte, enquanto milhares viviam felizes por aí, com suas respectivas famílias. Só se manteve vivo graças ao pouco auxílio que recebera de uma senhora durante os primeiros anos de vida.

Miranda cresceu atormentado e odiando sua existência. O desejo arrebatador que sentia pelos prazeres da carne iniciaram-se quando este atingiu a adolescência. De lá em diante, não pensava em outra coisa que não fosse possuir uma mulher.

Sua primeira vítima foi uma jovem que voltava para casa após um culto religioso, sendo impiedosamente agredida e violada por ele.

Após este ato, a sede de prazer de Miranda aumentou cada vez mais, e a violência com que praticava os atos era cada vez maior. Dezenas de entidades já o acompanhavam fielmente, esperando sempre por um novo ato, para com isto poderem também saciar os seus desejos.

Observando que a situação ali estava sob controle e que meus subordinados poderiam encarregar-se facilmente daquele trabalho, dirigi-me à próxima região.

Estava agora na região norte. Ali iria acompanhar os trabalhos para a queda de um sujeito chamado Antônio. Este já havia assassinado cruelmente uma pessoa que tentara ajudá-lo há algum tempo. Perturbado e desorientado, Antônio vivia na completa miséria junto ao irmão mais novo, em um casebre caindo aos pedaços. As pessoas que Antônio assassinara foram antigos amigos que o haviam tentado auxiliar. Uma delas era dona Lurdes, senhora muito bondosa e que sempre procurava auxiliar a todos, independentemente de seus atos.

Dona Lurdes era viúva e já não morava com os filhos, que, adultos, haviam-se mudado para outra cidade à procura de melhores oportunidades. A bondosa senhora conhecera Antônio quando este, em um de seus momentos de loucura, invadira sua casa em busca de comida. Vendo a situação em que Antônio encontrava-se, a senhora decidiu auxiliá-lo. Porém, dona Lurdes mal podia imaginar que de nada adiantaria.

Quase todos os dias, ela juntava em sua sacola diversos alimentos, e levava ao casebre onde ele e o jovem irmão dormiam. Contudo aquelas constantes visitas começaram a incomodar Antônio, que se sentia vigiado. Durante uma das visitas, ele chegou a agredir fisicamente a senhora, impedindo-a de entregar os alimentos. Passados alguns dias, dona Lurdes começou a ficar preocupada com a saúde tanto de Antônio quanto de seu irmão, então decidiu, mesmo com a proibição de Antônio, ir visitá-los. Juntou todos os alimentos que possuía em casa, e saiu.

O casebre onde Antônio vivia com o irmão não ficava muito distante de onde dona Lurdes morava. Contudo, já estava quase no meio da tarde e ficaria difícil para a senhora retornar caso se demorasse e escurecesse. Assim que dona Lurdes chegou ao casebre, foi logo recebida com um forte abraço pelo irmão de Antônio. Este gostava muito da bondosa senhora, e havia ficado muito triste quando ela parou de visitá-los.

Das Trevas à Luz   63

Dona Lurdes não pretendia ficar muito tempo, pois desejava somente ver se estavam bem, e deixar os alimentos que levara. Porém, Antônio não estava em casa e o jovem irmão sentia-se muito só. Ele e Antônio quase nem conversavam mais. Tocada pelo forte apelo do jovem, dona Lurdes, mesmo sabendo que Antônio não a queria ali, decidiu ficar um pouco mais e fazer companhia ao jovem.

A presença de dona Lurdes alegrava muito o garoto, que quando estava em sua companhia, sentia o verdadeiro amor fraternal. Passado algum tempo, Antônio retorna para casa e fica assustado com a conversa e os risos que estava ouvindo. Ao espreitar cuidadosamente pela janela, ele vê dona Lurdes e seu irmão brincando alegremente. O jovem diz a dona Lurdes que gostaria que ela fosse sua mãe e o levasse daquela casa caindo aos pedaços. Ao ouvir a declaração do irmão, Antônio fica revoltado. Acredita que, além da senhora ter desobedecido suas ordens de não mais aparecer em sua casa, esta ainda estava tentando roubar-lhe o irmão.

Então um sentimento de ódio começou a tomar conta de Antônio. Sentia que aquela situação não poderia continuar, e que precisava tomar alguma atitude. Decidiu então matar a bondosa senhora, e pôr um fim àquilo. Esperou até que ela decidisse ir embora para, então, elaborar seu plano.

Como já era de esperar-se, assim que começou a anoitecer, dona Lurdes, mesmo com o coração partido, lembrou o jovem que necessitava ir embora, mas após ouvir "eu te amo" do jovem, essa prometeu que retornaria, dizendo que também o amava muito, bem como a seu irmão Antônio.

Assim que dona Lurdes deixou o casebre, Antônio começou a segui-la. A bondosa senhora mal poderia imaginar que enquanto se dirigia para casa, aquele que ela dissera que amava a estava seguindo para colocar um fim àquela história. Mais alguns passos adiante e, assim que Antônio percebeu que já estava seguro de não ser visto por alguém, empunhou um pedaço de madeira que trazia e acertou impiedosamente a cabeça da senhora.

Com a primeira pancada, a senhora já caiu em estado grave. Porém, para ter certeza de que esta não mais se levantaria, Antônio desferiu uma sequência de golpes até que se desse por satisfeito. Depois de ter assassinado friamente dona Lurdes, Antônio voltou para casa como se nada tivesse acontecido, e foi-se deitar.

No dia seguinte, um homem que passava pelo local avistou o corpo de dona Lurdes, e avisou às autoridades. A notícia logo se espalhou, e quando chegou aos ouvidos do irmão de Antônio, este não se continha em lágrimas.

As autoridades procuravam informações que levassem ao responsável, porém nada foi descoberto. Desde aquele dia, Antônio começou a isolar-se cada vez mais. Sentia raiva do mundo e ódio de sua vida. Estes sentimentos aumentavam ainda mais enquanto crescia o número de entidades desencarnadas que o acompanhavam.

Fazer com que Antônio caísse também não seria tarefa complicada, por isso decidi entregar aqueles trabalhos à equipe, e dirigir-me à próxima região.

Chegara à região oeste a fim de acompanhar os trabalhos em busca de dois homens, Osias e Jeferson. Osias era um homem maduro, de poucas palavras e que não media esforços para alcançar seus objetivos. Fora casado com Vera durante pouco mais de vinte anos. Separado há alguns anos, Osias largara o casamento devido às constantes noitadas que tinha. Sua esposa Vera fora no passado mulher da vida. Inclusive foi durante um de seus programas que conheceu Osias, assíduo frequentador da casa onde trabalhava.

Desde o início, Osias sempre se mostrava um sujeito muito agressivo, contudo Vera suportava aquela situação devido aos prazeres que ele proporcionava-lhe. Porém, com o passar dos anos, a paixão avassaladora que os unia começou a dar lugar a um relacionamento cheio de dúvidas e questionamentos.

Osias começou a questionar a fidelidade de Vera, e sempre que a encontrava conversando com alguém do sexo oposto, ficava transtornado, chegando a agredir ambos sem qualquer hesitação. O casamento chegaria ao fim quando, certo de que estava sendo traído, começou a procurar outras mulheres para pagar na mesma moeda. Era comum, durante o período em que permaneceram juntos, Osias chegar a trair Vera algumas vezes, porém todas foram de forma que a esposa não descobrisse. Mas desta vez o sujeito estava disposto a facilitar para que a esposa visse-os, pois marcava os encontros para a própria casa.

Assim que Vera retornou ao lar e encontrou Osias com outra mulher, a esposa, até então dedicada e fiel, entrou em choque. Sabia das loucuras do marido, mas nunca pensara que pudesse chegar a

Das Trevas à Luz   65

tal ponto. Contudo, para a infelicidade de ambos, a esposa remoeu o passado que possuía e decidiu perdoar o marido.

Osias não podia acreditar no que havia ocorrido. Crente de que a mulher ficaria revoltada, caiu para trás quando esta decidiu perdoá-lo. Mas infelizmente, o ato de amor praticado pela esposa foi visto de outra forma por Osias, pois tê-lo perdoado fez com que o marido acreditasse ainda mais que a mulher traía-o. A partir daquele momento, Osias abandonou de vez o bom senso e, além de continuar tendo encontros amorosos na sua própria casa, agora o fazia com maior frequência e com diferentes mulheres. A situação do casal complicou-se ainda mais quando Osias começou a andar na companhia do sobrinho Jeferson.

Jeferson era um jovem muito invejoso e mentiroso. Sua mãe, dona Lucélia, irmã de Osias, sempre procurou manter a ordem em seu lar, desde o falecimento de seu marido por doença grave, quando Jeferson ainda era criança.

Filho único, Jeferson apanhava constantemente de sua mãe, que acreditava ser este o melhor caminho para educar um filho. Desde jovem, o rapaz já mostrava sinais de tormentos, pois tinha o hábito de mentir para a sua mãe por qualquer motivo. Outro hábito que Jeferson possuía era o de maltratar os animais, fossem eles domésticos ou não. Suas loucuras iam desde atirar pedras em passarinhos a mutilar cães, gatos e outros animais de pequeno porte, tudo por puro prazer de ver os animais naquele estado.

Já mais maduro, Jeferson começou a praticar pequenos furtos nas residências vizinhas. Sempre bem astuto para que não fosse pego.

Sua inveja aflorou ao limite quando uma família muito rica decidiu estabelecer-se em sua cidade. Um importante senhor do café, com dezenas de empregados. Este senhor era casado com uma mulher estrangeira e muito culta. Possuíam uma filha com idade próxima dos vinte anos, que adorava música. Jovem educada e muito bonita, dificilmente saía de casa, pois seu pai era muito zeloso e tinha receio de que algo acontecesse à jovem. Porém todo cuidado não foi o suficiente para evitar que ela conhecesse Jeferson.

Durante uma tarde, um dos empregados da casa onde a jovem residia deixou a cerca aberta e o cachorro de estimação da jovem acabou fugindo. Muito apegada ao animal, a jovem decidiu sair a sua procura, mesmo com a proibição do pai para que a jovem não saísse de casa. Após procurar por algum tempo, a jovem encontrou seu cachorro nas mãos de Jeferson. O rapaz pretendia judiar do animal, porém, ao ver a jovem, disfarçou e disse que o havia encontrado. Jeferson nunca tinha visto uma jovem tão bela, e logo se interessou. A moça, como não possuía amigos, acabou permitindo esta aproximação de Jeferson. E com o passar do tempo, os dois começaram a ver-se cada vez mais, e sempre escondidos, para que os pais da jovem não descobrissem. A jovem olhava Jeferson apenas como um amigo, porém o rapaz desejava somente possuí-la. Houve ocasiões onde Jeferson chegou a entrar na casa da jovem para conversar. Muito invejoso como sempre fora, o rapaz começou a desejar possuir aquele conforto que a moça possuía. Como passar do tempo, Jeferson começou a inventar cada vez mais desculpas para ver a moça. Já a jovem, no entanto, começou a incomodar-se com aquela situação.

O limite deu-se quando, em um dos encontros, Jeferson tentou beijar a moça à força. E, assustada, ela começou a gritar, pedindo socorro. Isto fez com que Jeferson saísse em disparada. A partir daquele dia, ele começou a vigiar a casa da jovem a fim de saber quando estaria sozinha. Estava enfeitiçado pela moça e desejava possuí-la de qualquer maneira.

Foi nesta época que Jeferson começou a andar com seu tio Osias. Jeferson estava desesperado para possuir a jovem, e Osias, que já havia esgotado todos os seus bens com promiscuidade, estava em busca de objetos de valor para que pudesse dar continuidade a seu vício.

Informado por Jeferson sobre a grande riqueza da família da jovem que este desejava, os dois acabaram decidindo invadir sua casa. Como Jeferson já era frequentador do local, conhecia detalhadamente como entrar sem que ninguém os visse.

Era fim de tarde quando decidiram invadir o local. Jeferson havia visto o casal sair logo cedo, e só não haviam invadido o lugar até então porque aguardavam que os empregados fossem embora. Assim que saíram, eles invadiram o local. Osias em busca de objetos de valor, e Jeferson em busca da jovem. Logo que o rapaz entrou no quarto e viu a bela jovem dormindo, não pensou duas vezes em possuí-la. A jovem tentou gritar, porém logo foi impedida por Jeferson.

Tanto ele quanto seu tio estavam com o rosto coberto, porém de

Das Trevas à Luz 67

nada adiantara porque assim que se aproximou da jovem, ela logo descobriu de quem se tratava. Jeferson, no entanto, pouco se importou em ser descoberto, estava tão enlouquecido pela moça, que só queria satisfazer suas vontades.

No andar de baixo, Osias procurava pegar tudo que acreditasse ser de valor. Ambos ficaram na casa por cerca de uma hora, até que foram surpreendidos com a chegada dos pais da jovem.

Assustado, Osias começou a gritar tentando avisar o sobrinho. No entanto Jeferson só conseguia pensar no ato que estava tendo com a jovem. Sem alternativa, Osias procurou esconder-se. No entanto, logo que o casal entrou e viu o estado em que a casa estava, e ouviu os barulhos vindos do andar de cima, começaram a chamar pela filha. Encurralado e com medo de ser pego, Osias decidiu fazer algo. Pegou um castiçal que encontrou e, antes que o casal pudesse ver, acertou ambos na cabeça.

Com a gritaria vinda do andar de baixo, Jeferson, que violentava a jovem no quarto, assustou-se e desceu para ver o que havia ocorrido. Ao chegar, ele vê os pais da jovem caídos no chão com os golpes de Osias. Desesperado, Jeferson questiona Osias sobre por que ele fez aquilo, porém o tio explica que não podia fazer nada. Disse que eles pretendiam chamar as autoridades. Então, sem perda de tempo, Osias diz que eles deveriam fugir o mais rápido possível dali. Contudo, Jeferson sabia que não poderia fazer isto porque a jovem havia-o reconhecido, e poderia entregá-lo. Osias diz, então, para o sobrinho eliminar a garota e sair logo dali. Ao ouvir o que o tio pediu, Jeferson fica mais desesperado ainda, pois não estava em seus planos matar a jovem. Osias, no entanto, mais preocupado em salvar sua pele, foge em disparada.

Ao ver Osias fugindo, Jeferson não acredita que o tio deixara-o lá para ser incriminado sozinho, e decide fazer algo. Então, mesmo sem saber o que fazer, o jovem corre ao quarto onde a moça, assustada e sem saber que os pais haviam sido assassinados, chora devido à crueldade sofrida. Ao entrar no quarto, Jeferson assume uma postura fria e decidida. Ele agarra fortemente a jovem e a estrangula sem que a pobre coitada esboce alguma reação. Com a jovem morta, Jeferson segue o mesmo caminho do tio, e foge da residência antes que alguém chegasse e visse os corpos daquela família.

Osias e Jeferson eram dois infelizes que abandonaram de vez a racionalidade, o amor ao próximo, e entregaram-se passivamente às influências de espíritos inferiores que vinham sofrendo. Neste caso era certo de que os missionários não encontrariam dificuldade alguma para fazer com que ambos caíssem. Sendo assim, deixei a equipe finalizando a tarefa, e dirigi-me à próxima região.

10 – Fraquezas do espírito

Ao chegar à região Sul, comecei a ter uma estranha sensação, como se uma energia inexplicável estivesse presente naquela casa. Era algo que me incomodava e, de certa forma, repelia minhas intenções. Pensei em hesitar, porém minhas obrigações impediam-me. Não bastasse isto, era o tempo todo vigiado pelos olhos atentos de Ailos, que retransmitia todos meus atos a Buriel. Focado somente em concluir meu trabalho, deixei as indagações de lado e adentrei na casa de Gustavo.

Situada em um local privilegiado, aquela residência ostentava todo o luxo e importância que possuía aquela família. Gustavo era filho de um barão muito rico e importante da época. Possuíam dezenas de empregados e serviçais que atendiam a todos os seus desejos. Sua mãe era uma esposa muito dedicada e prestativa, que sempre estava presente em sua vida e, quando era permitido, nos negócios do marido, que estavam espalhados por toda a cidade e empregavam centenas de pessoas. O barão e sua amada esposa sempre procuraram dar o melhor a seu filho Gustavo. Este, no entanto, nunca retribuiu com um gesto ou uma palavra que fosse. Sempre se preocupava somente em ostentar aos amigos a classe social a que pertencia.

Gustavo era filho único, e sempre fora independente. Fazia o que tinha vontade e não importava o que isto lhe custasse, pois sempre contava com o rico pai para satisfazer seus caprichos. Infelizmente, Gustavo conheceu uma jovem a quem começou a desejar fervorosamente, chamada Ludmila. A moça pertencia a uma classe quase tão alta quanto a de Gustavo. Porém sua família havia adquirido alta dívida, e corria sérios riscos de ir à falência.

Gustavo e Ludmila, após uma breve amizade, começaram a namorar às escondidas. A família de Ludmila não permitia que a moça tivesse amigos, e a restringia à clausura de seu quarto. Seus passos

Das Trevas à Luz 69

eram sempre vigiados pelos empregados de sua família, e por isto os encontros com Gustavo eram sempre muito bem elaborados, para que ninguém os descobrisse.

Passado algum tempo desde que iniciaram o namoro, durante um bate-papo, Ludmila deixa escapar a real situação em que sua família vinha vivendo. Procuravam manter a pose de família rica e continuar ostentando o luxo a que estavam acostumados, no entanto estavam com uma pesada dívida financeira, e não tardaria para que seus bens fossem confiscados.

Preocupado com a situação da amada, Gustavo decidiu fazer algo, e então começou a surrupiar algumas joias da casa de seus pais e entregar à jovem. Ludmila, que de recatada não tinha nada, decidiu aceitar a ajuda de Gustavo. Assim que a moça entregou as joias a sua família, dizendo que eram presentes de um amigo, seus pais logo quiseram conhecer quem era o responsável por aquela atitude.

Ao chegar à casa da família de Ludmila, Gustavo logo começou a ser sabatinado por inúmeras perguntas. A família de Ludmila estava curiosa para saber tudo a respeito daquele rapaz que dava joias caríssimas de presente. Após conhecerem tudo a respeito de Gustavo e descobrirem que sua família era muito rica, os pais de Ludmila decidiram que se sua filha casasse-se com o rapaz, logo poderiam facilmente saldar suas dívidas. Então, do namoro às escondidas que vinham mantendo, aquele relacionamento havia-se tornado um noivado.

Estando completamente apaixonado por Ludmila, como nunca havia estado por alguém, Gustavo, mesmo sendo astuto, não percebera a real intenção daquela família.

Depois de um período de pré-noivado, em que Gustavo ainda não havia contado a sua família sobre o caso, por acreditar que não lhes devia satisfações, finalmente era chegada a hora de fazer o comunicado, uma vez que a família de Ludmila ansiava muito em conhecer os pais do rapaz.

Devido à forte pressão que vinha sofrendo por parte da família de Ludmila e dela própria, que havia sido convencida de que se casar com o rapaz era um obrigação incontestável, Gustavo comunicou sua família que um jantar em sua casa deveria ser preparado, pois possuía um comunicado muito importante a fazer.

O pai de Gustavo, o barão, não gostou da notícia, e logo percebeu que boa coisa não era, pois há tempos seu filho vinha agindo

70   Matheus

estranhamente. Já sua mãe, bondosa e dedicada como era, tratou logo de atender ao pedido do filho e preparou tudo para receber as pessoas que Gustavo informara que traria, apesar de ele não lhes ter dado muitos detalhes de quem se tratavam estas pessoas.

Chegado o dia do jantar, a família de Gustavo pôs-se a esperar os convidados. A mãe de Gustavo estava ansiosa para conhecê-los, já o barão mantinha-se receoso. No fundo sabia que aquela atitude tomada por seu filho era, no mínimo, muito suspeita. Afinal de contas, por que Gustavo organizaria aquele jantar? O que ele pretendia com tal atitude? Várias indagações perturbavam a mente do barão. Assim que o relógio anunciou as vinte horas, a família de Ludmila chegou pontualmente. Gustavo estava muito bem vestido e fez questão de abrir a porta. Após cumprimentarem Gustavo, a moça e seus pais adentraram na residência. Ficaram admirados com o luxo e a grandeza da casa, que de longe superava a deles. Ludmila e sua família foram então apresentados à mãe de Gustavo, que abraçou-os fortemente e informou que estava muito feliz em recebê-los na sua casa.

Quando foi a vez de conhecerem o pai de Gustavo, ambos assustaram-se. A família de Ludmila já era conhecida pelo barão, pois havia algum tempo o pai de Ludmila tinha sido mandado embora pelo próprio barão. Além de ser uma pessoa muito arrogante, tendo chegado a discutir várias vezes como barão por não concordar com assuntos ligados ao trabalho, o pai de Ludmila foi mandado embora depois que o barão descobriu, ao acaso, que o sujeito estava roubando-o.

Revoltado pelo filho ter trazido aquelas pessoas a sua casa, o barão começou a gritar e discutir com o homem. Gustavo, sem compreender, tentou acalmar os ânimos, mas sem sucesso. Foi então que Gustavo explicou que o motivo de ter convidado aquelas pessoas para o jantar era porque pretendia anunciar que iria casar-se.

A notícia soou como uma bomba para o pai de Gustavo. Como seu filho poderia casar-se com a filha de um homem tão arrogante e que lhe roubara no passado? Revoltado, o barão gritava que não haveria casamento algum, e logo em seguida os colocou para fora da casa. A esposa do barão tentou acalmá-lo, mas ele estava muito transtornado com tudo aquilo.

Gustavo mal poderia imaginar que havia uma rixa entre as suas famílias. Porém ele estava decidido, amava Ludmila e queria casar--se com ela. Contudo, após o acontecido, o barão proibiu o filho de

Das Trevas à Luz   71

voltar a ver aquela jovem, e ameaçou colocá-lo para fora de casa se ele desobedecesse-o.

A partir daí, Gustavo começou a mudar. Repudiava o pai pela atitude que tomara, pois não achava justo ficar longe da pessoa que amava por causa de conflitos relacionados aos outros.

Já por parte da família de Ludmila, eles ainda apoiavam a ideia da filha casar-se com o filho do barão. Precisavam saldar suas dividas para não perderem tudo o que tinham, e não se importavam com o que tivessem de fazer.

Foi então que, astuto, o pai de Ludmila começou a aproveitar-se da briga entre o barão e Gustavo para tentar fazer a cabeça deste. Começou a induzi-lo a querer ficar com tudo o que o pai possuía e a não dar ouvidos a ele. Aos poucos Gustavo foi-se alterando cada vez mais, e o sujeito rebelde de outros tempos começou a dar lugar a uma pessoa revoltada. Amava desesperadamente Ludmila e queria casar-se com ela. Foi então que as brigas em sua casa começaram.

Por mais que sua mãe tentasse acalmar os ânimos, o clima entre pai e filho estava deteriorando-se cada vez mais. Foram horas dedicadas à oração por parte da mãe de Gustavo a fim de unir a família. Contudo, quanto mais o tempo passava, mais se iam afastando. O rapaz mal percebia que estava sendo influenciado pelo pai de Ludmila a revoltar-se daquela forma. Então, cansado daquela situação, Gustavo decidiu que não mais seria controlado por seu pai, e que iria tomar tudo o que era seu por direito.

O barão havida ido pessoalmente até uma das inúmeras plantações que possuía, a fim de verificar como iam as coisas, sem saber que estava sendo seguido por seu filho. O rapaz estava disposto a pôr um fim naquela situação. E, completamente transtornado e fora de si, havia decidido matar o pai e ficar com tudo o que era dele.

Logo após o barão certificar-se de que tudo estava em ordem na plantação, ele saiu e foi buscar seu cavalo. Era fim de tarde, e o percurso até o cavalo era de alguns metros. Foi nesse momento que Gustavo aproveitou para aproximar-se de seu pai sem que ele o visse, a fim de executá-lo. Gustavo possuía uma faca, e antes que pensasse no que pretendia fazer, fincou-a nas costas do pai, e logo em seguida se pôs a correr.

Passado algum tempo da morte do barão, Gustavo finalmente havia herdado por direito tudo que era do pai. Então, de posse da fortuna do barão, Gustavo finalmente iria casar-se com Ludmila.

À pobre mãe de Gustavo restava somente a lembrança do marido e a certeza de que um dia voltariam a encontrar-se.

Após analisar os fatos, verifiquei que naquele lugar nós também não encontraríamos dificuldades para fazer com que Gustavo caísse. Porém, algo naquela residência continuava a incomodar-me profundamente. Estranha sensação de medo começava a tomar conta de mim. Era algo como se, no fundo, eu duvidasse do que havia sido ordenado a fazer. Eu sentia-me vigiado, e não era por Ailos, subordinado de Buriel. Sentia como se existissem mais olhos a vigiar-me, desconcentrando-me. No entanto o trabalho a que fora confiado chamava-me, e eu, mais uma vez, decidi colocar aqueles questionamentos de lado e seguir para a próxima região, deixando que a equipe encarregasse-se da queda de Gustavo.

Ainda na região sul, agora eu iria encontrar uma mulher chamada Clarice. Que era uma mulher da vida, e nunca conseguiu sentir amor próprio.

Quando Clarice era pequena, foi entregue aos cuidados da avó Maria pelos próprios pais, para que a jovem não passasse tantas necessidades junto a eles, que eram muito pobres.

A infância de Clarice foi muito dura e conturbada, pois mesmo estando sob os cuidados de sua avó Maria, a jovem sofria muito nas mãos de seu avô Firmino. Sem que a avó soubesse, a jovem era constantemente molestada pelo avô, que a obrigava a guardar segredo sobre suas atitudes.

No início a jovem sentia-se amedrontada e constrangida, mas conforme foi crescendo, começou a achar normal aquela situação, e havia momentos em que ela própria procurava-o.

Esta situação perdurou por vários anos até que, devido a uma doença contraída, sua avó veio a falecer, sem jamais desconfiar da relação que seu marido e Clarice vinham mantendo.

Não bastasse a perda da avó, Clarice e seu avô começaram a ter dificuldades financeiras que quase os levaram à miséria. Amargurada e revoltada, ela acaba introduzindo-se na vida promíscua através de um sujeito que conhecera, chamado Moraes. As facilidades e o dinheiro rápido tornam-se grandes atrativos, fazendo-a aceitar passivamente o trabalho.

A partir daquele instante, Clarice começa a ter vida dupla. Du-

Das Trevas à Luz

73

rante o dia era uma mulher voltada aos afazeres do lar e inclinada a satisfazer as necessidades do avô. À noite, despia-se do véu e entregava-se de corpo e alma àqueles que a procuravam.

Com o passar dos anos, ela acaba tornando-se dependente da bebida, e o vício começa a tomar conta de si. Não bastasse isto, contrai uma doença infecciosa e leva-a ao ambiente familiar, contaminando assim seu avô, que falece algum tempo depois. Desolada e confusa com a perda que assola seu lar, a jovem afunda-se ainda mais na bebida, sem que desconfiasse ter sido ela a causadora da transmissão da doença ao avô.

Devido ao fato de a doença não se ter manifestado em Clarice, a jovem, sem saber, continua a oferecer seu corpo perante os clientes que surgiam em seu caminho. Somente tempos depois é que Clarice começa a dar sinais da infecção, com uma sensação de cansaço e fraqueza, mas não se dá conta da gravidade do caso. Só posteriormente é que acaba descobrindo sua doença, mas mesmo assim decide continuar trabalhando, sem se importar se iria contaminar alguém ou não, pois o dinheiro falava mais alto.

Neste mesmo período, a moça descobre estar grávida. E combinada ao vício e à doença, a gestação faz Clarice emagrecer vários quilos durante o início. Isto começa a causar-lhe enorme preocupação. Além disso, temia as consequências que a gravidez viria a trazer-lhe no seu trabalho noturno, e o afastamento drástico do trabalho que ter um filho poderia causar.

Com o aparecimento da barriga e o medo com relação ao que os clientes iriam pensar, Moraes decide colocar a moça na rua para evitar escândalos.

Sem família nem estudos, viciada em bebida, grávida, e agora sem trabalho, Clarice decide tomar uma atitude drástica: retirar o filho que vinha trazendo havia alguns meses. Então, sem qualquer tipo de informação ou auxílio médico, ela provoca em si mesma um aborto.

Passados alguns dias, após se recuperar um pouco de tamanha violação que provocara a si mesma, a jovem, mesmo fraca e machucada, procura Moraes, e implora que a aceite de volta. No entanto o estado em que a mulher encontrava-se não inspirava nenhum tipo de atração, pois não bastasse tudo o que havia passado durante a gravidez, a doença contraída por ela já se encontrava em estado bastante avançado.

Proibida, então, por Moraes de voltar às atividades que a vinham sustentando, com a dor por ter visto que remover a criança foi em vão, e a doença que vinha consumindo-a pouco a pouco, Clarice reclusa-se por completo em sua casa e entrega-se de vez ao vício. Completamente desmoronada e descrente da vida, começa a desejar pôr um fim àquilo tudo, suicidando-se.

Bom, como pude observar, talvez esta fosse a criatura com a mais factível queda que encontrara até aquele momento. Poderia tranquilamente desviar minha atenção desta região, permitindo assim que meus subordinados encarregassem-se da queda desta mulher, enquanto me dirigiria à última região, a fim de dar por concluído este trabalho encomendado pelas Trevas.

11 – Próximo do fim

Estava eu agora presente na última região, para assim finalmente concluir minha tarefa e mostrar a Buriel a minha verdadeira capacidade. Separar o grupo que comandara em segmentos menores havia sido uma ótima ideia, pois além de abranger com mais eficácia aqueles a quem procurávamos, o trabalho seria realizado muito mais rápido. Assim, finalmente, após mostrar minhas qualidades, eu teria a oportunidade de seguir rumo a minha tão desejada e amada Elisa.

Como na região anterior, nesta eu também me sentia desconfortável, como se algo me desejasse distante dali. Sentia como se houvesse uma barreira impedindo-me de prosseguir, no entanto eu estava mais decidido do que nunca a fazê-lo. Motivava-me o fato de que finalmente havia chegado à última região, depois de ter acompanhado de perto os trabalhos nas outras localidades. Era somente uma questão de tempo para que finalizássemos os trabalhos e então eu obtivesse a total confiança de Buriel.

Outra coisa que me motivava era saber que a cada região que iríamos concluir, mais perto eu estaria de voltar a reencontrar minha amada Elisa.

Nós estávamos em um casarão situado às proximidades da lagoa, ao lado de uma pequena capela. Neste casarão residiam duas senhoras, uma chamada Margarida e a outra, Margarete. Eram irmãs e ambas solteiras.

Das Trevas à Luz

Margarida era uma senhora muito bondosa, e trabalhava como enfermeira na casa de saúde. Ela e sua irmã haviam aprendido sobre enfermagem com a falecida mãe. A diferença era que enquanto Margarida utilizava este conhecimento para salvar vidas, sua irmã Margarete praticava o contrário.

Completamente diferente da irmã, Margarete era uma pessoa muito amargurada e descontente com a vida. Passava a maior parte do tempo dedicada a reclamar da vida que levava, além de ter o costume de sempre querer levar proveito sobre a irmã mais nova.

Margarete, que não trabalhava já havia alguns anos, era totalmente dependente da irmã com relação ao sustento, manutenção da casa, ou algum adorno que desejasse. No entanto descobriu uma outra forma de receber dinheiro sem que necessitasse estar empregada. Esta atividade surgiu ao acaso, durante uma simples conversa que tivera com uma jovem mulher pelas ruas.

Tal jovem havia descoberto que estava grávida. Porém a criança não pertencia ao seu marido, e sim a outro com quem vinha mantendo relação às escondidas. Apesar de precavida, a jovem acabou por engravidar, e sabia que seria completamente escorraçada de seu lar caso seu marido descobrisse essa gravidez. Poderia comunicar a gravidez e afirmar que se tratava de um filho de seu marido, no entanto a diferença de cor de pele entre o amante e o marido foi o que a levou a tomar uma drástica atitude. Iria retirar a criança.

Foi então que a jovem procurou por Margarete. Como sabia que esta conhecia enfermagem e tinha fama de mulher amargurada que vivia às custas da irmã, imaginou que se oferecesse dinheiro à senhora, com certeza teria sua ajuda.

Quando a jovem procurou por Margarete e contou-lhe sobre qual seria o trabalho e como pretendia recompensá-la, esta não pensou duas vezes para aceitar. Afinal, não deveria haver mal nenhum em interromper a vida de algo que ainda estava formando-se, pensou ela. Além do mais, sabia que com o dinheiro que receberia poderia satisfazer suas vontades e obter diversas coisas que já almejava havia bastante tempo.

Após combinar com a jovem sobre como faria o procedimento, encontraram-se à tarde na própria casa de Margarete, aproveitando que a irmã Margarida estava no trabalho e não iria saber sobre o que pretendiam fazer. Margarete conhecia muito bem a irmã, e sabia que, religiosa como era, nunca iria permitir tal atitude.

No dia seguinte, já de posse do dinheiro que recebeu pelo trabalho, Margarete não perdeu tempo e tratou de ir comprar todos os adornos de que tinha vontade, pois apesar de ser uma pessoa muito rabugenta, ela era uma mulher extremamente vaidosa.

Ao ver sua irmã surgir em casa com diversos pacotes com roupas novas, sapatos e colares, Margarida assustou-se, pois sabia que com o que recebia pelo serviço como enfermeira só conseguia manter o essencial em seu lar. Afinal, como a irmã conseguira comprar tudo aquilo se quem trazia dinheiro para casa era ela, e a irmã não possuía trabalho? Estas e outras indagações surgiram em Margarida, que tratou logo de questionar a irmã sobre como conseguira comprar tudo aquilo. No entanto a explicação obtida era de que ela havia encontrado dinheiro na rua.

A partir daquele instante, Margarete havia descoberto uma boa forma de conseguir um dinheiro rápido e fácil para satisfazer suas vontades, e não mais ficar às custas da irmã. Começava então a realizar secretamente em sua casa um serviço que mais tarde descobriu ser muito procurado e muito útil às pessoas de sua região, o aborto.

Dali em diante, dezenas de mulheres começaram a procurá-la com o mesmo propósito: livrar-se de uma gravidez indesejada. Tudo realizado sempre no maior sigilo absoluto, e sem que sua irmã mais nova viesse a descobrir.

Conforme Margarete ia realizando aqueles atos criminosos e ceifando a vida de dezenas de crianças inocentes, ela seguia marcando seu corpo com cada uma daquelas mortes e vinculando-se a diversas entidades perturbadoras.

Com o passar dos anos, a mulher amargurada começou a tornar-se completamente perturbada e desorientada. Distante de qualquer princípio religioso, a mulher seguia comutando-se[1] cada vez mais aos desencarnados que eram atraídos por seus atos criminosos.

Os poucos momentos de equilíbrio e clareza que possuía na vida eram aqueles em que estava próxima à irmã Margarida. Esta,

[1] Aqui o verbo "comutar" será sempre empregado no sentido de trocar ou transferir energias. Onde dois espíritos que se encontram em planos diferentes, estando um encarnado e o outro desencarnado, possuem em seu íntimo desejos e necessidades que se assemelham em determinadas particularidades. Então, quando seus campos vibratórios aproximam-se, ocorre uma atração destas energias, provocando assim uma interação passiva entre ambos, onde a influência de um interliga-se com a necessidade que o outro intimamente traz. Dessa maneira, realizam uma troca mútua, capaz de criar um novo campo vibratório entre eles, que os interliga.

Das Trevas à Luz 77

religiosa e dedicada ao bem estar do próximo, sempre trazia consigo um sorriso cativante e uma palavra de conforto, e quando estava junto à irmã, sentia-se completa.

Apesar de ser muito diferente de Margarete, por dedicar todo o seu amor a quem necessitasse e ser fiel seguidora dos ensinamentos de Jesus, Margarida era muito ligada à irmã. Apesar de ser a mais nova, considerava como se Margarete fosse a caçula, e sentia-se feliz por poder cuidar dela.

Quando Margarete começou a dizer sobre o dinheiro que vinha obtendo, seja encontrando ou de doação de alguém, Margarida começou a ficar preocupada. Considerava muito estranha a forma como a irmã conseguia dinheiro. Como alguém que nunca teve nada, de repente começava a aparecer com um monte de dinheiro? No entanto, quando questionava a irmã sobre a origem, esta sempre inventava uma desculpa e dizia para ela não se intrometer em sua vida.

Aos poucos, Margarete, ao ver que podia obter dinheiro sem a ajuda da irmã, começou a afastar-se dela, e os diálogos que tinham, à base de muita dificuldade, começaram a tornar-se cada vez mais escassos, até o ponto de Margarete chegar a ignorar por completo a irmã.

Mesmo preocupada com as atitudes da irmã, Margarida decidiu atender suas vontades e permitir que ela tivesse mais espaço.

Bondosa e amorosa como era, mesmo com toda a rabugice da irmã, Margarida, quando a via, sempre lhe desejava um bom dia, e afirmava que a irmã poderia contar com ela sempre que necessitasse. No entanto Margarete afastava-se cada vez mais, e ficava mais enlaçada às entidades que vinham ao seu encontro.

Alguns anos passaram-se, e Margarete continuava a exercer a atividade criminosa de aborto sem que a irmã soubesse, mas estranhas vontades começaram a surgir em sua mente. Mesmo com dinheiro, podendo levar sua vida sem que ninguém a controlasse, e satisfazendo suas vaidades, Margarete sentia-se infeliz. Não estava contente com a vida que levava. Sentia como se, por mais que tivesse o que sempre teve vontade, sua vida ainda estivesse incompleta.

Aos poucos esta sensação de que algo lhe faltava começava a dar lugar ao sentimento de injustiça e ódio. Instigada pela influência de dezenas de entidades, Margarete começou a desejar a morte. Sentia-se infeliz e descontente com tudo o que obteve até aquele momento.

Até mesmo a pobre da irmã fora alvo de suas investidas. Havia momentos em que desejava a morte da irmã e de todos que cruzassem seu caminho. Aos poucos Margarete foi definhando e entregando-se às tentações. Procurou a morte por duas vezes, porém sempre que ia praticar algo que atentasse contra sua vida, a irmã surgia, como se soubesse dos atos dela, e a interrompia, levando-a a disfarçar suas intenções. Bem, como se pode observar, este também se tratava de um caso extremamente fácil para meus subordinados. Obter a queda desta mulher que já se encontrava em estado bem avançado de perturbação não seria tarefa nada difícil. Poderia facilmente entregar aquela mulher às mãos deles, e encaminhar-me finalmente ao último local.

Então, após lhes passar as devidas informações, encaminhei-me à uma residência, em busca do último escolhido. Seu nome era Maurício, e também residia na região central, em um enorme casarão.

Família de importantes posses, tinha uma boa base religiosa graças ao esforço da dedicada senhora Francisca, que teve toda sua educação iniciada no convento.

Francisca era esposa do senhor Mendes, um grande fazendeiro que havia herdado a maior parte de suas terras, adquiridas através do esforço de seu falecido pai. Mendes era um homem muito pretensioso e "dono de si". Não admitia que os empregados ousassem olhar diretamente em seus olhos quando lhe estivessem dirigindo a palavra.

Além de Maurício, Mendes possuía também outra filha, Verônica, fruto de um antigo relacionamento seu com a cunhada já falecida.

Verônica era uma moça muito simples e amante da natureza. Sempre muito atenciosa, passava a maior parte do tempo ajudando os empregados da casa com o trato dos animais. Com a família, o relacionamento sempre foi muito tranquilo, pois apesar de seu pai ter se casado com dona Francisca, a moça a tratava como uma mãe adotiva. Já com Maurício, a jovem não permitia muita liberdade, pois o rapaz sempre a tratava como a uma bastarda e empregada. No entanto a situação começou a mudar a partir do momento em que ela começou a amadurecer e desenvolver-se fisicamente. Desde então, era constantemente assediada pelos flertes de Maurício, sem que os pais soubessem. Ele, porém, mesmo com a recusa de Verônica, continuava a insistir em querer apossar-se da jovem a qualquer custo.

Das Trevas à Luz   79

Acostumado a sempre ter as mulheres que desejava, Maurício carregava secretamente a morte de uma antiga pretendente, estrangulada impiedosamente por ele no dia em que este descobriu a gravidez da moça. Apesar da insistência do pai para que fosse mais responsável, o rapaz preocupava-se somente em aproveitar a vida e ter belas mulheres ao seu lado. A ideia de ter um filho fê-lo modificar-se completamente e ser capaz de realizar qualquer tipo de ato para que tal fato não se consumasse.

Além de arrogante e convencido, Maurício era extremamente ciumento e não tolerava de forma alguma que outros homens dirigissem a palavra às suas acompanhantes enquanto estas estivessem com ele. Isto ficou comprovado quando, durante um jantar, um empregado de sua casa elogiou a vestimenta de sua futura esposa. Palavras inocentes que haviam sido dirigidas à moça, foram o suficiente para condenar o empregado a receber cinquenta chicotadas por sua petulância, segundo descreveu o rapaz.

Enquanto eu fazia minha análise antes de iniciar todo o processo de absorção, vinculação e consequente queda de Maurício, recebi um chamado mental de um dos grupos que havia designado a uma das regiões, solicitando minha presença imediatamente.

Considerei a gravidade do chamado, uma vez que fora interrompido enquanto realizava meu processo de estudo, e sem perda de tempo, dirigi-me à região em questão, a fim de constatar o que estava ocorrendo.

Ao chegar à região sul para encontrar os missionários do grupo a que ordenara tomarem conta da queda do rapaz chamado Gustavo, encontrei-os com grandes dificuldades para realização do trabalho.

O laço de amor e interesse que existia entre Gustavo e Ludmila estava dificultando consideravelmente as nossas ações. Por mais que os missionários ali estivessem utilizando e concentrando todas as suas energias para a realização daquele trabalho, o esforço não estava sendo suficiente para influenciar de forma eficaz aquele rapaz. Fazê-lo abandonar a vida, mesmo tendo eliminado o pai, não seria algo que simples técnicas resolveriam. Neste caso era preciso utilizar outra abordagem. Deveríamos destruir aquele laço criado entre Gustavo e Ludmila, atingindo assim um setor mental do rapaz que havíamos considerado irrelevante.

Para tanto, ordenei que o grupo recém-chegado da região leste, que veio ao meu encontro após obter a queda de Miranda, fosse atrás de um antigo amigo de Ludmila, a fim de influenciá-lo a procurar pela moça.

Como desejávamos destruir aquele relacionamento, iríamos provocá-los com o ciúme, um dos sentimentos mais poderosos para gerar conflitos. Se conseguíssemos realizar uma pequena aproximação ao acaso, já seria o suficiente para causar uma grande discórdia entre aquele casal. Iríamos utilizar o ciúme de Gustavo para que aquele relacionamento ruísse.

Passado mais algum tempo em que permanecíamos ali, uniram-se a nós mais três grupos: um da região norte, que obtivera a queda de Antônio, e outros dois da região oeste, que obtiveram a queda de Osias e Jeferson. Como agora nós estávamos em cinco grupos, ordenei que dois permanecessem ali comigo, enquanto os outros três iriam auxiliar os grupos que ainda não haviam obtido as quedas. Então, dois foram à região central, sendo um à casa de Margarete, e o outro à casa de Maurício; enquanto o último iria à casa de Clarice, lá mesmo, na região sul.

Agora faltava a nós somente obter a queda de quatro pessoas: Clarice, Margarete, Maurício e Gustavo. Com dois grupos cuidando de cada indivíduo, o processo seria concluído muito mais rápido, e terminaríamos os trabalhos antes do prazo estabelecido por Buriel.

Devido às dificuldades encontradas ali na região sul em obter a queda de Gustavo, eu investiria todos os meus recursos e depositaria todas as minhas energias para concluir aquele trabalho e demonstrar ao vassalo enviado por Buriel, a vigiar-me, que eu poderia realizar qualquer trabalho que me fosse confiado.

Enquanto dois missionários dedicaram-se a persuadir a jovem Ludmila e o amigo para que se encontrassem, eu enlacei-me diretamente a Gustavo. Como, graças às imagens visualizadas em sua tela mental, eu podia conhecer todos os seus desejos, consegui descobrir que, apesar de estar fixamente atraído por Ludmila, o rapaz possuía grande fraqueza relacionada aos prazeres da carne. Possuía o coração voltado a sua querida amada, porém, seu corpo demonstrava-se atraído por qualquer "rabo de saia". Por diversas vezes imaginou-se entregue aos prazeres da carne com outras mulheres. Sabia que agora, de posse de todos os bens que eram do pai, poderia realizar facilmente qualquer uma de suas vontades, sem ao menos titubear.

Das Trevas à Luz

Imediatamente comecei a enviar-lhe pesadas energias esmagadoras, de forma a convencê-lo de que Ludmila era somente um passatempo, e que não necessitava estar dedicado àquela jovem. Sem possuir qualquer conhecimento de que era eu o responsável por induzi-lo àqueles pensamentos, Gustavo começou a aceitar cada vez mais intrinsecamente minhas induções, de forma que começara a inclinar-se passivamente ao fato de que não deveria unir-se àquela jovem.

Foi então que pequenas discussões começaram a surgir entre eles, dando a compreender que nossas atitudes estavam tendo o efeito esperado. Aproveitávamos cada detalhe para causar a discórdia e germinar o ódio entre eles. Dedicamo-nos também a conflitar o relacionamento já conturbado que existia entre Gustavo e os pais de Ludmila. Fato este que não se mostrou muito difícil, uma vez que ambos já se sentiam fortemente atraídos somente pela fortuna herdada pelo rapaz.

Estávamos atacando por todos os lados e de todas as formas possíveis. Ampliávamos inexoravelmente todos os conflitos, e enviávamos incessantemente pesadas energias destruidoras ao âmbito daquela família.

Tudo seguia como planejado, até o momento em que fora avisado urgentemente por um missionário do grupo da casa de Maurício, na região central, de que, aos poucos, todos os membros estavam simplesmente desaparecendo de forma inexplicável e sem deixar rastros. Assustado com preocupante comunicado, dirigi-me imediatamente àquela região, a fim de entender afinal para onde estavam sendo levados os missionários.

12 – Protetores do Além

Cegos são aqueles que acreditam em uma existência sem compromisso e desprovida de qualquer propósito. Ignorar as provas que nos são propiciadas em vida e durante todo o nosso percurso evolutivo é leviandade à qual não deveríamos permitir tal submissão. Cada criatura existente nos diversos planos é fruto de uma dedicada e elaborada ação, vinda dos planos mais elevados. E estas criações da providência divina são todas verdadeiras irmãs que interagem e integram-se de maneira sutil, porém fundamental, durante o processo pelo qual cada uma deverá seguir em sua jornada evolutiva.

Ao chegar à casa de Maurício, na região central, fui tomado por devastadora sensação de pavor e angústia. Sentia como se toda a coragem e confiança que possuía na certeza da realização de meus atos estivessem esvaindo-se de mim, fazendo transparecer uma criança abandonada e amedrontada. Busquei forças para adentrar na casa de Maurício a fim de constatar o que estava acontecendo, contudo estava "congelado" de medo em pensar no que eu iria encontrar. Suando frio e com o coração acelerado, engoli seco e resolvi entrar de uma vez no recinto.

O assombro foi tão grande que senti todo o meu corpo estremecer. Nunca havia visto tamanha concentração de energia. Todo o lugar aparentava estar coberto por uma forte luz que emanava em todas as direções, parecendo modificar o campo harmônico de tudo que ela tocava. Não bastasse a presença daquela estranha iluminação que feria meus olhos e queimava a minha pele, via cada um de meus missionários desaparecendo inexplicavelmente, bem diante de mim, conforme a luz encobria seus corpos.

Enquanto tentava compreender o que estava acontecendo naquele lugar, mais quatro grupos que haviam concluído seus trabalhos, sendo dois da região sul que obtiveram a queda de Clarice, e dois da região central, responsáveis pela queda de Margarete, uniram-se a nós ali na casa de Maurício, atendendo ao meu chamado.

No entanto a atormentadora cena seguia sem que eu pudesse compreender para onde meus missionários estavam sendo levados. Tentei uma investida a fim de auxiliá-los, porém sentia meu corpo inerte, não conseguia mover um único músculo. Amedrontado e sem alternativa, a única saída que encontrei foi fugir o mais rápido possível daquele lugar, entregando os missionários restantes à própria sorte.

Atordoado e confuso, fui para o mais longe possível. Estava com medo por não saber do que se tratava, e assustado em imaginar o que teria acontecido comigo caso também fosse envolvido por aquela luz. Como uma criança amedrontada, após ter percorrido grande distância, escondi-me em um beco, torcendo para que não me encontrassem.

Enquanto estava escondido, comecei a levantar centenas de hipóteses sobre o que poderia estar acontecendo. Porém estava tão acuado que não conseguia acalmar-me o suficiente para elaborar algum raciocínio. A única certeza que possuía era que o vigia de

Das Trevas à Luz   83

Buriel, Ailos, iria reportar-lhe tudo o que havia acontecido, inclusive que eu não fiz nada para ajudar os missionários e fugi desesperado, abandonando o meu posto de líder daquelas entidades. Sabia claramente que se não tomasse alguma atitude, toda a ira das Trevas iria recair sobre mim, uma vez que os missionários eram minha responsabilidade, e, como um comandante de guerra, eu deveria ter feito algo em prol da minha tropa, que estava sendo massacrada bem diante de mim. Eu não sabia se sentia mais medo das Trevas ou daquela luz.

Sentia como se estranhamente toda a minha força e coragem houvessem sido sugadas de mim, deixando apenas um ser inútil e desprezível, incapaz de continuar liderando um grupo.

Durante o tempo em que permaneci escondido no beco, pude contar inúmeras criaturas desencarnadas vagando em todas as direções e sem um real objetivo. Dementados e ensandecidos, todos seguiam em uma jornada sem fim, indo de um lado para o outro, somente aguardando que a providência divina aja um dia sobre eles.

Eu, no entanto, ainda mantinha firme em minha mente meu objetivo. Desejava Elisa, a jovem encarnada que desprezara meu amor por causa de outro. Acreditava ser ela a responsável por eu ainda não estar em meio àquelas entidades que seguiam vagando sem rumo. Estranhamente, senti como se o tempo que passara na casa de Maurício, diante daquela luz, fizera-me esquecer o ódio e o desejo de vingança que havia armazenado em mim. Pensei estar enlouquecendo, pois tive nuances de afeição por Cláudio, o qual julgava responsável pela minha desgraça e por tomar-me Elisa.

Foi então que uma força vinda diretamente das Trevas, endereçada a mim, fez-me reacender o ódio em meu coração e renovar as energias para continuar a levar o caos e a discórdia. Imediatamente levantei a cabeça e gritei. Gritei o mais forte e o mais alto que pude, a fim de demonstrar a todos que eu ainda iria lutar.

Munido de força e coragem, saí do beco e segui a fim de unir-me aos grupos remanescentes da região sul, que haviam sido incumbidos da queda de Gustavo, para auxiliá-los com a conclusão daquele trabalho e depois nos dirigirmos à casa de Maurício para enfrentarmos aquela luz.

Chegando à casa de Gustavo, não pensei duas vezes e enlacei-me com tamanha violência ao rapaz, que o fiz sentir tontura e quase desfalecer. Eu precisava concluir aquele trabalho e mostrar a Buriel que eu era merecedor de sua confiança. Precisava obter aquela queda o mais rápido possível, pois sabia que os acontecimentos da casa de Maurício já deveriam ter chegado aos seus ouvidos, uma vez que Ailos não mais se encontrava presente, a vigiar-nos.

Após insuflar-lhe pesadas vibrações, consegui finalmente modificar drasticamente os sentimentos de Gustavo por Ludmila, fazendo-o aceitar que a jovem não o amava tanto assim, e que seu real interesse era somente o dinheiro que ele havia herdado.

Porém o ponto final naquela relação foi dado quando conseguimos unir o antigo amigo de Ludmila à jovem, provocando um beijo casual, que fez despertar a ira por parte de Gustavo.

Enlaçado ao rapaz de tal forma que poderíamos ser considerados somente um único ser, induzi-lhe a desejar que Ludmila e seu amigo fossem mortos por terem ousado fazer-lhe passar por tamanha humilhação.

Assim que consegui fazer Gustavo querer matar Ludmila por tê-lo traído, comecei a aumentar ainda mais minha influência, tentando convencê-lo de que aquela vida já não era mais justa, e que a morte era o único caminho aceitável.

Depois de algum tempo de total dedicação, finalmente conseguimos a queda daquele jovem, logo após este ter tirado cruelmente a vida de Ludmila e de seu antigo amigo.

Com a queda de Gustavo, o único remanescente era Maurício, para que concluíssemos de vez o nosso trabalho. Sentia-me forte e com as energias renovadas após ter obtido mais aquela queda. Seguiria firme e decidido à última casa, confiante e com a certeza de que conseguiria enfrentar aquele obstáculo, independentemente do que eu encontrasse naquele lugar.

Enquanto nos dirigíamos à casa de Maurício, instruí meus missionários restantes sobre o que iríamos encontrar, e afirmei que deveríamos empenhar-nos ao máximo para concluir aquele trabalho.

Enquanto isto, eu e minha equipe acabávamos de chegar à casa de Maurício, em Charon, Ailos transmitia cuidadosamente os fatos acontecidos para Buriel. Sua missão era reportar a ele tudo o que fazíamos, e ele contou inclusive sobre a perda dos missionários e minha consequente fuga.

Já na casa de Maurício, ao adentrarmos, vasculhamos todos os cantos a fim de verificar se algum dos missionários que eu havia abandonado anteriormente ainda permanecia no local. Contudo todos haviam desaparecido sem deixar um único vestígio do que havia ocorrido. Vinte e quatro missionários, dos trinta e dois que me haviam acompanhado, simplesmente desapareceram, e com eles parecia ter sumido também toda a energia que me repelia daquele lugar e aquela luz que encobria todo o ambiente.

Confuso, porém aliviado pela situação ter voltado ao normal, ordenei imediatamente que retomássemos o processo de vinculação sobre Maurício, para concluir nosso trabalho o quanto antes.

Apesar da calmaria aparente, algo me incomodava profundamente, fazendo-me manter uma postura alerta e desconfiada. Como já havia analisado anteriormente aquela família, sabia exatamente os pontos que deveríamos atingir, e quais as dificuldades que encontraríamos.

Sobre Maurício, sabia do ciúme doentio, do menosprezo pelo próximo, e da morte da amante, que ele carregava secretamente. Sabia também do autoritarismo, da arrogância e pretensão do senhor Mendes, pai de Maurício. E conhecia a pureza, generosidade e amor à natureza de Verônica, irmã adotiva de Maurício, e toda a fé e dedicação à família por parte da senhora Francisca, mãe de Maurício.

Ao nosso favor, possuíamos diversos fatores envolvendo Maurício e seu pai, porém sua irmã e sua mãe eram poderosos obstáculos que dissipavam as vibrações que lhes enviávamos para tentar desarmonizar aquela família.

Como só haviam restado oito missionários, minha estratégia deveria ser bem elaborada, pois qualquer falha poderia prejudicar todo o trabalho. Pensando desta forma, ordenei que somente dois missionários incumbissem-se de tentar atormentar a mãe e a irmã de Maurício. Sabia que qualquer investida sobre elas seria completamente repelida, porém minha intenção era causar somente uma distração enquanto nos concentrávamos em Maurício e seu pai.

Iríamos utilizar a arrogância do senhor Mendes para causar conflitos entre ele e seu filho. Sendo assim, ordenei que dois missionários enlaçassem-se a ele e utilizassem todas as suas fraquezas para que a discórdia fosse estabelecida.

Com relação a mim e aos quatro missionários restantes, cuidaríamos do enlace sobre Maurício, a fim de provocar-lhe a queda. De posse das suas fraquezas e ambições, conforme nos fora mostrado em sua tela mental, conseguíamos pouco a pouco prejudicar sua estabilidade e ficar cada vez mais perto de sua queda.

Firmes e confiantes da vitória, não abandonávamos nossos postos nem por um segundo, acompanhando aquela família a todos os locais a que seguiam. Provocávamos o ciúme, a discórdia, o rancor, a mágoa, a ira. Enfim, ampliávamos drasticamente todo e qualquer pequeno conflito, causando um verdadeiro caos, tentando obter nosso objetivo.

Conforme o tempo ia passando, eu sentia-me cada vez mais forte e certo da minha vitória. Tanto que comecei a ignorar pequenas coisas, acreditando serem irrelevantes, e no entanto descobriria, mais tarde, serem as causadoras de minha derrota. Eu estava tão focado em Maurício, que não notei as modificações no campo vibratório de Verônica e Dona Francisca. As constantes orações que ambas tinham o costume de praticar estavam dissipando toda a nossa investida e regenerando todo o ambiente com bons fluidos.

Quando tomei ciência de tal fato, procurei executar uma providência, mas tal atitude já se encontrava demasiadamente tardia. Sem que houvesse tempo para reelaborar a situação, a casa fora novamente toda envolvida com a preocupante luz, fazendo-me descobrir que aquelas iniciativas por parte de ambas eram as causadoras de estranho fenômeno.

Mais uma vez, sem que pudesse compreender como impedir tal acontecimento, vi os missionários que estavam acompanhando Verônica e Dona Francisca serem envolvidos pela poderosa luz, e em seguida desaparecerem.

Decidido a não me entregar tão facilmente, canalizei todas as minhas energias a fim de tentar combater tal fenômeno. Porém, quanto mais eu esforçava-me e mais próximo mantinha-me, sentia todo o meu corpo estagnar e ser repelido, sugando e dissipando qualquer iniciativa de minha parte.

Como estava disposto a ir até o fim para conseguir completar meu trabalho, insuflei toda a energia que me restava, e direcionei-a ao foco do que parecia ser o centro de onde partia aquela luz. Mas aos poucos vi meu corpo também ser envolvido por tal fenômeno, logo após os missionários restantes também desaparecerem.

Conforme ela seguia cobrindo-me, sentia minha pele queimar-se

Das Trevas à Luz

e meu corpo ficar cada vez mais imóvel, como se eu estivesse sendo comprimido. Quanto mais eu lutava, mais difícil ficava mover-me. Tal fato foi-me causando tamanho desespero, que comecei a gritar ensandecido, vendo-me ser dominado sem que pudesse fazer nada.

Sentindo-me preso e sem alternativa, vi meus planos de concluir o trabalho, e consequentemente voltar a ver Elisa, simplesmente começarem a desaparecer.

No entanto o mais improvável estaria para acontecer. Quando eu estava prestes a entregar-me e deixar que a estranha luz levasse-me assim como fez a todos os missionários, a silhueta do que parecia ser um homem surgiu da luminosidade e flutuou bem diante de mim.

A estranha entidade observou-me por alguns instantes, e logo em seguida disse:

A maior das virtudes que uma criatura pode possuir é aquela transmitida pelo Pai, mesmo que nela não se manifeste em sua sublime legitimidade.

Logo em seguida, este se transformou novamente em luz e desapareceu da residência, permitindo-me constatar que ele não estava só e que, como ele, muitos outros também estavam agindo naquele lugar.

Assim que partiu, eu pude observar que todo o ambiente estava completamente tomado por estranha energia que até então eu desconhecia. Fiquei sem reação por longo tempo, buscando compreender tudo o que havia acontecido e por qual motivo eu tinha sido poupado de ter o mesmo destino que os missionários.

Sentia-me deslocado e sem reação. Pensei em retomar a vinculação sobre aquela família e concluir meu trabalho, porém as estranhas palavras daquele homem ainda ecoavam em mim. Afinal, o que significava tudo aquilo? E que virtude era aquela à qual ele se referiu? Estas e outras dúvidas perturbavam-me e colocavam à prova tudo o que havia conhecido desde que descobrira que tinha desencarnado.

Perturbado e confuso, sabia que se tentasse continuar a perturbar aquela família e buscar a queda de Maurício, com certeza aquele ser voltaria, e eu teria o mesmo fim que meus missionários. Contudo, se eu não concluísse meu trabalho, e abandonasse a tarefa que havia sido ordenada por Buriel, eu sofreria graves consequências por ter desobedecido suas ordens.

Sentia-me dividido entre a cruz e a espada, apenas aguardando que algum sinal sobre qual rumo deveria tomar surgisse diante de mim, e então eu pudesse decidir o que deveria fazer.

13 – À procura de respostas

Confuso com toda a situação que se desenrolava, sentia-me viver o maior dos dilemas que já enfrentara até aquele momento. Busquei concentrar-me e tentar encontrar dentro de mim uma resposta sobre qual atitude deveria tomar, no entanto, como um abismo sem fundo, escutava minhas próprias dúvidas e questionamentos ecoarem e dissiparem-se, deixando-me ainda mais dividido.

Sabia claramente que conforme o tempo passava e eu ficava ali estagnado, sem tomar nenhuma atitude, minha situação complicava-se cada vez mais, pois o tempo era um dos meus maiores inimigos naquele momento.

Aquele encontro que tivera com o estranho ser ainda provocava em mim sensações que nunca antes experimentara. Sentia-me como um cálice vazio à espera de uma saciação que talvez nunca chegasse a obter.

O período pelo qual passei entregue ao processo de vinculação no templo de Beilial fora suficiente para enfatizar meus desejos de vingança e o novo vínculo que havia assumido, porém o sentimento que ainda trazia fincado em mim pela jovem Elisa desestabilizava toda e qualquer ordem que procurasse estabelecer.

Dementado e vazio, ajoelhei-me e esmurrei o piso por não conseguir decidir qual rumo tomar. Foi então que, como uma centelha que lutasse para permanecer acesa, a imagem da jovem Elisa surgiu fixamente diante de mim e fez-me decidir o que fazer. Eu iria abandonar a tarefa que Buriel havia-me ordenado e seguiria à procura de respostas. Precisava rever Elisa e descobrir qual era o meu verdadeiro propósito.

Sentia um misto de ódio, por tudo o que sofrera até ali e por Elisa ter-me trocado por Cláudio, e uma espécie de conforto, por ter descoberto que existem criaturas diferentes e com energias em outros níveis além dos que eu encontrara até então. O contato com aquele ser fez-me apascentar o desejo incontrolável de vingança que trazia por todos que me impuseram estar naquela situação, e de

Das Trevas à Luz

concretizar meu real desejo de tornar a rever a jovem Elisa mesmo depois de tudo que presenciei e as atitudes que tomei enquanto estava ao seu lado.

Então, decidido a seguir em busca de respostas, abandonei a tarefa antes considerada como ordem irrefutável, e saí o mais rápido que pude daquela residência, a fim de distanciar-me o máximo que pudesse, dificultando uma possível e provável perseguição e punição por parte de Buriel e seus subordinados.

Enquanto eu corria e fugia da residência de Mauricio com receio das atitudes que Buriel fosse tomar após descobrir tamanha audácia de minha parte por ter desobedecido suas ordens, este, que já havia sido informado por Ailos sobre tudo o que ocorrera, decidiu tomar uma atitude que eu jamais imaginaria.

— Então quer dizer, Ailos, que o nosso Matheus falhou em sua missão e ainda teve a petulância de fugir? – iniciou Buriel.

— Quando ordenei aquela tarefa a ele, sabia claramente que isto poderia ocorrer. Aquela região é um local muito bem protegido pelos malditos seres chamados de "luz". Surpreendeu-me o fato de ele ter obtido a queda de quase todos que haviam sido escolhidos. Ainda não tenho a certeza dos motivos pelos quais eles não o levaram também, mas talvez tenha algo a ver com o que ele carrega fincado em seu interior. Por isso, quero que por hora o deixem. Sabe muito bem que seus passos serão totalmente vigiados e que ele não poderá esconder-se. Chame imediatamente Lamonnael.

Enquanto nas Trevas Buriel articulava uma forma de vigiar-me, no plano superior o bondoso amigo Balthazar conversava com o senhor Samuel, responsável por um dos grupos encarregados de impedir a subjugação que eu pretendia realizar no plano físico.

— Samuel, eu agradeço muito pelo esforço seu e de sua equipe em ter resgatado os pobres irmãos que estavam acompanhando Matheus, enviados pelas Trevas.

— Não precisa agradecer-me, meu caro Balthazar. Não fazemos mais do que a nossa obrigação enquanto filhos de Deus, e por amor dedicamos nossas energias em auxiliar a estas pobres criaturas que acabaram desviando-se do caminho do amor, da bondade e da fé em si próprios – explica Samuel.

— Eu estava acompanhando Matheus durante o início de seu desencarne, porém a partir do momento que ele foi conduzido às regiões mais trevosas, infelizmente não tive forças suficientes para acompanhá-lo. Aquela região esgota rapidamente todas as minhas reservas e somente irmãos muito bem capacitados podem circular por lá – lamenta Balthazar.

— Realmente, Balthazar. Aquela é uma região onde o nível de perturbação mental em que a maioria encontra-se, age de forma a repelir qualquer manifestação contrária. São necessários esforço dedicado e um total desprendimento para que lá se possa atuar – adverte Samuel.

— Tem razão. Foi graças ao irmão chamado Otair, enviado generosamente pelo senhor Paulo, que eu pude obter informação sobre o estado de Matheus. Eu tenho forte ligação com este querido companheiro, e sua trajetória tem estado ligada a mim através dos tempos.

— A maioria dos que aqui se encontram, seguem este mesmo sentimento que o seu, Balthazar. Dedicam enormes esforços a estarem próximos aos que um dia deixaram no plano físico. No entanto devo adverti-lo que este a quem acompanha, chamado Matheus, está em um nível diferente da maioria dos que se entregam ao domínio das Trevas. Deve saber que quando fomos solicitados na residência de um dos irmãos que eles pretendiam subjugar, Matheus conseguiu perceber-nos e, mesmo assim, tentou uma investida contra nós.

— Eu sinto muito, Samuel. Peço-lhe desculpas por sua atitude. Matheus infelizmente entregou-se ao domínio das Trevas, e estas têm exercido forte influência sobre ele – explica Balthazar.

— Devo dizer que Matheus só pode ver-nos graças ao seu potencial vibratório. Mesmo ele encontrando-se mergulhado em um estado composto por intenções obscuras e semelhantes às daqueles que lá se encontravam, ainda assim ele retinha em si pequenas nuances capazes de favorecê-lo e promover-lhe condições para tal percepção e consequente constatação de nossa presença. O que foi suficiente para que nossa investida pudesse obter uma pequena brecha na espessa barreira que ele construiu em torno de si, de forma a conseguirmos tal contato. Já aos outros, o estado em que se encontravam permitiu-lhes apenas o resgate. Uma vez que no íntimo destas criaturas, a possibilidade, mesmo que diminuta, demonstrava-se capaz de tal processo. Não há sequer uma criatura que seja completamente voltada ao mal e não possa ser auxiliada. Apenas

Das Trevas à Luz

ocorre que esta não se permitiu manifestar a luz de Deus dentro de si – explica Samuel, e prossegue.

— Porém, como somos filhos de Deus, a luz não necessita vir de fora, pois que já se encontra dentro de cada um de nós. Ela apenas precisa saber que está lá, viva e à espera de sua liberdade. Precisa ser nutrida e impulsionada, para que toda sua essência possa manifestar-se. São como as crianças, que ao nascer ainda não despertaram condições para andar. Ou seja, esta capacidade existe dentro de cada uma delas. Se o veículo físico permite-lhes tal ação, esta manifestação ocorrerá gradualmente, à medida que a criança seja influenciada e que o todo à sua volta atue para isto. Então, se a criatura prossegue apenas rastejando, como querer que ela caminhe, se tudo o que ela vê, faz e conhece, dificulta-lhe esta realização? Por isto que quando lhes promovemos esta compreensão, no íntimo de cada criatura, e dependendo de como estejam as barreiras que elas construíram ao seu redor, esta luz consegue sobressair e vibrar. Há exceções, sem dúvida. Mas para a grande maioria, fazer manifestar esta luz em condições de penumbra ou completa escuridão, além de sua própria cooperação mental, requer-se amparo fraternal, assistência amorosa e dedicação humilde.

— Sim, eu compreendo, Samuel.

— Você deve saber claramente, Balthazar, que todos os atos praticados por Matheus são escolhas somente dele. No fundo, tratam-se de vontades e desejos que ele veio coletando e armazenando ao longo dos tempos. Contudo, ao aproximar-me dele, eu pude ver claramente, através do sombrio véu que o recobria, que seu real propósito era outro, e graças a isto foi que não o conduzimos como os outros que o acompanhavam. Porém sua situação é extremamente delicada, e não sei por quanto tempo ele conseguirá manter-se nesta condição.

— Sim, eu sei. Mas tenho fé que meu amigo Matheus irá encontrar o verdadeiro caminho e abrir os olhos da alma, arrependendo-se de todos os atos praticados contra seus semelhantes – deseja Balthazar, despedindo-se do amigo Samuel.

Já no plano físico, Elisa, talvez o verdadeiro motivo pelo qual eu ainda continuava tendo esperanças de uma redenção, conversava com o querido amigo padre Antônio sobre as constantes perturbações que vinha sofrendo em seu relacionamento com Cláudio.

— Eu não sei por que estas discussões têm-se tornado cada vez mais constantes, padre. Já faz quase cinco anos desde o dia em que decidimos nos casar, e parece que de lá para cá isso só tem aumentado – explica Elisa.

— Sinto muito, minha filha. Pequenas discussões entre os casais é algo perfeitamente normal. No entanto, pelo que você está contando, estas discussões têm-se tornado muito frequentes no relacionamento de vocês – lamenta o padre.

— Pois é, padre. E geralmente os motivos são pequenas bobagens. Quando percebemos que uma simples conversa tornou-se uma discussão, ficamos pasmos por termos deixado algo assim ir tão longe. Na maioria das vezes, as discussões iniciam-se com o Cláudio, mas ultimamente tem acontecido bastante comigo, e quando vejo já estou brigando com ele.

— E os motivos são os mais variados, certo? – questiona o padre.

— Isso mesmo, padre. Na maioria das vezes são pequenos motivos. Nós nunca fomos de discutir. Sempre que percebíamos que estávamos exaltando-nos em uma conversa, pedíamos desculpas. Sei que o nosso amor é muito maior que tudo isso, padre, no entanto tenho sentido o Cláudio um pouco distante, sabe? Compreendo as dificuldades que ele tem por trabalhar e preocupar-se com o sustento da família, porém acredito que este não seja o real motivo. Por favor, padre, preciso muito de um conselho seu. Nós nos amamos muito para permitir que isto esteja acontecendo.

Enquanto Elisa pedia conselhos ao padre sem saber que eu era o grande causador de suas discussões, Cláudio também conversava com seu tio Alberto sobre a situação pela qual o casal estava passando.

— Então, tio, não sei o que está acontecendo. Quando vejo, já estamos discutindo – explica Cláudio.

— Ah, mas discussões entre o casal é algo comum, Cláudio. Muitas vezes eu e sua tia Marisa também discutimos, e isto não quer dizer que não nos amamos. Estas conversas mais exaltadas fazem parte dos relacionamentos. O que não pode é deixar que isto influencie na relação do casal, no respeito e companheirismo que têm um com o outro – adverte Alberto.

— Com relação ao respeito e carinho, não tenho dúvida, pois eu e Elisa nos amamos muito, e sempre mantivemos uma relação muito harmoniosa. O que me têm entristecido mesmo são essas discus-

Das Trevas à Luz 93

sões sem sentido. Não sei o que acontece, tio. Eu passo o dia inteiro esperando a hora de terminar o trabalho e voltar para casa para ver a Elisa, aí quando chego em casa e estou com ela, ao invés de abraçá-la e dizer o quanto a amo, eu fico irritado sem motivo e começo a implicar com ela – lamenta Cláudio.

— Puxa vida, que estranho, Cláudio, nunca ouvi nada parecido. Será que não é por que você tem estado cansado e precisando de umas férias? Afinal, desde que você e a Elisa passaram a viver juntos, não tirou férias. É muito importante trabalhar e ser responsável, Cláudio, mas não pode esquecer que às vezes o corpo também precisa de um descanso. O patrão já lhe disse inúmeras vezes para você tirar uns dias para descansar, mas você nunca aceita. Talvez este fosse um bom momento para aceitar que umas férias seriam muito bem-vindas – salienta Alberto.

— É, talvez o senhor tenha razão, tio – concorda Cláudio.

— Vai ver que estou certo, Cláudio. Converse com o patrão e diga-lhe que gostaria de tirar uns dias de folga para descansar e ficar com a família. Verá que isto lhe fará muito bem e que voltará a ser aquele Cláudio bem disposto e animado que todos conhecemos – deseja Alberto.

Desde que minha obsessão em vingar-me de Cláudio e o desejo de reaver Elisa tornaram-se mais fortes, ambos passaram a sentir cada vez mais intensas as minhas emanações. Eu, no entanto, sem saber desta situação, seguia dirigindo-me sem rumo, em busca de respostas que esclarecessem as dúvidas que tanto me perturbavam.

Como estava fugindo da ira de Buriel, decidi procurar respostas entre os desencarnados que circulavam pelo próprio plano físico, ao invés de seguir diretamente às Trevas. Primeiramente procurei concentrar-me e canalizar toda minha essência em sutilizar minha própria vibração, a fim de que qualquer atitude de Buriel em capturar-me fosse dificultada.

O plano físico, ou o chamado mundo dos encarnados, é uma região onde centenas, ou talvez milhares, de entidades que já desencarnaram, circulam em todas as direções. A princípio, meu conhecimento e minha situação impediam que eu também constatasse claramente a presença dos seres de elevado grau de evolução. Seres estes que dedicam suas existências ao auxílio e amparo tanto dos que ainda se encontram encarnados, quanto dos que após a morte ainda continuam presos à vida que não mais lhes pertence.

Desde minha chegada ao plano físico com o intuito de realizar o trabalho que havia sido ordenado por Buriel, já estava bastante acostumado a observar diferentes tipos de criaturas. Algumas que ainda continuavam a realizar as mesmas tarefas de quando eram encarnadas, por desconhecerem sua real situação, por ignorância. Outras que seguiam em forte abraço com os encarnados por pura fraqueza espiritual, simpatia, inveja, medo do desconhecido, ou simplesmente por encontrar neles um jarro sempre cheio para que pudessem saciar suas vontades.

Mais tarde descobriria que é graças à misericórdia divina que temos a oportunidade de mantermo-nos desta forma, para que com isso possamos aprender, seja através dos erros ou acertos, e então podermos seguir adiante conforme formos tornando-nos mais leves, sem vícios, e desprendidos dos vínculos que carregamos.

Passei vários dias somente observando e coletando informações que julgava serem importantes aos meus questionamentos. Confesso que no início nada do que observava era útil, e que por diversos momentos eu via-me de volta à estaca zero.

Outro problema que iria descobrir era que o fardo que carregava ficaria cada vez mais pesado conforme o tempo fosse passando. Todos os meus atos praticados em vida e as quedas que provoquei, estavam consumindo-me aos poucos. Apesar do pouco de consciência do meu estado, isto não bastava para evitar os momentos de torpor que insistiam em fazerem-se presentes.

Era algo como um dependente químico dos dias de hoje, cujo tempo que passara entregando-se às drogas fosse a pesada bola de ferro da qual não seria tarefa fácil libertar-se. Apesar das vontades que eu manifestava em manter-me consciente e seguir em busca de respostas, dentro de mim existia uma voz que me impulsionava a desejar algo pelo que me sentia atraído. O desejo de destruir, a inveja, o ódio, a sede carnal e o incontrolável sentimento de vingança.

Por mais que tentasse manter-me acordado, estes sentimentos ensandeciam-me de tal forma que qualquer oportunidade que eu tinha de saciar-me, eu agarrava com toda força.

Como entre os encarnados é fácil satisfazer estas vontades, eu enlaçava-me aos que compartilhavam dos mesmos sentimentos que eu, e deleitava-me sem medir as consequências. Passavam-se mais alguns dias, eu voltava a tomar um pouco de consciência e desejava seguir em busca de respostas, porém retornava mais tarde a sentir o incontrolável desejo de saciar-me novamente.

Aos poucos fui dementando-me, como a enorme leva de seres que se arrastavam pelo plano físico sem rumo. E sem que me desse conta, deixando de dar importância aos questionamentos que antes eram para mim de extrema prioridade, fui-me agarrando à saciação fácil que encontrava, e esquecendo o que realmente buscava.

14 – Sucumbindo ao próprio vício

Completamente viciado e entregue à fácil saciação que encontrava conforme seguia entre os encarnados, fui aos poucos perdendo o pouco de consciência e controle que ainda me restavam, e tornando-me mais um dentre a enorme leva de seres que seguiam sem rumo.

Cheguei a gozar de todos os prazeres possíveis. A cada ser a que me enlaçava, saciava um desejo. Sentia como se quanto mais tempo eu passasse ali entre eles, mais forte era o meu desejo de entregar-me por completo.

Era como se algo que estivera aprisionado em mim por anos, finalmente estivesse sendo saciado. O pesado fardo que havia assumido com Buriel já não parecia mais ser tão ameaçador. A cada novo enlace, mais eu ia acorrentando-me e, com isso, dificultando ainda mais qualquer tentativa de retorno.

No entanto sentia como se a cada gozo que experimentava, fosse ficando cada vez mais pesado. Já não mais conseguia vencer grandes distâncias, e o simples fato de apenas levantar a cabeça já exigia grande esforço. Sem compreender o que realmente acontecia, eu fui aos poucos sendo vencido pelo vício, e o poderoso líder que havia feito juras de fidelidade e força às Trevas, cada vez mais ia desaparecendo e fazendo transparecer o verdadeiro eu. Uma criatura totalmente entregue as suas fraquezas, cultivadas ao longo dos tempos. Um ser que trazia selado em si os desejos mais desprezíveis que alguém poderia conceber.

Enquanto eu seguia arrastando-me e definhando, Tomás, um bondoso companheiro dentre os inúmeros que visam a auxiliar às diferentes criaturas caídas nas regiões inferiores, banhava-se em lágrimas por amor ao querido irmão que ali, diante dele, ia lentamente e pouco a pouco se entregando àquele estado.

— Eu preciso de mais. Preciso que me deem o que eu quero! – gritava eu – Ah, ali. Isso, isso mesmo, entregue-me tudo! – ordenava, enquanto me enlaçava a mais um dos que transitavam pelo pano físico.

Como um viciado que acabara de descobrir uma maneira de sustentar seu vício, eu seguia enlaçando-me e satisfazendo-me em todos quantos podia.

Seguia com determinados encarnados até o momento em que me encontrasse saciado de algum dos desejos que possuía. Após estar satisfeito, seguia rumo a outro, em busca de outro desejo que julgasse prazeroso naquele momento.

Mantinha-me nesta situação ininterruptamente. "Vampirizava" a todos sem o menor pudor ou hesitação.

No entanto, apesar de estar conseguindo o que queria sem qualquer dificuldade, eu começava a dar sinais de cansaço devido às inúmeras investidas. Apesar de estar completamente entregue aos domínios do vício, no fundo algo me dizia que aquela situação estava esgotando-me. Sentia que havia algo de errado comigo, mas o longo período em que estivera entregue à saciação impedia-me de compreender tal fato.

Foi então que, como se tivesse ouvido meu apelo silencioso, um homem de quase meia idade surgiu, e imediatamente larguei tudo que estava fazendo para enlaçar-me a ele.

Aquele homem que surgira reunia em si quase todas as emanações que eu buscava. E o melhor de tudo era que não estava acompanhado por nenhum obsessor, como era o caso da maioria dos que encontrara até então. Não precisaria dividir aquelas maravilhosas emanações destruidoras com ninguém. Bastava enlaçar-me e simplesmente me banquetear.

Aquele homem chamava-se Gusztav. Estrangeiro, viúvo, revoltado, dependente alcoólico e fugitivo da lei pela suspeita de assassinato.

Gusztav fora casado com Beatriz, com quem teve um filho chamado Fabiano. Descendente de alemães, Gusztav veio para o Rio de Janeiro junto de sua avó, após os pais terem sido assassinados por uma gangue de seu país devido a uma dívida. Filho de pai alemão e mãe polonesa, Gusztav fora filho único.

Das Trevas à Luz
97

Sua vinda ao Brasil ocorreu quando este possuía pouco menos de dez anos. Sua avó decidiu sair de seu país por receio de que a gangue que assassinara seus pais tentasse fazer algo contra o garoto, uma vez que este presenciara a morte dos pais.

Ao chegar ao Rio, sua avó e ele instalaram-se em uma residência muito humilde, situada na região de Nova Iguaçu. Como estavam ilegais no país, ele e sua avó procuravam manter-se com o mínimo possível para não chamar a atenção das autoridades. No entanto isto não foi o suficiente para privá-los dos olhares perniciosos de moradores da região.

A escolha de sua avó pelo Brasil teve como razão uma antiga amizade que já lhe havia contado sobre as facilidades encontradas no país. Contudo, ao chegar e procurar informações sobre esta amiga, sua avó ouviu negado o acolhimento que esperava receber. Foi então que, com receio de que a ilegalidade deles fosse descoberta, ela decidiu instalar-se em uma residência bem mais simples do que aquela que possuíam em seu país. E como sua avó havia conseguido economizar alguns bens em seu país, isto iria garantir-lhes um pequeno conforto durante um período.

No decorrer do primeiro ano, Gusztav e sua avó procuraram levar uma vida pacata e reclusa, no entanto esta tranquilidade estava com os dias contados, devido à inveja germinada em seus vizinhos, que não aceitavam de bom grado a permanência daqueles estrangeiros convivendo entre eles sem ter de trabalhar, enquanto alguns nem um prato de comida possuíam.

Foi então que alguns vizinhos decidiram invadir a casa de Gusztav a fim de roubarem tudo o que julgassem possuir algum valor.

Então, sem qualquer pudor, um grupo de quase dez pessoas invadiu a humilde casa e levou tudo o que encontraram pelo caminho. Desde joias, objetos pessoais, economias, até todo o dinheiro deixado pelos pais de Gusztav.

Ao retornarem ao lar após um breve passeio e encontrarem a casa toda revirada, a avó de Gusztav, desesperada com a cena que encontrara, tem um grave infarto.

Vendo a avó levar as mãos ao coração e logo em seguida rumar ao chão, o jovem correu desesperado em busca de algum auxílio.

No entanto, como se não ligassem para o pedido de socorro e dando a entender que não compreendiam o que o garoto suplicava, todos os vizinhos deram-lhe as costas e ainda zombaram de sua língua estrangeira.

Sem o apoio de uma única alma caridosa, Gusztav, sem poder fazer absolutamente nada, viu sua querida avó abandoná-lo inteiramente sozinho e desprotegido naquela terra estrangeira.

Acuado e indefeso, ele viu apodrecer o corpo de sua avó bem ali, no chão da humilde casa, agora vazia após ter sido totalmente saqueada, enquanto tentava entender por que a vida havia-lhe reservado aquela dolorosa situação.

Após quase duas semanas tendo como única companhia o corpo decomposto de sua avó, Gusztav finalmente recebe uma visita. Eram as autoridades, que haviam sido chamadas pelos vizinhos com a suspeita de assassinato devido ao sumiço da velha senhora e ao forte cheiro que tomava conta de todo o lugar, causado pela decomposição do corpo dela.

Assim que as autoridades chegaram e viram o cadáver, imediatamente tomaram como primeira providência remover aquele jovem ao departamento de menores até que analisassem o que havia ocorrido ali.

Quando Gusztav chegou ao departamento, não possuindo nenhum documento e ainda não se fazendo compreender devido ao idioma, as autoridades logo deduziram sobre sua ilegalidade no país. Sendo assim, o mantiveram em uma cela isolada dos demais presos até que resolvessem sua situação.

Porém a situação de Gusztav complicou-se ainda mais quando, durante as investigações para apurar as causas da morte de sua avó, alguns dos vizinhos informaram às autoridades que o rapaz sempre fora uma pessoa muito violenta e que já havia dito por diversas ocasiões que algum dia ainda iria livrar-se da avó.

Mentira esta contada para afastar as autoridades do saque ocorrido à residência de Gusztav, acobertando a ação dos vizinhos, e também para afastar de uma vez daquele local a presença do jovem de pele clara cuja nacionalidade causava tanta ofensa aos invejosos que lá residiam.

Enquanto Gusztav era mantido preso, aguardando uma solução para seu caso, ele acabou conhecendo outro rapaz com um pouco mais de idade do que ele, que fora transferido para sua cela devido à falta de espaço físico na delegacia local.

Das Trevas à Luz   99

Seu nome era Emerson. Este já havia sido preso inúmeras vezes por diferentes crimes. Desde roubo, estupro, e até, recentemente, por assassinato.

Logo de início, Emerson já simpatizou com o jovem Gusztav, e mesmo não entendendo o que o jovem dizia, este prometeu que na primeira oportunidade que tivesse de fugir, levaria o estrangeiro com ele.

Com o passar do tempo, parecia que a situação de Gusztav ia ficando cada vez mais difícil, pois as autoridades responsáveis da época negavam-se a extraditar um suspeito de assassinato para que este fosse julgado em seu país.

Sem outra alternativa, as autoridades viram-se obrigadas a tentar acelerar o processo para que uma solução fosse encontrada o mais breve possível.

Contudo, os dias foram tornando-se semanas, e depois meses, sem que uma solução para o jovem estrangeiro fosse encontrada.

Enquanto isso, na cela, Gusztav começava a permitir uma maior aproximação de Emerson, sem compreender ainda suas reais intenções.

Haviam-se passado quase seis meses quando Emerson decidiu que iria finalmente fugir. Aproveitando-se de uma troca de turno, o jovem astuto conseguiu facilmente abrir a cela com um objeto improvisado. E, como prometido, levou Gusztav também.

Solitário e agora fugitivo, o jovem Gusztav não viu outra alternativa senão unir-se a Emerson, o qual havia ganhado a confiança do rapaz.

Começava aí, então, uma triste e dura realidade. O que Gusztav faria agora que não possuía mais ninguém e que se havia tornado um fugitivo da lei? Como iria sobreviver sem a tutela de sua querida e saudosa avó?

Foi então que, ao lado de Emerson, o jovem simples e educado de antes se tornaria um ardiloso ladrão e um viciado, capaz de matar para conseguir tudo o que queria.

O jovem, que havia sido acolhido no barraco de Emerson, tinha crescido e aprendido a compreender o idioma. E quanto mais ele envelhecia, maior ia ficando o seu ódio e o desgosto pela vida. Saqueou inúmeras casas, espancou dezenas de pessoas, passou dias entregue ao vício pela bebida.

Seu primeiro assassinato foi o de uma garota de programa, durante uma turbulenta noite de embriaguez. Os seguintes foram por diferentes motivos, desde dívida, encomenda ou até mesmo por pura diversão.

Contudo a vida de Gusztav começaria a seguir um outro rumo quando, em uma noite, conheceu a humilde Beatriz. Uma mulher simples, com grandes sonhos e uma beleza incomparável. A atração foi mútua, e logo os dois decidiram casar-se.

No começo foi difícil para Gusztav pensar em largar aquela vida que vinha levando ao lado do companheiro Emerson. Porém o nascimento de seu filho Fabiano fê-lo abandonar tudo aquilo e entregar--se de corpo e alma àquela outra vida.

Beatriz sabia do vício de Gusztav, e então começou a ajudá-lo a livrar-se da bebida. Contudo Gusztav omitiu à esposa o trabalho que vinha fazendo e as dezenas de assassinatos que praticou, para não perder a amada.

Enquanto Gusztav ia tentando redimir-se e mudar definitivamente de vida, seu ex-amigo, Emerson, afastado de seu convívio desde o casamento, não se conformava com a mudança de vida escolhida pelo antigo amigo.

Emerson tentou por diversas vezes induzir Gusztav a largar tudo e voltar para junto de seu convívio, mas, para sua infelicidade, o novo Gusztav agora já estava decidido a seguir outro rumo.

Revoltado e sentindo-se traído, seu antigo instrutor, que o introduzira no mundo do crime, prometeu vingança.

Passados alguns meses, as ameaças então iniciaram. Gusztav começou a receber semanalmente cartas alertando-o sobre uma possível perda caso não retornasse ao mundo do crime. Gusztav sabia que se tratavam das intimações de Emerson, porém, por ainda ser considerado um fugitivo e uma pessoa ilegal no país, este nada fizera para alertar as autoridades.

O tempo passou e em nada mais Gusztav lembrava o antigo revoltado e viciado homem que resolvia tudo com as próprias mãos. Estava agora somente preocupado com o bem estar de sua família. Foi então que decidiu encontrar Emerson e pôr um fim naquela situação.

No dia seguinte seguiu à casa onde Emerson residia, e tratou logo de expor sua intenção. Gusztav foi bem claro com ele. O agradeceu por tê-lo ajudado a escapar e por tê-lo acolhido. Contudo ex-

Das Trevas à Luz

plicou que agora possuía outra vida, e que não queria mais fazer parte das barbáries que praticavam. Agora possuía um lindo filho e uma amável esposa, que eram tudo em sua vida.

Estranhamente, ao ouvir Gusztav relatar como estava sentindo-se, Emerson começou a chorar, dizendo que agora havia entendido o amigo, e que não havia compreendido antes porque nunca tivera ao seu lado pessoas a quem dedicar-se tão intensamente.

Após ter afirmado que havia compreendido o amigo, Emerson pediu desculpas, dizendo que se sentia envergonhado e que nunca mais iria incomodá-lo.

Chegando em casa, Gusztav sentia-se aliviado. Era algo como se a sujeira escondida debaixo do tapete finalmente tivesse sido limpa. No entanto ainda não possuía coragem o suficiente para contar à esposa sobre seu passado sombrio.

Nos tempos que se seguiram, a vida de Gusztav ia melhorando cada vez mais. O filho ia crescendo, a cada dia mais forte e saudável, e sua bela esposa prosseguia fazendo de tudo para agradar ao querido marido.

Contudo a vida de Gusztav ainda sofreria grandes modificações. Por mais que este tentasse fugir do passado, dolorosas provações ainda surgiriam em seu caminho.

15 – Provações da vida

Apesar de ter dito a Gusztav que o deixaria em paz, Emerson, na realidade, estava tramando uma forma de vingar-se do antigo amigo, por este ter decidido abandoná-lo.

Emerson sentia-se revoltado, e o ódio por Gusztav havia tomado completamente o pouco de discernimento que este ainda possuía.

Ter ouvido Gusztav dizer-lhe que não queira mais praticar os atos do passado porque agora possuía um lindo filho e uma amável esposa, deixou-o totalmente enfurecido.

Emerson não podia conceber que Gusztav havia-o abandonado por causa deles. Não conseguia aceitar que mesmo depois de tudo o que fez por ele, este, mesmo assim, não queria mais tê-lo ao seu lado como única e verdadeira prioridade.

Foi então que Emerson pensou em uma maneira de acabar com tudo aquilo. Se Gusztav não queria mais voltar a ter a vida de antes por causa do filho e da esposa, então a solução seria eliminar os dois de sua vida.

Na cabeça de Emerson isto resolveria tudo e eles voltariam a ser como eram antes: dois indivíduos livres de qualquer obrigação, e dispostos a tudo para satisfazer suas vontades. No fundo, Emerson, que havia sido abandonado por todos quando jovem, tinha encontrado em Gusztav um pequeno resquício do que ele nunca teve: alguém ao seu lado, com quem pudesse contar quando precisasse, e que no fundo também tivesse os mesmos desejos e vontades.

Era um dia comum na vida de Gusztav, que agora se havia tornado um homem de bem e trabalhador. Como de costume, este havia levantado cedo, tomado café, e em seguida ido até o quarto para dar um beijo em cada um de seus tesouros: a querida esposa e o pequeno filho, que ainda dormiam.

Durante o dia, no trabalho que arrumara com muito custo, Gusztav teve algumas sensações estranhas. Sentia um forte aperto no coração e uma angústia. Pegou-se em diversos momentos pensando na conversa que tivera com Emerson tempos atrás.

Ainda não compreendia como de uma hora para outra Emerson simplesmente decidiu deixá-lo em paz. Nem parecia o mesmo homem. Gusztav, no fundo, conhecia bem Emerson, e ainda possuía receios com relação a ele tê-los deixado em paz. No entanto Gusztav acreditava que deveria dar um voto de confiança a Emerson. Pois da mesma forma que ele havia-se modificado, Emerson também poderia.

Era fim de expediente, e após mais um longo dia de trabalho, o que Gusztav mais desejava era chegar o mais breve a sua casa e rever a família querida. No entanto, ele veria uma cena que ficaria marcada para sempre em sua memória. Emerson havia ido fazer uma "visita" à esposa e filho de Gusztav, enquanto este estava no trabalho.

O grito de Gusztav podia ser ouvido a longa distância. A querida esposa não mais poderia ir recebê-lo com um forte abraço, e o pequeno filho já não mais sorriria para seu pai. Ambos haviam sido cruelmente arrancados do convívio dele, sem que ao menos soubessem o motivo. A imagem da querida família morta foi um choque para Gusztav. Tentou por alguns instantes estancar o sangue que esvaía de ambos, buscando de forma desesperada agarrar-se a tudo o que representavam em sua vida, porém inúteis eram suas tentativas. Tanto mãe quanto filho já se encontravam mortos havia algum tempo.

Das Trevas à Luz 103

Gusztav sentia-se destruído. Rogou ao céu implorando que acordassem, contudo nada mais podia ser feito em relação aos seus, mas contra o responsável, sim.

Foi então que Gusztav transtornou-se. O ódio e a ira que haviam tomado conta de si reivindicavam uma atitude. No mesmo instante em que viu a família assassinada, imediatamente atribuiu a covarde ação ao seu antigo amigo Emerson, pois como ele e Gusztav já haviam praticado muitos assassinatos no passado, conhecia claramente a forma de matar que Emerson possuía. Não restava dúvida. Emerson havia assassinado sua família como represália por Gusztav ter-se negado a unir-se novamente a ele.

Ensandecido e revoltado, Gusztav pegou o antigo facão que possuía da sua época de assassinatos, e partiu em busca de Emerson, a fim de vingar sua família.

Ao chegar à antiga casa onde morava com Emerson, Gusztav não pensou duas vezes e solou a porta, arrombando o local. Gritando e esbravejando, adentrou no recinto sem importar-se em manter alguma cautela. Estava tão irado, que pensava somente em vingar-se do antigo amigo.

Porém Emerson já esperava que, ao ver a família morta, o primeiro lugar a que Gusztav iria seria sua casa. Foi então que, escondido e já preparado, Emerson, com um bastão em punho, desferiu um rápido golpe na cabeça do amigo, atacando-o pelas costas. Imediatamente Gusztav caiu ao chão, desacordado com a forte pancada.

Algum tempo depois, Gusztav volta a si e constata que fora totalmente amarrado. Estava completamente indefeso e entregue às vontades de Emerson, que sentado à sua frente, apenas aguardava ansiosamente para que o amigo acordasse.

— Eu sabia que você viria – fala Emerson.

— Como teve a coragem de fazer aquilo com a minha família? Eu nunca irei perdoá-lo! – esbraveja Gusztav.

— Isto foi necessário. Fiz o que deveria ser feito para torná-lo novamente um homem livre – explica Emerson.

— Livre? Seu maluco! Será que não entende que mudei de vida por vontade própria? – grita Gusztav.

— Acalme-se, meu amigo eu apenas o libertei do pesado fardo que você carregava. Em breve irá voltar a si e compreender que fiz o que era melhor – adverte.

— Você está louco. Eu nunca irei perdoá-lo, está ouvindo? Nunca irei perdoá-lo pelo que fez! – esbraveja Gusztav.

— Seu ingrato! Você deveria agradecer por eu devolver-lhe a liberdade. Já se esqueceu de tudo o que fizemos juntos? Se não fosse por mim, a esta hora você ainda estaria mofando naquela cela. Eu dei-lhe a liberdade uma vez e estou-lhe dando novamente

No entender de Emerson, o antigo amigo havia-se acorrentado a uma vida cheia de compromissos e responsabilidades. Havia perdido o juízo por gostar de trabalhar e possuir somente uma mulher.

Emerson acreditava que Gusztav precisava de ajuda, pois não conseguia ver com os próprios olhos a prisão em que se encontrava. Achava que ele havia conhecido a esposa em um momento de fraqueza, e acabou deixando-se levar pelo descontrole.

Aos poucos a situação foi ficando fora do controle de Emerson, e este começou a perder o domínio que vinha exercendo sobre o amigo. Porém a situação perdeu o rumo a partir do momento em que a esposa do amigo engravidou.

Então, desde aquele instante, Gusztav foi-se afastando cada vez mais de Emerson, e, a seu ver, enrolando-se e enfeitiçando-se de tal forma que precisava de ajuda. Estava tão cego que não conseguia mais sair daquela situação por vontade própria.

Mas é bem verdade que não era Gusztav quem havia perdido o juízo, e sim Emerson. O amigo tinha apenas encontrado o amor verdadeiro e desejava entregar-se por completo àquela nova vida. Seria uma forma de tentar redimir-se por todos os atos malfazejos praticados durante seu torpor. Mas Emerson não compreendia que o amigo estava mais lúcido do que nunca, ele acreditava que sua atitude iria libertá-lo e que, quando se acalmasse, este perceberia. A vida regrada a muitas barbáries havia levado Emerson ao completo desvario, sem qualquer discernimento ou formulação lógica.

— Fique calmo! Eu já lhe disse, Gusztav, tudo o que fiz foi para o seu próprio bem. Agora que você está livre, nós poderemos voltar a ter a vida de antes. Seremos novamente os irmãos que éramos.

Foi nesse instante que Gusztav realmente compreendeu o que deveria fazer para conseguir livrar-se das amarras de Emerson. Fingiria concordar com ele e apoiar sua atitude.

— Desculpe-me, meu irmão, você realmente esta certo. Eu fui um tolo em permitir que aquela mulher aprisionasse-me. Nós éra-

Das Trevas à Luz

105

mos livres e possuíamos tudo o que queríamos, e eu joguei fora. Sinto muito, Emerson.

Ao ouvir as palavras do amigo, Emerson abriu um enorme sorriso. Finalmente o companheiro havia compreendido que ele só desejava o seu melhor. Sentia como se finalmente o antigo irmão e companheiro houvesse retornado, e agora lhe estendia as mãos.

— Oh, meu irmão. Até que enfim você compreendeu minha atitude. O que eu fiz foi para o seu próprio bem. Eu livrei-o de uma vida sem futuro. Você não precisava ficar preso a uma vida tão sem graça quanto aquela. Agora está livre novamente. Livre para podermos fazer tudo aquilo que sempre fizemos.

Emerson mal podia imaginar que aquilo tudo se tratava de uma encenação para conseguir que ele o libertasse. No fundo, o ódio dentro de Gusztav contra o ex-amigo por este lhe ter tirado a amada esposa e o querido filho, era como um vulcão pronto a explodir.

A intenção de Gusztav era, assim que fosse libertado, partir para cima de Emerson e vingar-se. Contudo, apesar de estar satisfeito com a atitude do amigo em assumir que estava cego e que livrar-se da esposa e filho foram a melhor solução, Emerson ainda queria uma prova mais concreta de que o amigo estava disposto a esquecer o que houve e juntar-se novamente a ele. Foi então que Emerson saiu, mantendo Gusztav amarrado, afirmando que ainda faltava algo para que o amigo pudesse ser solto.

Passado algum tempo, Emerson logo retorna e traz consigo uma pessoa. Era Virgínia, mulher da vida que já estivera com Emerson por algumas vezes.

— E então, Emerson, não vai me desamarrar? – questionou Gusztav.

— Vou sim, meu amigo, mas antes preciso ter certeza de que está mesmo disposto a esquecer aquela mulher. Quero que conheça uma antiga amiga minha. Seu nome é Virginia, e ela vai cuidar muito bem de você.

Gusztav não podia acreditar que mesmo depois de ter afirmado que Emerson tinha razão em ter-lhe arrancado a família, ainda teria de ter relações com uma outra mulher para provar sua fidelidade.

— Mas o que é isto, Emerson? Não confia em seu querido irmão? Eu já lhe disse que você estava certo. Que aprovo ter eliminado aqueles dois da minha vida. Vou precisar ter relações com esta mulher para que confie em mim? – argumenta Gusztav, tentando convencê-lo.

— Você me conhece, não é Gusztav? Sabe que palavras nunca foram o suficiente para mim. Eu preciso ter certeza de que está dizendo a verdade. Considere isto como sendo um presente pelo seu retorno, e não como um teste.

O ódio dentro de Gusztav contra o ex-amigo era insuportável. Querer que mantivesse relações com uma mulher para provar sua fidelidade era algo que Gusztav não mais podia conceber. Como manter relações com uma mulher, sendo que havia entregue seu coração à querida esposa? Por mais ódio que Gusztav sentisse por Emerson, isto era algo inimaginável.

— O que foi? Não está contente com o presente que eu lhe dei? – pergunta Emerson, estranhando a expressão do amigo.

— Ah, que é isso? Mas é claro que eu gostei. É que você me pegou desprevenido. Só que vai ter que me desamarrar para que eu possa fazer algo.

— Não se preocupe, meu amigo. Virginia é uma mulher muito experiente e saberá como agradá-lo sem que necessite soltar um dedo.

A situação de Gusztav estava complicando-se. Pelo visto, Emerson havia pensado em tudo, e parecia que nada faria com que ele desamarrasse-o.

— Mas assim eu não conseguirei aproveitar o belo presente que me deu. Qual será a graça de somente vê-la me agradando, sem poder ao menos contribuir? Pelo menos me solte desta cadeira. Pode deixar minhas mãos amarradas, se ainda não confia em mim – solicita Gusztav.

— Sinto muito, mas vai ter de ser aí mesmo. Terá de se contentar em permanecer amarrado a esta cadeira – adverte Emerson.

— Ora, mas o que é isso, Emerson? Como quer que eu demonstre que gostei do presente se nem vai permitir que eu brinque também? Vamos lá, meu irmão, em lembrança dos velhos tempos. Desamarre as minhas pernas e deixe que eu pelo menos possa ficar na cama. Pode confiar em mim.

O pedido de Gusztav havia feito Emerson repensar. Afinal, que mal teria em soltar as pernas do amigo e permitir que este ficasse na cama? Que mal ele poderia causar estando com as mãos amarradas?

Das Trevas à Luz 107

Foi então que, acreditando na veracidade das palavras do amigo, Emerson decide dar-lhe um voto de confiança e atender seu pedido. Iria desamarrá-lo da cadeira e permitir que o amigo fosse para a cama.

Isso era tudo que Gusztav desejava. Assim que Emerson libertasse-o da cadeira, ele daria um jeito de escapar.

De posse de uma faca na mão, Emerson começou a cortar as cordas das pernas de Gusztav para que este finalmente pudesse dirigir-se à cama, onde Virginia já o aguardava.

Assim que Gusztav teve as pernas livres, com um rápido movimento deu uma forte joelhada no rosto do ex-amigo que estava agachado à sua frente desamarrando-o.

Gusztav havia empenhado toda a sua revolta naquele golpe. O ataque foi tão forte e inesperado que fez Emerson cair longe e completamente atordoado.

Vendo a cena que se desenrolava, Virginia tratou logo de sair correndo, deixando ambos para trás.

Ainda com as mãos amarradas, Gusztav precisava fazer algo para garantir que Emerson não revidasse. Então, sem pensar duas vezes, saiu correndo e desferiu um chute certeiro no rosto do ex-amigo que, caído no chão, tentava levantar-se.

Com a violência do novo golpe, Emerson acaba desmaiando, deixando Gusztav no total controle da situação. Então, este corre em direção à faca e corta as cordas das mãos, livrando-se totalmente do domínio de Emerson.

A ira de Gusztav com relação ao ex-amigo era tamanha que nada que pudesse imaginar fazer para vingar-se parecia ser o suficiente.

Na manhã seguinte, o corpo sem vida de Emerson fora encontrado no meio da rua. Este havia sido espancado até a morte pelo ex-amigo durante toda a noite, em vingança pelo assassinato de filho e esposa.

Apesar de ter-se vingado do ex-amigo e feito-o sofrer até a morte, Gusztav ainda acreditava que aquilo tinha sido pouco em comparação ao que Emerson havia feito com ele. Nada poderia suprir a falta daqueles que ele tanto amava.

Daquele momento em diante, Gusztav abandonou de vez a vontade de viver. Nada mais fazia sentido e este buscava a morte em cada esquina. O homem em que se transformara após diversas provações na infância, crimes na maturidade, e a descoberta do amor verdadeiro, estava agora completamente destruído. O ódio e a ira que trazia em seu coração haviam-no tornado um ser errante e inconformado com a vida.

Gusztav não achava justo a vida ter-lhe aplicado tantas provações. Sabia dos seus erros do passado, mas tinha esperanças de que a vida ao lado da esposa e filho pudessem de alguma forma redimi-lo. Não compreendia por que, tudo aquilo pelo que ele havia decidido mudar tinha-lhe sido arrancado cruelmente, deixando-o sem chão.

Desde aquele dia, então, Gusztav seguia vagando sem rumo, e esperando pelo dia de seu julgamento final.

16 – O misterioso amigo

Chegávamos agora em 1873, e já fazia quase seis anos desde minha desencarnação e ida para o submundo das Trevas.

Neste exato momento eu encontrava-me enlaçado a Gusztav, em quem eu encontrara disponíveis todas as emanações possíveis para sustentar os meus vícios.

Fui ingênuo ao imaginar que poderia facilmente rebelar-me contra Buriel e seguir em busca de respostas para as sensações que tivera diante de estranho ser de luz. Teria algo a ver com o pacto que fizera antes de minha investida em busca dos escolhidos, ou o fato de ter bebido o dito "sangue do primeiro"? Haveria algo naquela estranha bebida que me induzia ao vício? Ou era simplesmente a falta de preparo e conhecimento com relação a permanência por longo período naquele local?

Muitas eram as minhas dúvidas e nenhuma era a minha certeza. O fato era que quanto mais tempo eu passava naquela situação, mais difícil era o meu reagir. Estava como uma embarcação sem capitão ou velas, completamente entregue ao curso do rio e sem ter nenhuma noção de aonde este me levaria.

As poucas nuances de lucidez que ainda resistiam em mim não eram suficientes para que superasse aquela situação.

Foi então que, dentre as centenas de entidades desencarnadas que segui naquela região sem nenhum ou muito pouco conhecimento de si, um estranho homem destacou-se na multidão e seguiu em

Das Trevas à Luz

109

nossa direção.

Trajando vestes muito distintas e com um ar de superioridade, o sujeito aproximou-se de nós e disse em tom imponente e ameaçador:

— Ordeno que imediatamente recolha seu vício e abandone este sujeito que vem acompanhando. As emanações dele são um maravilhoso néctar, e deveriam ser aproveitadas por alguém com maiores pretensões. Ande, vá, criatura, ou serei obrigado a tomar alguma atitude.

Quem era afinal de contas aquele homem que se reportava a mim com tamanha audácia e me ameaçava? Com que direitos ele vinha até mim, me ordenando que abandonasse Gusztav? Apesar de confuso e viciado, eu ainda carregava um pequeno discernimento sobre o que era importante para mim naquele momento. Não entregaria Gusztav tão facilmente ou me curvaria a tamanha insolência. Iria lutar por aquilo que conseguira, não importando quais fossem as consequências.

— Não me ouviu, criatura? Entregue-me agora mesmo este homem – continuou a ameaçar o sujeito.

— Quem você pensa que é para vir ordenar-me tal atitude? – rebati aos gritos.

Ao ouvir minha indagação, o estranho e misterioso sujeito modificou-se. Pude observar claramente em seu rosto o assombro por constatar que eu, mesmo naquele estado deplorável, ainda me encontrava com lucidez suficiente para não retroceder.

— Vejo que ainda possui consciência. Então você é diferente dos outros. Nunca encontrei alguém que, mesmo neste estado, agisse assim. Todos, ou quase todos, são como animais arredios e amedrontados. Permanecem o tempo que for preciso sugando as energias e emanações daqueles que encontram, porém sem nenhuma consciência de seu real estado. – explicou o sujeito – Mesmo assim, não me importa o estado em que se encontra. Não irei permitir que um lixo feito você continue a desperdiçar emanações que poderiam ser muito bem melhor utilizadas – completou ele.

— Acha que suas ameaças me intimidam? Este sujeito pertence a mim, e não irei entregá-lo a você ou a quem quer que seja – respondi.

— Está bem, então. Se é assim que deseja, mostrarei que não estou de brincadeira! – gritou ele.

Neste instante, o sujeito fez um rápido gesto com as mãos, parecendo pegar algo que não pude identificar, e lançou pesadas cargas de energia sobre mim, fazendo-me gritar de dor.

Senti todo o meu corpo estremecer e em seguida sacolejar com o golpe que parecia provir de uma fonte elétrica. No entanto, sem me deixar abater, continuei firme ao enlace que vinha mantendo com Gusztav.

Vendo que ainda permanecia irredutível em forte abraço ao encarnado, o sujeito fez expressão de descontentamento e continuou seguidamente me atingindo sem piedade.

Eu, porém, apesar da dor e sensação de desfalecimento, mantive-me inabalável e não largava Gusztav de forma alguma. O vício e orgulho eram maiores que a dor.

Observando a minha insistência em manter-me firme ao enlace, mesmo sendo impiedosamente açoitado, o sujeito demonstrou estar espantado com a cena que via. Uma criatura completamente desfigurada e despedaçando-se por causa da teimosia em não abandonar seu companheiro que vinha fornecendo-lhe emanações suficientes para manter seu vício.

— Vejo que você é bem persistente. E mesmo sofrendo por ter recebido meus ataques, continua irredutível. Confesso que poucos foram os que me proporcionaram tamanho trabalho. Pois sendo quase que animais apenas em busca de alimento, a grande maioria logo desiste e vai embora, preferindo manter sua integridade física intacta para que mais adiante possa vir a utilizá-la em outra presa. Mesmo famintos, mantêm dentro de si um instinto de sobrevivência. A não ser nos casos em que já se encontram totalmente dementados e nenhuma noção de fuga é tomada. Mas como já constatei, este não é o seu caso – ressaltou o sujeito.

— Eu já lhe disse. Este ser pertence-me e não irei entregá-lo a ninguém – respondi, juntando forças para não sucumbir.

— Foi o que eu imaginava. Porém quero adverti-lo que minha próxima investida será muito mais letal, e irei intensificá-lo até que me entregue este sujeito.

Mesmo sofrendo e com o corpo totalmente machucado, eu não tinha intenção de abandonar Gusztav. Pretendia seguir enlaçado a ele até as últimas consequências. Se fosse em outrora, eu poderia ter revidado o ataque daquele sujeito, mas devido ao longo tempo

Das Trevas à Luz

111

que permanecera exposto e entregue ao vício doentio, eu encontrava-me completamente fraco para esboçar alguma reação, e o máximo que conseguia naquele momento era continuar firme ao abraço.

— Não tenho medo dos seus ataques. Eu posso estar sofrendo e com o corpo todo machucado, mas continuarei firme junto de Gusztav – respondi.

— Está certo, então. Não medirei meus ataques e irei arrancar-lhe à força deste sujeito. Vejamos o quão forte você é e até onde conseguirá chegar com este corpo enfraquecido.

Então, mais uma vez, o sujeito fez um rápido movimento com as mãos e acertou-me diretamente. Seguiram-se inúmeros ataques, e cada vez mais o sujeito ia intensificando-os. Sem qualquer tipo de restrição, o sujeito lançava-me suas pesadas cargas de energia, tentando arrancar-me de Gusztav.

Devido à enorme quantidade de cargas que estavam sendo desferidas em mim, já estávamos em um ponto onde até mesmo Gusztav começava a sentir seus efeitos. Este, que já vinha sofrendo fortes calafrios e formigamento nos membros, começou a ter uma convulsão.

Eu havia-me enlaçado de tal forma a Gusztav, que o pobre sujeito acabava por também sofrer devido à minha persistência em manter-me com ele.

O sujeito, no entanto, sem preocupar-se com a situação a que estávamos induzindo Gusztav, continuava a atacar-me violentamente. A cada novo ataque, maior parecia a sua cisma em querer arrancar-me daquele homem.

Eu não consegui compreender quais eram os reais motivos que impulsionavam aquele sujeito a querer remover-me de Gusztav. Quais eram os seus interesses? Por que não procurava outro ser encarnado que lhe propiciasse tais emanações, e nos deixava em paz?

Sem entender o que realmente se passava, eu continuava firme em meu objetivo. Não abandonaria Gusztav por nada e não importava quão fortes fossem o seus ataques. Estava decidido a seguir até onde minhas forças aguentassem.

Após receber dezenas de golpes, meu corpo encontrava-se completamente desfigurado. Já não possuía mais forças para gritar e o ar não era mais suficiente para que ficasse acordado. Não conseguia sentir os pés ou as mãos, que agora se encontravam em total dormência. A pele de meu corpo parecia fervilhar e eclodir em enormes feridas. Com o coração em total descompasso, sentia que não conseguiria mais aguentar. Tentei manter-me firme a Gusztav, mas já havia ultrapassado em muito os meus limites. Somente mais um ataque daquele sujeito, e eu estaria derrotado.

Então, completamente entregue e aguardando pelo seu último ataque, busquei forças e foquei no olhar do sujeito, esperando pelo desfecho.

O sujeito também estava cansado. Demonstrava claramente que também havia ultrapassado seus limites ao endereçar-me tantos golpes.

Acredito que este ficara espantado com tamanha persistência e força de vontade, pois já não mais demonstrava em seu olhar a mesma motivação de antes. Contudo sabia de meu real estado e havia percebido que somente mais um ataque seu já me faria entregar-lhe Gusztav.

O sujeito, então, respirou fundo e encarou-me, dando a entender que aquele seria o fim de nosso entrave e, uma última vez, tornou a fazer um rápido gesto com as mãos a fim de lançar-me o golpe final.

Sem saber o que iria acontecer-me, eu mantive-me irredutível e fiquei firme no posto em que lutara bravamente, somente a aguardar o golpe que iria pôr um fim a tudo aquilo. Então, após constatar que eu estava pronto para receber o golpe final, o sujeito mirou mais uma vez e disparou.

Enquanto o ataque seguia em nossa direção, eu já me sentia desfalecer. Fui aos poucos libertando-me de Gusztav e aguardando que o ataque colidisse mais uma vez conosco. Foi então quando ocorreu algo que jamais poderia imaginar. O sujeito errara seu ataque, estranhamente fazendo-o passar ao nosso lado, sem causar-me dano algum.

Confesso que fiquei confuso com surpreendente ocorrido. Eu já estava completamente entregue e sem condições de exercer qualquer tipo de restrição a sua vitória. No entanto o sujeito simplesmente parecia haver desistido de obtê-la. Por que este teria tomado tal atitude? Será que errara seu ataque ou simplesmente o tinha feito com algum outro propósito?

Porém, mesmo sem ter recebido seu ataque final, eu já não possuía forças para continuar enlaçado a Gusztav, e acabei libertan-

Das Trevas à Luz

do-o de meu abraço. Gusztav finalmente se encontrava livre e eu não mais sugava seus desejos e emoções. Havia deixado o caminho completamente livre para que aquele sujeito o vampirizasse.

Caído no chão e derrotado, eu apenas fitava os movimentos do sujeito, aguardando que este proclamasse os direitos sobre aquele que ambos requeríamos.

No entanto tomou-me de assombro a atitude do sujeito, que mesmo após ter obtido a vitória, não agiu conforme era de esperar--se. Ele dirigiu-se até mim tranquilamente e em seguida estendeu--me a mão, apresentando-se.

— Pode me chamar de Amon – disse o sujeito.

O que ele desejava com aquela atitude? Seria um plano seu para fazer-me sofrer ainda mais? Confesso que não sabia o que pensar.

Contudo, observando que eu, quase inconsciente, mantinha-me imóvel no chão, sem entender por que este me estendia as mãos, ele prosseguiu.

— Nunca conheci alguém como você. Durante o longo período em que me encontro aqui, você foi o primeiro que me fez despender tanta energia. Estou surpreso com tamanha persistência. Muitos teriam desistido de resistir após receberem o primeiro ataque – explicou.

— Mas do que você está falando? – sussurrei, sem compreender o fundamento daquela conversa.

— Deixe-me explicar. Faz uns bons séculos que já me encontro caminhando por entre os encarnados. Cheguei a este plano através do suicídio, após uma existência sofrida e sem sentido. Desde então sigo acompanhando diferentes seres, com o mesmo propósito: o de encontrar aqueles cujas emanações e desejos compactuem-se com a enorme leva de criaturas que estacionaram nesta região – completou Amon.

Mesmo com a explicação de Amon, eu ainda me encontrava sem compreender por que ele estava agindo daquela forma. Não entendia por que me transmitia aquelas explicações e aonde exatamente queria chegar.

Nem parecia o mesmo sujeito indiferente e decidido de momentos atrás, que demonstrava ser capaz de qualquer coisa para alcançar seus objetivos. Estava com outro semblante e emanava diferente energia, mais sutil e muito menos densa.

— Afinal, para que tudo isto? Você já tem o que queria, então por que não vai embora de uma vez? – indaguei, revoltado.

— Vejo que mesmo fraco e em situação complicada, você ainda continua sendo o mesmo ser impetuoso e revoltado de antes. Mas sua situação, assim como a da maioria, não poderia ser diferente, estando em um ambiente repleto de emanações e vontades que se interligam. Seria de admirar caso fosse diferente – comentou Amon, achando engraçada aquela situação.

— Ora, seu miserável, está rindo de que? Teve sorte em encontrar-me fraco, senão teria acabado com você antes mesmo que você pudesse saber o que havia ocorrido – adverti.

— Você é um sujeito muito engraçado. Há tempos eu não ria assim. A grande maioria dos que seguem presos nesta região não possui consciência alguma de si ou de seu estado. São atraídos feitos ímãs àqueles cujas intenções equiparam-se.

— Engraçado? Seu miserável. Eu irei mostrar-lhe algo que o fará rir – eu disse, tentando levantar-me.

Mas infelizmente eu estava fraco demais para tal intenção, e logo desabei novamente ao chão não suportando o grande esgotamento, e desfaleci devido ao grave estado em que me encontrava.

Com os graves ferimentos obtidos e a demência em estado altamente avançado, minha situação estava muito ruim, e não seria tarefa fácil contornar aquela situação. Restava agora saber quais eram as verdadeiras intenções de Amon e o que, afinal de contas, este pretendia ao estender-me as mãos em gesto de auxílio e amparo.

17 – A casa de Jezabel

Após despender grande concentração de energias em manter-me firme com meu objetivo, que era continuar seguindo enlaçado ao encarnado Gusztav, acabei por ir além de meus limites ao enfrentar Amon, estando eu em situação bastante precária.

Poderia haver a morte após a morte? Seria esta a morte verdadeira, onde chegamos a um ponto em que nada mais existe?

Eu não conseguia sentir meu corpo, e minhas intenções em movê-lo não eram correspondidas. Não sabia se já havia aberto os olhos, pois à minha frente observava somente a escuridão. Saber se estava em pé ou deitado também não era possível, uma vez que a gravidade, a que estava acostumado, parecia ser nula.

Das Trevas à Luz

Sentia apenas o desespero invadir minha alma, com o assombro por amedrontadora realidade. Estava eu sendo castigado pelos atos que cometi? Ficaria eternamente vagando em minha própria consciência até que uma força maior me absolvesse?

Estava com medo e acuado. Quis gritar, implorando que me socorressem, porém a voz, que antes pronunciara inúmeras blasfêmias, não respondia. O silêncio era absoluto e único.

Pensei estar enlouquecendo, pois após longo tempo, segundo imaginava, naquela situação, estranhamente comecei a ouvir uma suave melodia. Não com os ouvidos, mas sim diretamente em minha mente.

A melodia lembrava muito uma canção de ninar. De forma clara e tranquila, esta parecia ter como objetivo confortar e acolher.

Aos poucos sentia como se todo o medo e desespero estivessem sendo neutralizados. O fim já não mais parecia tão ameaçador, e a escuridão parecia somente um descanso.

Conforme segui sendo invadido por aquela melodia, eu tranquilizava-me cada vez mais, e aos poucos o distante som que ressoava em minha mente começava a ficar mais nítido.

Comecei então a perceber que a melodia era fruto de uma voz feminina e que se encontrava mais perto do que eu imaginava.

Passado algum tempo naquele estado, recebendo a melodia de forma cada vez mais clara, fui aos poucos não somente recuperando as forças e o discernimento, como também pude constatar que me encontrava deitado e em um ambiente frio.

Seguidamente, comecei a sentir meu corpo e a perceber que de tempos em tempos alguém me tocava. Mas sempre com a melodia ecoando em minha mente, fazendo-me seguir em um estado que parecia ser de dormência, enquanto algum tipo de energia era direcionada ao meu corpo, de forma a restabelecer-me.

Mais alguns períodos exposto àquele estado, e então finalmente consegui sentir meu corpo por completo.

Ao constatar isto, procurei levantar-me, mas fui logo contido por mãos que me direcionaram a permanecer deitado. Na sequência, observei que a melodia que vinha sendo executada ininterruptamente pela voz feminina simplesmente cessou.

Deitado e ainda sem recuperar a visão, comecei a ouvir que a pessoa junto a mim naquele ambiente começara a dialogar com alguém, explicando-lhe minha situação:

— Parece que a melodia não está mais fazendo efeito. Ele teve muita sorte em você tê-lo trazido aqui. Creio que mais algum tempo e sua situação se complicaria de tal forma que eu não poderia mais ajudá-lo – explica a voz feminina.

— Eu lhe agradeço por sua ajuda, minha amiga. Possuo grande interesse neste ser, e perdê-lo assim seria um grande desperdício – responde a segunda pessoa, cuja voz parecia-me familiar.

Enquanto eu prosseguia deitado e recuperando minhas forças, comecei a imaginar de que lugar conhecia aquela voz masculina que me era familiar.

Contudo nem precisei buscar fundo em minha mente para que conseguisse recordar-me de quem se tratava. Como poderia ter-me esquecido da voz daquele que fora o culpado por eu encontrar-me naquele estado? Tratava-se de Amon.

Porém espantava-me este dizer que estava grato pela mulher ter-me auxiliado e que possuía grande interesse em mim. Afinal, do que ele estava falando e por que após tudo o que me fizera, tentava agora me ajudar?

Confuso com toda aquela situação, e ao mesmo tempo assustado, tratei logo de tentar levantar. No entanto fui mais uma vez impedido e segurado. Sentindo que me forçava a permanecer deitado, eu insisti em levantar, estava desesperado com aquela situação.

Então, vendo a minha estranha inquietude em tentar levantar a todo custo, a mulher que me acompanhava advertiu:

— Ele está começando a ficar muito alterado, e esta situação é extremamente prejudicial a ele. Se continuar desta forma, todo o esforço feito para auxiliá-lo terá sido em vão. Irei agora mesmo aplicar-lhe recursos neutralizadores em seu nervo central, para que assim ele volte a adormecer e possamos prosseguir com o processo de regeneração – explicou a mulher.

Logo em seguida, antes que eu pudesse tentar qualquer reação, uma mão tocou em minha testa, e imediatamente desfaleci. Estava agora completamente entregue aos interesses ainda desconhecidos em relação a mim por parte de Amon e da mulher que o acompanhava.

Enquanto eu seguia desacordado e sem ter conhecimento de onde realmente me encontrava, no plano físico uma grande novidade contagiava de emoção a todos na casa de Cláudio.

Pedro, o pequeno irmão de Elisa, o qual agora se havia torna-

Das Trevas à Luz

117

do um jovem de dezenove anos, conheceu uma jovem um ano mais velha que ele, e após quase dois anos de namoro, haviam decidido casar-se quando descobriram que ela estava grávida.

— Ai, meu Deus... eu nem acredito que o meu irmãozinho já tenha se tornado um homem e que vai se casar! – comenta Elisa.

— Tem razão, Elisa. Como o tempo passou depressa. Lembro--me como se tivesse sido somente há alguns dias, quando fomos resgatá-lo lá na cachoeira – recorda Cláudio.

— Verdade. Lembra-se da chuva que estava aquele dia?

— Não teria como me esquecer. Lembro-me direitinho do estado em que ficou meu sapato com todo aquele barro. Mas também, nós tivemos sorte de você ter se lembrado de irmos procurar lá, Elisa. Já imaginou se decidíssemos ir a outro lugar?

— Foi muita sorte mesmo, Cláudio. Nunca que eu iria imaginar que Pedro pudesse ir até lá com aquele tempo chuvoso. Acho que foi o meu anjo da guarda que me alertou.

— Bom, mas graças a Deus tudo deu certo e conseguimos resgatar seu irmão em segurança. Estou feliz em saber que ele irá se casar.

— Ah, eu também estou muito feliz. A única coisa que me entristece um pouco é saber que meu pai não poderá presenciar este acontecimento. Tenho certeza de que ele ficaria muito orgulhoso em ver o filho se casar.

— Com certeza. Mas não pensemos que ele não vai estar lá para ver. Aposto que, onde quer que ele esteja, ficará muito feliz pelo belo filho que teve. Não somente pelo filho, mas também pela filha linda e tão maravilhosa que teve.

— Ora, seu galanteador. Passa o tempo e você continua sempre o mesmo carinhoso de sempre. Não sei o que eu teria feito da vida sem você, Cláudio.

— Eu é que não saberia viver sem você, meu amor. Apesar de não termos conseguido nos casar, só o fato de vivermos juntos já é o suficiente.

— Tem razão. Porém ainda tenho vontade de um dia, quem sabe, nós nos casarmos. Se Deus permitir, é claro – deseja Elisa.

— Não se preocupe, meu amor. Um dia, quem sabe... Por enquanto ainda acho estranho pensar na gente entrando na igreja novamente. Sempre que imagino isto, me vem à mente aquele trágico incidente com aquele pobre coitado, o Matheus.

— É... realmente. Quando penso nisto também me lembro daquilo que houve. Pobre Matheus. Era um sujeito tão perdido e desacreditado na fé e no amor ao próximo. Espero que onde esteja, possa Deus perdoá-lo por seus atos.

De volta ao plano espiritual, eu, após longo tempo desacordado, finalmente comecei a recobrar a consciência e a verificar o estranho lugar em que me encontrava.

— Onde eu estou? Que lugar é este? – perguntei preocupado, ao abrir os olhos.

— Ora, vejam quem finalmente acordou. Peço que se acalme, aqui você está em um lugar seguro – responde uma mulher.

— Mas afinal de contas, como eu vim parar aqui, e quem é você? – questionei.

— Eu sou Jezabel, e você encontra-se neste momento em minha casa. Foi trazido aqui por um amigo, após encontrar-se em estado muito elevado de degeneração. Creio que se demorasse mais algum tempo em socorrê-lo, poucos poderiam ajudá-lo – explica a mulher.

— Quem é este amigo ao qual se refere? Eu não possuo amigo algum. Onde ele está? Quero vê-lo – pedi.

— Acalme-se, não faça muito esforço, pois você ainda continua muito fraco. Este homem que o trouxe aqui não se encontra neste momento. Apenas solicitou que eu o ajudasse, e em seguida partiu, informando que retornaria assim que possível.

— Foi você quem me ajudou? – quis saber.

— Isso mesmo. Tenho auxiliado a muitos que de alguma forma acabam vindo me procurar. Você teve muita sorte, pois nunca havia encontrado alguém que estivesse em um estado tão crítico e houvesse conseguido se reestabelecer assim. Ainda não me disse o seu nome e qual o seu propósito nesta região.

— O meu nome é Matheus, moça. Agradeço na maneira do que me é possível por tudo o que fez por mim, mas agora eu preciso ir.

Após encontrar-me um pouco mais lúcido, depois de toda aquela espécie de tontura e fraqueza ter-se dissipado, decidi levantar da cama em que me encontrava e seguir meu rumo. Contudo, logo perceberia que isto não seria possível e que havia ainda algo muito estranho em toda aquela situação, algo que não tinha sido mencionado. Eu encontrava-me preso à cama por algo que pareciam correntes.

Das Trevas à Luz

— O que? Mas o que significa isto? – indaguei, confuso.

— Fique calmo, Matheus. Devo advertir-lhe que isto foi necessário para que pudéssemos ajudá-lo. Não fosse assim, eu nem teria conseguido aproximar-me de você. Encontrava-se muito agitado apesar de seu delicado estado, e não tive outra escolha.

— Ora, sua... solte-me agora mesmo, ou não responderei por meus atos! – adverti.

— Sinto muito, mas eu não posso fazer isto. Pelo menos não ainda. Você não se recuperou completamente, e se eu soltá-lo agora, antes que eu conclua, irá tornar a degenerar-se, devido à gravidade de seus ferimentos – explica Jezabel.

— Você não tem o direito. Quem pensa que é para saber se ainda preciso de ajuda? Eu não pedi que ninguém me ajudasse, fizeram isto por que quiseram. Agora me solte, me solteee! – gritei.

— Acalme-se, eu já lhe expliquei. Faço isto para o seu próprio bem. Tenha paciência que em breve você já se encontrará totalmente recuperado e então poderá ir.

— Eu quero ir agora. Me solte, me solte! – esbravejei, tentando libertar-me.

Enquanto eu seguia preso na casa de Jezabel, nas Trevas Buriel recebia informações sobre o meu estado através de um de seus subordinados, envolvido em um plano muito bem elaborado. Sorrateiro e escondido por entre as sombras, o falso Lamonnael explicava tudo a seu mestre.

— E então, Lamonnael, como vão as coisas em relação ao nosso desertor? Você fez o que eu ordenei e o castigou? – questiona Buriel.

— Tudo segue como ordenado, meu senhor. Encontrei-o completamente entregue às vicissitudes, como ocorre com a maioria que estaciona naquelas regiões. Matheus, ao que parece, entrou em um estado de demência e possui lapsos do que lhe fora confiado. – explica Lamonnael – Durante um período, logo após sua deserção, eu decidi somente observá-lo de longe, para ver até onde ele chegaria. Contudo este não seguiu pelo caminho que eu imaginava, e estava transformando-se em apenas mais um dentre as centenas naquele estado.

— Venho acompanhando-o há longo tempo, mesmo antes de sua morte, e não permitirei que seu propósito não seja utilizado. Depois do castigo, você o levou a nossa companheira? – indaga Buriel.

— Sim, senhor. Neste momento ele encontra-se em processo de regeneração através do auxílio de nossa companheira, e logo em seguida iniciaremos a indução.

— Muito bem, siga como planejado e faça tudo o que for preciso para obter as respostas que procuramos. Matheus possui um importante instrumento que é fundamental para nosso avanço, e eu o desejo a todo custo – adverte Buriel.

Enquanto isso, na casa de Jezabel, eu, após muito me esforçar e não conseguir libertar-me, fui entorpecido e desacordado pela mulher, por esta ter constatado que se continuasse daquela forma, minhas ações iriam prejudicar todo o seu trabalho.

"Puxa, até que enfim consegui fazê-lo se acalmar. Nunca vi alguém tão revoltado como ele. O que será que ele possui de tão importante para que Amon se desse ao trabalho de trazê-lo aqui? Se fosse em outro caso, ele o deixaria apodrecer e sofrer, como já fez inúmeras vezes. Falta muito pouco para que Matheus se recupere totalmente. Aí então não sei se terei forças para mantê-lo preso aqui. Espero que Amon regresse em breve e me explique o que realmente pretende com ele" – pensa Jezabel.

Graças ao auxílio de Amon em ter-me levado a Jezabel, e a esta por ter-se esforçado em regenerar-me, eu finalmente estava quase recuperado. No entanto, seguia desacordado por Jezabel devido às minhas investidas em querer soltar-me e à serie de questionamentos que vinha fazendo.

Posteriormente eu descobriria quem realmente era Amon, qual o vínculo deste com relação a Buriel, e por que, afinal de contas, ambos tinham grande interesse em mim e em tal instrumento tão fundamental que diziam eu possuir.

18 – Intenções ocultas

No plano físico, mais especificamente no interior do estado de São Paulo, na vila onde Cláudio e sua família residiam, finalmente era chegado o dia do casamento de Pedro, irmão de Elisa, naquele fim de 1873.

— Puxa, como você está elegante, Pedro – comenta Cláudio.

— Muito obrigado, você também está muito bem vestido, Cláudio. Não quer aproveitar a ocasião e se casar com Elisa?

— Imagina, o que é isso Pedro. Hoje é o seu dia e de mais ninguém. Sua irmã e eu já tivemos a nossa oportunidade, e o destino quis que fosse daquela maneira. Quem sabe um dia não tenhamos uma nova oportunidade? Mas isto só Deus sabe – explica Cláudio.

— Como eu queria que meu pai também estivesse aqui para ver este momento. Tenho certeza de que ele ficaria orgulhoso – lamenta Pedro.

— Ora, o que é isso, Pedro? Confiemos que ele está aqui zelando por você como sempre tem feito, e que deve estar bem orgulhoso pelo maravilhoso passo que o filho querido está dando – deseja dona Marta.

Pedro mal podia imaginar que, graças à bondade divina, estavam presentes na igreja seus amados pais, Júlio e Matilda, aguardando ansiosos pelo casamento. Seu pai, que já havia esgotado toda sua pesada bagagem nas regiões purgatórias e encontrava-se em processo de regeneração em um parque hospitalar, estava prestigiando-o, junto da esposa. Ambos finalmente estavam juntos, após as difíceis provações que enfrentaram, e seguiam zelosos acompanhando seus entes queridos sempre que era possível, pois o trabalho para aqueles que buscam auxiliar ao próximo, dedicando todo seu amor, é instrumento precioso que todos podem exercer.

Outro companheiro, que também dedicava suas melhores intenções em auxiliar sempre que possível, era Cássius. Contudo este não pôde estar presente na igreja, uma vez que havia ido encontrar-se com o amigo Balthazar, a fim de obter informações sobre as constantes emanações perturbadoras emitidas por mim.

Cássius estava muito preocupado com as constantes brigas e discussões que Cláudio e Elisa vinham tendo por influência minha. Sabia de minha ida até as Trevas e da vinculação à qual havia sido submetido. Precisava coletar informações suficientes sobre o processo pelo qual eu fora subjugado, a fim de conduzir seus orientados da melhor maneira possível.

Apesar das corriqueiras brigas e discussões, quase sempre sem fundamento, que o casal Cláudio e Elisa vinha mantendo, o ambiente de harmonia e o amor sublime existente entre eles era muito mais forte que qualquer emanação que tivesse como objetivo desestruturar aquela união.

Mesmo após as difíceis provações que, por minha causa, tiveram de enfrentar para que pudessem seguir juntos, bem como os ferimentos que eu causara-lhes: a cegueira provocada em um dos olhos de Cláudio e a hemorragia no aparelho reprodutor de Elisa, ambos viam-me como um pobre coitado que se perdera nos caminhos da vida.

Ódio por tudo o que sofreram e ainda sofriam não fazia parte de seus sentimentos. Sempre que seguiam à missa, levavam seus votos de perdão e compaixão àqueles que os fizeram sofrer tanto. Não me viam como um inimigo, mas sim como um irmão desgarrado que não soube contornar os obstáculos impostos durante sua jornada.

Eu, no entanto, sem qualquer conhecimento de que minha obsessão por aquele casal pudesse estar fazendo-os sentir minhas emanações, na casa de Jezabel eu era levado a despertar, a fim de que um sujeito já conhecido por mim pudesse explicar por que eu fora conduzido até aquele local.

— Ei, Matheus, acorde! Você precisou ser sedado para que pudesse ser auxiliado, mas, segundo vejo, sua recuperação já está concluída. Acorde!

Aos poucos, a fraca luz no ambiente começava a refletir em meus olhos, e a consciência retornava lentamente. Podia ouvir claramente alguém me chamando, e as dores causadas pelo conflito que tivera, não mais estavam presentes. Sentia-me renovado e com forças suficientes para realizar qualquer tarefa.

A demência ainda não havia desaparecido por completo, porém, ao recorrer à memória e relembrar os rostos de Cláudio e Elisa, algo dentro de mim impulsionava-me a desejar emanar algo com relação a ambos. Os lapsos existentes impediam-me ainda de formular algo mais concreto, e por hora somente uma vaga lembrança era possível. O período pelo qual passei entregue ao vício incontrolável fora o suficiente para causar-me prejudicial demência.

Assim que abri os olhos e constatei a imagem de Amon estacado bem à minha frente, meu impulso foi o de saltar em seu pescoço, a fim de vingar-me pelo sofrimento causado.

— Ora, seu miserável, farei pagar pelo que me fez! – gritei.

— Acalme-se, acalme-se. Eu não sou seu inimigo, Matheus, só quero ajudá-lo – respondeu Amon.

— Ajudar? Por acaso acha que sou um idiota? Foi por sua causa que acabei vindo parar aqui, e ainda vem dizer-me que só quer me ajudar?

Das Trevas à Luz
123

— Exatamente. Eu me enganei quando o ataquei, mas já me arrependi. Por isso o trouxe aqui à casa de Jezabel. Foi ela quem o auxiliou e ajudou com os ferimentos.

— Ora, cale esta sua boca e me solte de uma vez se não quiser sentir minha ira! – ordenei.

— Tudo bem, eu o solto. O imobilizamos para que pudéssemos ajudá-lo. No estado em que se encontrava quando chegou, se não fizéssemos isto, nada poderia ser feito para ajudá-lo. Porém, só poderei soltá-lo quando se acalmar. Estas amarras se tornam cada vez mais resistentes conforme se utiliza mais força para tentar libertar--se – salientou Amon.

— O que?! Seu maldito miserável, ordeno que me solte agora mesmo! Chame sua cúmplice e diga-lhe para me soltar imediatamente, antes que eu destrua todo este lugar – adverti.

— Desculpe, mas não posso fazer isto. Jezabel não se encontra. E mesmo que ela estivesse aqui, no atual estado em que as amarras se encontram, nem mesmo ela teria condições de libertá-lo neste momento. Você não terá outra alternativa a não ser se acalmar.

— Ahhhhh! Seu malditooo! – gritava eu.

— Já lhe avisei que isto de nada adianta, Matheus. Quanto mais irritado ficar, mais difícil vai ser você conseguir se libertar. Por que não tenta se acalmar, e me deixa explicar por que foi que decidi ajudá-lo?

— Me acalmar? Você primeiro tenta me destruir, depois vem dizer que se arrependeu e só quer me ajudar. Acha que sou burro e não vejo que está mentindo? Me solta, me soltaaaa! – esbravejei.

Por mais que eu tentasse libertar-me, Amon estava certo. Quanto mais força eu fazia, mais preso eu ficava. Já me sentia recuperado dos ferimentos, mas por mais força que investisse, não conseguia libertar-me. Mais uma vez via-me preso e entregue aos adversários, e aquela situação irritava-me. Não conseguia pensar em acalmar-me estando entregue daquela forma. Porém, ele mentindo ou não, seria obrigado a realizar o que Amon sugerira, caso quisesse libertar-me.

No início a irritação e a ira eram incontroláveis. Só pensava em gritar e esbravejar, tentando quebrar aquelas amarras. Contudo, logo percebera que todo o meu esforço de nada estava adiantando, e então comecei a acalmar-me.

Notando a minha estranha quietude, o observador Amon, que

vinha de tempos em tempos vigiar-me, começou a perceber que finalmente eu parecia ter-lhe dado ouvidos, e estava acalmando-me, a fim de sair daquela situação.

Foi então que o indivíduo começou a passar cada vez mais tempo em minha companhia. Vinha, e em muitas das vezes ficava apenas observando. Nas vezes em que ensaiava uma conversa, eu logo virava-lhe a cara ou irritava-me, mandando que se calasse. Mais algum tempo naquela situação, e então comecei a ser visitado pela mulher que me auxiliara. Jezabel era uma mulher de belas curvas, olhar penetrante e uma voz suave que parecia induzir-me a obedecê-la. No começo também só a ignorava, mas com o passar do tempo fui aos poucos sendo cada vez mais seduzido pela forma como aquela mulher tratava-me. Nunca em toda a minha vida alguém demonstrara tanto afago para comigo. Acostumado a sempre ser pisoteado e chicoteado pelas provações da vida, aquela era então uma nova visão a qual eu nunca havia experimentado.

Então o homem violento e agressivo em mim, começou a dar lugar a outro, calmo e hipnotizado pelos encantos da formosa mulher. Eram duas vertentes: quando estava somente na companhia de Jezabel, eu era um homem calmo, mas quando era a vez de Amon, o ódio voltava a tomar conta de mim, e só pensava em vingança.

O tempo foi passando, e eu continuava preso na casa de Jezabel. Por mais que estivesse calmo na companhia da mulher, eu ainda não conseguia libertar-me, e como se estivesse embebecido por aquela estranha sedução à qual ela induzia-me, eu não levantava nenhum questionamento e seguia acorrentado àquela condição.

A situação modificou-se somente quando, em um de meus lapsos, recordei-me da imagem da jovem Elisa. Aquela lembrança fez-me começar a gritar e a desejar libertar-me. Sem compreender, quis somente ir ao encontro daquela jovem que me instigara.

Estranhando a minha repentina mudança mesmo na presença de Jezabel, Amon começou a analisar-me mais de perto. Não conseguia compreender por que alguém que dava sinais de estar completamente hipnotizado, estava agora agindo daquela forma.

Curioso com o que via, Amon resolveu aproximar-se e questionar o que eu estava vendo e afinal para onde desejava tanto ir, uma vez que meu estado impedia-o temporariamente de analisar minha tela mental.

Das Trevas à Luz 125

— Diga-me, Matheus. O que você está vendo? Onde fica este lugar aonde precisa ir? –questionou Amon.

A curiosidade era tamanha que Amon chegou ao ponto de segurar meu rosto e indagar-me fervorosamente sobre o que, afinal de contas, eu referia-me. Então, como se recebesse uma breve descarga magnética ao sentir o toque de Amon questionando-me, os flashes que vinha recebendo com as imagens do passado logo cessaram e tudo voltou a ficar turvo em minha mente, fazendo-me retornar ao estado de raiva do mundo de demência. Comecei então a insultar novamente Amon e ordenar que me libertasse.

Devido ao período exposto ao vício e ao processo de vinculação do templo de Beilial, meu discernimento e as lembranças do passado encontravam-se agora envoltas em um poderoso turbilhão que me impedia de interligar as imagens e os fatos de maneira clara.

Como um pobre demente, eu encontrava-me girando em torno de minhas próprias dúvidas, sem saber que as respostas encontravam-se bem diante de mim, aguardando que eu quisesse seguir adiante.

Conforme o tempo ia seguindo e eu envolto naquela situação conflitante de lapsos e revolta, o preocupado Amon resolveu tomar uma atitude. Decidiu empenhar todas as suas energias a fim de libertar-me de minha própria prisão.

Reafirmando o voto de haver-se arrependido por atacar-me, e de sua intenção ali, agora, ser a de somente auxiliar-me, o estranho homem, que já estava acompanhando-me naquela situação havia longo tempo, aproximou-se de mim sob o olhar preocupado de Jezabel. E, tocando minha mão, disse em tom companheiro e sereno que iria investir todas as suas energias em libertar-me, mesmo que para isto sacrificasse a si próprio. Explicou que estava com o coração partido por acompanhar todo meu sofrimento e que se julgava culpado por eu encontrar-me naquela penosa situação.

Assustado e confuso com perturbadora afirmação, eu fiquei estagnado sem saber o que dizer, observando o olhar arrependido daquele ser que realmente parecia estar sendo sincero. Por que, afinal de contas, alguém que me fizera tanto mal, e ao meu entender fora o causador de minha atual situação, dispor-se-ia a realizar aquele gesto?

Tentei focar o raciocínio e analisar melhor o que estava ocorrendo, porém ainda não me encontrava com forças suficientes para tal.

Apensar de naquele momento já encontrar-me quase recuperado de meus ferimentos, a força de que dispunha não era o suficiente para auxiliar-me em nada.

Então, antes que eu pudesse dizer algo, Amon estendeu a destra sobre mim, acorrentado naquele leito, e imediatamente enorme intensidade de uma luz na cor violeta começou a cobrir-me dos pés à cabeça. Sentia como se o ar que faltava em meus pulmões fosse aos poucos sendo direcionado de forma a insuflar-me o corpo e mente ainda debilitados.

Novamente, enquanto era tomado pela revigorante emanação projetada por Amon, voltei a ter lampejos de memórias adormecidas. Pude observar o rosto de pessoas conhecidas de minha última encarnação. Vi o rosto borrado de padre Antônio, de Júlio, o pai de Elisa, e em seguida, Cláudio. Todos aparentavam estar tristes e preocupados.

Comecei também a recordar-me das ações com meu antigo amigo Marcos e das inúmeras atrocidades que praticávamos juntos. Tudo surgia rapidamente e em seguida desaparecia, como se minha mente estivesse sendo vasculhada para encontrar algo ou então lembrar-me cenas que já haviam sido entregues ao esquecimento.

Conforme aquela situação seguia, fui começando a irritar-me novamente, pois além de ainda me encontrar preso ao leito, aquelas lembranças estavam começando a incomodar-me profundamente. Seriam aquelas lembranças provocadas pela investida de Amon, ou seriam apenas decorrentes de meu atual estado?

Irritado, tentei abrir os olhos, contudo a intensa luz não me permitia. Apenas pude ver de relance que Amon ainda continuava de pé ao meu lado.

Nervoso devido àquele turbilhão de lembranças, fui novamente começando a ficar cada vez mais agitado. Tentava libertar-me, porém ainda não conseguia. Fiz mais força, buscando levantar-me, contudo ainda sentia-me pesado.

Foi então que ouvi Amon dizer que faria tudo a seu alcance para que eu libertasse-me. Gritou diversas vezes que eu não merecia estar naquela situação e que somente ele era o culpado. Quanto mais ele gritava, mais eu sentia e lembrava os atos praticados. Eu estava ficando desesperado com tudo aquilo. Queria que ele parasse, mas também desejava libertar-me a todo custo. Parecia estar entrando em estado de choque.

Das Trevas à Luz

Foi então que a luz, antes violeta, agora se tornava esverdeada, e junto dela sentia como se uma forte corrente magnética percorresse todo o meu corpo. A dor estava sendo insuportável, pensei que fosse desfalecer.

Então, como se em resultado de ato final, ouvi um último grito de Amon, e em seguida desfaleci.

19 – O julgamento de Buriel

Após confuso evento realizado na casa de Jezabel, ao abrir os olhos notei que não mais me encontrava preso àquele leito, e sim jogado em uma vala escura e fétida.

Onde eu estava? O que teria acontecido com Amon?

Sem obter as respostas, tateei o chão úmido, e após muito esforço consegui apoiar-me na parede e em seguida ficar de pé. O assombro foi tamanho quando ergui a cabeça e notei que bem acima de mim havia uma grade. Eu parecia estar preso em uma pequena cela com paredes muito estreitas, cobertas com um muco viscoso e úmido.

Eu não conseguia acreditar onde havia ido parar. Afinal de contas, o que aquilo queria dizer e quem fora o responsável por encarcerar-me?

Assustado, comecei a gritar pedindo por socorro, porém ninguém respondia. O silêncio era arrebatador e aos poucos ia colocando-me em estado de pânico.

Tentei forçar a grade para alcançar a liberdade, contudo ela em nada se movia. Procurei pendurar-me na pequena grade a fim de conseguir observar mais a fundo que lugar era aquele, mas a escuridão era tamanha que de nada adiantou. Também não conseguia ver nada que me recordasse alguma localidade da crosta.

Afinal de contas, onde eu estava? Parecia ter sido trazido novamente à cidade das Trevas, pois o odor em muito me lembrava do período em que lá estivera.

Na realidade eu estava certo. Realmente havia voltado à cidade de Charon. E enquanto eu seguia desesperado e encarcerado no pequeno cubículo, o responsável por trazer-me de volta explicava os motivos.

— Segui como ordenou, meu senhor. Com a falha de Lamonnael em obter as respostas que desejava, intervimos no exame que este vinha exercendo sem sucesso em Matheus, e trouxemos este de volta – explicou Delcon, um dos vassalos de Buriel.

— Muito bem, Delcon. Agora me traga Lamonnael. Desejo obter deste quais foram os motivos que provocaram sua falha – ordenou Buriel.

Pouco tempo depois Lamonnael é conduzido à presença de Buriel e tenta explicar-se.

— Senhor, eu peço-lhe que me perdoe. Nunca encontrei alguém com tamanha desestabilização interna, capaz de bloquear minhas induções – explica Lamonnael, que na realidade estava infiltrado junto a Matheus, utilizando o nome de Amon.

— Lamonnael, sabe muito bem que não aceito falhas. Você falhou e eu não admito isto! – grita Buriel.

— Clemência, meu senhor. Eu havia seguido como planejado, e após castigá-lo violentamente, alegando outro interesse, conduzi-o à casa de Jezabel para que desta forma ele reorganizasse sua mente e consequentemente seu corpo. Acontece que eu imaginava que se ganhasse a confiança de Matheus e este acreditasse que eu havia-me arrependido e queria somente ajudá-lo, eu poderia induzi-lo a mostrar-me em sua tela mental aquilo que procurávamos. Contudo, seja lá o que for que ele esconde, é algo que está bem profundo e difícil de ser encontrado. Mas se me deixar...

— Ora, cale-se! – esbraveja Buriel, interrompendo-o – Estou decepcionado com você, Lamonnael. Perdemos um precioso tempo, onde poderíamos já ter encontrado aquilo que bloqueia e impede que os malditos seres de luz continuem a interferir em nossos planos. É bem sabido que a maioria de nossa prole, se não quase toda ela, é incapaz de verificar tal presença, contudo conheço claramente que são estes os responsáveis por sempre atrapalharem os nossos planos, devido à maneira como agem.

— Faz muito tempo – continua Buriel – que tenho acompanhado Matheus, e suas práticas eram o principal motivo por ter feito questão de conduzi-lo até aqui. Ter descoberto que este, além de muitos elementos importantes ao nosso propósito, é detentor de um conhecimento capaz de impedir a ação destes seres, aumentou ainda mais meu interesse nele. Nós permitimos que, mesmo com sua deserção, Matheus continuasse a vagar livre, somente para que esta

Das Trevas à Luz

capacidade que possui pudesse ter a oportunidade de manifestar-se novamente, e com isso analisarmos e conhecermos seu funcionamento a nosso próprio benefício. Já imaginou como seria se pudéssemos seguir até os residentes no físico, realizar todas as nossas vontades, e quando surgissem estes malditos os seres, termos a capacidade de bloquear suas investidas?

— Seria maravilhoso, senhor... – concorda Lamonnael antes de ser interrompido novamente por Buriel.

— Não somente seria maravilhoso, como também mudaria tudo aquilo que conhecemos. As possibilidades seriam infinitas e o mundo se curvaria diante de nós. E você falhou em obter esta informação, Lamonnael. Dei-lhe todas as chances para que descobrisse como Matheus fez aquilo e você falhou comigo! – grita Buriel, alterando seu estado.

— Clemência, senhor, clemência – implora Lamonnael.

— Eu não admito falhaaaas!... – esbraveja Buriel, que se fazendo de juiz do réu, lança-lhe poderosa carga de energia.

Ao receber o ataque de Buriel, Lamonnael começa a transmutar-se de tal maneira que centenas de partículas pareciam simplesmente sair de seu corpo, provocando-lhe intensa dor. Logo em seguida, Lamonnael cambaleia e então cai inerte diante do algoz.

Contudo há de esclarecer-se que o espírito é imortal e uma centelha viva de Deus, não desaparece jamais. Seu invólucro é que se modifica. E foi isto que ocorreu com Lamonnael ao receber o poderoso ataque de Buriel. Sua vestimenta utilizada naquela região não suportou a intensa carga desferida, e então, como uma frágil construção, desmoronou. E desta forma, o espírito de Lamonnael deixou de ter condições de continuar a manter-se naquele local, sendo assim prontamente transferido a outro, em condições de acolhê-lo.

Após castigar violentamente Lamonnael por sua falha, Buriel, que havia mandado seus vassalos buscarem-me na cela, segue ao meu encontro, a fim de mostrar-me que era ele o verdadeiro responsável por aquela minha atual situação.

— Vejam só quem voltou para casa... Está confortável em seus novos aposentos, meu caro Matheus? – questiona ele.

— Ora, então realmente foi você quem me aprisionou aqui, seu miserável? O que quer de mim? Eu já fiz tudo o que me pediu – eu disse.

— Sim, você seguiu muito bem em sua tarefa. Conduziu sua equipe de missionários até os que haviam sido escolhidos e obteve êxito quase que completo. Dou-lhe os parabéns. Poucos foram aqueles capazes de obter tantas quedas em um espaço de tempo tão curto.

— Já conseguiu o que queria, então agora me solte! – exigi.

— Ah, meu querido amigo Matheus. Sabe muito bem que o venho acompanhando há um longo tempo. Eu estive presente em cada um de seus inúmeros atos praticados contra aqueles que julgava intrometerem-se em seu caminho. Cada gesto, cada palavra, cada sentimento de ódio, cada morte que praticou. Eu sempre estive ao seu lado. Incentivei-o quando possuía dúvidas, alimentei-o quando estava fraco, sorri quando praticava alguma maldade. Ah, meu querido Matheus, inúmeras foram as vezes em que saboreamos juntos o prazer de ver a dor e o sofrimento nos olhos daqueles que cruzaram seu caminho.

— Seu maldito! – gritei.

— Eu cuidei de você como se fosse um filho. Aguardei ansioso pelo momento em que finalmente estivesse pronto para juntar-se a nós. Então, quando este momento finalmente chegou, cuidei para que aqui em Charon você conseguisse obter tudo aquilo que necessitava para tornar-se o que eu esperava. No fundo eu sabia que você ainda não estava preparado, pois carregava fincado dentro de si algo que talvez pudesse atrapalhar sua ascensão. Contudo não imaginava que isto seria a solução para os nossos problemas – exalta Buriel.

— Mas do que é que você está falando? – perguntei confuso.

— Ora, Matheus, se esqueceu que sua mente e pensamentos são projetados em sua tela mental e permitem-me saber tudo o que ocorre com você? Não pense que somente com os que se encontram encarnados esta ferramenta é possível. Com os que já não se encontram na carne isto também ocorre. Ou seja, sei o que você pensa, meu querido Matheus.

— Então, se consegue ver tudo o que penso, você sabe que não tenho nada a esconder – eu disse.

— Ah, mas aí é que está. Isso é o que deveria ocorrer, mas nem tudo o que você pensa ou sente é demonstrado. Não sei ainda como é capaz de fazer isto, mas de alguma forma está fazendo. E dados

Das Trevas à Luz

131

muito importantes para nós não estão visíveis. Esqueceu-se do seu encontro com os nossos inestimáveis seres de luz? Os responsáveis pela não conclusão de sua tarefa? – indaga Buriel.

— Sim, mas não faço ideia do que você está falando. Eles surgiram sem que nos déssemos conta, e quando elaborei uma investida, já era tarde demais. Todos foram levados por eles – expliquei.

— Isso, exatamente. Mas acontece que nem todos foram levados... você ficou!

Constatando que eu não dera nenhuma explicação para tal fato, o mestre das sombras prosseguiu.

— Como está vendo, Matheus, todas as entidades que rumaram com você aos locais predispostos foram capturadas e removidas de sua intenção, sobrando somente você. Não sei como você conseguiu permanecer, mas o fez, e necessito saber como.

— Eu não sei. – respondi, prosseguindo – Simplesmente eles surgiram por toda a parte, tomando o ambiente com uma forte luz, e aos poucos todos os missionários foram desaparecendo. Eu tentei uma investida contra eles, mas não teve efeito algum. Não havia nada que eu pudesse fazer para evitar tal ação. Logo em seguida, quando fui tomado pela forte luz, um ser surgiu diante de mim e disse algo sobre a verdadeira virtude, e então desapareceu.

Após ouvir o meu relato, o mestre das sombras começou a fitar--me como se buscasse algo. Parecia estar analisando-me à procura de sinais que pudessem indicar algo sobre o que acabara de contar.

Então, logo em seguida, o maléfico ser levantou-se de seu trono e dirigiu-se a mim. Mantinha o olhar fixo e o aspecto de alguém que não pouparia esforço para obter o que procurava. Ao aproximar-se de mim, Buriel analisou-me mais alguns instantes, e em seguida pronunciou algo que não pude compreender.

Eu não estava assustado com o que poderia ocorrer a mim, pois àquela altura já havia experimentado todos os tipos de dor. O ódio devido a minha atual situação ainda era muito mais forte e intenso que qualquer outra emoção.

Sem alternativas, apenas aguardando o julgamento de Buriel, pus-me a encará-lo também. Fosse o que houvesse, manter-me-ia firme até o seu pronunciamento.

Mais alguns instantes de análise e, então, finalmente, o ser esboçou uma reação. Confesso que por mais obstinado a seguir firme que eu estivesse, mais algum tempo naquela situação e não saberia dizer se iria aguentar.

Era finalmente a hora de ouvir o veredicto e pôr um fim àquela análise. Então, preparando-me para o pior, respirei fundo e enrijeci-me.

Foi então que, mais uma vez, eu fora surpreendido com o que ocorrera. Buriel, que parecia ter chegado a uma conclusão sobre mim e iria decretar uma sentença, para meu espanto, simplesmente pôs-se a rir.

Bem ali na minha frente, no covil das Trevas, estava o temido e impetuoso mestre das sombras entregando-se a uma gargalhada. Nunca poderia conceber que seria surpreendido por inimaginável reação.

Afinal, por que Buriel estava rindo? Qual era o intuito de tudo aquilo? Então, antes que mais indagações tomassem-me o pensamento, o algoz começou a explicar.

— Virtude? Você com virtudes? Ora, não me faça rir, Matheus. Conheço você há longa data e se existe algo que não possui é virtude. Ande, diga-me quais foram os reais motivos que fizeram com que você fosse poupado? – ordena Buriel.

— Mas eu já lhe falei. A única coisa que ele me disse foi sobre possuir a verdadeira virtude, nada mais – respondi.

— Matheus, sabe muito bem que não tolero atitudes como esta, é melhor contar-me logo a verdade antes que não exista mais escolha.

— Não tem mais o que falar. Já disse a você o que ele me falou. Foi somente isto e nada mais. Por quais motivos eu não lhe contaria a verdade?! – indaguei aos berros.

Assim que mais uma vez eu neguei conhecer algo além do que já havia contado, Buriel encheu-se de ira e imediatamente alterou seu estado, demonstrando a criatura que realmente era. Parecia que finalmente eu receberia a sentença e castigo por todos os meus atos.

O homem de aspecto sereno e elegante era agora um ser com feições capazes de assustar aos mais valentes e destemidos. Nunca havia presenciado um poder tão destrutivo e ameaçador desde minha ida às Trevas. Pude ver claramente em seus densos olhos que estava completamente furioso pelas respostas recebidas, e que nada o impediria de fazer algo contra mim.

Seria aquele o meu fim? Iria eu desaparecer sem que ao menos pudesse voltar a ver a minha amada Elisa?

Receoso com o que o mestre das sombras iria fazer a mim, a única coisa que me vinha de concreto à mente era a imagem da jovem que me havia atraído de todas as formas.

Então, como se houvesse ocorrido algo, Buriel interrompeu seu avanço e imediatamente retornou à forma serena, deixando-me sem compreender absolutamente nada.

Logo em seguida, ordenou a seus vassalos que me levassem de volta à prisão, e disse-lhes que eu não deveria ter contato com absolutamente ninguém.

Que atitude era aquela? Por que, afinal de contas, Buriel havia recuado e me poupado? Confesso que um completo vazio tomava conta da minha mente. Por mais que procurasse respostas, naquele momento nada fazia sentido. Eu estava esperando um castigo por ter abandonado meu posto de líder da empreitada rumo aos escolhidos e assim permitido que todos fossem levados pelos seres de luz. No entanto tal castigo não veio.

A minha deserção em busca de respostas para conflitante encontro com os seres de luz, levara-me diante de um enorme abismo, o qual eu ainda não me encontrava preparado para superar. Por isso acabei entorpecendo-me com os desejos que carregava e acabei por enlaçar-me a um encarnado, à procura de saciação.

No entanto, mesmo que não fosse com esta intenção, a aproximação de Amon, ou como era chamado, Lamonnael, fez-me recordar da pequena centelha que trazia comigo. Centelha esta que de alguma forma foi incitada graças à investida de Jezabel em recuperar-me, e o receio pelo que Buriel iria realizar.

Eu estava aprisionado em Charon, mas não sentia medo. A única e indiscutível ideia que trazia era a de que precisava ver Elisa. Não sabia ainda como, mas de alguma forma eu precisava escapar e enfim tornar a vê-la.

20 – O velho Gorki

Conduzido de volta à prisão de Charon, lá estava eu, uma criatura completamente abandonada e entregue às mãos das Trevas. Estava colhendo o que havia cultivado ao longo dos tempos. A premissa de causa e efeito demonstrava-me de forma clara aonde chegara com meus atos.

Sem qualquer tipo de contato ou recebimento de alimentos que suprissem as minhas cada vez mais evidentes necessidades, eu encontrava-me largado como um animal faminto e acuado na pequena valeta sob as bases de Charon, aguardando que meu tão esperado julgamento viesse.

O único alimento que ainda me mantinha em condições de discernir sobre meu estado e ainda continuar insuflando ar em meus pulmões, era a lembrança e imagem de minha amada e distante Elisa. Desejar revê-la era o que me impulsionava a não desistir.

Mesmo apesar de todo o tempo que passamos distantes, aquela jovem havia-me enlaçado de tal forma que nunca poderia imaginar. Nem o desprezo que me lançara ou a insolente troca de mim por Cláudio possuíam forças suficientes para fazer-me ter-lhe desapego.

A atração que me enlouquecia a querer lançar-me sobre ela, havia cravado raízes profundas que nem mesmo o tempo ou a solidão poderiam arrancar.

— Elisa, oh Elisa! – suplicava eu, resguardando em minh'alma a certeza de que tornaria um dia a vê-la.

Enquanto eu seguia abandonado e encarcerado nas Trevas, o companheiro Otair, enviado pelo querido senhor Paulo para acompanhar-me, levava as informações sobre meu real estado e induzia o preocupado e amoroso Balthazar a questionar-lhe.

— Mas eu não compreendo, senhor Paulo, as Trevas possuem este poder para manter Matheus aprisionado?

— Matheus não se encontra aprisionado, Balthazar. – explica Paulo – Sua atual situação não é nada mais do que o resultado de suas ações praticadas, que foram ao longo dos tempos encarcerando-o em sua própria mente. Ocorre que as Trevas estão utilizando de artifícios considerados válidos para este incitamento, e que em nada infringem as leis que regem a todos.

— E como isto ocorre, senhor Paulo?

— Acontece que sem uma real consciência sólida capaz de elevar seu atual estado, Matheus involuntariamente aceita sua condição como prisioneiro, e permanecerá desta forma durante o tempo que for necessário até que consiga ele próprio libertar-se destas amarras – esclarece o senhor Paulo.

Sem poder ajudar-me durante aquela minha etapa encarcerado em Charon, Balthazar recorre ao mais valioso dos instrumentos, capaz de auxiliar todos a reconhecer que ninguém se encontra só e abandonado: a oração.

Ainda cego e surdo para conseguir absorver as emanações de amor e consolo vindas dos queridos companheiros dos planos elevados, eu, com o passar do tempo, começava enfim a dar sinais de entrega e desistência.

Por mais obstinado que eu estivesse a lutar para tornar a ver Elisa, o tempo isolado e abandonado naquela prisão consumia-me pouco a pouco. Contudo, antes que pudesse desistir por completo, eu recebera secretamente a visita de alguém que interrompeu este processo.

— Hum... vejo que apesar do longo tempo esquecido nesta cela, você ainda continua resistindo. Tanto tempo sem receber algum tipo de contado ou movimentar-se, e ainda estar privado de qualquer tipo de alimento parecido com o que estava acostumado a nutrir-se, não foram o suficiente para que se entregasse – sussurra um ser coberto por tecidos dos pés à cabeça, aproximando-se da cela.

Como eu não pronunciara uma única palavra, o encapuzado prosseguiu.

— Poucos são aqueles capazes de aguentar neste estado por prolongado tempo. No final, quem os aprisiona sempre acaba conseguindo o que quer, então dificilmente existirá uma volta. Creio que a esta altura muitos já teriam cedido, e pedido clemência. Se bem que me recordo: existiu sim alguém que resistiu fortemente por mais de duzentos anos. Manteve-se irredutível e consciente no início, contudo o tempo é o maior inimigo daqueles que se encontram em tal provação, e no final só existe uma saída – salienta o encapuzado.

Realmente. Já se passava um bom tempo em que buscava dentro de mim forças suficientes para suportar o que enfrentava. Por dezenas de vezes estive perto de entregar-me. Porém, quando estava em meu limite e chegaria próximo de fazê-lo, sentia como se algo me impedisse. Recebia forças vindas não sabia dizer de onde, que me levantavam e direcionavam-me a resistir.

Como eu não sabia se aquele contato com alguém seria o último, e o homem parecia estar disposto a um diálogo, inclinei-me em direção a ele e perguntei.

— O que houve com o sujeito que suportou estes duzentos anos?

Naquele instante, o estranho homem abaixou a cabeça e começou a emitir um som que lembrava alguém que se estivesse remoendo. Em seguida, levou as mãos à cabeça e então começou a despi-la, removendo todos os tecidos que a cobriam.

O cheiro que começou a exalar era um odor que lembrava algo em decomposição. Logo percebi que todo aquele odor provinha do que estava escondido debaixo dos tecidos, a face de uma criatura.

Espantei-me ao perceber que, na realidade, após retirar todos os tecidos que o encobriam, o que restou foi algo que nada se parecia com um ser humano. O rosto que observava possuía na verdade a aparência de um lagarto. E aquele cheiro horrendo provinha de sua pele escamosa e coberta com dezenas de feridas.

Porém, diferentemente de tudo que já presenciara, aquele não se tratava somente de um reles invólucro, e sim algo que havia sido consolidado e se tornado permanente.

Então, após alguns instantes em que permanecera distante de mim, o estranho ser respondeu:

— Foi isto o que aconteceu com aquele sujeito. Caiu tão profundamente, que em nada mais se assemelha com o que fora no passado. Eu me chamo Gorki. Habito estas regiões há mais de mil e trezentos anos, e estive presente em centenas de guerras, influenciando diretamente muitos dos generais durante as batalhas – exaltou.

Enquanto aquele estranho ser contava sobre sua história, fui percebendo que este exercia um grande esforço mental, como se as lembranças já estivessem por desaparecer.

Ele explicou que quanto mais tempo passava naquele estado ofensivo, a mando das Trevas, e quanto mais sangue ia sendo derramado, mais ia esquecendo-se do que fora um dia. Quem foi ou o que fez enquanto na carne não mais podia ser recordado e as únicas lembranças mais remotas eram simples borrões.

Disse também ser membro dos servos da Legião dos Dragões. Antigas criaturas com o único propósito de levar o caos e causar a destruição na orbe. Dedicou sua existência a este propósito e seguiu fielmente tudo o que era ordenado. Só conhecia o que as Trevas permitiam, e nunca questionava. Foi assim até que, em mais um ato de crueldade praticado, tudo o que imaginava ser como única verdade absoluta, desabou.

Contou que em sua última investida entre os encarnados, enlaçou-se intrinsecamente a um pai, e induziu-o a sacrificar o próprio filho.

Das Trevas à Luz   137

Aquele seria somente mais um de seus inúmeros atos, não fosse a presença de algo que jamais conhecera ou ouvira falar. Pois após fazer com que o pai ceifasse a vida da criança, influenciando-o, Gorki viu surgir diante de si uma luminosa criatura, com energia suficiente para estremecer qualquer alicerce. Nunca havia visto algo parecido ou tão imponente.

Assustado e ao mesmo tempo confuso, estacou, apenas observando o que o iluminado ser pretendia. Este, então, ajoelhou-se diante da pequena criança que acabara de ser assassinada, e após colhê-la em seus calorosos braços fraternais, dirigiu seu olhar a Gorki, que pôde então ver refletido nos olhos daquele ser angelical, encharcados pelas lágrimas que escorriam incessantemente, a imagem do que ele fora um dia: um zeloso pai de família, que após perder o filho e esposa assassinados cruelmente, não suportou a difícil perda e acabou por suicidar-se, acreditando ser esta a única forma de revê-los.

Logo após contar tal experiência, Gorki explicou que depois deste encontro, nunca mais fora o mesmo, e que não só se recobrar do que foi um dia, como também descobrir a existência de seres completamente diferentes e capazes de provocar-lhe tamanha renúncia, foi o que o fez decidir tomar outro rumo e não mais obedecer às ordens das Trevas.

Desse dia em diante, ele passou a duvidar do que conhecia até então, e a questionar se tais atitudes eram a única opção para aqueles que estacionavam naquela região, conforme fora instruído pelos servos das Trevas.

Mencionou que toda dor, todo ódio, todo desejo de vingança, ou quaisquer outros sentimentos que o impulsionavam a seguir adiante no caminho escolhido, simplesmente foram diluídos diante daquela incerteza que lhe havia acometido.

Posteriormente a criatura deu-me as costas e concluiu, dizendo:

— Eu somente contei-lhe isto para que saiba que, por mais difícil que possam parecer nossas provações, sempre haverá uma escolha. Lembre-se disso, meu rapaz, sempre haverá uma escolha.

Logo em seguida, a velha criatura tornou a cobrir o rosto com os tecidos que carregava, e então partiu, deixando-me entregue à reflexão sobre tudo que me havia contado e as reais intenções de Buriel ao manter-me naquela situação.

Enquanto eu refletia com relação ao que ouvira, nos aposentos de Buriel, este indagava sobre meu estado.

— E então, Matheus já tornou a manifestar aquele princípio de energia de forma mais intensa para que possamos estudá-lo e utilizá-lo em nosso benefício?

— Ainda não, meu senhor. Mas o temos acompanhado minuciosamente. Apenas em alguns pequenos momentos houve uma possível manifestação, mas nada ainda que possa ser examinado. Contudo vale ressaltar que à medida que o tempo avança, os sinais começam a surgir cada vez mais distintos. Creio que em breve o senhor conseguirá obter o que deseja – explicou uma das entidades que a serviço de Buriel vinha acompanhando-me sorrateiramente.

— Muito bem. Não quero que o deixem um instante a sós. Toda e qualquer modificação que ocorrer em seu quadro, eu quero que me seja informada. Quando ele esteve em minha presença, constatei que no momento em que surgiram em sua tela mental imagens de uma jovem, foi quando ele demonstrou uma alteração significante, e propiciou o que talvez seja aquilo por que procuro. Quero que comecem a incitá-lo com estas lembranças. Se isto for realmente o estopim para que ele se abra, então logo saberemos – ordenou Buriel.

— Sim, meu senhor.

— Imaginei que com a fraqueza e o isolamento, ele fosse alterar seu quadro, mas vejo que esta situação tem despendido tempo demasiadamente elevado. E a cada instante que passa, mais e mais de nossos companheiros de ideal têm sido sacrificados e removidos de nosso seio pelos miseráveis seres de luz. Se Matheus conhece uma forma de barrar suas investidas, eu a quero, e o quanto antes. Façam o que for necessário para arrancar dele esta informação – conclui Buriel.

Sem imaginar que eu era alvo de tamanho interesse, tudo o que fazia era levar o meu pensamento àquela que era o porto seguro, o conforto tão necessário aos difíceis momentos pelos quais eu vinha passando.

No plano físico, Elisa, agora transformada em mulher feita, continuava a receber minhas emanações e todo meu desespero pelas injúrias que acreditava estar sofrendo. Apesar de tantos atos e tantos desatinos cometidos contra o próximo, ao meu ver nada do que eu fizera era relevante ao ponto de enclausurarem-me daquela forma

Das Trevas à Luz

Condicionado a não sentir pena ou remorso, trazia em minha mente a certeza de ter agido conforme fora educado. Educação esta que não vinha de berço, mas sim de minha própria vivência durante os tempestuosos caminhos da vida. Acontecia que as inúmeras manchas negras que coletara durante os anos nunca me abandonaram. Ao invés disto, chegaram a um enorme contingente que me impulsionava a buscar sempre mais.

Alimentava o ódio fervoroso por acreditar ser injustiçado com tudo o que tivera de enfrentar até ali, e ainda sentia prazer com a possibilidade de retornar ao trabalho que me fora designado anteriormente. Trazia também em mim o vício do qual nunca me desvencilhara. Buscava forças na discórdia e acendia cada vez mais forte as chamas da maldade em meu ser.

Os poucos momentos em que superava a forte demência da qual era vítima, entregava-me ao desejo desvairado de tomar novamente Elisa em meus braços. Tornar a sentir a tenra pele da moça e perceber o descompassar de seu coração quando estava entregue a mim, faziam meus desejos por tomá-la surgirem fervilhando em minha mente.

Sem conseguir sentir as puras e consoladoras orações de paz e amor endereçadas a mim pelo amável e solícito amigo Balthazar, que mesmo consciente de meu estado, continuava a empenhar-se ao máximo em prol de meu refazimento, eu afundava cada vez mais em minha própria sepultura.

Mal sabia eu que Buriel dizia a verdade quando tempos atrás me informara que caso eu aproximasse-me de Elisa, esta sofreria graves consequências. Devido ao meu estado cada vez mais precário e ao desejo compelido de tornar a vê-la, eu enviava-lhe quase que diretamente toda a escória que cultivava em mim.

Apesar da bondosa proteção do amigo Cássius, que se mantinha firme ao lado dela e de Cláudio, toda vez que Elisa levava o pensamento ao antigo desafeto, abria-se uma enorme fenda para que minhas emanações truculentas chegassem até ela.

O pobre Cláudio também não ficava atrás. As dores que vez ou outra o atormentavam, da cegueira que lhe causei em um de seus olhos, ligavam-no a mim, e o ódio e o desejo de vingança que eu ainda trazia por ele assolavam seu cotidiano.

Nós éramos três entidades coexistindo em planos diferentes, no entanto dividíamos os mesmos padecimentos.

Enquanto não se fechasse por completo aquela dolorosa ferida, que mesmo com o passar do tempo mantinha-se firme em trazer-nos unidos, não restavam dúvidas de que estaríamos entrelaçados, galgando os distintos caminhos da vida pelo tempo que fosse necessário. Até que a conversão em almas verdadeiramente livres tornasse-se possível, e assim então, promovermo-nos em reais testemunhos da bondosa e misericordiosa ação divina.

21 – Disposto ao sacrifício

Encarcerado em minha própria sentença, eu seguia alternando, nos momentos de lucidez que ainda me restavam, entre a voraz lembrança das promíscuas ações que tivera com Elisa e as ressalvas tão alarmantes conhecidas através da criatura Gorki.

Seria o meu destino sofrer nas mãos das Trevas pelo tempo que fosse preciso, até que não mais me restassem forças e fosse obrigado a curvar-me aos seus caprichos?

Eu gritava, implorava por auxílio. As forças para manter-me consciente chegavam ao limite, obrigando-me a buscar o apoio nas escorregadias paredes de minha cela para que conseguisse alcançar as grades à procura de alguma ajuda.

— Tirem-me daqui! Estou faminto! Não aguento mais esta privação. Ajuda! – gritava eu desesperado.

Sem resposta e completamente abandonado naquela cela, meu estado impedia-me de conseguir ouvir as orações de Balthazar explicando-me que deveria confiar em Deus e que não me encontrava abandonado.

Eu não fazia outra coisa senão suplicar por auxílio e direcionar minha raiva a todos que haviam sido os responsáveis por eu ter chegado àquele ponto.

— Malditos miseráveis! Quem vocês pensam que são para me manter preso? Não sabem do que sou capaz. Sentirão toda a minha ira assim que eu conseguir escapar, seus malditos! – gritava fervoroso.

Sem que tivesse condições de constatar, eu era observado pelos ardilosos servos de Buriel, que já começavam a preparar uma forte investida contra mim, a fim de cumprirem o estabelecido pelo mestre das sombras e executarem tudo o que fosse necessário para

Das Trevas à Luz

141

arrancar de mim o que acreditavam ser o real motivo pelo qual os seres de luz, bondosos companheiros do plano superior, permitiram que eu ficasse liberto, ao contrário das entidades que trazia aos meus serviços.

Apesar de não ter escondido nenhuma verdade de Buriel quando afirmara que a única informação recebida, quando em contato com os chamados seres de luz, fora a de que eu possuía uma virtude, este acreditava cegamente que a afirmação era falsa, e que no fundo eu possuía algum conhecimento capaz de realizar tal ato.

Outro que seguia a observar-me era a velha criatura, Gorki. Conhecedor dos mecanismos capazes de neutralizar de forma eficaz sua presença na região em que me encontrava, este conseguia ouvir minhas lamúrias sem que Buriel, ou qualquer outra entidade das Trevas que estivesse naquela região, pudesse constatar sua presença.

A antiga criatura, acostumada a buscar o mal como única forma de alimento, agora estando em tempestuosas crises internas, procurava visualizar em mim a imagem do que fora antes de tornar-se um servo das Legiões dos Dragões.

Modificado através de suas atitudes inconsequentes contra todos a que fora algoz, a criatura sentia-se um pouco confusa com as novas constatações que acompanhara em suas últimas investidas no plano físico. Uma sensação nova para aqueles que trazem como única verdade as ordens das Trevas. Sensação esta que o impulsionava a seguir acompanhando-me, procurando conhecer os reais limites existentes em alguém que ainda se matinha, de certa forma, lúcido e com um objetivo inabalável: o de tornar a ver a jovem que trazia fincada em seu interior. Objetivo que, caso algo não fosse providenciado, correria sérios riscos de perder-se assim que os servos de Buriel começassem uma alienação contra mim.

Disposto a resgatar um pouco de dignidade enquanto ser pensante, o velho Gorki, decidido a entregar-se à própria sorte e realizar um ato que poderia tanto condená-lo quanto libertá-lo do pesado vínculo que estabelecera com as Trevas, iria auxiliar-me a fugir.

"Ah, droga, acho que já cheguei ao meu limite. Não tenho mais forças para continuar suportando isso" – pensava eu.

— Soltem-me! Estou faminto e não aguento mais esta situação. Chega! Eu não aguento mais! – gritava eu.

— Ora, ora. Pelo que vejo, decidiu entregar-se de uma vez e

aceitar que já não aguenta mais esta situação – comenta o velho Gorki, aproximando-se.

— E o que você quer que eu faça, hein? Não vê que já estou no limite? – reclamei.

— Limite? Pelo que vejo você é realmente fraco mesmo. Isto não é nada se comparado ao tempo que permaneci nesta mesma situação – esnoba Gorki.

— O problema é seu. Não é porque você foi burro e ficou aqui enjaulado por uma eternidade, que também irei ficar. Não aguento mais esta provação, eu preciso movimentar-me, preciso comer.

— Como alguém que se entregou ao processo de vinculação no templo de Beilial ainda pode carregar tamanhas necessidades primitivas? Pensei que por ter sido alguém de tal expressão para Buriel, fosse conseguir chegar mais longe – surpreende-se Gorki.

— E como sabe que estive no templo de Beilial? – questionei.

— Ora, rapaz. Como lhe disse, estou nestas regiões há longo tempo, e consigo identificar facilmente certos aspectos que alguns adquirem. De qualquer forma, torno a reiterar que estou espantado como Buriel tenha-se prestado a perder tempo com alguém tão fraco e insignificante como você. Lamentável – desdenha Gorki.

— Cale sua boca, seu maldito! Eu sou muito mais do que você já sonhou ser. Quando estive a serviço das Trevas, objetive várias quedas que outros levariam o dobro do tempo para obter. Se eu não estivesse tão fraco, lhe mostraria do que sou capaz.

— Sim, eu sei do que você é capaz. É capaz de perder uma equipe inteira de servos das sombras porque não teve forças para fazer algo. Permitiu que todos, sem exceção, fossem pegos, e no final fugiu feito um covarde. Era obrigação sua cuidar para que os serviços fossem bem executados e, no entanto, falhou. Eu sinto asco por você.

Eu tentei retrucar, revidar o ataque que a criatura lançava-me, contudo não conseguia. Ele estava certo, eu havia falhado. Por mais duro que fossem os fatos, ele tinha razão. As críticas que proferia atingiam-me o fundo da alma. E para alguém como eu, acostumado a não engolir desaforos, ainda mais se fossem verdade, era uma punhalada certeira.

O que eu ainda não sabia era que tudo aquilo não passava de um plano de Gorki. Disposto a libertar-me e não permitir que Bu-

Das Trevas à Luz   143

riel transformasse-me em outro ser como ele, Gorki, consciente das reais intenções do mestre das sombras para comigo, buscava induzir-me a resgatar forças para que conseguisse a liberdade de minha própria prisão mental.

Profundo conhecedor dos meios de manipulação e indução, a criatura, ao mesmo tempo que me induzia a repelir aquela situação, manipulava as energias em mim para que eu removesse o espesso véu que recobria minha visão, e então conseguisse tal liberdade.

— Bom, acho que você realmente merece tudo pelo que está passando. Um ser tão desprezível e inútil não teria outro fim senão acabar como um traste abandonado. – adverte a criatura – Isso mesmo, implore por piedade e aceite o quanto é fraco. Quem sabe desta forma eles não lhe privam de uma vez de todo seu tormento e findam logo com tudo isso? Talvez assim a jovem Elisa não seja obrigada a tornar a ver o triste insignificante que cruzou seu caminho. Mas não se preocupe, eu conheço muita gente que cuidará muito bem dela. – conclui Gorki, dando-me as costas.

— O que? Como ousa pronunciar tamanha audácia, seu miserável?! Elisa é minha, está me ouvindo? Somente minha!

Ao pronunciar o nome de Elisa, imediatamente minhas emanações começaram a ressurgir. Ouvir de Gorki que Elisa estaria bem cuidada com outro, começou a enfurecer-me, e fazer reacender as chamas da possessão que se haviam convertido em míseras brasas.

Certo de que os servos de Buriel não tardariam a chegar e que aquele era o momento crucial para que eu conseguisse a liberdade, a criatura apossou-se de meus receios e temores e investiu-os contra mim.

— Pensando melhor, creio que uma jovem tão bela e angelical como aquela não merece estar entregue a apenas um. Reunirei dezenas de entidades que farão de tudo para consumir um breve momento com ela. Já imaginou o que ocorrerá com a jovem, quando aqueles que sucumbiram através das necessidades do sexo a encontrarem, sentirem seus desejos, vontades e tudo mais que um belo pedaço de carne pode oferecer-lhes?

Então, ao ouvir tamanhas intenções para com aquela que considerava ser o motivo de minha existência, juntei todas as forças que ainda me restavam, e com a manipulação dos fluidos realizada sorrateiramente por Gorki, consegui finalmente ascender e obter a tão aguardada e desejada liberdade.

— Estou livre! Finalmente livre! – gritava eu.

— Isso mesmo, rapaz. Conseguiu encontrar o caminho para alcançar a desejada liberdade. Agora se apresse, não há tempo a perder. Os servos de Buriel vêm a seu encontro, e creio que não ficarão contentes ao descobrirem que está livre – adverte Gorki.

— Como assim? Vai me dizer que por acaso só consegui escapar por influência sua? – indaguei, confuso.

— Isto não tem importância. Possuo enorme débito a ser saldado, e isto foi somente o começo. Anos e anos servindo passivamente às Trevas, e descubro que todas as certezas que eu possuía não passavam de um punhado de areia amontoado em terreno escabroso. Chegou a hora de assumir os meus atos e não mais me curvar, encontrando assim o meu quinhão de culpa diante de tudo o que pratiquei.

Sem compreender aquela espécie de desabafo proferido por ele, eu não conseguia situar-me em relação ao que deveria fazer. Estava revoltado com as profanações que este havia feito contra Elisa, no entanto questionava-me se tudo aquilo realmente não passava de um plano elaborado para que eu obtivesse a liberdade.

Porém, antes que eu pudesse concluir qualquer julgamento, a criatura tornou a enfatizar que eu não deveria prolongar-me mais naquela região e que buscasse um refúgio o mais breve possível.

— Não se detenha por mais tempo com questionamentos inférteis, rapaz. Aproveite sua tão almejada liberdade e vá para o mais longe que puder. Não permita que as Trevas transformem-no em algo como eu. Aproveite a oportunidade que ainda lhe resta e vá ao encontro de seus desejos. Sei que cada ser traz consigo os questionamentos necessários para seguir adiante, por isso não os aprisione como eu fiz, e utilize sua liberdade. Saia logo daqui e vá em busca do que deseja – preveniu-me.

— Mas para onde eu devo ir? – indaguei

— Siga para onde sua mente quer que você vá. Não cale esta voz interior que clama ser ouvida. Asseguro-lhe que durante algum tempo o senhor das sombras não conseguirá encontrá-lo. Então faça este período valer a pena. Agora vá, apresse-se! – concluiu Gorki.

Então, sem perda de tempo, saí para o mais longe que podia. Eu estava confuso e repleto de questionamentos. Afinal, por que alguém detentor de inúmeras atrocidades e há tanto tempo a serviço

Das Trevas à Luz

145

das Trevas se prestaria a me auxiliar a fugir? Seria tudo uma estratégia de Buriel, ou a criatura realmente decidira me ajudar?

Mais uma vez, entregue aos intermináveis questionamentos, decidi lançar-me à própria sorte e apenas preocupar-me em seguir para o mais longe, a fim de distanciar-me ao máximo daquela região. Enquanto eu rumava para o mais longe possível de Buriel, o velho Gorki, como um ermitão endurecido pelos longos períodos jazendo sob a sombra das Trevas. Entregava-se ao verdugo dos incrédulos, disposto ao sacrifício.

Assim que os servos de Buriel chegaram à prisão onde eu estava, dispostos a executar o que fosse preciso para que eu confessasse como conseguira barrar a intervenção dos seres de luz, encontraram-na, para seu desespero, completamente vazia.

E diante do sombrio jazigo, a imagem da bestial criatura, que por longos séculos servira ao propósito das Trevas, aguardava-os pacientemente.

Indagado sobre quem era e o paradeiro do prisioneiro, Gorki informara que haviam cessado os louros que as Trevas colheriam através de suas mãos, e prosseguiu dizendo:

— Eu fora aquele que julgava ser maior que tudo, e nada temia, lançando-se verticalmente ao precipício, esperando encontrar o amparo e conforto para as inquietações que trazia. Cerrei os olhos para meu entorno e ensurdeci diante da voz que, tentando insuflar-me a verdade, fora por mim silenciada sem questionamentos. Segui convicto de que trazia junto a mim a única salvação e escolha para os que se atiravam em meio às tribulações da existência. Sou aquele que não teme o suplício, pois conhece os pecados e aceita a sentença.

— Quereis realmente saber quem sou? Pois direi. Eu fora a espada que fere, o alento dos assassinos, o olhar que condena, e a mão que repreende. Olhem bem para mim, servos das sombras. Vejam claramente o resultado dos que se abstém de tentar levantar-se, e sucumbem diante das falsas ofertas. Digo-lhes que a esta altura, aquele a quem procuram já deve estar bem longe de suas garras, e com o meu auxílio sobre sua vestimenta, saibam que não será encontrado tão cedo – conclui Gorki.

Ao ouvirem que eu havia escapado com o auxílio de Gorki, os servos de Buriel imediatamente o prendem, sem que este manifeste qualquer intenção de fugir.

Levado até o mestre das sombras, a velha criatura, cansada de seguir em um caminho ilusório e regrado por inúmeras inverdades, recebe toda a fúria de Buriel após este descobrir o que havia ocorrido. Gorki estava certo. Nem mesmo todo o esforço do furioso ser foi capaz de localizar-me. De algum modo, Gorki havia feito algo sobre mim que impedia momentaneamente que eu fosse encontrado.

Lançando toda sua ira por tal constatação, o mestre das sombras decide castigar fervorosamente a velha criatura, que nada argumenta em sua defesa.

Bestial e transtornado, Buriel não compreende como uma criatura que há tanto tempo vinha servindo ao propósito das Trevas pôde rebelar-se de tal maneira. Sentindo-se traído, este, após castigar incessantemente o rebelado sem que este pronunciasse uma única palavra, decide então encaminhá-lo aos juízes das Trevas, para que estes, julgando-o culpado segundo suas leis, pudessem sentenciá-lo ao abismo.

Longe dali, eu seguia procurando afastar-me cada vez mais do alcance de Buriel, enquanto me recordava das palavras que a velha criatura havia dito: "Siga para onde sua mente quer que você vá. Não cale esta voz interior que clama ser ouvida".

Ao ponderar estas palavras, comecei a perceber que só poderia existir um único lugar para onde eu desejava ir. Um lugar onde eu sentir-me-ia mais uma vez vivo e liberto. Um lugar em que pudesse fincar os pés e não mais fugir. Eu iria até Elisa.

22 – O tão esperado reencontro

— Mãe, a senhora sabe onde está Elisa? – pergunta Cláudio, chegando a sua casa após o trabalho.

— Não sei, Cláudio. Assim que ela acordou hoje, parecia preocupada com algo. Ficou praticamente a manhã inteira sem dizer uma única palavra, e quando foi logo depois do almoço, saiu e não disse nada – informou dona Marta.

— Que estranho, onde ela terá ido? A senhora acha que eu deveria ir atrás dela?

— Creio que por enquanto não, meu filho. Mas se passar muito mais tempo e ela não voltar, talvez fosse prudente ir procurá-la. De qualquer forma, não se preocupe. Elisa é uma moça muito respon-

Das Trevas à Luz

147

sável e logo voltará.

— Eu espero que a senhora esteja certa. Hoje eu passei o dia todo com uma sensação estranha, como se algo estivesse errado. E a senhora também sabe que já há algum tempo que Elisa vem tratando-me diferentemente. Tem dias que somente me aproximar dela é motivo de discussão. Confesso que na maioria das vezes sou eu quem fica irritado com ela, mas ultimamente sua irritação tem sido mais frequente, e não sei o que fazer – lamenta Cláudio, recebendo o amparo sobre o colo de sua mãe.

Não muito distante de sua humilde casa, sua querida Elisa encontrava-se sentada na praça próxima à igreja.

Conforme fora descrito por sua mãe, Elisa realmente havia acordado pensativa e calada. Buscando o aconchego dos raios de sol, que outrora apascentaram seu coração quando a saudade de seus pais tocava-lhe, ansiava por respostas para as estranhas sensações que lhe inundavam a alma.

— Oh, meu bom Deus, o que são estas dúvidas que persistem em me consumir? – orava Elisa.

"Será que o amor que sinto por Cláudio é verdadeiro, ou eu terei aceitado ficar com ele somente por que estava frágil e carente de amor com a perda de meu pai? Mas estamos juntos há tanto tempo e ele sempre me apoiou. Nunca me privou de seu amor e é um companheiro tão maravilhoso. Porém sinto que nos últimos tempos parece que algo mudou. As brigas e discussões sem sentido têm-se tornado cada vez mais frequentes. O que está acontecendo? O que eu devo fazer?" – indagava-se Elisa.

Atendendo a seu apelo, a querida Matilda, sua bondosa mãe, que procurava sempre que possível orientá-la do plano espiritual, lançava-lhe todo seu amor e carinho através de uma chuva de pétalas de rosas que desciam sobre a filha.

Sabendo da influência que eu inconscientemente direcionava a Elisa, a bondosa e protetora mãe procurava fazer todo o possível para que a filha sentisse seu abraço afetuoso.

Por instantes, a filha desamparada conseguia claramente sentir o conforto e amparo que o amor maternal proporcionava-lhe. Contudo, logo esta sensação tornava a desaparecer e dar lugar ao vazio e confuso ressoar das indagações que tanto a açoitavam.

Como o pensamento de Elisa inclinava-se à dúvida e ao desamparo, por mais próxima e disposta que sua querida mãe estivesse, e por mais que se dedicasse a confortá-la, o elo que tanto Elisa quanto Cláudio haviam criado comigo, solidificava-se cada vez mais, tornando-os consequentemente muito mais sensíveis à captação de meus sentimentos. Elo este que, graças à providência divina, manter-se-ia firme até que os envolvidos obtivessem o que procuravam, a fim de dar continuidade aos seus caminhos.

Foi então que, em meio ao silêncio e à gelada brisa da noite, que começava a surgir, finalmente o tão esperado reencontro aconteceu.

Após longos anos, difíceis provações e um vasto percurso, lá estava eu, diante de Elisa.

— Oh, minha querida Elisa! Não faz ideia de como esperei por este encontro! – gritei, seguindo em sua direção.

Eu corria a passos largos, ansioso por abraçá-la, tê-la mais uma vez em meus braços. Nunca estivera tão feliz em toda a vida por encontrar alguém. Os pesados grilhões e as inúmeras provações que tivera de enfrentar em meio ao abandono e privação dos que me eram familiares, haviam enchido meu coração de ódio e rancor enquanto estivera atado às Trevas. Porém tornar a ver aquele rosto tão doce e cativante inundava-me de tal forma que sentia como se todo o tormento houvesse desaparecido.

Aquela jovem havia-me algemado de uma tal forma que nem mesmo eu poderia imaginar. Os anos longe dela não fizeram outra cosia senão tornar mais evidente os meus sentimentos e desejos mais profundos.

Contudo, toda a dor e angústia agora seriam apenas lembranças do passado. Finalmente eu havia reencontrado Elisa, e nada nos iria separar. Ficaríamos juntos para sempre.

De braços abertos e trazendo um sorriso que há muito não se manifestava, fui em direção a Elisa, repleto de expectativa, e ansioso por revelar-lhe onde estivera e que agora a única coisa que importava era que voltaríamos a ficar juntos.

Porém esta união não mais seria possível da forma que conhecera, pois eu já não mais fazia parte do mundo de Elisa, e constatara isto assim que minhas mãos nada tocaram quando tentei, em vão, abraçá-la. O choque foi tamanho que me senti desfalecer. Incrédulo, por mais que me esforçasse, nada conseguia fazer para que Elisa sentisse minha presença.

Das Trevas à Luz
149

Apesar dos longos anos distante e a serviço das Trevas, eu trazia comigo inocentemente a certeza de que, ao reencontrar Elisa, poderíamos ficar juntos. Esquecera por completo minha penosa situação e estava convicto do contrário.

Não havia palavras para expressar o que sentia naquele momento. Um enorme vazio havia-se aberto bem diante de mim. Observando complacentemente tudo o que estava ocorrendo, a bondosa mãe de Elisa, que não podia ser visualizada por mim, teve ímpeto de chorar ao constatar o meu desespero com a difícil provação que estava enfrentando.

Regurgitei dezenas de questionamentos, tentando de alguma forma aliviar o sentimento vazio que me tomara. Sentia-me inerte diante de tal cena.

Esperei durante longo tempo para que finalmente conseguisse estar junto daquela que tomara meu coração. E quando então era chegado este momento, eu nada podia fazer. Tinha Elisa bem diante de mim e não a podia tocar ou sentir seu calor.

O tão esperado reencontro não seria possível naquela existência. O abismo criado entre nós mostrava-se cada vez mais intransponível.

Assolado diante da incapacidade de fazer-me ser notado, vi minhas esperanças caírem por terra, restando-me somente o desamparo e abandono que me puseram a cair em lágrimas.

Com Elisa bem diante de mim, entregue ao cair da noite, eu mais parecia uma criança chorosa e perdida dos pais, com medo do abandono.

A generosa mãe de Elisa tentou insuflar-me um pouco de conforto materno, a fim de buscar de alguma forma amenizar meu sofrimento, porém, vibrando em um nível totalmente alterado, eu nada podia sentir. Estava, naquele momento, totalmente entregue aos sentimentos de fúria e incapacidade.

Não muito distante dali, o preocupado companheiro Cláudio preparava-se para sair em busca de sua amada, receoso com sua demora a retornar ao lar.

— Então você vai mesmo atrás de Elisa? – indagou dona Marta.

— Irei sim, mãe. Já anoiteceu e Elisa ainda não retornou. Estou começando a preocupar-me.

— Está certo então, meu filho. Mas você tem ideia de aonde ela possa ter ido? Cogitou a hipótese de que ela tenha ido à casa de Pedro?

— Eu cheguei a pensar nisto. É o primeiro lugar aonde pretendo ir. Elisa gosta muito daquela casa onde Pedro e a esposa estão morando, por tratar-se da residência de seu finado pai. Que Deus o tenha.

— Quer que eu vá com você, Cláudio?

— Não precisa, mãe. Pode deixar. Estou quase certo de que Elisa estará lá.

— Bom, é o mais provável mesmo. Agora, caso ela não esteja, peço-lhe que não faça um alarde na casa de seu cunhado. Pedro é um moço muito sensível e apegado à irmã. E se souber que Elisa ainda não voltou para casa, é certeza que entrará em desespero.

— Não, tudo bem, a senhora tem razão. Confio que, mesmo que Elisa não esteja lá, nada de grave tenha ocorrido. Seria uma injustiça fazer Pedro preocupar-se e querer sair para procurá-la, estando ele com um recém-nascido para cuidar. Pode deixar que sei bem o que dizer – concluiu Cláudio, saindo de casa.

No caminho até a casa de Pedro, enquanto Cláudio orava ao Senhor para que sua amada estivesse bem, vem ao seu encontro o querido amigo espiritual Cássius, em atendimento aos seus apelos angustiados.

Cássius acompanhou-o serenamente, dedicado a emitir ao amigo encarnado a paz e tranquilidade necessárias para conduzir aquela situação, e que não deveria preocupar-se, porque Elisa estava bem.

Então, acompanhado do amigo, Cláudio enfim chega à casa de Pedro e, consciente de que não deveria fazer um alarde caso Elisa lá não estivesse, este decide contar que sua ida até aquela residência tinha por fim somente o de buscar um casaco que esquecera durante uma visita dias atrás.

É claro que tudo não passava de uma invenção de Cláudio para que Pedro não estranhasse uma visita tão inesperada como aquela. Imaginava que caso sua amada Elisa lá estivesse, com certeza Pedro logo mencionaria.

Após duas leves batidas na porta, não tardou muito e então o cunhado, já vestido para dormir, atendeu-o, espantado pela visita noturna.

— Boa noite, Pedro. Peço-lhe desculpas por ter vindo incomodá-lo assim, sem avisar. É que o inverno está chegando, e outro dia, quando estive aqui em sua casa, eu acabei esquecendo um casaco meu. Por acaso você não o viu?

Das Trevas à Luz

— Imagina, Cláudio, sabe muito bem que você é de casa. Eu que peço desculpas pelos meus trajes. É que não esperava receber visitas.

Logo Cláudio percebera, pelas vestimentas de Pedro, que Elisa realmente não se encontrava em sua casa.

— Então, Cláudio, eu não me recordo de ter visto algum casaco. Pode ser que minha esposa tenha encontrado e guardado. Mas ela já está dormindo e você não faz ideia de como tem sido difícil para ela colocar o Guilherme para dormir. Tem dias que somente quando já está amanhecendo ela enfim consegue dormir. Eu até que tento colocá-lo para dormir, mas não tem jeito, ele prefere mesmo é a mãe.

— Não precisa incomodá-la não, Pedro. Eu posso imaginar como devem ser difíceis estes primeiros anos. Eu iria sentir-me péssimo de privá-la de seu sono somente por conta de um casaco. Não preocupe, eu volto outro dia. Estou tão acostumado a ir dormir tarde, que nem atentei para o fato de que já poderiam estar na cama.

— Pois é, Cláudio. Desde que o Guilherme nasceu, dormir tem sido um privilégio difícil de ser obtido por minha esposa.

— Por isso mesmo não devemos incomodá-la. Deixe que durma. Eu peço-lhe desculpas por ter vindo importunar somente por um casaco.

— Que é isto, Cláudio... Pode vir aqui em casa sempre que quiser. Mas não precisa se preocupar. Se o seu casaco estiver aqui, eu o levarei à sua casa.

— Ah, muito obrigado, Pedro. E novamente desculpe-me pelo incômodo.

— Imagine. Mande um beijo para dona Marta e também para Elisa. Diga-lhe que o sobrinho está com saudades da tia.

— Claro, pode deixar que eu mando sim, Pedro. Boa noite.

— Boa noite, Cláudio.

"Agora, mais do que nunca, eu tenho a certeza de que Elisa não havia mesmo estado na casa de Pedro hoje" – pensou Cláudio.

Preocupado com o estranho sumiço de Elisa e por esta não estar no local mais provável, que era a casa do irmão, Cláudio começou a imaginar que o pior havia ocorrido.

— Oh, meu Deus! Onde Elisa está? – ora Cláudio aos céus.

Este mal podia imaginar que não havia com o que se preocupar, pois sua querida companheira encontrava-se sã e salva não muito distante dali, bem na praça em frente à igreja, entregue aos inúmeros pensamentos que a perturbavam.

Consciente do paradeiro de Elisa, o mentor de Cláudio, Cássius, tratou imediatamente de procurar aliviar a preocupação do amigo, instruindo-o a seguir até aquele local. Instrução esta que, graças à afinidade existente entre ambos, pôde ser prontamente entendida.

Porém, algo para que Cássius não atentou foi que Elisa não se encontrava só. Além da bondosa mãe que zelava maternamente para o refazimento da filha, eu, despojado de minha vestimenta carnal, também lá estava.

Atordoado e sem rumo, eu seguia buscando explicação para a situação que encontrara. Situação que tenderia a tornar-se mais tempestuosa com um encontro que não esperava presenciar.

Obedecendo ao conselho mental do amigo sobre o local onde Elisa estava, Cláudio não perdeu tempo e correu até a praça. Lá chegando, logo tranquilizou seu coração ao ver sua doce e amada companheira sentada sob o luar, olhado para as estrelas.

Feliz e aliviado por ver que ela estava bem, Cláudio correu em direção à jovem, gritando por seu nome.

— Elisa! Elisa!

Foi então que, enquanto eu seguia prostrado diante da jovem, ainda tentando refazer-me da dura constatação por que fora acometido, o som daquele chamado invadiu-me como uma erupção, fazendo-me despertar.

Imediatamente ergui a cabeça, procurando fixar os olhos e ver de onde provinha aquele chamado, esperando estar errado com relação a quem se tratava.

O que meus olhos presenciaram foi a imagem de Cláudio, aquele mesmo por quem Elisa havia-me trocado, e o qual considerava como sendo o causador de minha desgraça, correndo de braços abertos em sua direção.

Uma explosão não teria causado o mesmo efeito em mim que a visualização daquela cena. Rever Cláudio fez reacender o ódio devastador que enquanto encarnado eu direcionava-lhe.

— Maldito miserável, o que faz aqui? Eu irei matá-lo por ter-me tirado Elisa. Irei matá-lo! – gritava eu, desesperado e ensandecido, enquanto corria, de punho fechado, na direção de Cláudio

Eu estava totalmente tomado pelo ódio e pala revolta. Desejava

Das Trevas à Luz
153

vingança por tudo o que fora obrigado a enfrentar até ali. Aquele rapaz receberia toda a minha ira por ter cruzado o meu caminho e tomado a jovem que eu julgava ser apenas minha e de mais ninguém. Com a mente apenas focada em Elisa, Cláudio seguia correndo em sua direção, enquanto eu, decidido a obter vingança, punha-me a interceptá-lo, cheio de ódio e carregando a cólera que há muito esperava por libertar sobre ele.

23 – O revoltado obsessor

O tempo, para aqueles que possuem como única meta o desejo de vingança, é longo e doloroso. Enquanto estive nas Trevas a serviço de Charon, inconscientemente alimentava devastadores sentimentos que tinham como objetivo somente me arrastar cada vez mais para baixo.

Ao passo que em relação a Elisa estes sentimentos eram de posse e satisfação carnal, com Cláudio eram de ódio e vingança. Tinha-o como sendo o principal responsável por todo o meu suplício.

Revoltado e mais uma vez esquecendo-me de minha situação naquele momento, corri enraivecido na direção de Cláudio, acreditando que finalmente conseguiria descontar toda a minha ira através da agressão física. Então, quando finalmente estávamos cara a cara, concentrei em meu punho toda a minha raiva e desferi-o violentamente contra a face de Cláudio, procurando abatê-lo. Porém, da mesma forma que ocorrera quando tentei abraçar Elisa, meu punho atravessara-o como se apenas socasse o próprio ar.

Inútil fora minha investida e o rapaz transpassara por mim como se nada houvesse em seu caminho.

Observando tudo passivamente, os amigos Cássius e Matilda, que se dedicavam a confortar os corações de seus assistidos, apenas lamentaram que mesmo após tantos anos eu ainda estivesse fixo no objetivo de causar mal àquele casal.

Apesar do breve espanto em constatar que mais uma vez eu estava de volta ao âmbito daquele casal, Cássius nada proferiu, resguardando-se para, assim como Matilda, apenas acompanhar os acontecimentos.

Revoltado por não o conseguir atingir, não desisti, e segui esmurrando-o. Contudo, apesar dos meus esforços, nada que fizera foi o suficiente para que este não se aproximasse de Elisa.

— Ei, o que faz aí, sozinha neste banco? Fiquei preocupado que pudesse ter-lhe acontecido algo – diz Cláudio, aproximando-se de Elisa.

— Ah, oi! Desculpe-me, eu não tinha a intenção de preocupá-lo – responde Elisa.

— Mas então o que foi que houve, não está se sentindo bem? – indagou, preocupado.

— Não, estou bem sim, graças a Deus. Gosto de vir aqui quando quero pensar um pouco.

— Entendi. É que como você saiu e não disse nada, a minha mãe ficou preocupada, assim como eu. Ela disse que durante a manhã você não parecia bem, como se algo a estivesse incomodando.

— Não, imagina, eu estou bem sim. Estava apenas precisando espairecer um pouco. Mas não tem com que se preocupar.

Não havia nada que naquele instante Elisa acreditasse ser importante o suficiente para que desabafasse. E, apesar de nada comentar, em sua mente seguiam atormentando-a os questionamentos sobre o real sentimento que tinha por Cláudio.

Questionamentos estes que me alimentaram feito chuva que revigora as plantações na estiagem.

Enquanto para Cláudio as dúvidas e indagações de Elisa eram restritas somente a ela e seu pensamento, para mim, acostumado a utilizar estes recursos para obter informações importantes nos trabalhos que exercia junto às Trevas, eram um maravilhoso deleite.

Exibidos seus pensamentos em sua tela mental, tive livre acesso ao que realmente Elisa trazia consigo. Recordando-me dos trabalhos de queda que realizara, aos poucos fui realinhando-me e encontrando na mente da jovem tudo que precisava para reerguer-me.

Apesar de nada dizer a Cláudio sobre o que realmente a afligia, no fundo Elisa sentia-se acuada e confusa com tudo pelo que estava passando. As constantes brigas sem motivos aparentes, e a raiva ao contato de Cláudio para consigo, contribuíam ainda mais para que algo deste porte manifestasse-se.

Sem que nenhuma das partes envolvidas, fosse eu ou o casal, desse-se conta do laço que nos unia através dos tempos, seguíamos imaginando que tais acontecimentos eram pertinentes somente àquela nossa última encarnação.

Das Trevas à Luz

155

Ao descobrir tais dúvidas quanto aos sentimentos de Elisa por Cláudio, senti-me revigorado. A revolta em mim havia ganhado novos ares, e aquela pequena faísca lançada sobre seu relacionamento seria o suficiente para que conseguisse incendiar de uma vez por todas aquela união. E conseguindo que a dúvida tornasse-se uma certeza, poderia separá-los.

Temeroso com tamanha intenção, Cássius, que até então procurava somente emitir vibrações em direção ao casal para que a harmonia continuasse a reinar, indaga Matilda com relação às minhas novas intenções.

Senhora, estou preocupado com o que Matheus possa vir a fazer para abalar a estrutura do relacionamento de Cláudio e Elisa. Não seria prudente que o impedíssemos?

— Agradeço sua preocupação e tenho somente gratidão para com sua dedicação com relação aos nossos queridos irmãozinhos encarnados. Minha amada filha tornou-se uma mulher muito amável e companheira. Não sabe a felicidade que é para mim poder observar esta maravilhosa união. Contudo não devemos jamais questionar as vontades de nosso amado Pai. Se graças à misericórdia divina estes queridos irmãos estão tendo a oportunidade de revolver pendências do passado, devemos confiar na providência e tentar auxiliá-los da maneira que nos é possível – salientou Matilda.

— Peço-lhe desculpas por tais indagações, é que tenho muita estima por Cláudio, e parte-me o coração conhecer que, enquanto este procura ser o mais solícito, amável e que se dedique para com o bem estar de Elisa e sua união, infelizes desencarnados continuem a tentar prejudicá-los – lamenta Cássius.

— Estimo por suas preocupações, mas tenhamos fé na providência. Assim como devemos manter-nos prontos para o auxílio, não podemos esquecer-nos das sábias palavras de nosso Senhor Jesus Cristo quando nos disse para amar nossos inimigos, fazer o bem aos que nos tem ódio e orar pelos que nos perseguem e caluniam. Tendo isto sempre em mente, não seria justo fazermos distinção entre aqueles pelos que possuímos afeição e os que ainda padecem. Se através desta obsessão nosso irmão Matheus conseguirá livrar-se das amarras que ainda carrega e o perseguem, devemos entregar nas mãos de Deus e desejar que todos possam encontrar as respostas para as respectivas indagações que ainda trazem. Tenha fé, meu querido Cássius, e verá que tudo tem sua hora – conclui Matilda.

Compreendendo as palavras de Matilda, Cássius segue junto ao casal, entregando ao Senhor a continuidade daquela união e dedicando-se somente a higienizá-los.

Na manhã seguinte, após o meticuloso estudo durante a noite sobre como atingir ao casal da melhor forma, eu seguia junto a Elisa, apossando-me cada vez mais de suas dúvidas quanto aos sentimentos para com Cláudio, e já iniciando minhas tentativas de discórdia.

"Ah, minha Elisa! Se soubesse o quanto suas indagações são um poderoso fortificante para mim, começaria a medi-las" – pensei.

— Bom dia, Elisa, dormiu bem? – indagou dona Marta.

— Mais ou menos – respondeu secamente a jovem.

Ao notar o ar de desânimo e princípio de desgosto no semblante de Elisa, dona Marta, preocupada com o que poderia estar ocorrendo entre a nora e o filho, tratou logo de buscar um assunto que pudesse removê-la daquela situação e levantar seu ânimo.

— Elisa, ontem eu encontrei dona Carmem, e ela disse que recebeu os tecidos de linho que há tanto esperava. Já faz algum tempo que não costura, e pensei que talvez quisesse ir até lá comigo, ajudar a escolher. O que acha? – perguntou dona Marta.

— Não sei. Estou com um pouco de dor de cabeça para sair – respondeu a jovem, levando as mãos à cabeça.

Dona Carmem era uma grande amiga de dona Marta, e de suas viagens costumava sempre trazer diferentes tecidos e revendê-los às senhoras da vila, que, assim como a mãe de Cláudio, trabalhavam como costureiras.

— Ah, que pena que você não quer ir, Elisa. Sua ajuda seria muito bem vinda. Além do mais, o seu gosto para escolher boas cores é muito apurado. Não faria um pequeno esforço? – questionou dona Marta, esperançosa em levar a nora para distrair-se um pouco.

Ao ver o olhar de lamento de dona Marta por ter-se negado a ir, a jovem resolveu reconsiderar sua resposta e decidiu então aceitar o convite.

Passando grande parte de seu tempo junto à nora desde que Cláudio e Elisa decidiram unir-se, dona Marta conhecia-a muito bem, e sabia claramente quando algo de errado estava ocorrendo entre eles.

Há de informar-se que o relacionamento entre eles sempre fora

Das Trevas à Luz

regado à base de muito carinho, companheirismo e respeito. Poucas eram as vezes em que um diálogo mais exaltado transformava-se em discussão no relacionamento do casal.

Acostumada à oração, Elisa quase sempre conseguia harmonizar o ambiente de forma a barrar alguma perturbação. Contudo, quanto mais o tempo ia passando e minha revolta seguia aumentando, mais sensíveis e suscetíveis ambos ficavam às emanações que eu emitia.

Com minha temporária libertação do domínio das Trevas e eventual aproximação do casal, estas pesadas vibrações haviam-se intensificado.

Enlaçado a Elisa, eu permanecera durante a noite inteira dedicado a insuflar-lhe minhas tempestuosas revoltas, e por instantes conseguia que a jovem aceitasse-as.

Desejava a todo custo que aquela união ruísse e todo o peso de minha ira caísse sobre Cláudio. Enquanto este prosseguia dedicado a seu trabalho, eu dedicava-me a perturbar a jovem Elisa. Consegui que esta levántasse desgostosa com a vida que levava e repelisse a aproximação da mãe de Cláudio.

Porém, assistindo a tudo complacentemente, o amigo Cássius, conhecendo minhas intenções em prejudicar a harmonia naquele lar, após nada poder fazer para que Elisa não aceitasse minhas perturbações, volta-se a dona Marta para instruí-la a insistir em levar Elisa consigo, convite este que a jovem acaba por aceitar, e decide por bem acompanhá-la.

Frustrado e sem saber da investida de Cássius, decidi então seguir ao encontro de Cláudio, a fim de tentar perturbá-lo.

Chegando ao trabalho dele, encontro-o a conversar com seu tio Alberto sobre o acontecido na noite anterior.

— Então, tio, tenho ficado muito preocupado com Elisa. Ela nunca foi de sair sem avisar aonde ia. Mas ontem, mais uma vez, isto aconteceu. Porém, diferentemente das outras vezes em que ela logo retornava, ontem já anoitecia e nem sinal dela retornar. Não pensei duas vezes e saí à procura dela – contou Cláudio.

— Puxa vida, que estranho isso. Elisa sempre foi uma jovem tão responsável. Por acaso vocês têm discutido? – questionou Alberto.

— Não vou dizer que não. Ultimamente temos tido algumas discussões sim, mas todas sempre são logo resolvidas. Geralmente discutimos e pouco tempo depois já estamos em paz. Contudo, nestes últimos tempos, sinto que algo está diferente.

— Como assim, diferente? – surpreendeu-se o tio.

— Não sei como explicar. Mas é algo como se apenas estivéssemos varrendo a sujeira para debaixo do tapete. Sinto que tem algo incomodando Elisa, e no fundo ela não se abre comigo para contar-me.

— Nossa, é realmente estranho isto, Cláudio. Creio que o mais correto seria vocês dois sentarem e conversarem abertamente sobre o que está ocorrendo.

— Pois é. Mas por mais que me esforce para fazer isto, sinto como se houvesse algo que estivesse nos impedindo de resolver tudo isto, tio.

No fundo, assim como Elisa, Cláudio também sentia minhas pesadas vibrações. E a ira e ódio que lançava sobre ele incomodavam-no de uma tal forma que nem mesmo a dedicação do amigo Cássius, que procurava sempre o auxiliar com seus passes energéticos, era suficiente para removê-lo daquela situação.

Sem que compreendesse o que ocorria, Cláudio, de forma involuntária, pendia sob minhas influências por atração ao desejo de comutação que inconscientemente trazia consigo.

É de considerar-se que o amor e respeito existentes entre Cláudio e Elisa transcendiam todo desejo que fosse contrário ao que os atraía. Porém, uma vez que ambos ainda carregavam pendências a serem resolvidas, estas influências que lhes lançava, acabavam por ser facilmente aceitas.

Procurando obter maiores informações a respeito deste vínculo existente entre mim, Elisa e Cláudio, para que desta forma conseguisse compreender o porquê de ambos inclinarem-se em direção às minhas influências mesmo com toda sua dedicação em higienizá-los, Cássius seguiu ao encontro do companheiro Balthazar, que, voltado à minha recuperação, empenhava-se ao máximo junto a amigos mais elevados para poder instruir-se de forma a auxiliar-me.

Enquanto Cássius fora ao encontro de Balthazar nos planos superiores, no plano físico, após um forte enlaçamento com Cláudio, eu finalmente estava conseguindo que este aceitasse toda minha perturbação e vasculhasse em seu relacionamento com Elisa pequenas situações ou discussões que tiveram que ainda não haviam sido esquecidas, de maneira que eu pudesse utilizá-las contra aquela união.

Das Trevas à Luz 159

Assim como em Elisa, em Cláudio eu também conseguia ter acesso aos mais profundos pensamentos e visualizava tudo claramente em sua tela mental.

Aberto às minhas sugestões e momentaneamente sem o abnegado benfeitor, que fora à procura de respostas, o rapaz relembrava palavras proferidas pela amada durante algumas tribulações, e condicionava-as de forma a lançá-las contra a companheira.

Terminado o expediente de trabalho após mais um longo dia, Cláudio, cansado e carregando-me consigo, seguia para sua casa, acumulando todas as minhas pesadas energias sem que compreendesse o que aquilo poderia causar-lhe.

Como um parasita abraçado a Cláudio, eu procurava perturbá-lo de todas as formas. Soprava em seus ouvidos toda minha revolta e ódio que acumulara durante meu suplício nas regiões trevosas.

Disposto a pôr um ponto final naquela relação, eu não media esforços para atingir meu objetivo. Insuflei-lhe tão profundamente inúmeras perturbações, procurando de várias formas prejudicá-lo, que observei o rapaz tontear e empalidecer com o acúmulo que aceitara.

Após percorrer arrastando-se num percurso que faria na metade do tempo, Cláudio finalmente chega a casa.

Sua mãe não estava. Esta passaria a noite na casa de dona Cida, a pedido do marido desta, que lhe informara sobre uma forte pneumonia que a esposa havia contraído. Como dona Marta já enfrentara tal situação tempos antes e conseguira recuperar-se tranquilamente, poderia prestar facilmente uma boa orientação à enferma.

Sem dona Marta em casa, o caminho estava totalmente livre para que eu colocasse meu intento em prática.

Sempre que Cláudio chegava do trabalho, tinha o costume de jantar junto da mãe e da companheira. Era um hábito muito prazeroso e revigorante para o rapaz ter aquele momento em família.

Contudo, sua mãe não estava, e Elisa, tendo passado a tarde junto desta, ocupada na escolha de novos tecidos, havia-se esquecido por completo de que o companheiro chegaria esperançoso por saciar sua fome.

Ao chegar a casa trazendo consigo todo o peso de minha perturbação e não encontrando o esperado jantar, Cláudio então abriu as portas de seu tranquilo relacionamento às discórdias, e assim que avistou Elisa sentada tranquilamente, ocupada com outro assunto que não o seu jantar, enraiveceu-se e seguiu em sua direção a esbravejar.

24 – Pendências do espírito

Tomado pelo ódio, Cláudio nem esboçava ser aquele jovem capaz de realizar qualquer ato para agradar sua amada companheira. Com as portas da mente completamente abertas para as influências, este estava transtornado e quase que inteiramente entregue à minha persuasão tempestuosa e destrutiva.

Apoderando-me de angústias enfrentadas e pequenas desavenças, lancei sobre Cláudio todo o peso de minha revolta, procurando convencê-lo de que tais manifestações eram frutos de seus próprios desejos que a há tempos vinha alimentando silenciosamente.

Sem receber qualquer intenção de bloqueio ou dúvidas sobre a veracidade daqueles desejos, consegui enlaçar-me de uma tal maneira que não seria difícil aplicar-lhe todas as minhas vontades. Contudo há de esclarecer-se, mais uma vez, que nada teria conseguido provocar em Cláudio se no íntimo de sua mente este não trouxesse questões as quais desejasse resolver.

Assim que Cláudio aproximou-se de Elisa, trazendo-me consigo e despejando-lhe inúmeras reclamações, esta passou de assustada, ao primeiro instante, para coletora de fluidos pesados que seguiam em sua direção.

Imediatamente reviraram-se em sua mente as indagações que anteriormente eu tentara insuflar-lhe, sobre o real sentimento que tinha por Cláudio.

Aproveitando-me da abertura gerada também em Elisa, eu, que não pensava em medir esforços para causar a discórdia e ruptura daquela união, abarquei ambos em poderoso abraço, incitando-lhes a lançarem um sobre o outro todas as minhas provocações.

Esta não era a primeira vez que o casal discutia, porém era a primeira vez que isto se fazia com tanta ferocidade por parte de ambos. Dezenas de insultos foram liberados sem que houvesse prévia análise sobre seus reais motivos.

Por alguns instantes, ambos pareciam acordar e recobrar a razão, levando-os às lágrimas ao defrontarem-se com situação completamente distante daquela que vivenciavam cotidianamente.

Das Trevas à Luz   161

Apesar de acostumados a praticar a oração, nenhum dos dois pôs-se ao raciocínio lógico sobre o verdadeiro motivo daquelas atitudes que haviam desencadeado. Quem os observasse acreditaria que nunca foram felizes juntos e nada possuíam de afetuoso entre si.

Enquanto eu encontrava terreno fértil para despejar sobre ambos minha ira e repúdio diante daquela união a qual eu amaldiçoava, sentia que no fundo tanto Cláudio quanto Elisa inconscientemente aceitavam a discussão. Pareciam estar dispostos a esclarecer de uma vez por todas quaisquer assuntos que ainda fossem considerados como entraves em suas vidas.

Observando tudo com os olhos cheios de lágrimas e o coração apertado por no fundo ainda trazer o sentimento de proteção materna, Matilda, a mãe de Elisa, que nunca se negava a estender as mãos ao alento da filha querida, procurava somente enviar-lhes o amparo necessário para que a razão sempre prevalecesse sobre eles.

Já o companheiro Cássius, que ainda se questionava sobre a minha volta ao âmbito familiar e sereno que seu pupilo Cláudio e a amada dele vinham mantendo, estava finalmente à presença do amigo Balthazar, esperançoso em obter informações sobre uma possível ligação e pendências existentes entre mim e o casal.

Dedicado à tarefa assistencial com relação ao meu progresso, Balthazar obtivera muitas informações a respeito de situações e existências às quais eu fora submetido.

Após os devidos cumprimentos e afetividades por tornarem a rever-se, Cássius pôs-se logo a interpelar o amigo sobre alguma eventualidade ocorrida que ainda merecesse findar-se entre nós.

— Como sabe, meu amigo, – iniciou Balthazar – há muito tempo tenho acompanhado Matheus, tentando auxiliá-lo em seu progresso, nos dois planos. Em uma de suas encarnações, mais precisamente por volta do século XVII e em uma pequena cidade da França, este caminhara novamente sobre a Terra, a fim de dar continuidade a seu próprio progresso moral. Matheus era um rapaz que desde cedo já se declinava a intenções pouco elevadas e preocupava-se apenas com seu próprio benefício, não se importando com aqueles à sua volta. Filho de um pai rico, nunca teve quaisquer dificuldades em seu sustento ou realizações de caprichos. Porém todo este conforto custava-lhe um preço: a ausência de seus pais que, sempre preocupados em obter cada vez mais prodigalidades, nunca estiveram presentes em seu amadurecer.

— Que pena – comenta Cássius.

— No entanto uma capciosa investida tramada pelo então pai de Matheus colocaria em risco os dias de mesa farta da ostentosa família. Disposto a duplicar sua fortuna, ele apalavrou-a como garantia de seu comprometimento em relação ao pretendido negócio. Certo de que o empreendimento seria bem sucedido, nem sequer ponderou a possibilidade de estar arriscando-se.

— Nossa...

— E enquanto seu pai seguia a fim de assinar os papéis que garantiriam sua fortuna como endosso caso algo ocorresse, o jovem Matheus, flechado pelo cupido, curvava-se diante de esplendorosa jovem, cuja beleza incomparável abarcava-lhe todos os sentidos. Jovem de família detentora de grande riqueza, exalava toda sua formosura e distinta educação perante todos os quais a cercavam. Semanas e meses passaram-se desde o primeiro olhar, e a cada novo dia, mais e mais o coração de Matheus era tomado pela paixão que lhe inundava, sem que a jovem moça sequer soubesse de sua existência ou de seus desejos. E tendo sempre sido um rapaz muito só, Matheus não tinha amigos ou qualquer tipo de experiência que lhe mostrasse como agir diante de uma moça.

— É mesmo? – questiona Cássius, ouvindo atentamente as revelações de Balthazar.

— Sim. Apesar de rodeado por dezenas de serviçais, este, que sempre se considerou superior aos mais pobres, nunca lhes dirigia uma palavra ou sequer um olhar. Via-os com completo desdém e sempre os colocava no lugar de meros empregados, como julgava serem. A única, porém indesejada, companhia que possuía quando se encontrava isolado em casa, o que ocorria com frequência, era a de um rapaz muito pobre, filho de um dos empregados, que vez ou outra ia às escondidas à casa de Matheus a fim de saciar um pouco a fome. Filho de uma das empregadas, este era poucos anos mais novo que Matheus. Sem conhecer o pai, cuja identidade sua mãe nunca lhe revelara, o rapaz não possuía qualquer tipo de estudo ou instrução. Vestindo sempre verdadeiros farrapos, quando se infiltrava na casa de Matheus e era surpreendido pelo mesmo, era escorraçado para fora sem qualquer comiseração.

— Puxa...

Das Trevas à Luz 163

— Mas, teimoso como era, por diversas vezes a cena repetia-se, sem que Matheus viesse a descobrir que se tratava de um dos filhos da empregada o indesejável visitante. Por algumas vezes ambos chegaram a trocar diálogos, mas sempre endereçados à repreensão da atitude que Matheus repudiava. Invejável era considerada a vida do jovem Matheus perante o rapaz que o atormentava. Quantas não foram as vezes em que o pobre rapaz estacava diante da enorme quantidade de ostentações que o outro possuía.

— Imagino...

— Porém, devido à ganância e cobiça sem limites praticada pelo pai de Matheus, tais ostentações findariam com uma inesperada reviravolta quando, certo de que duplicaria sua fortuna, apostou em arriscado negócio, e viu sua fortuna ruir e todos os seus bens serem-lhe tomados, colocando a família em um verdadeiro caos financeiro. Porém não foi só na questão financeira que o pai de Matheus viu-se enrolado. Teria também contas a acertar com um homem muito rico e poderoso, que fora induzido por ele a aplicar pesada quantia em duvidoso negócio. Homem este que não mediria esforços para reaver o que lhe pertencia. Não estando disposto a diminuir sua fortuna, este homem colocou o pai de Matheus contra a parede, dando-lhe um ultimato para que saldasse sua dívida a qualquer custo, caso contrário seria acomodado a sete palmos, sem qualquer hesitação. Em casa, desesperado com a situação que o afligia, o pai de Matheus entregava-se à reflexão, procurando uma forma de conseguir reverter alarmante estado financeiro em que havia ruído e a ameaça sofrida.

— E ele encontrou solução? – indaga Cássius.

— De certa forma, pois enquanto pensava numa saída, debruçado sobre a janela de sua casa, avistou a imponente residência de seu vizinho, o qual era também muito rico. Lembrou-se então que este possuía uma filha única que estava em boa idade para um matrimônio. Convenceu-se de que caso conseguisse a união de seu filho Matheus com esta jovem, sua dívida seria saldada. Então decidiu levar seu plano adiante, sem qualquer consulta a seu filho, pois conhecia sua rebeldia e cogitou a possibilidade de este se recusar a casar-se, principalmente de forma tão inesperada e mediante tais circunstâncias. Porém, quando menos esperasse, o jovem descobriria a intenção do pai e, querendo ou não, este o obrigaria a aceitá-la

– contou Balthazar, continuando a seguir.

— Como era o pai de Matheus um homem muito persuasivo, e não havia ainda chegado a público a notícia de que sua situação financeira estava totalmente comprometida, o rico pai da jovem acabou por convencer-se de que a filha já estava na hora de conseguir um marido e que esta união poderia ser-lhe muito útil. Intenções aprovadas era a hora de finalmente os noivos conhecerem-se. Como já era de esperar, ao saber que teria de casar-se, Matheus revoltou-se e tentou impor sua opinião contra seu pai. No entanto este, muito certo e inflexível sobre sua decisão, nem permitiu que o filho expressasse-se. Já a jovem, muito educada e consciente de si, acatou silenciosamente à vontade do pai, mesmo trazendo no fundo da alma o desejo de recusa.

— Atitude incomum a desta moça, não? – admira-se Cássius.

— Verdade... Foi então marcado um jantar na casa de Matheus para os noivos conhecerem-se e serem oficializadas as intenções. Sem saber que a futura esposa tratava-se da jovem a qual tanto desejava, Matheus continuava irredutível e manteve-se assim até o último instante, quando então viu adentrar em sua casa a radiante jovem, trazida pelo pai. Seus olhos brilharam e seu coração ficou totalmente acelerado. Não acreditava que a jovem com quem teria de casar-se era a mesma que durante longas noites povoou-lhe os sonhos. Imediatamente este mudou sua atitude e fez de tudo para agradar à futura esposa. Esta, no entanto, não compartilhava da mesma exaltação que Matheus, e deixou transparecer claramente que só estava entregando-se àquela situação por respeito ao desejo de seu pai. Sem alternativa, a jovem viu-se entregue aos inúmeros flertes de Matheus, e quanto mais tempo passava junto dele, mais constatava sua arrogância e falta de pudor.

— Os dias foram-se passando – prossegue Balthazar – e, cada vez mais, Matheus ia apaixonando-se pela jovem, que, sempre muito educada, procurava ser o mais solícita possível com o noivo. Este, no entanto, não via o momento de tê-la em seus braços. O perfume, os cabelos macios e a pele sedosa inundavam-lhe os pensamentos. Porém ela, muito recatada, sempre lapidava qualquer intenção mais impudente. Com a data do casamento marcada, a irredutibilidade de seu pai e a certeza de que não seria feliz ao lado de Matheus, a jovem desabou e entregou-se às lagrimas. Muitas foram as noites em

Das Trevas à Luz

que se entregou ao choro, e dezenas foram as orações, implorando a Deus para qué não permitisse aquela forçosa união.

— Posso imaginar – comenta Cássius.

— Foi então que, durante um almoço na casa de Matheus, a poucas semanas do casamento, a jovem iria conhecer aquele que arrebataria seu coração. Sentada no jardim enquanto aguardava a vinda de seu noivo, a jovem viu sair às pressas um rapaz cheio de alimentos e com as roupas totalmente em farrapos. Este, ao contemplar exuberante jovem sentada no jardim, entregue ao brilho do sol e olhando-o atentamente, petrificou, acreditando ser aquela a imagem mais bela que já presenciara. No mesmo instante, sentiu as pernas tremerem e um intenso calor invadir-lhe por completo. Sem pensar duas vezes, o rapaz largou ao chão tudo o que trazia e, enfeitiçado, seguiu na direção da jovem. Esta, que também se encantou instantaneamente com o rapaz, entregue ao desejo que a invadia, levantou-se aguardando ansiosa sua aproximação. Assim que se aproximaram, nenhuma palavra foi dita. Ambos, consumidos pelo desejo, entregaram-se de corpo e alma em gesto de pura paixão, e beijaram-se. De corpo e mente entrelaçados, tornaram-se um só. E naquele instante descobriram que nunca mais desejariam separar-se.

— Que linda cena – surpreende-se Cássius.

— Porém, enquanto beijavam-se no jardim, eis que surge o jovem Matheus à procura de sua desejada noiva, e encontra-a entregue aos braços de outro, dentro de sua própria casa. A cena presenciada foi como uma punhalada certeira no coração de Matheus. Uma explosão não teria causado tanto estardalhaço quanto a imagem de sua noiva entregue aos braços de outro. Matheus quis gritar de fúria, porém a voz não saía. Este não conseguia articular qualquer reação, pois estava chocado com a cena. Completamente entregue a outro, sua noiva não esboçava nenhum gesto de rejeição, apenas correspondia fervorosamente. Então, com sua noiva entregue aos beijos e às carícias de outro, Matheus sentiu seu coração e toda a esperança que havia depositado naquela união despedaçarem-se. Sem forças para gritar ou reagir ao impacto que sofrera, este teve ímpeto de chorar.

— Entendo...

— Contudo, ao fixar melhor os olhos úmidos pela decepção,

contatou que o sujeito que sua noiva beijava era um antigo conhecido seu. Aquele mesmo jovem que por diversas vezes invadiu sua casa, roubando-lhe comida. O mesmo rapaz petulante que sempre o incomodava e, mesmo com sua proibição, continuava a saquear-lhe. Imediatamente ressoaram em sua mente dezenas de indagações, tentando compreender por que sua amada noiva havia feito aquilo, e por que o tinha trocado por um rapaz como aquele, um pobre esfarrapado, sem educação e que não tinha nada que pudesse oferecer-lhe. Assim, com a mente envolta em um verdadeiro turbilhão, aos poucos o ódio e a raiva começaram a invadir-lhe todo o ser, fazendo-o desejar destruir ambos por tamanha audácia – explica Balthazar, e prossegue.

— Então, disposto a obter vingança, Matheus decide não dizer nada e seguir como planejado. Usaria a jovem para saldar a dívida do pai, e assim que estivessem casados, a desposaria com toda sua ira e faria dela uma escrava e verdadeira serva para atender-lhe a todos os caprichos e desejos. Quanto ao amante, iria destruí-lo com toda sua fúria, fazendo-o sofrer por tudo que lhe causara e por ter ousado tentar tomar-lhe sua amada noiva.

— E o que aconteceu? – pergunta Cássius.

— Nos dias que se seguiram, a jovem não comentara absolutamente nada. E mesmo com o coração acorrentado por outro, seguiria adiante por respeito ao pai, cujas ordens sempre foram atendidas. O amante tentara por diversas vezes mudar a opinião da jovem e fazê-la aceitar que aquela futura união com Matheus não iria dar certo e que ela deveria largar tudo e viver com ele. Mas confusa e indecisa sobre o que deveria fazer, a jovem seguiu até o dia de seu matrimônio. Dia em que, no altar, aguardando tensamente a entrada de sua almejada noiva, a qual faria sofrer e pagar pela traição, estava o enfurecido noivo Matheus, ansioso para que terminassem de uma vez aquela fantasiosa cerimônia, e que pudesse enfim se vingar.

— Com a igreja cheia – continua Balthazar – e todos esperando a entrada da noiva, eis que um garoto entra correndo, avisando que acabara de ver a noiva fugir a cavalo com outro, deixando então o perplexo noivo estagnado no altar. Apesar de tentar seguir adiante e cumprir as ordens do pai, a jovem não resiste à fervorosa paixão pelo pobre rapaz e decide abandonar tudo, fugindo com ele. Ao noivo Matheus, um imenso ódio invade-lhe a alma, fazendo-o jurar que

Das Trevas à Luz   167

nunca iria perdoá-los por terem-no feito sofrer daquela forma. Com relação à divida de seu pai, como esta não foi saldada, seus credores arrancaram-lhe tudo o que tinha, deixando-o à beira da miséria. E, acreditando que a desistência da noiva em casar-se fora devido à arrogância de seu filho, ele então decide vendê-lo como escravo ao homem cuja dívida havia causado e o qual lhe ameaçara tirar a vida caso não o ressarcisse.

— Nossa!

— Então, traído, revoltado e abandonado, o jovem Matheus é obrigado a saldar a dívida do pai como escravo, trabalhando em meio a dezenas de outros escravizados. A vida regrada a riquezas e luxo havia chegado ao fim. E ele estava condenado a passar o resto da vida entregue às ordens de seu dono, o qual o submetia a castigos constantes. Apesar de um dos castigos a Matheus ter sido devido a, durante uma discussão com outro escravo em sua cela, ter provocado a morte deste, seu dono castigava-o com frequência, simplesmente por descontentamento com o pai do rapaz, agredindo-o e açoitando-o violentamente durante quase todas as noites. Então, após este vasto sofrimento, e alimentando o desejo de vingança, Matheus, estando fraco e ferido, não resiste, e vai ao óbito...

— Realmente foi bem difícil para ele. Creio que agora compreendo um pouco mais as razões de Matheus encontrar-se neste estado – comenta Cássius.

— Devo admitir-lhe que tive, por misericórdia Divina, a oportunidade, mesmo que por um período curto, de estar encarnado junto dele enquanto éramos escravos, para de alguma forma tentar auxiliá-lo em seu suplício. Porém seu estado mental já se encontrava comprometido de uma tal forma, por conta dos açoites e constantes abusos, que infelizmente pouco pude fazer. Abusos estes sofridos nas mãos de um conhecido nosso, o Alexandre, lembra-se dele?

— Como não, Balthazar... Era aquele rapaz, amigo de Cláudio, que tentando protegê-lo de Matheus, acabou sendo uma de suas vítimas. – lembrou-se Cássius – Então fora Alexandre o causador deste grande sofrimento de Matheus como escravo em tal encarnação?

— Exatamente. Fora ele o homem que recebera Matheus como escravo em pagamento da dívida de seu pai. E o qual, pelo que soube, após esta encarnação em que o fizera sofrer em suas mãos, arrependido, solicitara aos nossos irmãos espirituais responsáveis uma nova oportunidade junto de Matheus, a fim de procurar obter redenção pelos abusos que cometera contra ele, reencarnando então como Alexandre.

— Puxa, Balthazar, devo dizer que jamais poderia imaginar.

— Já quanto ao casal, cuja intenção era fugir e ficar unido para sempre, uma doença infecciosa é contraída pelo rapaz e este, em sua primeira noite de amor com sua amada, a contagia, e ambos vêm a falecer em plena mocidade, fazendo então juras de amor eterno – conta Balthazar, concluindo a narrativa da história.

— Eu confesso que estou sem palavras, meu amigo Balthazar. Sei das dificuldades às quais todos estamos sujeitos, mas não pressupunha toda esta maceração com relação a Matheus – espanta-se Cássius.

— Realmente, Cássius. Este irmão reencarnado trouxe consigo pesadas bagagens. Contudo faltou contar-lhe que este casal, o qual fora em outra vida tão repudiado por Matheus, é o mesmo casal que hoje se encontra reencarnado. São eles: Cláudio e Elisa.

25 – A almejada vingança

Deus, em toda a sua misericórdia e sabedoria, traça cuidadosamente os caminhos de seus filhos amados, permitindo que todos, sem qualquer distinção, possam obter as mesmas oportunidades de progresso, e assim a cada ato galgar mais um degrau em seu próprio desenvolver.

Como verdadeiros irmãos, todos se entrelaçam de forma a alcançar uma plena e verdadeira evolução. Por isso as oportunidades destes reencontros, e consequentemente a resolução de possíveis pendências, são permitidas.

Desta maneira ambos conseguem auxiliar-se, seja aquele que ainda caminha pelas vielas ou o que já foi agraciado de bater às portas do céu. Sendo este último aquele que geralmente é o solicitante deste reencontro. Onde uma vez que já atingiu determinado estágio, vê-se incompleto enquanto não conseguir auxiliar aquele que foi também, de alguma forma, instrumento de seu progresso.

Cássius, ao conhecer fatos de uma antiga existência minha, anterior a esta última que tive junto de Cláudio, nitidamente surpreende-se com o relato de Balthazar, que descreveu passagem tão distinta experimentada pelos envolvidos.

Enquanto Cássius seguia junto ao amigo nos planos superiores, no plano terrestre seu pupilo Cláudio, obsedado por mim, lançava fel e fogo em seu tranquilo relacionamento. Contudo há de esclarecer-se que, mesmo em outro plano, a mente de seu amigo e benfeitor Cássius mantinha-se em constante ligação ao pupilo, e bastava um simples desejo para que este se fizesse presente.

No entanto a vontade de Cláudio era oposta ao que trazia consigo até então. O desejo de entregar-se ao suplício era naquele momento mais forte e proeminente. Trazendo-me enlaçado a ele, Cláudio permitia que eu seguisse fervorosamente com meu objetivo, que era o de destruir e vingar-me daquela união a qual eu tanto amaldiçoava. Induzia-o a gritar e gesticular como se eu mesmo o fizesse.

Já com Elisa, apesar de ainda desejá-la com todas as minhas forças, eu queria que sofresse por ter-me recusado quando lhe proclamei o que realmente sentia. Assim como em Cláudio, nela eu também encontrava portas abertas para lançar toda minha ira e vingança.

Após algum tempo focado naquele intuito de destruir e prejudicar, começaram a surgir outros desencarnados atraídos pelo mesmo desejo em comum. Sentindo-se de alguma forma evocados, eles aproximavam-se, tentando suprir seus desejos. Eu, no entanto, senhor de mim, repelia-os imediatamente, desejando que nada nem ninguém se interpusesse em meu tão esperado desforço.

Foi então que finalmente eu veria meu esforço agraciado. Após algumas horas de total incitação, eis que o tão aguardado desfecho ocorreu. Em meio a inúmeras lágrimas e semblantes totalmente desapontados, a única palavra com força suficiente para ser pronunciada não se fez necessária, pois após olharem-se profundamente, ambos sabiam exatamente o que devia ser feito. E assim, desta forma, a tão abençoada união finalmente parecia ter chegado ao fim. Elisa recolheu tudo o que podia carregar naquele instante de dor, e partiu rumo a sua antiga casa, a atual residência de seu irmão, esperando que este a acolhesse.

Já Cláudio, ainda sem compreender o que realmente lhes havia levado a tal atitude, encarcerou-se em seu quarto, buscando alguma explicação.

Quanto a mim, não tinha palavras que descrevessem a tamanha

exaltação que experimentava após ver meu desejo de vingança finalmente concluído. Eu dava pulos de contentamento e gritava para que todos pudessem ouvir o quanto eu era forte e o que havia conseguido realizar. Mal podia acreditar que finalmente, após tantos anos de sofrimento e ódio por ter sido trocado, eu conseguira então obter o fim daquele relacionamento.

— Ah, eu consegui! Ninguém pode comigo. Adeus, maldita união! – gritava eu.

Eu nunca me sentira tão forte e tão bem, uma onda de alegria invadia-me. Finalmente eu havia conseguido separar aquele casal e obter a tão almejada vingança que havia anos eu aguardava ansiosamente.

Mas apesar de ter conseguido separá-los, eu ainda não me sentia vingado. Queria que ambos sofressem e experimentassem tudo o que eu enfrentara. Ter conseguido que terminassem era somente o início, minha vingança havia somente começado.

— Oh, Elisa, mas que cara é esta? Você fez o que no fundo desejava. Eu somente mostrei-lhe o caminho. Não percebe que no fundo você ainda me ama? Nós fomos criados para ficar juntos. Sabe que só estará completa ao meu lado e de mais ninguém – sussurrava eu em seus ouvidos, enquanto ela seguia para a casa do irmão.

Assim que Elisa chegou a sua antiga casa, com as malas nas mãos e banhada em lágrimas, imediatamente o irmão Pedro quis interrogar os motivos, porém foi logo envolto no calor materno de sua generosa mãe Matilda, espiritualmente incitando-lhe que guardasse os questionamentos para mais tarde e que somente abraçasse sua irmã.

A bondosa senhora que presenciara toda a discussão, e conservou o casal de exaltar-se demais, mantendo-os, contudo, livres para decidirem o que procuravam, bem que tentou acolher sua amada filha também em seus braços, mas a jovem, que me trazia enlaçado consigo, ainda não permitia.

Entregue ao desolamento, debruçado na janela de seu quarto, como se buscasse respostas nas estrelas, Cláudio sentia-se vazio e ao mesmo tempo confuso. Sem mim atrelado aos seus ouvidos, ele conseguia manter-se estável, mas não o suficiente para compreender tudo o que realmente havia ocorrido. Quis correr atrás de sua amada, contudo seu atual estado fê-lo atrair alguns desencarnados, que imediatamente comutaram-se com ele, fazendo-o sentir-se ain-

Das Trevas à Luz   171

da mais desolado e sem forças para qualquer atitude.

Atendendo ao chamado de Matilda, o solícito Cássius seguiu para junto de seu amigo Cláudio, a fim de tentar confortá-lo e resguardá-lo de desencarnados que tentassem ampliar seu sofrimento. Tarefa cumprida pelo amigo espiritual que, agora conhecedor das encarnações passadas do pupilo, apesar de triste com a atitude tomada e da aceitação de minhas influências, cobria-o com sua túnica, tentando de alguma forma confortá-lo.

Conforto que logo seria também exercido com a chegada de sua mãe, que retornara da casa de dona Cida. Bem que dona Marta tentou arrancar do filho alguma explicação para este se encontrar às lágrimas e para a ausência de Elisa, mas a única coisa que ouviu, antes de abraçá-lo, foi que ela havia-o deixado.

No dia seguinte, após as devidas explicações a sua mãe sobre o que ocorrera, Cláudio procura encontrar forças para ir trabalhar, contudo, mesmo sendo um funcionário que não deixava de cumprir com suas funções, a dor pela perda de sua amada era muito mais forte que ele.

— Não se preocupe, meu filho, fique em casa. Você não está em condições de ir trabalhar e tenho certeza de que seu patrão vai entender – salientou sua mãe.

— É, a senhora tem razão. Apesar de não gostar de faltar, sinto-me mal com tudo o que aconteceu. Creio que hoje eu só iria atrapalhar ao invés de ajudar – concordou Cláudio.

Enquanto mãe e filho conversavam, eis que eu surgi novamente naquela casa, após ter ficado fortemente envolto nos pensamentos de Elisa, procurando convencê-la de ter realizado a escolha certa.

Eu desejava agora prejudicar Cláudio de todas as formas. Só me sentiria vingado após lhe dar o mesmo suplício pelo qual passei.

Vendo-me chegar tomado por intenções destrutivas, o benfeitor Cássius prontamente quis retardar-me, porém, como um ímã, fui imediatamente atraído por desejos ainda presentes em Cláudio, o qual demonstrava subjugar-se facilmente a mim.

— Cláudio, meu filho, sei que deveria deixar que você e Elisa resolvessem se acertar, mas não gostaria que eu fosse falar com ela? – questionou dona Marta.

— Não, mãe, deixa que eu mesmo resolvo isto – retrucou Cláudio.

— Mas, meu filho, você não acha que se eu... – quis argumentar dona Marta, sendo logo interrompida por outro "não" de Cláudio. Ríspido e seco, as respostas do rapaz eram a tradução das minhas vontades, as quais ele aceitava passivamente. Assim que me enlacei a Cláudio, prontamente este começou a emanar minhas induções tempestuosas. Começou ele então a sentir raiva e um misto de injúria e revolta por ter sido tratado como foi por Elisa.

Sem entender que todo aquele ódio e palavras ásperas não eram totalmente fruto de seu filho, a preocupada mãe, que tentava apenas ser solícita, nada mais tentou argumentar, e deixou-o em paz, conforme seu desejo.

Poucas foram as fortes desavenças entre o casal, mas comigo perturbando Cláudio e investindo-lhe todo meu ódio, as migalhas que se dispersavam através do tempo em que haviam ficado separados, agora se reuniam de forma poderosa e com o intuito de prejudicá-lo. Eu desejava a todo custo que ele sofresse e fosse abandonado por todos como eu fui.

O desolamento e vazio de Cláudio agora eram pouco a pouco preenchidos com o sentimento de revolta por ter sido tratado como fora. Sentia-se totalmente injustiçado por nunca ter negado algo a sua companheira e esta, no entanto, não ter reconhecido isto e não o ter valorizado.

Enquanto eu sussurrava todo o meu ódio em seus ouvidos, e Cláudio aceitava-o como se fosse seu, o amigo Cássius, que o assistia, permitia que as lágrimas corressem em sua fronte por amor ao querido irmão que, comutado a mim, enfrentava por própria escolha aquela difícil prova.

Sempre solícito e pronto ao auxílio, o querido benfeitor, seguindo as orientações de Matilda, dedicava-se somente a tentar conduzir-nos de forma que cada um encontrasse o que procurava pra sua própria evolução.

À medida que Cláudio ia aos poucos se curvando diante de minhas vontades, eu ia fortalecendo-me. Sentia-me realizado e cada vez mais completo com o presenciar daquelas pungentes manifestações.

Em casa, sozinho e trancado em seu quarto, o jovem rapaz era presa fácil para meus açoitamentos. Acostumado a ter a companheira sempre a seu lado, pronta para o prestativo auxílio e conselho, Cláudio sentia-se perdido e confuso, entregando-se assim às ações externas.

Das Trevas à Luz   173

Já quanto a Elisa, após se revirar na cama durante a noite inteira, pois me permitiu exercer um enlace sobre si, tentava explicar ao irmão o que realmente havia acontecido.

— Eu não compreendo, minha irmã, você e Cláudio sempre foram tão companheiros, possuíam uma união tão sólida que parecia provocar inveja aos que assistiam – argumentou Pedro.

— Eu não sei o que houve. Tudo parecia estar indo tão bem, e de repente aconteceu isto. Ainda não consigo encontrar explicações. Sinto que uma forte onda veio sem avisar e levou tudo o que havíamos construído. Nós já havíamos discutido antes, mas nunca desta forma – tenta explicar Elisa, segurando-se para não cair nas lágrimas.

— Minha irmã, sabe que discussões acontecem e elas servem para fortalecer os relacionamentos. Não fique assim, eu sei que você e Cláudio se amam muito para permitir que tudo acabe desta forma. Às vezes, durante a convivência, acabamos falando algo que não queríamos dizer. Infelizmente acontece, e devemos ter o bom senso de aceitar que todos estamos sujeitos aos erros.

— Acontece que não fui somente eu quem disse coisas feias, Cláudio também revidou, e eu não esperava isto dele. Sinto como se quanto mais nós discutíamos, mais lenha era colocada no fogo. Parecia algo entalado em nossas gargantas há muito tempo, aguardando que houvesse somente uma pequena faísca para ser liberado – lamentou Elisa.

— Mas é como eu disse, minha irmã, às vezes nós falamos somente com a intenção de desabafar, desafogar. E nem por isto quer dizer que o carinho, o respeito, o amor simplesmente acabaram. Penso que os dois vinham trazendo há muito tempo algumas incongruências, e que isto ocorreu para fortalecê-los ainda mais. O importante é que você ama o Cláudio, não ama?

Naquele instante, ao ouvir a indagação do irmão com relação ao sentimento que ela trazia por Cláudio, a jovem paralisou-se, e nada conseguiu reproduzir. Por mais afeto e amor que possuísse pelo rapaz, a discussão enfrentada ressoava fortemente em sua cabeça, provocando-lhe incertezas com relação ao que sentia.

Teria o amor entre o casal acabado? Finalmente eu teria conseguido obter o desfecho que há tempos almejava?

Enquanto tais questões aguardavam respostas, eu seguia decididamente agarrado ao rapaz, consumindo-o e perturbando cada vez mais.

Praticamente enclausurado em sua própria dor, Cláudio manteve-se o dia inteiro cerrado em seu quarto. Preocupada com o filho, dona Marta bem que tentou por algumas vezes removê-lo daquela situação, exaltando que se tratava de algo passageiro. Contudo, como um viciado incapaz de renegar o consumo fértil, este se voltava intimamente a mim, e bloqueava avidamente qualquer ação que fosse contrária.

Chegava assim o anoitecer, e então mais uma vez eu dirigia-me ao encontro de Elisa, a fim de confundir-lhe cada vez mais os pensamentos, e evitar que ela fugisse ao meu controle.

Aproveitando-se de minha ausência, o companheiro Cássius tentava, durante a noite, realinhar os pensamentos de Cláudio, de forma a minimizar efeitos danosos que eu vinha causando a este. Porém, isto apenas aliviava-o momentaneamente, pois intimamente o rapaz já trazia em si alguns questionamentos sobre seu relacionamento com a companheira. Questionamentos estes que, apesar de pequenos, eram consideravelmente ampliados por minha influência, perturbando-lhe o raciocínio.

No dia seguinte, após me ocupar com o tormento de Elisa durante seu sono, eu segui em direção a Cláudio, a fim de manter ambos sob meu torpor. E seguindo a mesma intenção de Cássius, a generosa mãe de Elisa dedicadamente se incumbia de auxiliar a querida filha durante o dia. Momento este em que seguia eu junto a Cláudio.

Logo, alguns dias passaram-se, enquanto eu mantinha-me cuidadosamente seguindo a rotina de visitar a ambos a fim de mantê-los sob minha obsessão. Porém não imaginava que, diferentemente de mim, existissem outros seres desencarnados junto ao casal, prestativos em aliviar minha flama.

A cada novo dia, mais e mais eram as minhas investidas sobre o casal. Durante o dia permanecia ao lado de Cláudio, consumindo-o e induzindo-o a aceitar que viver sem Elisa ao seu lado não valia a pena, e que buscar a morte era a única solução. E durante a noite, ocupava-me em povoar os pensamentos de Elisa, confundindo-lhe a razão e retomando assim meu controle sobre ela. Além de fazê-la recordar-se dos momentos em que esteve sob o meu domínio enquanto eu estivera encarnado.

Das Trevas à Luz

Preocupados com o estado de pulverização que, conforme o tempo seguia, ia dilapidando-os pouco a pouco, tanto dona Marta quanto Pedro pensavam em uma maneira de tornar a uni-los.

— Estou muito preocupada com minha irmã, dona Marta. Nunca havia visto Elisa agir desta forma. Ela não sai, não conversa, vive querendo ficar só. Acho que nem mesmo a morte de nosso pai provocou-lhe tanto sofrimento – lamenta Pedro.

— Cláudio também tem agido da mesma forma, porém ainda se presta a sair para o trabalho. Contudo seu tio Alberto disse-me que ele entra e sai sem dizer uma única palavra. Estou muito preocupada, Pedro. Pensei ser algo passageiro e que no mais em dois ou três dias já voltariam às pazes, mas infelizmente temo que quanto mais o tempo passar, mais eles irão isolar-se. Não gostaria de me intrometer por respeito à decisão de Cláudio, mas como poderia uma mãe não tentar ajudar seu filho, vendo-o em tal estado?

— Tem razão, dona Marta. Elisa também me fez prometer que não iria conversar com Cláudio, mas não aguento mais vê-la nesta situação. Minha esposa também tentou por diversas vezes mostrar-lhe que estava à disposição caso ela sentisse necessidade de desabafar. Mas Elisa continua sempre muito fechada e irredutível. Realmente, a discussão que eles tiveram causou-lhes uma ferida muito grande. Sinceramente, não sei o que fazer – preocupou-se Pedro.

— Bom, há algo que há alguns dias tenho pensado muito em fazer. Como sabe, nós lá em casa procuramos sempre conversar sobre Jesus. Elisa mesmo era a primeira a incentivar-nos quando por algum motivo não o fazíamos – disse dona Marta.

— É verdade. Desde que eu era pequeno minha irmã sempre me contava sobre Jesus. Mas qual a sua ideia, dona Marta?

— Então, nós sempre fomos pessoas muito religiosas, mas já fazia algum tempo que nem Elisa nem Cláudio encontravam tempo e demonstravam interesse em seguir com os estudos. Percebi que pequenos atritos já vinham ocorrendo entre eles, e quando mais precisavam ter Jesus em suas mentes, foi justamente o contrário. Sendo assim, pensei em convidar o padre Antônio para que, se possível, fizesse-lhes uma visita. Ambos possuem muito carinho e respeito por ele, e creio que não irão negar-lhe a palavra e presença amiga – salientou a dona Marta.

26 – A caminho do calvário

Jesus Cristo foi o maior exemplo de amor e caridade que a Terra conheceu. Seus exemplos e ensinamentos perpetuam até hoje, e seguirão por todo o sempre. Aquele que traz consigo a certeza de que todos somos irmãos e que devemos agir para com o próximo como desejarmos que ajam para conosco, pode estar certo de que está no caminho correto.

Em um lar, no trabalho, entre os amigos, seja em qualquer meio, aquele que se prestar a bem dizer sobre os maravilhosos exemplos deixados por nosso Senhor, tenha a certeza de que subiu mais um degrau em sua jornada. O próprio Jesus Cristo disse que aquele que desse testemunho dele, ele também o daria sobre este diante do Pai.[2]

Aquele que segue seus ensinos e mantém-no como exemplo a ser seguido, conserva-se resguardado e amparado durante as eventualidades que surgirem.

No plano físico, a intenção de dona Marta era a de que uma conversa com o gentil padre Antônio pudesse remover Cláudio e Elisa daquela triste situação em que viver parecia não mais fazer sentido.

Auxiliada por Matilda, que a aconselhou intuitivamente sobre a possibilidade de uma melhora com a sugestão de um encontro com um dos semeadores da doutrina de nosso Senhor, dona Marta seguiu então ao encontro do pároco, a fim de solicitar-lhe a pretendida assistência.

Há de explicar-se, porém, que sugestionar a dona Marta que um encontro seria benéfico para o casal, não implicaria coibir cada um de prosseguir como intimamente desejasse, e sim apenas garantir que ambos os lados pudessem escolher quais caminhos desejariam traçar.

Realmente, eu e o casal trazíamos pendências as quais íntima e inconscientemente desejávamos enfrentar. Contudo, lavar as mãos e não expor as opções disponíveis seria ignorar que a cada um deve ser dado escolher o percurso e os enfrentamentos de que necessita.

Após explicar ao padre os motivos que a levaram a solicitar aquela visita, este prontamente dispôs-se a auxiliá-los com muita satisfação, pois possuía muito apreço por ambos. Marcada então a

---

[2] Novo Testamento, Matheus, 10:32

Das Trevas à Luz

visita para o dia seguinte, dona Marta depositava muita confiança em que as palavras do padre abririam os olhos do casal e removê--los-iam daquele estado.

Chegado o dia, padre Antônio preparava-se para visitar primeiramente Elisa, quando fora solicitado por dona Guiomar, que urgentemente necessitava confessar-se. A senhora, em momento de descontentamento no lar, pronunciara palavras direcionadas ao filho Arlindo, as quais julgava serem incorretas. Este também se exaltara e revidou-as. Por isso ambos encontravam-se diante do padre, esperando poderem confessar-se.

Como o padre havia combinado que visitaria o casal e informou a dona Marta que comunicasse a Pedro o momento em que chegaria, preocupou-se que este deixasse de ir trabalhar enquanto não chegasse. Porém, sem poder negar o pedido de dona Guiomar, o padre solicitou então que o filho da senhora, o rapaz Arlindo, fosse à casa de Pedro comunicar que o pároco atrasaria.

Arlindo era um rapaz que beirava a casa dos trinta anos, bem apessoado e vestia-se muito bem em qualquer ocasião, de forma que sempre parecia estar preparado para um encontro.

Atendendo à solicitação do padre em seguir à casa de Pedro enquanto sua mãe confessava-se, o rapaz mal podia imaginar que sua atitude seria interpretada de forma completamente errônea.

Cláudio seguia rumo ao trabalho, e seu percurso passava quase em frente à casa de Pedro, local onde sua companheira estava abrigando-se. Trazendo-me consigo e enlaçado sobre seus pensamentos, o desolado companheiro de Elisa não pôde acreditar na imagem que seus olhos viram. Estacado à frente da porta da residência, encontrava-se um moço elegante, bonito e com ares de ter-se ajeitado para um encontro. Como Cláudio não conhecia Arlindo e nem seus costumes, logo supôs aquilo tratar-se de um encontro.

Perplexo e sob minha influência, imediatamente imaginou que sua companheira já o havia trocado por outro, mais bonito e rico, e que o relacionamento que vivenciaram já fazia parte do passado.

Não se conformava com a ideia de que Elisa já o tivesse trocado por outro. Levantou dezenas de hipóteses, mas nenhuma explicava aquela cena.

Sem imaginar estar sendo vigiado e provocando inumeráveis questionamentos, Arlindo seguia à frente da porta de Pedro, aguardando-o para dar-lhe o recado do padre.

Foi então que o improvável aconteceu. O rapaz que pretendia somente fazer um comunicado, ao ser atendido pela esposa de Pedro, acabou por adentrar no recinto. Arlindo possuía por hábito sempre garantir que qualquer solicitação a ele fosse efetuada. Não considerava correto transmitir recados através de terceiros, e assim solicitou conversar pessoalmente com Pedro.

Vigiando e acompanhando cada detalhe, Cláudio teve seu coração feito em pedaços quando presenciou o rapaz adentrando na casa de Pedro. Naquele instante concluiu que realmente se tratava de um encontro, e que ele havia sido deixado no passado. A companheira da qual ele trazia mágoas, mas com quem no fundo ainda mantinha esperanças de obter uma reconciliação, parecia ter decidido por fim esquecê-lo e seguir adiante.

Cláudio quis gritar, chorar, correr arrependido ao encontro de Elisa, mas como me trazia passivamente comutado a seus pensamentos, a única ação que teve foi a de baixar a cabeça e dar as costas ao seu passado.

Houvesse-se mantido mais algum tempo vigiando, presenciaria que poucos instantes após ter entrado na casa de Pedro, o rapaz então a deixaria, seguindo de volta à igreja.

Sem saber para onde ir e o que fazer, Cláudio, obsedado, constatara não possuir forças para ir trabalhar, e rumando sem destino, entregou-se por completo aos meus desejos.

Como o esforço despendido a cada enlace requeria-me determinado tempo, mesmo furioso com a cena que presenciara junto a Cláudio, optei por aproveitar aquela oportunidade para finalmente destruí-lo, e logo em seguida me vingaria de Elisa.

Com Cláudio abalado, destruído e sem esperanças de reatar com Elisa, o traçado para levá-lo ao calvário estava totalmente disposto, permitindo assim que as portas direcionadas ao caminho da fuga, através do suicídio, estivessem abrindo-se bem à sua frente.

Estava montado diante de mim o cenário perfeito para a minha vingança. Era aquela a situação mais almejada pelos espíritos revoltados e que trazem consigo somente a lamúria e o suplício, amontoados durante a erraticidade de suas almas perdidas.

Apesar de furioso por também acreditar que Elisa estava iniciando um encontro com outro, eu recolhia-me focado em levar Cláu-

Das Trevas à Luz   179

dio a considerar que a morte seria sua única saída.

Pretendia incitar-lhe o suicídio. Tarefa que sabia executar muito bem durante o período a serviço das Trevas. Desta forma, voltei-me então a lançar-lhe pesadas cargas destrutivas, iniciando assim a minha tão aguardada desforra.

Contudo havia algo com que eu não me preocupara a partir do instante em que dei início a emitir-lhe energias distintas e que pretendiam lançá-lo ao suicídio: interliguei-me a outros seres errantes que também possuíam o mesmo desejo. E assim que permiti involuntariamente a geração desta corrente, sem saber acabei por imantar-me com servos de Buriel, que desde minha deserção ocupavam-se em encontrar-me.

Não necessitou muito esforço para que minha localização logo fosse obtida e então uma equipe dirigisse-se ao local, a fim de capturar-me e reconduzir à presença de Buriel para receber meu castigo.

Outro que se ocupava com minhas atitudes era Cássius, que observando o desenrolar dos acontecimentos, solicitou imediatamente a presença do amigo Balthazar, para que este pudesse auxiliá-lo a preservar Cláudio de forma mais efetiva.

Enquanto eu seguia fervorosamente investindo contra Cláudio, que passivamente se inclinava às minhas vontades e não ao regalo de Cássius, finalmente o padre Antônio, após ter ouvido a confissão de dona Guiomar e de seu filho, chegava ao encontro de Elisa. Esperava auxiliá-la a remover a pesada nuvem de injúrias e atritos que, devido a minha intervenção, encobria a mente da jovem, impedindo-a de raciocinar tranquilamente.

— Elisa, desculpe incomodá-la, mas você tem uma visita. E é alguém que ficará muito feliz em rever – adiantou a esposa de Pedro.

— Padre Antônio, o que o senhor faz por aqui? – questionou Elisa, espantada.

— Eu estava com saudades de você. Já faz alguns dias que não a vejo ou que aparece nas missas. Pensei ter ocorrido algo. Você sempre foi tão assídua, e comparecia mesmo nos dias em que estava doente – respondeu carinhosamente o pároco.

Como já é de conhecimento, o padre sabia claramente o que havia ocorrido com a jovem. Contudo não achou por bem iniciar tocando no assunto. Queria que ela, aos poucos, fosse fazendo-o por vontade própria. Estava ali somente como um bondoso ouvinte e,

180   Matheus

acima de tudo, um velho amigo que procuraria auxiliá-la como fosse possível.

O padre já fora confidente de inúmeros casais que, devido a intempéries de um relacionamento, estando este por vezes ainda procurando solidificar-se, entregavam-se aos atritos. Ele conhecia e presenciara o relacionamento de Elisa desde o início até as dificuldades que a assolaram no dia de seu casamento. Gentil e humilde, o padre sabia muito bem como conduzir as palavras. Sempre tecendo ensinamentos sobre os transmitidos por Jesus Cristo, procurava aplicá-los aos dias atuais. Porém o bom servo não estava só. Ele estava acompanhado da generosa mãe de Elisa, que maternalmente abraçava sua filha, acalentando seu coração e mantendo-a o mais serena possível, de forma que pudesse ouvir ela própria as palavras do padre, sem esbarrar nas perturbações.

Aos poucos a jovem ia alterando o semblante sisudo que havia dias emoldurava-lhe, dando lugar ao antigo e real aspecto tranquilo e carinhoso que todos conheciam.

Não precisou muito para que o bondoso servo e a consoladora mãe conseguissem por fim removê-la daquele estado através da oração. Lágrimas escorriam por seu rosto, como se desejassem limpar-lhe de toda a obscuridade e sofrimento a que eu induzira-lhe.

Intimamente, Elisa conhecia a forma como permitiu conduzir-se na triste discussão com Cláudio. Contudo, obsedada, a jovem não possuía forças suficientes para aceitar e remover-se daquela situação.

Mas agora, graças ao auxílio dos amigos, pôde ver claramente como agiu e a maneira como vinha aceitando os fatos. Livre do véu com que astutamente eu cobrira-lhe, esta agora tinha total consciência de que seu amor e respeito pelo companheiro eram muito mais fortes que qualquer dificuldade, e que os laços que os uniam eram eternos e abençoados pelo Pai.

Após abraçar calorosamente o padre e sua mãe, esta espiritualmente, Elisa quis logo saber o paradeiro de Cláudio, a fim de correr para reconciliar-se com ele.

Infelizmente, mal sabia ela que o companheiro decidira que viver sem ter seu amor já não mais fazia sentido. Este havia aceitado que o suicídio era o único caminho restante para pôr fim ao seu sofrimento.

Sendo que ele trazia-me comutado de forma totalmente inten-

Das Trevas à Luz 181

siva, unindo-nos como uma só mente pensante, eu, lembrando-me das tentativas frustradas do passado, incitei-lhe a dirigir-se para um local muito conhecido por ele: a distante e inóspita encosta do rochedo. Local totalmente afastado de olhares cautelosos. Seria naquele momento, a meu ver, a forma mais eficaz e prazerosa de pôr um ponto final à vida do rapaz.

Estando ele abalado e sem esperanças, instruí-o a seguir o mais breve ao local indicado. Enlaçado fortemente a ele, eu deleitava-me com o sofrimento que lhe inundava os pensamentos.

Sem medir esforços, eu gritava e bradava em seus ouvidos todo o meu ódio e desejo de que este colocasse um fim a sua vida. Pude sentir vibrar cada uma das moléculas de seu corpo esfacelado pela inesperada traição.

Totalmente tomado e decidido a destruí-lo, eu lançava mão de todos os artifícios para impor-lhe meus anseios. Sabia claramente que o possuía totalmente entregue às minhas mãos e não perderia oportunidade tão desejada.

Como um parasita sequioso por esgotar todos os recursos possíveis para obter a esperada saciação, eu despejava-lhe todo o meu fervor armazenado durante os longos períodos de sofrimento. Nunca desprendera tamanha carga de energia sobre alguém. E a cada investida para garantir que este não escapasse ao meu controle, eu sentia seu corpo estremecer e os órgãos debaterem-se, implorando por alívio.

Sentia-me com tamanho controle que por instantes acreditei ser o único responsável por levá-lo ao calvário. Esbravejando em seus ouvidos, sentia prazer incomensurável ao vê-lo contorcer-se sem que este compreendesse por que agia daquela forma.

Como um verdadeiro algoz, eu seguia castigando-o feito um carrasco munido com seu chicote, açoitando um condenado.

Estando ele choroso, perdido e sem forças, finalmente eu conseguira induzir de forma atuante o desejo em Cláudio para lançar-se ao precipício. Atordoado e desiludido, o rapaz, que se entregava às indescritíveis macerações em um beco, escorou-se com muito esforço e, decidido a suicidar-se, seguiu em direção ao calvário. E, acreditando eu finalmente ver meu desejo de vingança contra o rapaz acontecer, influenciei-o a rumamos à aguardada encosta.

Porém, enquanto Cláudio declinava-se e seguia ao local, um velho amigo avistara-o em penosa situação e, sem sucesso, tentara chamá-lo. Era Tobias, um dos empregados do delegado. Amigo que, durante as intempéries envolvendo Elisa, fora-lhe de grande ajuda.

Como conhecia Cláudio e sabia do vibrante e inconfundível modo de agir deste, notou logo que algo havia ocorrido e que se tratava de assunto sério para estar daquele jeito. Tobias quis correr atrás do amigo, mas como necessitava entregar um envelope muito importante que seria levado à cidade vizinha, nada pôde fazer a não ser desejar que Cláudio ficasse bem.

Deixando Cláudio à própria sorte, Tobias seguia com o envelope nas mãos quando, no meio do caminho, acabou encontrando a jovem Elisa e o padre, que se dirigiam à casa do rapaz. Preocupado com a cena há pouco presenciada, Tobias não pôde deixar de questionar Elisa sobre as atitudes de Cláudio.

— Elisa! Oi... Não sei se lembra de mim, sou Tobias! – exclamou ele.

— Claro, lembro-me sim. Como vai? Há quanto tempo – respondeu ela.

— Estou bem. Se me permite, eu acabo de ver uma cena um tanto incomum, e pensei que talvez saiba o motivo.

— Que cena? – indagou ela, surpresa.

— É que enquanto eu vinha dirigindo-me para cá, vi Cláudio agir de forma muito estranha, e fiquei preocupado. Ele estava chorando muito e parecia inconformado com algo. Nunca o vi agir daquela forma. Só me recordo de ter visto uma pessoa em situação bem parecida. O augusto – lembrou Tobias.

— Augusto? Não conheço – disse Elisa.

— Eu lembro-me deste senhor. Foi há muito tempo, quando você ainda era bem jovem, Elisa. Ele perdeu o emprego, a esposa engravidou de outro e deixou-o, e ele ainda contraiu uma doença. Pobre Augusto – lamentou o padre.

— Mas o que aconteceu a ele, padre? – questionou Elisa.

— Infelizmente – respondeu Tobias, adiantando-se – não aguentou as difíceis provas e acabou por suicidar-se.

— O que? E por acaso você acha que o Cláudio pudesse...? – alarmou-se a jovem

— Calma, minha filha. Cláudio é um rapaz muito correto e não acredito que chegaria a este ponto – tranquilizou-a o padre.

Das Trevas à Luz 183

— Ah, mesmo assim padre. Se Cláudio agia de forma tão descontrolada, creio que da mesma maneira que eu, ele também necessita de auxílio. Estou preocupada com ele. Não sei o que seria de mim caso algo ocorresse a ele. Você sabe para onde ele foi? – perguntou Elisa a Tobias.

— Não sei para onde ele possa ter ido, mas para onde quer que fosse, parecia estar decidido. Ele seguiu naquela direção – indicou Tobias.

Imediatamente, quando Tobias apontou para onde Cláudio seguiu, veio de súbito na mente de Elisa a recordação de que a rua por onde ele havia seguido era a mesma que levava à estrada que no passado fora caminho a um local do qual não trazia boas recordações. Local onde eu pretendi, enquanto encarnado, livrar-me de Cláudio, e em que, graças ao arrependimento e sacrifício de Júlio, falecido pai de Elisa, vi meus planos em tentar eliminar o rapaz ruírem.

Ocorria que a recordação manifestada em Elisa fora obra de sua atenciosa mãe Matilda, que lhe insuflara no íntimo do pensamento. Esta soube da intenção de Cláudio através de Cássius, que o acompanhava rumo a seu calvário, empenhando-se em restabelecer o amigo e orientá-lo sobre a atitude escolhida.

Então, sem ponderar qualquer questionamento, Elisa, preocupada que Cláudio pudesse escolher encurtar sua vida, alertou o padre e Tobias sobre sua intenção, e partiu o mais rápido que pôde em direção ao companheiro.

27 – Rumo ao purgatório

Escolher abreviar a própria vida é fugir às obrigações e agir de forma totalmente egoísta para consigo e com aqueles cuja dedicação investiram-lhe.

Ninguém tem o direito de destruir seu veículo físico por acreditar ser esta a única saída para seus problemas. Somente Deus conhece e sabe aquilo que é melhor para cada um de seus filhos. Não há fardo que seja colocado sobre os ombros de alguém cuja resistência não seja suficiente para suportá-lo. A cada um é dado aquilo que merece, e não aceitá-lo é ir contra a vontade de Deus.

Quando nos encontramos encarcerados na carne, somos acometidos por diversas provações. E todas trazem seu valor para que, superando-as, possa-se obter o mérito necessário para seguir adiante na senda da vida.

Um espírito obsessor cujo intuito sobre um ser encarnado é o de acerto de contas, deseja que aquele a quem se dedica a prejudicar, sofra tanto ou mais do que ele tenha sofrido. Este não se encontrará satisfeito até que o submeta a todo o mal pelo que considera ter sido acometido. Porém a obsessão não cessa com o fim do corpo físico. Ela estende-se mesmo após a morte, e segue-o de forma muito mais intensiva e prejudicial.

Trazendo-me enlaçado de forma a encobrir-lhe qualquer reação contrária, Cláudio, decidido a pôr um fim a sua vida, encaminhava--se à encosta do rochedo. Seguindo em nossa direção, Elisa, de posse do cavalo de Sr. Milton, dono da casa ao lado da sua, orava e suplicava a Deus para que impedisse o companheiro de realizar qualquer ato contra si. Em seu íntimo, esta desejava com todo o fervor que Cláudio perdoasse-a pelas palavras ofensivas que foram ditas em um momento de descontrole, e recordasse do quanto se completavam.

Consciente de que permitira ser obsedada, a jovem, cujo estudo e convivência permitiram-lhe obter esta distinção, era muito religiosa e sempre teve o costume de frequentar a igreja. Contudo, desde pequena percebia tanto a ação dos espíritos benfeitores quanto dos perturbadores, aos quais referia-se como anjos e demônios.

Porém, o que Elisa não conhecia era que tal obsessão tratava-se de processo antigo, cujo intuito era resolver pendências acumuladas e mal resolvidas. Pendências estas que na erraticidade foram objetos de vasto estudo e elaboração minuciosa, para que a cada qual fosse entregue aquilo que ansiava receber.

Sem saber dos dissabores enfrentados no passado, da parcela de culpa que instintivamente carregava e do desejo por reparação decorrente de existência passada, Cláudio finalmente chegava ao local o qual não lhe trazia boas recordações. Local onde, no passado, eu tentara, sem sucesso, eliminá-lo. A distante encosta fazia-o reviver o fatídico ferimento gerado em Elisa, a perda da visão em um dos seus olhos, e o triste sacrifício de Júlio ao lançar-se contra mim em

Das Trevas à Luz   185

defesa da filha amada.

Tornar a ter aquelas dolorosas sensações fê-lo querer recuar e duvidar de sua escolha. É verdade que o sentimento que trazia com relação à companheira era de injúria e traição. Porém retornar àquele local e recordar-se de todo o sofrimento enfrentado para que pudessem ficar juntos, fê-lo perguntar-se sobre ser aquele o único caminho a ser tomado.

Vendo-o estacar diante da obtenção de tão esperada vingança, voltei-me para seu íntimo em busca de ações, palavras e tudo que estivesse disponível e pudesse ser utilizado a fim de garantir que seu desejo de suicidar-se não se perdesse ou ofuscasse quando, então, faltava tão pouco para o meu aguardado deleite.

A dúvida retumbava freneticamente em seu íntimo, fazendo-o empalidecer e tontear. Dúvida esta lançada através do amigo Cássius, a partir de muito empenho para romper as barreiras criadas por mim.

Cássius, desta forma, queria garantir que a escolha coubesse somente a Cláudio. Sabia de suas pendências, almejos de antigos reparos e presenciou minha total sina por prejudicar seu amigo de todas as formas. Mas envolvendo-o sobre a senda das boas recordações, tinha por intuito manter ao companheiro encarnado a oportunidade de pisar em solo firme, para que sua atitude não fosse embasada no desamparo, e o crivo da razão pudesse sobressair.

Contudo, o desejo de Cláudio inclinava-se ao suplício. Este se sentia ferido, e acreditava ter sido apunhalado pela companheira. Inundavam-lhe sensações que, graças ao meu empenho para vê-lo saltar para a morte, surgiam de forma brusca e cintilante em sua mente.

Então, negando as mãos estendidas do amigo Cássius para que recuasse, Cláudio, com os olhos cheios de lágrimas por não possuir forças para efetuar outra escolha, decide pôr um fim a sua vida, e segue os últimos passos em direção à borda da encosta.

Feliz como nunca, e praticamente empurrando-o com minhas próprias mãos, eu não me continha de tanta ansiedade ao vê-lo dar os últimos passos.

Finamente à beirada do precipício, nada mais havia na frente do rapaz a não ser o profundo e vazio cenário. Olhando fixamente o horizonte e trazendo todo o peso do fracasso em seus ombros,

Cláudio quis dizer algo, pedir perdão a Deus e à família, porém nada conseguiu pronunciar.

Com o coração acelerado e suando frio, Cláudio fechou os olhos e, então, finalmente, para minha alegria, inclinou-se para frente. Deixaria que o próprio peso encarregasse-se da queda.

Sem volta para arrependimentos e já entregue ao suicídio, nada mais se poderia fazer para evitar sua queda, a não ser as mãos fracas, mas que exerceram toda sua força para contê-lo, de alguém que este jamais pensaria encontrar. Mãos estas que nunca mais desejariam soltá-lo. As mãos de sua eterna amada Elisa.

Segurando-o fortemente pelo braço, a jovem puxou-o para trás, evitando assim sua queda. Cláudio, ao perceber que alguém o havia segurado, abriu os olhos e, espantado, reconheceu por entre a densa névoa que lhe cobria a razão, o terno semblante de sua doce e amada Elisa.

Incrédulo com esta imagem, teve ímpeto de acreditar estar delirando, contudo as lágrimas que escorriam pelo rosto assustado da jovem logo o fizeram crer que era sua eterna companheira que havia vindo mais uma vez para salvá-lo.

Revoltado por presenciar meus planos de vingança serem interrompidos, eu gritei com toda minha ira, repudiando ambos. Não me continha de tanto ódio por rever mais uma vez aquele casal unido. Eu queria destruí-los, queria vingança, queria empurrar ambos daquela encosta.

Pensava em como se encontravam mais uma vez unidos depois de tudo o que eu havia feito. Não aceitava aquela situação, pois tinha investido todas as minhas forças para separá-los. Gritando e descontrolado, expelia ódio para todos os lados, de forma que mal conseguia manter minha forma, tal era o estado tempestuoso em que me encontrava.

Olhando-se fixamente, lágrimas eram derramadas pelo casal, que sem palavras abraçava-se com todo o carinho e fervor. Unindo seus corpos e tornando-se uma só alma, seus espíritos entrelaçavam-se e eram aquecidos pela força do amor e união que nunca deixaram de sentir.

Brilhando no horizonte, o sol iluminava-os, e a cada raio de sol que os tocava, sentiam-se cada vez mais confortados, como se um peso houvesse deixado seus ombros, e mais uma difícil prova tives-

Das Trevas à Luz

se sido superada.

Enfurecido, eu quis lançar-me sobre suas mentes, tentando evitar que fugissem ao meu controle, contudo os esforços demonstraram-se em vão. Por mais ódio e desejo de prejudicá-los que eu possuísse, nada consegui fazer para exercer alguma influência sobre suas mentes. Ambos tinham realizado com louvor uma tarefa de humildade e redenção, a qual haviam escolhido enfrentar.

Cobrindo-os com seus mantos sagrados, encontravam-se os bondosos cavaleiros de Deus, que haviam seguido ao auxílio juntamente com o amigo Balthazar. Como verdadeiros pais, abraçavam-nos e, confortando seus corações, impediam que qualquer intenção em prejudicá-los fosse realizada.

Sem conseguir ver os mensageiros de Deus, humildes servos de luz, eu insistia na tentativa de destruir aquela união, tentando-os para que brigassem ou discutissem. Quis tornar a induzir em Cláudio a ideia de que Elisa estava traindo-o e que deveriam jogar-se ambos na encosta. Tentei gritar nos ouvidos de Elisa, lembrando-a das discussões e dúvidas de seu sentimento por Cláudio. Eu circundava ambos, tentando induzi-los à discórdia. Procurei despender todas as minhas forças para conseguir novamente o enlace.

Contudo, por mais ódio que lhes despejasse, por mais tentativas que fizesse, nada mais podia fazer para subjugá-los.

Vendo todos os meus esforços em prejudicá-los serem em vão, e não compreendendo a razão disto, pois não conseguia ver os protetores, os quais lá estavam graças a Balthazar e à oração de Elisa a pedir a Deus que os preservasse, entreguei-me às lágrimas, lançando-lhes ódio por não conseguir prejudicá-los.

Gritando e chorando, eu não compreendia por que tinha de presenciar aquilo. Eu queria somente que pagassem por tudo o que me fizeram sofrer e, no entanto, sentia como se apenas houvesse conseguido que sua união fortalecesse-se ainda mais.

— Por quê?! Por quê?! – gritava eu.

Sentindo-me destruído e atordoado, não imaginava que uma cena ainda mais imprevisível pudesse ocorrer. Enquanto eu entregava-me à revolta, eis que surgem diante de mim os algozes servos de Buriel, que haviam vindo em meu encalço.

Três entidades de porte avassalador apresentaram-se diante de mim. Trajando uniformes que mais pareciam remeter aos tempos de guerras entre povos antigos, impunham assombro aos que lhes impusessem a fronte.

— Temos ordens para levá-lo conosco! – bradou um deles, dirigindo-se a mim.

— Quem são vocês? – indaguei, assustado.

— Viemos a mando do Senhor das Sombras. Você, Matheus, desobedeceu às leis de Charon, e é considerado um desertor. E por isto foi condenado, e será encaminhado imediatamente, a fim de receber sua punição nos abismos de Abadon.

Enquanto estivera na Cidade das Trevas, ouvira comentários sobre os temerosos abismos. Diziam ser um local aonde todas as criaturas que foram condenadas, e não servem mais para nenhum propósito, são encaminhadas. Aquele que segue para lá, além de sofrer todos os tipos de tormentos e castigos possíveis, dificilmente retorna. E sendo uma região completamente tempestuosa, seus condenados perdem toda a noção de si e dizem que, com o tempo, nada mais conseguem fazer para escapar.

— Eu nunca irei com vocês! – gritei, procurando correr.

Porém, munidos de um aparato de onde se desprendiam vários filetes, logo fui envolto e imobilizado. Em seguida uma forte corrente elétrica foi descarregada, e o pouco de forças que possuía foi consumido à base de muita dor e gritos para que me libertassem. Sentia como se infindáveis pregos perfurassem todo o meu corpo e em cada um fosse injetado ferro em brasa. Minha cabeça começou a ficar pesada e meus olhos pareciam querer saltar. Então um forte estrondo soou em meus ouvidos e estranho corrimento começou a sair pela minha boca. Aos poucos minha mente começou a ficar turva e nenhuma palavra conseguia produzir. Com o corpo cada vez mais pesado, sentia-me ser aos poucos engolido pela terra.

Imóvel e completamente entregue aos servos das Trevas, tinha ali a certeza de que nunca mais tornaria a ver Elisa. Enquanto eu era arrastado, a única coisa que pude fazer foi olhar mais uma vez aqueles seres encarnados, que de joelhos e abraçados, com os corações cheios de sentimentos puros, agradeciam a Deus pela provação enfrentada.

Tendo ímpeto de amaldiçoá-los, fui impactado por atitude a qual nunca imaginaria presenciar. De mãos dadas, cabeça baixa e olhos fechados, deram início a uma oração um tanto inesperada. Estavam

Das Trevas à Luz

prostrados, pedindo a Deus que perdoasse minha alma.

Atordoado, não conseguia compreender por que alguém ainda se prestaria a rezar pela alma daquele cujo intuito foi o de somente prejudicá-los. Pronunciando em voz alta e em bom tom, o casal implorava a Deus, rogando por mim.

Colocavam-se na posição de humildes servos e instrumentos do Senhor, reiterando suas condições, e solicitando o perdão por acreditarem não terem sido capazes o suficiente para evitar minha queda. Consideravam possuir grande parcela de culpa, e desejavam, do fundo de seus corações, que o peso das mãos do Senhor recaísse também sobre seus ombros.

Quase atônito, mas profundamente tocado com aquela atitude inesperada, não consegui conter-me, e uma pequena lágrima de remorso brotou dos olhos acostumados a emitir fel e fogo, escorrendo lentamente por entre um semblante rústico e macerado.

Naquele instante de oração, Cláudio e Elisa faziam-na instintivamente por rememorarem os dolorosos fatos ocorridos, e por no fundo de suas almas sentirem que um grande desafio houvesse sido superado, uma dívida saldada.

Ambos nem imaginavam que traziam naquela existência uma pendência relacionada a mim, ou que mesmo após meu desencarne ainda procurasse de todas as formas prejudicá-los. Apenas sentiam que minha alma perdida necessitava de auxílio.

Banhados pelos generosos protetores espirituais, o casal parecia consentir de forma inconsciente as dificuldades enfrentadas. E como forma de agradecimento, prostraram-se em oração, elevando o pensamento em benefício daquele cuja culpa tomavam em parte para si.

Vendo e ouvindo as palavras de perdão e proteção endereçadas a Deus para que me poupasse do suplício, como uma centelha que há muito lutasse para manter-se acesa, senti no fundo de meu coração, marcado e acostumado com as duras provações, um desejo profundo de desculpar-me por tudo o que lhes havia causado.

Sentindo-me sem saída e condenado a pagar eternamente pelos males causados, cerrei os olhos, enquanto era pouco a pouco arrastado para as profundezas pelos servos impiedosos de Buriel.

Foi então que, aguardando por meu jugo e entregando-me ao castigo, algo inesperado ocorreu. Uma estrondosa luz vinda do alto interrompeu minha descida. Dela surgiram seis entidades que emanavam poderosa luz do centro de seus tórax, planando lentamente e seguindo em minha direção. Todo o ambiente fora sendo tomado por uma completa calmaria e tranquilidade indescritíveis. Os servos de Buriel, antes irredutíveis e imponentes, sem compreenderem que estranha sensação era aquela que recobria o ambiente, agora corriam, parecendo assustados e amedrontados com a chegada daqueles seres.

Liberto das amarras dos servos de Buriel, também tive ímpeto de fugir, esconder-me, contudo algo me mantinha inerte, porém sereno. Ao estacarem diante de mim, uma das entidades aproximou-se, e então pude ver que se tratava de alguém cuja face já me fora apresentada. Era Samuel, um dos seres de luz responsáveis por retirar de minha presença e das atividades que realizavam enquanto a serviço das Trevas, os missionários sob minhas ordens.

Ao recordar-me do ocorrido com relação aos meus missionários, que após serem envoltos por penetrante luz desapareciam sem explicação, imediatamente imaginei que a mim também seria dado o castigo devido, e que este não viria de baixo e sim do alto.

Então, tocando meu ombro, o iluminado ser, respondendo meu questionamento mental, falou em voz calma, porém firme:

— Deus não castiga os homens, são os homens que se castigam, transformando em dificuldades as oportunidades que lhes são apresentadas. Só há, porém, um único caminho, que é o da bondade, caridade e servidão. Aqueles que ainda não compreenderam isto, atrasam sua evolução, e veem-se obrigados a seguir um caminho cada vez mais extenso e tortuoso. Há tempos nós estamos acompanhando seus passos, e tenho verificado inúmeras faltas passivas de reprovações. Saiba que nada foge aos olhares de Deus, e este, com toda sua misericórdia, jamais interfere no processo moral de seus filhos. Toda falta cometida constitui-se de um aprendizado, seja ao que a praticou ou ao que a recebeu. Desta forma todos seus filhos, encarnados ou não, podem seguir adiante, mesmo que o propósito não se demonstre totalmente visível no primeiro momento – salientou Samuel.

Atentando às suas palavras, eu, ainda atordoado, procurava compreender o significado daquelas explicações enquanto a entidade prosseguia.

Das Trevas à Luz 191

— Você cometeu muitas faltas e em nenhum momento mediu esforços para conseguir aquilo que almejava. Esteve em todos os instantes distante de qualquer ação que pudesse favorecê-lo na estrada evolutiva. Cerrou os olhos e ouvidos para inúmeros companheiros desencarnados que, sempre dedicados a auxiliar e orientar, estiveram em todos instantes presentes ao seu lado. Praticou dezenas de atos malfazejos e cruéis contra seus irmãos quando esteve na carne e após deixá-la. Uniu-se a seres trevosos, procurando saciar sua sede de vingança, de forma a tentar minimizar seu julgamento de ter tido uma existência física inútil. Entregou-se por completo aos desejos e, perdido, foi tornando-se cada vez mais denso e pesado. Enfim, você, Matheus, comutando-se a outros que ainda padeciam, nada procurou realizar ou abster-se de realizar para diminuir seu próprio fardo – advertiu Samuel.

Realmente, apesar de acuado e sem ação, sabia claramente que as palavras de Samuel procuravam fazer-me de alguma forma enxergar o quão fraco e egoísta eu fora. Acostumado ao revide, nada pude fazer para defender-me de tais afirmações, que não se tratavam de condenação e sim de mostrar de forma direta todos os caminhos tortuosos que eu havia escolhido.

Em silêncio após ouvir as verdades ditas por Samuel, baixei a cabeça por não possuir forças para encará-lo. E como um condenado que ouve sua acusação e somente aguarda por sua sentença, respirei fundo e aguardei meu jugo.

Imaginava que, assim como os missionários, eu também seria tomado por aquela luz e iria desaparecer, apagando assim de vez a minha existência. Então, para minha surpresa, mais uma vez respondendo ao meu pensamento, o iluminado ser pronunciou:

— Não, Matheus, aqueles que o acompanhavam não desapareceram. Eles somente foram encaminhados a outra região. Região esta de purgação. A mesma para onde você será conduzido agora – completou Samuel enquanto eu, confuso com suas palavras, fui totalmente tomado e envolvido por uma poderosa luz.

28 – O fogo sagrado

O ano era 1876, e no horizonte, encobrindo-se atrás das nuvens, o sol ia aos poucos desaparecendo em mais um dia de inúmeras provas e superações, dando seu lugar à brilhante luz que, sempre majestosa, agraciava a todos com sua irradiante beleza.

Oh, Lua, eterna inspiração dos casais apaixonados que em tua presença discorrem juras de amor por toda a vida, entrelaçando suas almas apaixonadas e guardando no fundo dos corações o desejo de que nada possa separá-los, abençoa as uniões. E da mesma forma que na obscuridade e desamparo sempre iluminava e guiava os marinheiros, guia também a todos cujos caminhos a escuridão insistir em cruzar.

Caminhos estes escolhidos e aceitos por cada ser que, à procura de sua própria evolução, decide enfrentá-los para assim diminuir o peso de seus atos, enclausurado em sua própria consciência.

Após superarem mais um obstáculo e avançarem em direção à evolução moral, Cláudio e Elisa, agora unidos e banhados pelo amparo dos cavaleiros de Deus, prostraram-se no mais profundo desejo para que aquele cuja alma dissolvera-se pouco a pouco com as inúmeras faltas, pudesse também receber o amparo e auxílio necessário, e assim encontrar seu real caminho.

Livre dos servos de Buriel e confuso com o sentimento de arrependimento que, graças ao casal, invadia-me a alma, tentava eu compreender a que Samuel referia-se quando disse que eu também seria conduzido para junto dos missionários.

— Matheus, Deus em toda sua misericórdia permite a cada filho seu seguir em direção aos enfrentamentos de que necessita. Enfrentamentos cuja finalidade é propiciar a cada um o aprendizado necessário para seguir adiante. Toda alma, todo ser, ao sair das mãos do Criador, parte do mesmo ponto. Cabe somente a ela escolher seguir em busca do que julga necessário para si. Estas escolhas são de inteira responsabilidade de cada um, e o tempo para cada conclusão varia conforme este indivíduo mostra-se apto ou não para seguir em frente – explicou Samuel.

Ainda entorpecido pela luz radiante que cobria tudo a minha volta, eu seguia de cabeça baixa, ouvindo as palavras do iluminado ser:

— Aqueles irmãos desencarnados que o seguiam e compartilhavam dos mesmos anseios, já haviam obtido o que procuravam, e permanecendo mais tempo no estado em que se encontravam, nada mais iriam alcançar. Por isso foram conduzidos a outra região, a fim de esgotarem todo o peso que haviam acumulado na erraticidade

Das Trevas à Luz   193

sem quase nada obter, para que pudessem abrandar as necessidades que possuíam.

"Então é realmente verdade. Existe mesmo essa tal região purgatória sobre a qual, enquanto estive encarnado e auxiliando o padre Antônio, eu tanto ouvira a respeito" – pensei.

— Isso mesmo, Matheus. Porém não existe apenas uma região, existem mais. E a cada uma destas regiões são conduzidos os desencarnados que necessitam depurar-se de algum tipo de falta acumulada. Para a grande maioria, o encaminhamento a estas regiões de purgação acaba ocorrendo sem que o indivíduo tome consciência de tal fato. Pois, totalmente entregue às inúmeras faltas, este acaba dementado e sem condições de qualquer discernimento sobre seu real estado. E consequentemente, após demasiado período e o mínimo de depuração necessária, estes, sem possuírem também condições para optarem conscientemente por retornarem por si só ao plano físico, e assim tentarem através de uma nova existência física abrandar suas faltas, são então à matéria reconduzidos de maneira compulsória.

Calmamente, e procurando ser o mais claro possível, Samuel continuava explicando-me minhas condições:

— No seu caso, foi permitido um maior período nesta região, por naquele instante ser considerada desvantajosa, em diversos aspectos, qualquer intervenção procurando removê-lo. Trazendo consigo uma virtude fundamental, contudo inebriado pelos desvarios realizados, você não se permitiu a oportunidade de desprender-se das amarras cada vez mais fortemente apertadas, e entregou-se às Trevas. Porém, mesmo seguindo no caminho contrário e negando qualquer auxílio que sempre esteve presente ao seu lado, você nunca deixou que a escuridão o tomasse por completo. Desta forma, após ter realizado, mesmo que de maneira intuitiva, algumas das pendências que neste momento necessitava, você será conduzido à região purgatória a qual se destina, e não mais ficará a serviço das Trevas, ou entre os que ainda se encontram cativos na Terra.

Então aquele seria o fim? Não mais poderia permanecer entre os encarnados ou junto daquilo a que estava acostumado? Dúvidas inundavam minha mente, fazendo-me temer sobre para onde eu seria levado.

Conhecendo somente a dor, o ódio e todos os sentimentos negativos, comecei a relutar em ser removido de minha atual situação. Eu já havia passado tempo demais nos covis das Trevas, e não queria subjugar-me a outra região. Sentia-me livre, podia transitar tranquilamente entre os encarnados e deles obter tudo de que necessitava. Também não queria separar-me de Elisa. De certa forma, com ela, ainda me sentia vivo e presente. Tinha receio de enfrentar novamente a solidão ou ser completamente abandonado e esquecido.

E novamente, feito um turbilhão, minha mente começou a envolver-me em um verdadeiro caos de dúvidas, fazendo meu corpo agitar-se. Não queria deixar para trás tudo o que conhecia e era-me familiar. Que garantias eu tinha de que tudo o que Samuel dizia-me era verdadeiro? E se os missionários tivessem sido simplesmente dizimados ou aprisionados por toda a eternidade como forma de castigo?

Assustado e confuso, comecei a recuar, negando as mãos estendidas daquele ser. Por que eu deveria seguir junto dele, se onde me encontrava sentia-me saciado? Não. Eu não queria ir. Elisa ainda precisava de mim. Somente eu poderia cuidar dela.

Temeroso e sentindo-me completamente acuado, comecei a gritar ensandecido, permitindo que o longo período de obscuridade falasse mais alto:

— Não, eu não irei! Você está mentindo. Eu quero ficar com Elisa. Não, não podemos nos separar! – esbravejava eu.

Observando meu desvario, os amigos sempre dedicados ao auxílio, Cássius, Matilda e Balthazar, oravam a Deus para que eu compreendesse que a intenção de Samuel era somente de auxiliar-me.

No entanto eu continuava irredutível. E não bastasse toda minha relutância em permitir-me ser auxiliado, comecei a sentir novamente o gosto dos inefáveis prazeres obtidos quando enlaçado a Elisa.

Então, como um animal que sedento por saciação salta sobre sua presa, eu rapidamente armei o bote e saltei ferozmente sobre a jovem Elisa. Contudo, logo minha ação foi interceptada por Samuel, direcionando-me sua destra e impedindo que mais uma vez eu enlaçasse-me a Elisa, vampirizando-a.

Estando na situação de um viciado, eu ainda trazia fortemente o incontrolável desejo que acumulara durante os longos períodos exposto às oportunidades que encontrava pelo caminho. Apesar de

Das Trevas à Luz

ter realmente me sentido balançado com a dedicada e sincera oração realizada pelo casal, o desejo e os sentimentos profundamente fincados que trazia pela jovem, eram incontroláveis e avassaladores. Interceptado por Samuel, eu gritava e relutava com todas as forças que ainda me restavam, para que pudesse aproximar-me de Elisa e dela nunca mais me separar.

Como um verdadeiro animal capturado, eu tentava de todas as formas libertar-me. E, debatendo-me enraivecidamente, sentia que pouco a pouco ficava cada vez mais preso.

Eu encontrava-me em um estado onde, permanecendo liberto e sem nenhum tipo de ponderação sobre minhas atitudes, seguiria somente afundando-me e prejudicando a todos quantos pudesse. Porem já havia obtido naquele momento meu quinhão na senda evolutiva, e nada mais conseguiria permanecendo em tal estado. Somente atrasaria o progresso dos que vampirizava, e estacionaria de forma imprudente, dificultando qualquer auxílio.

Os cavaleiros de luz, sendo espíritos evoluídos, puros e a serviço de Deus, são os encarregados por encaminharem os espíritos perdidos ou malfazejos que, permanecendo entre os encarnados, nada fizeram ou procuraram realizar para seu próprio melhoramento. Apesar de estes desencarnados terem o intuito somente de destruir e prejudicar, têm permissão para permanecer ainda por um tempo entre os encarnados, quando há por parte destes uma necessidade de progresso ou resolução de alguma pendência, para que ambos, encarnados e desencarnados, possam auxiliar-se. Passado este período, ou mesmo observando-se que em nada está sendo proveitosa esta oportunidade, os cavaleiros de luz podem perfeitamente removê-los desta região e, com a aprovação de Deus, encaminhá-los a outras, afim de aprenderem lições e arrependerem-se por tudo de mal que tenham causado.

Sendo justos e pacientes, assim como os dedicados espíritos benfeitores, os cavaleiros sempre procuram, através de muito carinho e respeito, fazer com que o espírito perdido compreenda sua situação e acompanhe-os passivamente. Contudo, não encontrando outra maneira, mesmo vendo nele um querido irmão perdido e distante de Deus, necessitam então amarrá-lo e arrastá-lo em direção às regiões purgatórias.

Seguir em tais condições é sempre prejudicial ao espírito, que acaba sofrendo muito mais devido a não seguir por vontade própria. Este era o meu caso.

Completamente transtornado e revoltado por ver-me obrigado a deixar a situação de fácil saciação, porém totalmente prejudicial aos que me serviriam, não aceitava ser removido para outro local.

Mesmo com toda a bondade de Samuel, explicando-me que aquilo era necessário para mim, e que se me esforçasse no bem, poderia no momento oportuno tornar a ver Elisa, eu negava e gritava ensandecido para que me deixassem.

— Não! Soltem-me, eu não quero ir com vocês. Saiam de perto de mim, seus malditos. Soltem-me!

Quanto mais força eu exercia a fim de soltar-me, mais imóvel eu ficava. Aquele estranho laço luminoso que se despendia das mãos dos cavaleiros, era composto por incontáveis fibras que pareciam reagir conforme minhas ações.

Diferentemente do processo de imobilização realizado pelos servos de Buriel, que descarregavam em mim forte corrente, procurando desfalecer-me e torturar-me, o dos cavaleiros fazia-me sentir totalmente dominado e envolto por uma espécie de manto refletor. Pois dele pareciam refletir, de forma intensificada, todas as manchas que eu carregava pelos atos malfazejos praticados, e como se estivesse saindo diretamente de mim, cada pequena mancha negra era exposta e bombardeada violentamente sobre todo o meu corpo.

Quanto mais eu os repudiava e confrontava aquela situação, mais eu sentia os impactos. E a cada impacto, mais eu sofria; e com a dor, mais violento e revoltado eu tornava-me. Samuel bem que tentou enviar-me fluidos calmantes, a fim de que eu compreendesse meu estado e o que tais atitudes estavam provocando em mim. Porém, como um vespeiro, quanto mais eu era açoitado, mais raivoso ficava, e maiores e mais fortes eram as rajadas que recebia.

Com o semblante triste, Balthazar, que me tinha como um verdadeiro ente necessitado de muito amparo e auxílio, prostrou-se, rogando ao Altíssimo forças para que eu superasse mais aquela dura prova.

Cláudio e Elisa, que também oravam, amparados e conduzidos pelos benfeitores Cássius e Matilda, elevavam o pensamento firme aos céus, procurando transmitir-me todo auxílio necessário para que eu não me sentisse só e desamparado.

Das Trevas à Luz

Eu, no entanto, procurava a todo custo permanecer junto daquela que considerava ser a única ligação restante que evitava esquecer-me por completo de quem eu era. De olhos, ouvidos e mente fechados a tudo e a todos, eu negava qualquer intenção, fosse esta para acalmar, orientar ou consolar-me. Tinha somente a imagem fixa de Elisa. Imagem esta que aos poucos ia tornando-se cada vez mais turva e distante.

Conforme eu era envolvido e sendo conduzido à região purgatória, mais difícil era conseguir estabilizar o pensamento.

As inúmeras ações pesavam sobre mim, castigando-me e cobrando por tudo o que de condenável houvera feito enquanto encarnado e desencarnado.

Choroso e revoltado, eu procurava de todas as formas agarrar-me àquela existência entre os encarnados. Tinha medo do desconhecido, e a ideia de deixar Elisa após tanto tempo procurando-a, era muito mais dolorosa que qualquer castigo.

Porém, por mais que lutasse, a decisão já havia sido tomada. Amarrado pelos cavaleiros e completamente imobilizado, eu negara a oportunidade de acompanhá-los passivamente, e não mais sendo permitido que eu permanecesse naquele estado de obsessor, seria conduzido arrastado para as regiões purgatórias.

Encontrando-me em um elevado estado de pré-demência, onde a razão foge quase que totalmente ao controle, alterando-se significativamente, ao mesmo tempo em que os odiava, eu insistia em permanecer junto àqueles que lá se encontravam. Possuía remorso e repúdio, revolta e aceitação. Envolto em um verdadeiro turbilhão, estava completamente perdido. E prosseguindo por mais tempo naquele estado, as consequências seriam diversas.

Então cabe aos cavaleiros, seres de luz e que já atingiram um algo grau de evolução, o discernimento sobre encaminhar aqueles cujo propósito já foi obtido, ou, estando longe de o cumprirem, levá-los a regiões onde o alto excesso de cargas negativas possa ser drenado.

Na região purgatória, a qual eu seria conduzido, diferentemente das regiões trevosas, eu seria induzido a expurgar de maneira gradativa todos os atos ou pensamentos maléficos e depreciativos, acumulados através dos tempos.

Iria queimar no fogo sagrado o tempo que fosse necessário,

até que encontrasse condições de seguir adiante. Da mesma forma como, ao ser amarrado pelos cavaleiros, eu era açoitado por meus atos que se encontravam marcados em meu ser, lá isto aconteceria de forma muito mais intensificada e dolorosa.

Todos os atos ou pensamentos que há muito haviam sido enclausurados, ou até mesmo esquecidos, iriam revolver e ressurgir, consequentemente compelindo-me a mensurar tudo o que de contrário às leis de Deus eu houvera feito. Permanecendo assim, seria impactado e conduzido a expurgar-me deles na medida em que fosse possível.

Local considerado de muita dor e sofrimento por todos aqueles cujos atos pesam sobre seus ombros, mesmo que na maior parte das condições nem exista um real compreender de o que irão enfrentar, a maior parte dos desencarnados que para lá deverão seguir, revoltam-se e fazem todo o possível para não serem pegos.

Então, finalmente colocando um fim àquele ciclo de infindáveis intempéries ao qual eu havia sujeitado os que obsedava, fui inteiramente amarrado e arrastado ao fogo sagrado, a fim de confrontar todos os atos e intenções que havia praticado, e suas tristes consequências.

29 – O aguardado perdão

Não existe sequer um único ato que tenha sido praticado que não gere as suas devidas consequências, sejam elas positivas ou negativas. Quando Deus criou os homens, entregou-lhes a responsabilidade por cada um de seus atos, ficando assim cada um incumbido de, no dia do julgamento, apresentarem suas devidas contas e colocá-las na balança do Senhor, para que Ele possa então recompensá-los de acordo com o que realizaram.

Vasto é o número de espíritos desencarnados orbitando em torno desta Terra de provas e expiações, aguardando por tempo indeterminado a oportunidade que terão para regressar em uma nova roupagem física.

Diferentes são as inúmeras moradas do Pai e aqueles que a cada uma delas são conduzidos. Cabe aos espíritos, através de seus atos, merecimento e estado evolutivo, que é inteiramente alcançado através de suas escolhas, obterem as condições necessárias para a

Das Trevas à Luz
199

estas moradas seguir.

Contudo, mesmo um espírito atingindo elevado grau e detendo condições para seguir a moradas mais sublimes e depuradas, ele escolhe permanecer nestas orbes inferiores para assim auxiliar de maneira mais direta aqueles irmãos perdidos e distantes do amadurecimento necessário para poderem seguir adiante.

Muitas também são as formas possíveis para realizar este auxílio, estando encarnado ou não. Um homem que no passado tenha sido o causador de grandes moléstias a outro, pode escolher retornar junto a este, em outra roupagem, a fim de, entregando-se ao suplício, conseguir a liberdade das pesadas amarras obtidas.

Todo filho de Deus reúne em seu íntimo as condições necessárias para sua evolução. Deixar de progredir ao negar estas capacidades, é seguir contra os desejos do Pai.

Grande quantidade de espíritos nega esta centelha e cai profundamente nos abismos criados pelas mentes desvairadas dos que há tempos amaldiçoam-na. Estabelecendo suas próprias regras e caminhando em direção ao que julgam interessante para si, eles criam grupos com variados objetivos, e dedicam-se unicamente a desarmonizar aqueles que cultivaram e estão colhendo boas ações para seu melhoramento.

A estes cujas pendências já foram apresentadas e a quem os devidos quinhões já foram entregues, é permitido que sejam conduzidos, mesmo que de maneira involuntária, a regiões onde o único propósito é não o de castigar, mas sim de dar-lhes condições para que a máscara que há tempos vinham moldando, possa ser removida, e tornem a ver aquilo que eram quando saíram das mãos do Criador.

Vasta leva de espíritos vê-se submetida a expurgar-se de todo o excesso e acúmulo de ações contrárias às Leis de Deus, permanecendo cada qual conforme aquilo que tenha realizado durante a oportunidade na roupagem física, estacionado a queimar no fogo sagrado pelo período necessário para libertar-se das correntes que o aprisionavam e impediam de seguir adiante.

Carregando pesada bagagem aquinhoada através de inúmeras faltas, senti-me jogado em ambiente totalmente hostil ao meu estado. É certo que nada foge aos olhos de Deus, pois atitudes que pensava serem indiferentes e haverem sido esquecidas, em minha mente eram rememoradas e fortemente desferidas sobre mim.

Cada gesto, cada palavra, cada sentimento, efetuados e nascidos em mim, que visassem de alguma forma a colocar o próximo em situação penosa e degradante, eram então revistos e, conforme a sua gravidade, lançados sobre meu ser, fazendo-me sofrer indescritivelmente.

Aquele que tem suas faltas dispostas no fogo sagrado, perde completamente a ideia de tempo e vê-se envolto em fatos e acontecimentos ocorridos em diferentes fases de sua existência. Fases estas que foram aos poucos lapidando o caráter de cada um conforme seu histórico e necessidades inerentes ao físico e protendidas pelo espírito.

Considerada escola da vida, esta oportunidade na roupagem física traz variadas formas para que todos ligados a ela, direta ou indiretamente, consigam exercer suas intenções. Desta maneira, as sucessivas encarnações servem para que as provações necessárias ao espírito possam gradativamente apresentar-lhe um meio para realizar as expiações que o impedem de seguir adiante.

Enquanto eu era submetido à difícil permanência naquela região, mesmo que não possuísse ainda condições para ver ou sentir que não me encontrava só, seguia o tempo todo acompanhado por entidades de nível elevado, cuja intenção era inteiramente benéfica. Entidades que já haviam ultrapassado inúmeras provas e que se tornaram valorosos benfeitores e instrumentos vivos da presença do Senhor.

Juntamente a todos os filhos de Deus residentes nos diferentes planos há variadas entidades que os acompanham passo a passo e vibram pelo seu bem estar e progresso. Porém, próximo a mim e ao meu lado há longo tempo, havia alguém cujo desejo de proteção e amparo transcendia os que já houvera presenciado até então. Ligado a mim de maneira mais contígua que Balthazar, a elevada entidade aguardava passivamente pela oportunidade de fazer-se presente.

Lançado ao fogo sagrado, eu seguia lentamente revendo tudo o que de condenável havia realizado contra aqueles que cruzaram meu caminho. E já se haviam passado cinco anos desde que fora inevitavelmente arremessado em enclausurante região. Cada gesto malfazejo era revirado em meio às inúmeras faltas que cometera, e então pos-

Das Trevas à Luz

201

to perante mim, a fim de que eu recebesse a cota de açoite necessária para que compreendesse que nada foge às leis do Senhor.

No plano físico o ano chegava a 1881, e enquanto eu seguia condicionado ao expurgo por minhas atitudes, Cláudio, agora prestes a completar 36 anos, e Elisa, 34, levavam uma vida calma e tranquila sem mim enlaçado e a perturbar suas mentes. Cláudio, dedicado como sempre, ocupava-se com o trabalho que há tempos exercia com o tio nas plantações, enquanto sua amada Elisa seguia juntamente com a sogra, Marta, o oficio de costureira.

Muito apaixonado como sempre, o casal seguia completando-se cada vez mais. O carinho, respeito e companheirismo que mantinham um pelo outro era passível de inveja pelos vizinhos e amigos que sempre os viam alegres e sorridentes pelas ruas ou nas missas. Porém, infelizmente havia algo que os impedia de sentirem-se completos. Por mais que desejassem e tentassem, não conseguiam ter um filho.

Como ambos eram muito apegados às crianças, este era um grande desejo que há tempos ansiavam. Contudo Cláudio ligava o fato de não conseguirem ter um filho ao ferimento que eu, enquanto encarnado, provocara em Elisa. No entanto, este não era o único obstáculo à fecundação que tanto almejavam. O fato de sua companheira ter engravidado no passado e perdido a criança, devido ao ferimento que lhe causei na pélvis, era na realidade o grande responsável por ela não conseguir engravidar.

Mas, mesmo conhecendo que a gravidez indesejada e perdida tenha grande percentual na falha em ter um filho com Cláudio, Elisa ainda não conseguia, mesmo após tantos anos, contar ao companheiro sobre o aborto que sofrera no passado. Elisa tentara por diversas vezes contar a Cláudio este triste e inesquecível fato, porém, sempre que estava decidida a contar, faltava-lhe força e coragem para revelar algo que ainda a perturbava no fundo da alma.

— O que houve, Elisa? Você está tão quieta e amuada. Está triste com algo? – perguntou Cláudio.

— Não, é impressão sua. Só estou mesmo um pouco cansada. Este mês foi bastante corrido para mim e sua mãe, devido à grande remessa de encomendas.

— Compreendo. Mas por que não diz a minha mãe que está sendo muito puxado? Vocês poderiam diminuir um pouco a quantidade de pedidos, assim não ficam sobrecarregadas – sugeriu Cláudio.

— Imagina, meu querido, é tão difícil acontecer de ficarmos atarefadas como foi estes meses, que devemos aproveitar quando surgem estas oportunidades. Além do mais, não estou reclamando. Pelo contrário, só tenho a agradecer pelo serviço e por conseguirmos realizá-lo. Quem nos dera fosse sempre assim

Realmente Elisa encontrava-se cansada com a grande leva de encomendas para costura e confecção de vestidos. Porém esta, mesmo sentindo-se pressionada e com o coração apertado por omitir a gravidez e o aborto do passado, não conseguia abrir-se com Cláudio e contar-lhe tudo. Então justificava seu aparente desânimo ao excesso de trabalho com dona Marta.

Mesmo sendo uma pessoa cheia de amor pela vida, feliz com o trabalho e com o querido companheiro, Elisa ainda carregava consigo a dolorosa marca, e orava a Deus para que tivesse forças para contar ao companheiro, esperando que este a perdoasse por tamanha omissão.

Acompanhando-a de perto, como sempre, a bondosa mãe de Elisa, juntamente com o amigo Cássius e outros companheiros do plano superior, dedicavam-se a preparar o terreno em torno do casal para que, no momento oportuno, o assunto da gravidez viesse à tona e ambos conversassem tranquilamente, sem a interferência de seres perturbadores.

Porém havia também um outro fato que deixava Elisa chateada. Era a ida de seu irmão Pedro para a cidade vizinha. O rapaz recebera um convite para que fosse trabalhar junto a um conhecido, e como se tratava de uma boa oportunidade, não pôde negar. Foi-lhe permitido que levasse consigo a esposa e o filho, o que lhe facilitara a escolha.

Sempre muito amorosa e apegada ao irmão, não foi fácil para Elisa aceitar vê-lo partir. Mesmo em se tratando de um emprego na cidade vizinha, era uma situação difícil, pois Elisa nunca se ausentara mais que alguns dias de perto do caçula. Tendo cuidado dele desde o falecimento de sua querida mãe e educando-o como se fosse seu próprio filho, Elisa sempre procurou estar presente para auxiliar o irmão em tudo o que fosse possível.

E enquanto no plano físico Elisa procurava obter forças para enfrentar as adversidades atuais e os acontecimentos do passado,

Das Trevas à Luz 203

eu, no plano espiritual, seguindo-me entregue a queimar no fogo sagrado, via todas as minhas lembranças, de enquanto encarnado e durante minha subjugação nas regiões inferiores, continuarem sendo fortemente lançadas sobre mim, obrigando-me a revisar minhas atitudes.

Enclausurado e totalmente envolto pelo fogo sagrado, rememorei lembranças de quando ainda era pequeno, e pude ver o quanto eu fora, já nesta época, perverso, desalmado e distante dos princípios básicos para com aqueles a quem deveríamos agradecer pelo zelo e cuidado.

Já saído da idade considerada como a da pureza e requerente de todos os cuidados, eu, desde os primeiros instantes, manifestara a ira e podridão que coletara ao longo dos tempos, ansiando por despejá-las sobre todos quantos pudesse.

É certo que houve momentos em que estes desejos eram inibidos e mascarados por algum propósito maior. Mas na maior parte das vezes, o desleixo, egoísmo, inveja, repúdio e um estridente orgulho por não aceitar qualquer tipo de comentário, falavam muito mais alto e direcionavam-me à obscuridade.

Revi meu pai num dos poucos momentos em que estávamos livres das constantes influências que insistentemente sondavam-nos devido às nossas íntimas necessidades, que as atraíam feito ímã.

Ele era homem de poucas palavras, porém de olhar profundo, transparecendo neles todas as marcas e decepções arquivadas e empoeiradas pelos duros golpes sofridos. Firme, porém complacente, nunca me impôs nada por capricho ou orgulho. Pelo contrário, ele sempre procurou demonstrar-me o valor das escolhas.

Contudo, como eu já trazia desde minha última encarnação entraves obtidos em outras existências e colocava-os sob prova naquela passagem, todo ato ou intenção que provocasse alguma dúvida ou discordância, era logo motivo para atritos.

Desde cedo, eu possuía uma forte e incontrolável fixação em querer equiparar-me ao meu pai. Sentia como se fosse minha obrigação estar em seu nível, e não importava de que assunto tratasse-se. Era como se eu quisesse demonstrar-lhe que possuía capacidade de resolver qualquer coisa.

Meu pai, no entanto, sempre se incumbiu de ser o mais correto possível, e acabava por encobrir o real desejo que no fundo trazia consigo: o de propiciar ao filho tudo para que este se tornasse a pessoa digna e realizada que ele sempre sonhou que fosse.

Mas infelizmente eu nunca pude compreender que era nos pequenos atos traçados por meu pai onde ele sabiamente demonstrava todo o seu amor e carinho. De olhos cada vez mais cerrados e mente encoberta pelas minhas fraquezas, eu seguia entregando-me às distorções que se apresentavam a cada dia com mais frequência, e perdia pouco a pouco o diminuto fio da razão, que era consumido por minha insensatez.

À medida que o tempo passava, eu seguia apagando a lembrança de todos os momentos paternais que tivera, e em seu lugar inflamava ferozmente uma vontade avassaladora de não mais ouvir conselhos, opiniões ou sugestões, e sim de ser aquilo que sempre considerei possuir condições de ser. Sentia-me humilhado, desprezado, rejeitado. Desejava mostrar ao mundo que eu mantinha condições para ditar as regras.

Então, como um verdadeiro rebelado, e completamente perturbado, fui arquitetando e maquinando um meio para eliminar aquele cuja sombra encobria-me. Estava tomado pelo descontentamento e buscava, em cada gesto ou palavra de meu pai, motivos para justificar o que doentiamente pretendia realizar. Iria pôr um fim à vida daquele que acreditava ser o responsável por eu não alçar voos mais longos.

Durante uma tarde, após pesada discussão com meu pai, depois de este ter, como de costume, solicitado que o acompanhasse à missa e eu ter-me recusado, fechei de uma vez por todas as portas da razão e lancei-me em direção às vozes que tanto ecoavam em minha mente, clamando por liberdade.

Cansado de vê-lo ou ouvir seus inocentes comentários, que há tempos vinham inflamando silenciosamente em meu ser, eu havia abandonado e apagado tudo de bom que passamos juntos, e imergido no fundo do poço de indignações e revoltas que há tempos acompanhavam-me.

Com dezenas de perturbadores e desencarnados, oriundos de todos os cantos, insuflando-me suas revoltas e dilacerações, obtidas através de existências pecadoras e repletas de faltas, eu estava totalmente envolto em pesada cúpula semelhante aos templos de subjugação existentes nas regiões trevosas.

Bloqueando todas as intervenções emanadas dos generosos

Das Trevas à Luz 205

amparadores e assistentes que nunca me abandonavam, mesmo nos momentos mais trevosos, eu negava vibrações sutis e positivas que visavam a tranquilizar-me e direcionar-me para o bem, e alimentava-me inconsequentemente de todo o desejo de ira e revolta que pudesse comportar.

Então, cego e decidido, após quebrar tudo o que podia em minha casa, deixei minhas mãos tocarem um punhal. E não mais o larguei até que finalmente saciei a incontrolável criatura em que me transformara, calando friamente e de uma vez por todas a voz daquele que sempre se dedicou de corpo e mente ao bem estar do querido e amado filho.

Eu havia silenciado meu pai, acreditando enfim ficar livre de críticas ou julgamentos, porém esquecera-me de que nada nem ninguém fogem aos julgamentos de Deus.

Cerrado no fogo sagrado, revia detalhadamente cada gesto e cada sentimento manifestado durante aquele fatídico dia. Contudo não via somente os meus pensamentos, mas também os de meu pai. Pensamentos estes que eclodiam, martirizando-me penosamente por descobrir que em nenhum momento os pensamentos e desejos de meu pai visavam a rebaixar-me, e sim a elevar-me.

Dezenas de vezes foram as oportunidades que meu pai tivera para corrigir-me ou condenar-me. No entanto nunca quis que me reclusasse, e sempre se conteve, procurando apenas permitir que a arrogância e autoritarismo do filho fossem satisfeitas.

Mesmo com minhas constantes tribulações, blasfêmias e repúdios para com sua simples intenção de ser um pai solícito e presente, este nunca modificou em momento algum seu sentimento de zelo e carinho por mim, trazia sempre uma desculpa para minhas faltas.

Nem mesmo quando, transtornado, eu avançara contra ele, agredindo-o, seu amor ou afeto diminuíram. Dedicou sua vida toda a propiciar ao filho amado condições para que este recebesse e realizasse tudo o que sempre quis. Horas e noites passou debruçado sobre a minha cama, orando e clamando a Deus para que este me abençoasse. Muitas foram as lágrimas que escorreram por seu rosto, desejando que os obstáculos e desafios que surgissem em meu caminho fossem aliviados e, se possível, lançados sobre seus próprios ombros, para que assim o querido filho nada sofresse.

Enfim, por mais que se revirasse à procura de atitudes que culminassem em justificar condenar a existência daquele homem, no fundo nada existia.

30 – A ascensão de uma centelha

Saída das mãos do Criador, toda criatura carrega dentro de si o germe fecundo carregado de incontáveis partículas neutras, porém contendo a centelha divina em seu núcleo. Esta centelha modifica-se a cada etapa, e distingue-se das demais, criando uma resistente malha que recobre gradativamente a cada um, colocando-o nas condições necessárias para ser residente onde quer que esteja estacionado. Todo ser tende a Deus, nada permanece estacionado. A cada um é dado o tempo necessário para que se depure e tenha condições de prosseguir. No entanto vasto é o número de criaturas que circundam regiões demasiadamente inferiores e, com o passar do tempo, convencem-se de que nada mais podem obter. Criando verdadeiras legiões, estes se comprazem na obscuridade e negam a existência de um poder divino, criador e capaz de ascendê-los à meta. Mas há também aqueles cujas ideias já se encontram maduras, e que em seu interior reúnem, mesmo que seja uma pequena fagulha, as condições para poderem avançar. A estes é concedida a oportunidade de lançarem fora toda névoa que durante muito tempo vinham acumulando, e assim se voltarem para seu interior, a fim de que possam por vontade própria acender a fagulha que irá iluminá--los por todo o caminho.

Estacionado há mais de dez anos em região purgatória, eu já havia conseguido esgotar grande quantidade dos excessos e acúmulos enquanto era submetido aos enfrentamentos no fogo sagrado.

Região onde não há um carrasco ou juiz para impor-lhe qual será a condenação e a forma de cumprimento de pena, cabendo inteiramente ao residente este papel. Papel que na maioria das vezes decorre em muito tempo, esforço, sofrimento e arrependimento.

Seres em constante aprendizado, somos diariamente submetidos a diferentes tipos de influências, que se encontram no todo e em diferentes formas. Sendo elas lançadas sobre nós, imantadas, condicionadas, absorvidas ou repelidas. Poucos são aqueles que conseguem canalizá-las e direcioná-las de maneira inteiramente proveito-

Das Trevas à Luz   207

sa. Conhecer-se é o primeiro passo para obtenção desta capacidade.

Ocorre, no entanto, que muitos se entregam a avarezas e um incessante desejo por aquisições materiais cada vez maiores, abandonando assim uma grande oportunidade que fazia parte de seu estágio.

Embrenhados em volúpias e deleites, fecham por completo o olho central, capaz de auxiliá-los em sua jornada, e utilizam somente a casca primitiva e pouco evoluída da visão.

Fato é que ali desencarnado, nada avancei enquanto possuía condições para utilizar deste recurso capaz de divisar os caminhos que cegamente vinha escolhendo. Obtive avanços, mas em outro setor, cuja pendência fazia-se inteiramente necessária. Pendências morais e cujas atitudes eclodiriam silenciosamente, constituindo em verdadeiro abalo nas bases rudimentares que há tempos eu vinha escorando.

Enquanto eu seguia naquela região de esgotamento, nos planos superiores Cássius fora ao encontro do amigo Balthazar à procura de informações sobre minha situação.

— Como é bom revê-lo, Cássius, tudo bem com nossos queridos amigos Cláudio e Elisa? – quis saber Balthazar.

— É sempre muito bom revê-lo também, meu amigo. Graças ao Senhor, tudo tem seguido na mais perfeita ordem. O casal, cada vez mais unido e avançando junto. Desde que Matheus foi removido dentre eles, somente alguns poucos irmãos necessitados tentaram desestabilizar o ambiente harmonioso estabelecido. No entanto, mais maduros e cada vez mais preparados, eles têm aprendido a lidar de certa forma tranquila com esta oportunidade de auxílio – explicou Cássius.

— Que bom. Fico feliz pelo progresso deles. Mas veja como a misericórdia do Pai é tão benevolente. Não fossem estas oportunidades de mútuo auxílio, muitos deixariam de obter valoroso benefício para o avanço. Aqueles que já obtiveram condições e atualmente se encontram em nível mais adiantado, têm a oportunidade para exercer o que conquistaram e também auxiliar aos que ainda padecem.

— Realmente, Balthazar. Quantos não foram aqueles cujo auxílio tivemos a oportunidade de presenciar? Nenhum filho de Deus é esquecido ou abandonado, todos sempre recebem aquilo que intimamente buscam e necessitam, mesmo que em determinados períodos estes acreditem estar sós. Ah, se os homens abrissem seus corações e tivessem fé de que jamais estão sozinhos, empunhariam muito mais firmeza em seu melhoramento – desejou Cássius.

— Verdade. Mas me diga, Cássius, afastou-se um pouco de seus assistidos para obter informações de nosso irmão Matheus?

— Sim, meu amigo, gostaria muito de saber o estado em que ele encontra-se. Os laços existentes entre ele, Cláudio e Elisa são muito fortes, como pudemos constatar. Você possui alguma informação a respeito, Balthazar?

— Tive a oportunidade de acompanhá-lo durante alguns períodos. Como sabe, sua prova seria um pouco mais amena caso Matheus tivesse aceitado o auxílio e não se negado a acompanhar os cavaleiros do alto, como fez. O sofrimento causado neste momento é sempre muito doloroso e amplia o período naquela região. Por isso, escolher amarrar e arrastar um espírito, por pior e mais perdido que este esteja, é sempre a última alternativa – lembra Balthazar.

— Concordo. Entendo o quanto é triste para os cavaleiros quando necessitam utilizar esta maneira para encaminhar alguém.

— Mas devo informá-lo, Cássius, que Matheus já realizou grande progresso. O período em que ele esteve encarnado, efetuando dezenas de faltas, foi lançado sobre ele com muita dureza, e este aceitou quase todos os seus declínios. Conseguiu, com o auxílio dos amparadores que lhe assistem, compreender e repensar muitas de suas atitudes. Não é tarefa fácil rever a aceitar as faltas praticadas. Ainda mais quando se encontra em um estado altamente tempestuoso e carregado com pesadas manchas, como é o caso de Matheus. Mas ele possui uma resistente centelha que a todo custo tem tentado expandir-se – explicou Balthazar.

— E o forte sentimento com relação a Cláudio e Elisa? – indagou Cássius.

— Ele ainda o carrega, mas não mais como antes. Ter constatado o sublime perdão e as súplicas ao Pai para que este o aliviasse, rogadas pelo casal naquele momento tão difícil por ele enfrentado, fê-lo remover a máscara do ódio que ele mantinha. Como você sabe, Matheus trazia forte pendência com ambos, e colocou-a à prova até o último instante.

— Graças a Deus. Fico muito contente por saber de seu avanço. Acredita que ele ainda necessite de muito mais tempo para seu refazimento? – perguntou Cássius

Das Trevas à Luz
209

— Seria muito difícil dizer quanto mais de tempo ele necessita. Matheus ainda carrega fincado profundamente um evento, o qual se pode dizer ter sido o ápice para levá-lo ao estado em que culminou. Mas tenho fé que ele conseguirá superar esta provação. Valorosos e elevados companheiros nossos, cuja ligação a ele age de maneira bem distinta, têm-no acompanhado atentamente, ansiando pela oportunidade em que poderão fazer-se presentes – concluiu Balthazar.

Desde a criação de cada novo ser, Deus entrega-lhe um irmão, cuja elevação e total desprendimento já foram plenamente atingidos. Irmãos que zelam e acompanham a cada um, ansiando pelo seu progresso e adiantamento. Presentes a todo instante, este anjos, também chamados de anjos da guarda, não abandonam seus assistidos em nenhum instante.

Independentemente do grau de evolução ou plano existencial em que se encontre aquele que necessita de assistência, lá também estará seu anjo guardião. Entregando-se por amor e desejo de auxiliar ao próximo, estes seres que já estagiaram e avançaram diferentes etapas para que pudessem atingir tal nível, vivem para amar estes irmãos mais novos.

Entristecem-se quando cometemos erros ou distanciamo-nos do caminho. Caminho único que é aquele que conduz a Deus, e cada um escolhe como irá transpassá-lo. Porém, desprendidos e conhecedores do real sentido do que significa um avanço ou obstáculo, é falsa a ideia de tristeza como se imagina, valendo-se também para outros sentimentos, pois sabem que tudo tem um propósito e que em cada realização ou falta será recebido aquilo que se encontra necessário.

Muitos já ouviram a respeito destes irmãos mais velhos. No entanto ainda são muito poucos aqueles que os aceitam. Continuam por várias e várias existências sem que dediquem um único instante a ouvi-los. Ouvir com um sentido mais amplo, não com os ouvidos, mas com o espírito.

Contudo chegará o momento onde cada um já conseguirá ter obtido um elevado grau de compreensão, e aí então terá finalmente condições de ver, ouvir e entender o completo amor e dedicação que estes seres investem em seus protegidos.

Entregues a uma dedicação similar, há também aqueles irmãos desencarnados que já atingiram um nível espiritual capaz de aferir-

-lhes tais condições, empenhados em amparar aqueles a quem se unem, onde quer que se encontrem, pela familiaridade.

Assim, acompanhando-me e ansiando pelo meu progresso e restabelecimento, seguia um companheiro que já atingira elevado grau de compreensão e transpusera várias etapas durante sua senda evolutiva.

Após distintos períodos de encarnação, onde teve a oportunidade de colocar à prova suas aquisições e enfrentar suas pendências, este conseguiu, através de realizações planejadas e solicitadas, ir de encontro com aquilo que lhe impedia de seguir adiante.

Causador de grandes macerações e responsável indiretamente pela queda de seus semelhantes, este presenciou o gosto amargo da derrota e reprovação de sua própria consciência, que, emudecida, repreendia-o por seus atos.

Entregue ao seu próprio repúdio, este também se arrastou penosamente pelo vale das sombras, e foi duramente açoitado pelas Trevas. Ser completamente distante dos deveres e obrigações para com o próximo e consigo mesmo, enfrentou enormes pesares até ter condições de compreender o que seus atos acarretaram.

Contudo a providência divina sempre permite a seus filhos uma nova chance, desde que estes, no íntimo de seus pensamentos, assim o desejem. Após abrir os olhos a Deus e conscientizar-se de tudo pelo que passou e fez o próximo passar, este arrependidamente rogou ao Pai, do fundo de seu coração envergonhado, para que tivesse a oportunidade de amenizar e de alguma forma diminuir o peso do que seus atos causaram e da contribuição que tiveram para levar o próximo à queda.

Então este, consciente do que deveria enfrentar e totalmente voltado ao próximo, liberando-se de qualquer amarra que ainda o prendesse a faltas do passado, teve a oportunidade de regressar em uma nova roupagem física e, desta forma, reajustar pendências do passado. Pendências estas totalmente ligadas a mim, pois no passado havíamos sido pai e filho como já abordamos. E ele, como meu pai, colocara-me à venda a fim de saldar suas dívidas.

Consciente sobre o que suas atitudes causaram-me, arrependido e considerando-se culpado por direcionar-me ao caminho do mal, investiu esforços em seu melhoramento. E junto aos espíritos superiores responsáveis pelas novas encarnações, elaborou novo proces-

Das Trevas à Luz 211

so de forma a que pudéssemos encontrar-nos novamente.

Mas, durante nossa última encarnação, quando mais uma vez pudemos encontrar-nos na condição de pai e filho, não suportei a carga pesada dos inconsequentes acúmulos que trazia, e coloquei-me na posição de vingador, acabando por ceifar-lhe a vida.

Entregando-se ao suplício nesta última existência física, meu pai não mediu esforços para que eu recebesse tudo o que um pai dedicado a orientar pudesse transmitir-me. Investiu todo o seu tempo em propiciar ao filho amado uma vida repleta de farturas, bonança e tudo mais que eu desejasse.

Ocupou-se também de ensinar-me a doutrina de Jesus, e demonstrar que o amor, carinho e dedicação são os únicos meios que eu deveria ter em mente. Nunca alterou, em momento algum, a voz a mim. Sempre me sustentou em meus atos, mesmo quando sabia que eu estava errado. Jamais me pôs em condições humilhantes ou reprovou-me algum pensamento.

Em diversas oportunidades enxugou suas lágrimas e, mesmo sofrendo, sempre se prontificou a nunca estar ausente quando eu o solicitasse.

Ou seja, dedicou-se inteiramente a meu próprio bem estar, fosse ele material ou emocional, e jamais se ocupou consigo mesmo. Trazia nesta última existência o desejo intuitivo de que não importavam quais fossem as dificuldades e imposições, iria viver em minha função. Desejava a todo custo que os erros que ele cometera em minha vida passada fossem agora, nesta nova existência, não importando as dificuldades, de qualquer forma ressarcidos e amenizados.

Porém a cada um é dado aquilo de que necessita somente no tempo em que este tenha condições de receber. Meu pai trazia no íntimo o desejo de ressarcimento e possuía condições de aplicar isto. No entanto eu estava muito distante de possuir condições para aceitar sua oferta e recebê-lo de braços abertos em uma nova existência.

Reencarnamos novamente na mesma família, com o propósito de juntos buscarmos a devida reparação e resolvermos pendências antigas que nos impediam de prosseguir. Porém, enquanto meu pai esforçava-se em direcionar-me ao caminho do bem e procurava agraciar-me de todas as formas, eu distanciava-me dele cada vez mais e afundava na obscuridade que consumia fortemente minha alma.

Perdido e totalmente desorientado, eu agora pagava alto preço pela oportunidade desperdiçada. Entregue ao fogo sagrado, eu revia lentamente todas as minhas faltas. E através delas era repreendido e, pode-se dizer, castigado de acordo com as consequências que estas geraram.

Inúmeros foram meus açoitamentos e por dolorosas provações tive de passar até que minha situação estivesse um pouco mais amenizada. Sofrido e penoso foi rever as dolorosas dilacerações pelas quais fiz dezenas de pessoas passarem.

Quão difícil foi rever o sofrimento daqueles cujas vidas ceifei prazerosamente, desvalorizando a importância que tinham meus irmãos.

Foram anos de castigo os que enfrentei até que, finalmente, com o auxílio de nossos queridos amparadores, eu tivesse condições de entender o que havia feito, e o arrependimento por estes atos enfim tomasse-me a alma.

O peso dos pecados que trazia em meus ombros era indescritível. Os anos de tormento haviam feito com que eu abrisse a mente e envergonhasse-me por tudo o que havia praticado. Tudo exceto uma coisa: ter ceifado a vida daquele que se entregou ao suplício por amor ao filho querido. Meu pai.

Eu ainda trazia fincado profundamente em meu íntimo o ódio e repúdio por ele. Vasto tempo já se havia passado, nova oportunidade de ressarcimento tivemos juntos, e no entanto eu ainda continuava condenando-o. Era como se eu houvesse enclausurado a falta do passado que meu pai cometera, e recusasse-me a aceitá-la e a perdoá-lo. Sentia uma ira tão grande por aquela atitude que ele tomara no passado quando me entregou para saldar suas dívidas, que mal podia imaginar alguma esperança de perdoá-lo.

Porém, quando eu estava ali, queimando no fogo sagrado e repudiando qualquer aceitação do ato cometido pelo meu pai, cenas distintas começaram a surgir em minha mente. Revi um fato que ocorrera quando ainda era bem jovem, cujas lembranças eram-me muito vagas: um incêndio que ocorrera em um antigo armazém que se situava na cidade vizinha, onde eu havia nascido.

Possuía eu menos de dez anos quando, durante um final de semana, havia ido com meu pai até um armazém central buscar alguns mantimentos para o mês que entraria.

Local de bastante movimento, recebia muitos que iam garantir o acesso a diversos produtos para os dias e semanas subsequentes.

Das Trevas à Luz 213

Enquanto conversava com o gerente, informando do que se tratava nossa visita, meu pai, que nunca soltara minha mão quando nos dirigíamos a locais movimentados, solicitou que o aguardasse sentado ao lado do balcão enquanto ele resolveria problemas com relação a nossa encomenda. Segundo o gerente, a caixa onde estavam os produtos que meu pai encomendara dias antes, havia sido violada, e este não tinha a garantia de que tudo ainda estava lá. Chamando então meu pai para verificar por ele próprio o estado da caixa, logo fui impedido de acompanhá-lo. Meu pai bem que tentou convencer o gerente do armazém a permitir que me levasse junto, mas este não concordava com o fato de crianças entrarem em local que ele julgava perigoso devido ao entra e sai de grandes caixas e materiais pesados.

Passado algum tempo esperando-o, eu, que não gostava de ficar sozinho, decidi ir pelo armazém em busca de meu pai. Sem que ninguém percebesse, entrei rapidamente por detrás de algumas caixas e pus-me a procurar meu pai. No entanto havia extensa fileira de caixas, uma maior que a outra, e a iluminação lá dentro não era muito boa. Pouca iluminação natural entrava, e algumas lamparinas despendiam-se pifiamente pelos corredores.

Procurando meu pai e com medo de que alguém me visse, eu procurava andar somente pelos cantos. Cantos estes onde havia uma maior quantidade de caixas empilhadas. Muitas em péssimas condições e propensas a cair com qualquer esbarrão. Esbarrão este que, comigo lá dentro, não demoraria a ocorrer.

Sem que eu desse-me conta do perigo e da gravidade daquela atitude de seguir em busca de meu pai, eu inocentemente resvalara em uma pilha de caixas mal organizadas e equilibradas, provocando um verdadeiro estardalhaço e efeito cascata nas pilhas mais próximas também.

Dezenas de caixas vieram abaixo, abrindo-se e espalhando as mercadorias. E não bastasse isto, ao caírem, as caixas derrubaram duas lamparinas que se quebraram, provocando rapidamente um incêndio incontrolável.

Desesperados com as caixas que caíam e o fogo que em pouco tempo tomara tudo o que tocava, o pânico foi geral. Todos corriam o mais rápido que podiam à saída, procurando salvar suas vidas. Todos exceto um, meu pai.

Preocupado somente com o bem estar e segurança do filho, ele, que não me encontrara onde me havia deixado, gritava desesperadamente pelo pequeno enquanto o fogo consumia tudo a sua volta.

Assustado com tudo aquilo, eu mal podia gritar, pois não acreditava no que estava acontecendo. Preso debaixo de uma caixa e com fogo por todos os lados, eu não sabia o que fazer, somente chorava. Foi quando, no meio de toda aquela fumaça, comecei a ouvir a voz de meu pai, que gritava sem parar, chamando por meu nome. Então, ouvindo meu pai, tratei de pedir-lhe socorro, não sabendo se chorava ou pedia ajuda. Eu estava com muito medo e o calor e a fumaça densa aumentavam rapidamente. Quanto mais eu inalava aquela fumaça, menos conseguia gritar. A voz de meu pai desaparecera em meio ao som do fogo consumindo todo o armazém. Meus olhos ardiam e a falta de ar estava fazendo-me desfalecer.

Foi quando, em meio a todo o caos em que se havia transformado aquele local, senti uma forte mão agarrar a minha.

Quase sem forças para manter-me acordado, eu abri os olhos e vi a imagem de meu pai, com as roupas queimadas e o corpo coberto de fuligem, a segurar-me firmemente. Ele gritava e implorava para que eu aguentasse, que me tiraria dali. Após remover sozinho a pesada caixa sobre mim, ele acolheu-me nos braços e, decidido, enfrentou as chamas preocupado somente em salvar o filho ferido.

Assim que saímos, em pouco tempo todo o armazém tornara-se uma bola de fogo, e em seguida toda a estrutura veio abaixo.

Do lado de fora, comigo desacordado após inalar pesada fumaça, meu pai procurava fazer todo possível para que eu acordasse. Este estava em desespero, vendo o pequeno filho em tal estado. Orava a Deus para que eu abrisse os olhos e voltasse para ele. Suplicava aos céus, pedindo para que fosse ele no lugar do filho amado. Lágrimas e lágrimas eram derramadas sobre mim, implorando para que eu acordasse.

Desacordado, eu sentia as lágrimas de meu pai escorrendo por meu rosto, e seu corpo sobre mim, como se desejasse entregar-me sua vida. Sem poder responder-lhe, mas conseguindo ouvi-lo claramente, eu desejei do fundo de meu coração que este me perdoasse e soubesse que o amava.

Não desejava que ele sofresse ou chorasse por mim. Apenas queria tê-lo por perto. Então senti que de dentro de mim algo me

Das Trevas à Luz 215

sustentava e inundava-me. As palavras e o calor de meu pai aqueciam-me no fundo do coração. E antes que pudesse dizer algo, uma centelha acendeu-me e, invadindo todo o meu corpo, tomou-me por completo, fazendo com que toda a fumaça negra que me havia cegado fosse dissipada, e assim eu pudesse finalmente acordar e então abrir meus olhos.

— Descanse, você ainda não possui condições para levantar-se. Fique tranquilo, pois se encontra entre amigos – solicitou-me alguém, tocando em meu ombro, falando diretamente em minha mente.

Sentia-me completamente diferente, como se houvesse deixado para trás todo aquele peso que por longos anos carregara sobre mim, e um novo caminho, um novo recomeço, enfim me aguardasse. Não mais possuía qualquer sentimento que não fosse uma profunda paz. Logo descobriria que não importavam quais tinham sido as dificuldades, tampouco as quedas que sofrera, pois quando nos permitimos ser envolvidos pela sublime semente do amor e do perdão, a vida ensina-nos que quando aceitamos que a singela centelha de Deus brilhe no íntimo de nossos corações, acendendo a verdadeira luz do Cristo, descobrimos então que é sempre tempo de recomeçar.

Parte 2

31 – A nova morada

"Na casa de meu Pai há muitas moradas"[3]. Bem disse o nosso senhor Jesus Cristo, quando se referiu aos diferentes locais onde a vida prossegue. Deus criou a alma, o espírito imortal, e a ele entregou inúmeras localidades para onde este segue de acordo com a sua condição e necessidade de lá se encontrar.

Há também uma vestimenta apropriada e endereçada a cada ser para que, durante determinado período, este possa realizar tudo que almeja, a fim de elevar seu atual estágio evolutivo. Passado este período, o espírito despoja-se de seu meio de transporte temporário e ruma em direção ao novo local, conforme suas aquisições ou débitos. Estando o espírito na erraticidade, ele utiliza-se de envoltório fluídico, oriundo do fluído universal, modelado e proveniente da morada física em que este se encontre. E graças a este envoltório, ele preserva suas aquisições, mesmo que ainda pouco formuladas, de forma a não permitir a dissolução das mesmas, enquanto aguarda por nova oportunidade de regresso.

Desde as moradas mais sutis às mais densas, todas acolhem os filhos de Deus, proporcionando-lhes verdadeiras escolas evolutivas. Sendo criados os espíritos de maneira inteiramente igual, e dotados de capacidade para realizar o bem ou o mal, estes seguem por livre escolha, efetuando aquilo que procuram para satisfazê-los.

No entanto só há um caminho para Deus, que é o do bem. Cabe a cada ser encontrar este caminho e nele empenhar-se, a fim de obter um avanço cada vez mais crescente. Aqueles que se desviam, dificultam-lhes cada vez mais a libertação e, consequentemente, a proporcionada ascensão.

---

[3] Novo Testamento, João, 14:2

Das Trevas à Luz

Sentia meu corpo dolorido, como se houvesse efetuado grande esforço. Meu peito doía consideravelmente, obrigando-me a respirar com muita dificuldade. E uma forte dor latente no topo da cabeça impedia-me de organizar qualquer pensamento. Com as pálpebras pesadas, tentei por algumas vezes abrir os olhos e certificar-me de onde me encontrava, porém qualquer esforço que não fosse com o único propósito de respirar, mostrava-se inútil.

A única coisa que sabia era que estava deitado e que alguém se mantinha ao meu lado, devido ao toque que este executava sobre meu ombro frequentemente. Quase não conseguia ouvir conversa alguma, pois as raras vozes que se faziam presentes seguiam em tom extremamente baixo e incompreensível.

As recordações fugiam-me como se todas as energias em mim disponíveis houvessem sido canalizadas com o único propósito de obter meu refazimento. O clima no ambiente onde me encontrava era o mais agradável possível. Diferentemente das bruscas alterações que experimentara durante minhas últimas empreitadas após o desencarne, neste local tudo seguia na mais pura estabilidade.

No entanto havia momentos onde distinta elevação de temperatura podia ser constatada na região de meu tórax. Estranha sensação invadia-me, provocando receio e dúvidas sobre o que ocorria, contudo, antes que minhas fibras nervosas pudessem exercer qualquer atitude reativa, logo as mãos daquele que me acompanhava tocavam meu ombro, colocando-me novamente em estado passivo.

Parecia que me encontrava entregue em profundo sono, pois enquanto seguia deitado e sem possuir forças suficientes para refazer-me, pequenos trechos de imagens e acontecimentos referentes a situações vivenciadas por mim enquanto em atividades junto ao meu pai, povoavam-me os pensamentos ainda turvos.

Dentre as memórias, uma delas seguia destacada em minha mente. Era meu pai levando-me para ver pela primeira vez o mar. Nunca antes houvera presenciado tamanha grandeza e imponência quanto a que vislumbrara. Fiquei por alguns minutos somente contemplando o vasto volume de água que se movia com a força dos ventos naquela tarde calma e ensolarada.

A admiração pelo espetáculo observado provocara-me falta de

coragem para aventurar-me naquela imensidão azul. Porém, verificando em mim o sorriso desconcertado pelo desejo de entregar-me e experimentar aquela azulada imensidão, meu pai segurou fortemente minha mão e, com um terno sorriso, encorajou-me a seguir com ele.

Foram horas e horas pulando, mergulhando e desfrutando daquela nova sensação que até então nunca imaginara experimentar. O sorriso era fácil e nada parecia estragar aquele momento. Sempre com meu pai atenciosamente ao meu lado, libertei-me de tudo e, despreocupado, aproveitei cada segundo.

Outros trechos povoaram-me, e em todos, por mais turvos que fossem, continham somente lembranças boas. E na maioria sempre recordações ligadas a meu pai.

Não conseguia elucidar em qual momento do dia encontrava-me ou há quanto tempo seguia entregue àquele estado. Tinha somente a consciência de que lentamente algumas funções eram-me sensivelmente restabelecidas.

A primeira foi o olfato, que me propiciara sentir delicado aroma, como se partissem exalando de flores desabrochadas em plena primavera. No ar, perfume suave e agradável, sentia-me como se estivesse no meio de um jardim.

Nunca houvera parado durante a última encarnação para minuciar e apreciar aromas tão sutis e delicados. Em verdade, jamais havia dado atenção a qualquer tipo de existência biológica, sempre olhei para a flora como sendo apenas um detalhe. Porém, deitado ali, imóvel e com forças suficientes somente para respirar, acabei vendo-me submetido a tal consideração.

Comecei então a reconsiderar as ideias que fazia sobre a vasta, ainda pouco respeitada, e fonte de inúmeras contribuições, flora e tudo o que esta podia proporcionar ao homem. Riquíssima e variada, este verdadeiro presente de Deus traz consigo benefícios que poderiam solucionar centenas de males físicos que ainda assolam a humanidade.

Lembrei-me dos indígenas. Ouvira que as tribos já vinham usufruindo há séculos de recursos retirados da flora. E inclusive que o homem moderno iniciara aprofundamento com relação a estas questões, a fim de obter conhecimentos sobre os incontáveis benefícios deste ecossistema.

Das Trevas à Luz   219

Mas infelizmente eram muito poucos os que se dedicavam a explorá-la com a intenção de extrair recursos que visassem a beneficiar a maioria. A grande parte pensava somente em si próprio, e avançava destruindo e degradando tudo o que encontrava pela frente, com o único propósito de enriquecimento.

Atrás somente de determinadas espécies de madeiras, visando às construções mobiliares e, em outras, à extração para tinturaria, barões e fazendeiros avançaram mata adentro, exterminando enormes áreas sem a menor preocupação com as consequências.

Considerações valorosas inundavam-me com o intuito somente de abrirem-me os olhos para a vida que reinava ao meu redor sem que eu ao menos a respeitasse ou desse-lhe o devido valor.

O tempo seguia e eu continuava em repouso, cada vez mais relaxado e sentindo minha melhora progredindo. A dor em meu peito ainda me incomodava. Os membros não respondiam, mas, conforme os dias seguiam, constatei que a dor latente no topo da cabeça ficara mais amena.

Com o olfato quase que restabelecido, outro sentido começara a dar sinais de retorno: a audição. Ainda deitado e mergulhado naquele perfume floral que tomava o ambiente, comecei a ouvir alguns pequenos sons. Tentei organizar-me a fim de identificar a que se referiam. E não demorou para que logo me apercebesse de que se tratavam de sons emitidos por pássaros.

O espanto foi geral. Sabia que estava desencarnado e que tais sons não poderiam ser oriundos de regiões trevosas, das quais eu pouco me lembrava, mas sabia que por lá estivera. Também vagara no plano físico entre os encarnados, então conclui que os sons de pássaros que ouvia vinham deste local, e que era lá onde eu encontrava-me.

Confuso, indaguei-me se realmente houvera retornado à carne, ou ainda vagava desencarnado entre eles. Então, imediatamente, atendendo ao meu questionamento, a voz que tempos atrás solicitara-me manter a calma, novamente invadiu minha mente e orientou-me:

— Mantenha a paciência, Matheus. Não ocupe sua mente com questionamentos neste momento. Descanse, pois em breve obterá os devidos esclarecimentos – obtemperou ele, paternalmente.

Encontrando-me ainda em estado que lembrava o de alguém

entorpecido, aceitei passivamente a recomendação, sentindo-me confortado, e então me coloquei a respirar calmamente.

Procurando manter-me relaxado, passei a reparar novamente nos cânticos que eram emitidos pelos pássaros. Notei que diferentes espécies de pássaros sobrevoavam aquele local, devido à diversidade de sons existentes. Alguns sons eram-me conhecidos, outros eram novidade. É certo também que eu nunca parei para observar ou simplesmente admirar os cânticos dos pássaros, sempre fui muito avesso a observações desta natureza em minha última encarnação.

Seguindo passivo e deitado em ambiente cuja localidade ainda desconhecia, fui novamente envolvido por reconsiderações sobre assuntos aos quais eu nunca houvera dado importância.

Pensando naqueles inúmeros pássaros que ouvia, comecei a lembrar da ligação fundamental que existia entre a fauna e a flora. Lembrei do rápido avanço gerado pelo desmatamento indiscriminado, e imaginei como isto interferia no ecossistema, afetando diretamente a fauna.

Habitat de inúmeras espécies de animais, comecei a pensar no que ocorria com estes com a destruição da natureza.

Milhares de seres vivos dependem dos lagos e das florestas, e um não vive sem o outro. Sendo a vegetação o local de onde os animais retiram seus alimentos, eles desapareceriam com a perda desta. E com isto os lagos iriam secar, pois ficariam sem a vegetação ladeando-os, o solo também se comprometeria e sofreria.

Sendo as vegetações responsáveis pela fotossíntese e oxigenação do ar atmosférico, dentro em breve a vida do homem também sofreria brutalmente, com a alteração do ambiente à sua volta.

Realmente, enquanto seguia ali deitado, comecei a pensar no quão importante são os ecossistemas. E além dos inúmeros benefícios que estes nos trazem, imaginei como seria a vida do homem sem nada disto. Tudo se transformaria e com isto todos sofreriam, inclusive aqueles que foram gananciosos e não lhe deram o devido valor. Seria algo bem semelhante ao que são hoje as regiões inferiores e trevosas do plano espiritual. Um interminável deserto com solo árido, ou vasta região lamacenta com paredões de rochas. Tudo envolto em um ar carregado, denso, difícil de respirar e mergulhado na mais completa penumbra.

Sem vegetação, água, animais ou a luz do sol, a espécie humana,

Das Trevas à Luz   221

se não desaparecesse por completo, acabaria regredindo. Porém esta não é a vontade de Deus. O Pai não quer que seus filhos regridam, deseja que todos sigam aprendendo e evoluindo cada vez mais.

Passado mais algum tempo em que me encontrava deitado, já possuía novamente dois de meus sentidos, o olfato e a audição, quase que totalmente restabelecidos. E com eles pude fazer considerações que jamais imaginaria se não me encontrasse naquela situação.

O tato eu não perdera, pois podia sentir um pouco do ambiente à minha volta, e também quando tocavam em meu ombro, porém, com o corpo totalmente fraco, mantinha-me quase o tempo inteiro imóvel.

Recebendo frequentemente a visita daquele que me assistia, e constatando que aos poucos me sentia melhor, decidi indagar-lhe sobre minha situação. Mas para isto, não apenas pensei na indagação, preferi tentar falar. Desde que me encontrara naquela situação, tentei por diversas vezes pronunciar algo, mas a voz nunca saíra. Contudo, naquela vez, para meu espanto, minha pergunta fora pronunciada claramente.

— Onde eu estou? – perguntei, surpreso por ter de volta minha voz.

— Você está em um Centro de Recuperação. Quando chegou aqui, sua condição não era nada boa devido aos desgastes que trazia, decorrentes dos acúmulos que fizera. Mas não se preocupe, meu amigo, aos poucos tem conseguido obter grande progresso, e dentro em breve terá forças suficientes para sair deste leito – explicou-me aquele que me assistia.

— Faz quanto tempo que estou aqui? – quis saber, preocupado.

— Aqui no centro, alguns meses. Mas seu acolhimento em nossa morada foi há cerca de três anos – respondeu-me.

— Como assim, três anos? – indaguei, assustado – Eu não consigo me lembrar de muita coisa.

— Você enfrentou períodos difíceis até que finalmente pudéssemos acolhê-lo. Então, quando isto pôde finalmente ocorrer, sua situação necessitava de cuidados bem mais aprofundados e delicados, o que o levou a permanecer por este longo período em outra área de nossa morada – explicou-me.

— Morada? Onde fica isto? – perguntei.

— Você está na Morada Renascer. Estamos em uma região acima das que conheceu. Pense que aqui nos encontramos em local semelhante a uma vila. Uma vila de amigos, dedicada a orientar e auxiliar a todos que para cá são trazidos. Sei que ainda possui muitas perguntas, meu amigo, mas peço para que tente relaxar e aproveitar para repousar ao máximo. Lembre-se de que reaver todas as suas funções dependerá principalmente de você e sua força de vontade – solicitou-me.

Realmente, inúmeros questionamentos inundavam-me os pensamentos. Mas decidi atender ao pedido e controlar-me. Sabia que quanto mais eu descansava, mas eu conseguia sentir minhas melhoras. Porém havia somente mais uma pergunta que gostaria muito de fazer.

Diga-me. Qual é o seu nome? – quis saber, sentindo um grande cansaço invadir-me devido ao esforço.

— O meu nome é Balthazar – respondeu-me o amigo, observando que logo em seguida eu adormeci.

Desta forma, começava então uma nova etapa para mim. Haviam-se passado dezoito anos desde que eu fora conduzido ao fogo sagrado. Sendo que destes, três anos foram referentes ao período em que fora resgatado das regiões purgatórias e conduzido à Morada Renascer.

No plano físico um longo período havia-se passado, e aqueles a quem eu um dia quisera tão mal, seguiam enfim com suas vidas.

32 – Verdadeiros sentidos

Quando Deus criou-nos, concedendo-nos esta maravilhosa oportunidade que é a da vida, colocou à nossa disposição infindáveis ferramentas para a devida manutenção deste bem. Ferramentas estas que cada um pode utilizar conforme suas necessidades.

No entanto poucos são aqueles cuja maturidade condu-los para o melhor aproveitamento destes recursos. A grande maioria abandona-os por duvidar de sua real utilidade, enquanto outra parcela desconhece por completo seus benefícios.

Nosso senhor Jesus Cristo explicou por diversas vezes e demonstrou a cada um como reconhecer e utilizar estas poderosas ferramentas. No entanto, passado longo período, muito poucos são

Das Trevas à Luz

os que realmente compreendem suas palavras e empenham-se na manifestação deste precioso bem.

Havendo vida em diferentes locais e estados, ocorre que uma importante troca entre seus moradores tende a cada vez mais condicionar o todo a caminhar em direção ao mesmo objetivo.

Desde os primórdios da vida física, inúmeras etapas já foram superadas e inconscientemente absorvidas no íntimo daqueles que por elas passaram. Estes, mesmo que ainda não seja de maneira sublime, colaboram profundamente para a formação de uma base sólida, na qual os demais poderão apoiar-se e seguirem firmes em suas jornadas.

Um claro exemplo ocorre entre os encarnados no plano físico e os desencarnados. Em determinadas oportunidades, os desencarnados que já obtiveram grande progresso e compreenderam estas ferramentas para auxiliar o próximo, fazem-no empenhando todo o seu esforço e dedicação, esteja o companheiro encarnado ou não.

No entanto existem também encarnados que, após diferentes oportunidades que tiveram de auxílio e aprendizado, ou que carregavam alguma pendência, são os que se dedicam a auxiliar a outros, sejam encarnados ou desencarnados. Estes se dedicaram, e pouco a pouco foram utilizando essas poderosas ferramentas em benefício do próximo e em seu próprio, colaborando ativamente para o esperado e almejado progresso geral.

O ano era 1894, e na vila onde Cláudio e sua querida esposa Elisa moravam, tudo seguia calmo e na mais absoluta paz. Contando eles com 49 e 47 anos respectivamente, já haviam alcançado grande maturidade, e conservado o belo companheirismo que nunca os abandonara.

Muito queridos na vila em que moravam, sempre paravam para uma boa conversa com os amigos. Os assuntos eram os mais variados, e ambos nunca deixavam de ser solícitos com quem os procurasse. Eles haviam-se tornado muito religiosos, e evitavam ausentar-se nos cultos.

Cultos que seguiam sendo realizados na modesta igreja da vila, que tempos atrás Elisa muito frequentara em auxílio ao padre Antônio.

Saudoso padre Antônio, que veio a falecer em meados de 1885. Muito querido na região, todos sentiram sua partida, principalmente

Elisa, que o tinha como um querido avô.

Em seu lugar à frente da paróquia, ficou o padre Luiz, cujo período estendeu-se até meados de 1890. Daí em diante, os párocos da igreja não permaneciam mais que dois ou três anos, sendo o atual o padre Samuel.

Tão querido e respeitado como todos, este demonstrou todo o seu amor ao próximo quando, às quartas-feiras, reunia-se com pequeno grupo de fiéis, inclusive Elisa, a fim de levar um pouco de alimento e transmitir as palavra de Deus aos mais necessitados. De coração puro e sempre dedicada ao bem estar do próximo, Elisa sempre teve desejos de fazer algo para auxiliar os irmãos desgarrados. Considerava uma verdadeira bênção poder realizar aquele trabalho junto ao grupo voluntário da igreja, que se reunia independentemente da situação do tempo.

Considerada uma vila pequena, esta sempre procurou ser bem estruturada e proporcionar boas condições a todos os seus moradores. No entanto havia uma pequena parcela de necessitados que fora acrescida com outros, que se deslocaram da cidade vizinha, acomodando-se em alguns locais da região.

Cláudio continuava a trabalhar nas plantações, porém não mais como empregado, e sim como sócio. Com o desligamento de seu tio Alberto, que decidira virar construtor, Cláudio tornara-se o funcionário mais antigo. E com o afastamento de seu chefe da supervisão e gerência devido a problemas de saúde, acabou por tornar-se o responsável geral, e logo em seguida, sócio do empreendimento.

Pedro, que se havia mudado para a cidade vizinha com a esposa e seu filho,E teo a voz...eja apagada. uz vinda diretamente das m se dedicado a seu auxa a fundo se havia algo. cido. iente convenceume. v estava muito bem. Trimestralmente escrevia à irmã Elisa, contando as novidades, e aproveitava para sanar um pouco da saudade. Este tivera mais dois filhos, sendo um casal. Assim que nasceram, receberam a visita dos tios Cláudio e Elisa, que se encheram de felicidade ao segurarem ambos.

Contudo, nem só alegrias a visita aos sobrinhos proporcionou aos tios. Muito ligados a crianças, Cláudio um pouco mais que Elisa, este desejou fortemente que, se Deus permitisse, também pudesse ter a chance de tornar-se pai.

Diversas vezes sonhou com o dia em que teria seu filho nos bra-

Das Trevas à Luz

225

ços. Todo o amor que lhe transmitiria e tudo mais que um verdadeiro pai pudesse realizar.

Elisa, no entanto, sentia medo, um forte aperto no coração ao pensar em tornar-se mãe. Gostava muito de crianças, mas no fundo a insegurança falava mais alto.

Tempos já se haviam passado desde o fatídico dia em que esta perdera a criança, e no entanto ainda lhe faltava coragem para enfrentar Cláudio e contar-lhe sobre isto.

Elisa, no fundo, sabia claramente que não poderia esconder isto para sempre de Cláudio, mas mesmo após tanto tempo ainda não se sentia segura sobre este assunto. Mesmo ambos respeitando-se, sendo companheiros e apoiando-se, havia no íntimo de Elisa algo que esta não conseguia explicar. Possuía um sentimento enclausurado, e suas forças faltavam-lhe para que se manifestasse.

Como esta não possuía certeza se não conseguia engravidar por causa do aborto ou pelo ferimento causado por mim, então preferia deixar que o companheiro considerasse o ferimento como sendo o único responsável por não conseguirem ter filhos.

De volta ao plano espiritual, seguia eu recuperando-me por meus excessos, em um leito no centro especializado da região em que fora acolhido.

Já havia obtido grandes melhoras, como a recuperação de alguns sentidos, a ponto de quase manifestá-los em sua totalidade. E, sendo assistido por Balthazar e apascentando-me de indagações irrelevantes naquele período, pude presenciar a constatação de reaver mais um sentido: o do paladar.

Sentindo um leve gosto amargo e seco em minha boca, indaguei Balthazar sobre o ocorrido. Este então tratou logo de esclarecer-me que se tratava da pré-recuperação de mais um dos meus sentidos, mas que logo passaria com um pouco de água.

— Água? – questionei, surpreso.

— Sim, meu amigo, água. Não é só porque desencarnou e não possui um corpo físico que não poderá beber água – respondeu Balthazar.

— É que desde que eu morrera, não mais consegui beber somente água. As poucas que encontrara eram lamacentas ou totalmente horríveis para o consumo – expliquei, recordando-me do período nos planos inferiores.

— Eu posso imaginar, Matheus. Mas não pensemos mais nisto. Verá que aqui o gosto da água é excelente. Melhor até do que a qual estava acostumado a beber quando encarnado – disse Balthazar, colocando-me em posição sentado, e levando um recipiente com água até minha boca.

Balthazar tinha razão, o sabor era diferente, mais leve e refrescante. Bebi com gosto e logo em seguida solicitei mais. Este, no entanto, aconselhou-me a esperar que me recuperasse um pouco mais, antes de ingerir doses significativas de qualquer nutriente desta natureza, uma vez que estando eu em processo de refazimento, poderia acarretar em alguma rejeição do meu corpo, devido ao longo período de escassez a que fora submetido.

Mais uma vez, decidi ouvir os conselhos de Balthazar e não me exaltar ou adiantar em querer sair daquele leito o quanto antes. Sentia-me diferente, mais calmo, contido. Era como se algo em mim, após o longo período a que fora submetido nas provações que enfrentara, estivesse clamando por aquilo.

Nunca fora de aceitar ordens ou não ter aquilo que queria. Contudo sentia como se um enorme peso houvesse sido retirado de minhas costas e uma inexplicável sensação de paz tivesse tomado conta de todos os meus pensamentos. Não sentia ódio, raiva ou qualquer outra emoção com as quais estava tão acostumado a conviver. Mantinha-me sereno e tranquilo, como se alguma medicação calmante estivesse sendo ministrada em mim.

Enquanto seguia em recuperação deitado naquele leito, fiz várias reconsiderações com relação à fauna, flora e toda a sua biodiversidade sendo muito pouco estudada e utilizada pelo ser humano, na ganância e falta de respeito com relação aos preciosos bens com que Deus presenteara-nos. Observei também a forma como tudo se interliga e reflete quando algo é alterado.

Parecia que o tempo ali, além de proporcionar-me uma recuperação do corpo, também visava a abrir-me os olhos para assuntos tão importantes, cujos devidos valores nunca foram relevados.

Outra consideração que revi foi com relação aos excessos e falta de cuidados que possuía para com o meu corpo físico.

Não somente eu, mas inúmeros são os que abusaram indiscriminadamente de seus corpos, inserindo-lhes verdadeiros venenos com a total falta de atenção aos cuidados com a alimentação ou a

Das Trevas à Luz 227

devida higienização antes de qualquer refeição. Com isto, além de seguirem aos poucos degradando o aparelho digestivo devido à gula ou falta de obediência aos horários corretos entre cada refeição, também o infesta com a negligência sobre o mínimo de cuidados de higiene e o consumo excessivo de alimentos indevidos.

No caso da falta de higiene inserida neste contexto, o propósito era alertar sobre a pouca relevância que se dá a assunto tão importante e que futuramente se descobrirá como sendo a causa de muitos males no aparelho gastrointestinal. O excesso poderia, nesta situação, ser considerado como o acúmulo de infestações microbianas, à medida que não se procura ter cuidado na maneira de manusear-se ou consumir qualquer nutriente, acabando por contribuir para o surgimento e ampliação destas moléstias.

Com relação ao excesso do consumo, da mesma forma que o acúmulo de uma infestação microbiana, este também provoca danos, muitas vezes irreparáveis, ao corpo físico. Sendo o corpo físico uma máquina orgânica cuja devida manutenção torna-se essencial para o seu bom funcionamento, os abusos constantes acarretam em uma destruição a longo prazo de nosso instrumento de trabalho no plano físico.

O corpo, além de ser nosso instrumento, também é nosso veículo. E a forma como este irá reagir depende de como ele tenha sido cuidado e conduzido. Constituindo-se de forma orgânica e com período de utilização limitado, cabe a cada um respeitá-lo, nutri-lo corretamente e sempre ter em mente que se deve evitar todo e qualquer excesso para que este possa servi-lo e abrigá-lo durante o tempo em que estiver residente no plano físico.

Outra consideração que me invadiu foi com relação à devida atenção e respeito para com a água. Considerada por muitos como sendo o elemento essencial à vida, este bem também vem sofrendo com o descaso do homem.

Desde os tempos antigos, o ser humano reconheceu que necessitava deste recurso. Os povos sempre procuraram estabelecer residência próxima a locais onde houvesse água para abastecê-los. Fosse para o cultivo de alimentos ou utilização própria, a água sempre fez parte fundamental neste ciclo, e sua falta ocasiona diversas perdas.

No entanto observa-se que o estabelecimento de um povo, uma

vila, ou grupo de pessoas em seu entorno causa uma verdadeira degradação. Seja em rios ou lagos, o abuso segue sempre o mesmo. Utilizam-se as águas como despejo de materiais orgânicos oriundos das necessidades fisiológicas. Alteram-se despreocupadamente alguns trechos de rios para o abastecimento de um local, mas esquecesse-se de verificar o impacto que isto terá no mesmo. Para o estabelecimento de moradias e cultivos, destrói-se a vegetação nas áreas próximas, esquecendo-se que esta possui grande importância na conservação e colaboração na existência dos rios e lagos.

Enfim, uma série de fatores tem contribuído para a degradação deste maravilhoso bem, e em nenhum momento tem-se levado em consideração as consequências que estes atos têm causado. Não somente neste próprio recurso em si, mas o impacto gerado em toda uma cadeia física e orgânica, uma vez que não é apenas o homem que necessita de água para sobreviver. Os animais e a própria floresta carecem tanto quanto o homem.

Desrespeitar uma fonte de água é o mesmo que o fazer para todo um grupo de seres vivos e orgânicos. Destruí-la seria exterminar indiretamente centenas destas espécies, tão fundamentais para a existência do ser humano quanto é a própria água.

Eu estava refazendo diversas considerações que possuía com relação ao modo como agira para com o meio que me havia acolhido. Em minha vida física, nunca dera qualquer importância a estes assuntos, sempre os considerei totalmente irrelevantes. Contudo, enquanto permanecia ali, recuperando-me através de uma forma que desconhecia, minha mente era inundada com estes assuntos. Considerações que surgiam dando o compreender de que algo me provocava aquilo.

Não sabia explicar por que pensava naqueles temas enquanto estava ali deitado e sendo assistido por Balthazar. Sabia somente que uma inexplicável sensação de paz envolvia-me. Sentia-me protegido e amparado de uma maneira que palavras não seriam capazes de traduzir.

A cabeça não mais doía e o forte ardor no peito tornara-se somente um leve incômodo. Não possuía medo, solidão ou tristeza, apenas muita tranquilidade e leveza. Senti como se meus pais estivessem ao lado de meu leito, zelando e confortando meu corpo surrado pelos entraves que realizara.

Das Trevas à Luz   229

Eu estava em paz como nunca estivera. Queria poder ver onde era aquele lugar tão reconfortante em que me encontrava. Desejava saber se tudo aquilo não passava somente de um sonho. Então, ouvi a voz de Balthazar ao meu lado, orientando-me.

— Por que não tenta abrir os olhos, se realmente deseja ver onde está?

— Mas eu não consigo enxergar, já havia tentado antes – respondi.

— Por que não tenta mais uma vez, meu amigo? – replicou ele, calmamente.

Atendendo-lhe, decidi então realizar mais uma tentativa. E imediatamente, para minha surpresa, assim que abri os olhos não mais via tudo escuro, e sim uma leve claridade bem reconfortante. Eu finalmente podia ver.

Tive ímpeto de chorar, agradecer por não mais estar mergulhado naquela escuridão. Senti-me feliz por voltar a enxergar e ver que realmente não se tratava de um sonho. Eu realmente me encontrava vivo.

Então, sentindo aquela emoção que me invadia por completo, fiz algo que há tempos não fazia: sorri. Um sorriso como jamais havia expressado. Deixei todas as barreiras para trás e apenas abri as portas do que estava sentindo. Não era somente com os lábios que sorria, mas sim com o coração.

33 – Dedicados companheiros

O verdadeiro estado do ser humano é o da bondade. Qualquer outro diferente deste pode e deve ser considerado apenas como passageiro. Sendo o homem fruto de Deus, sua natureza tende a ser pura e detentora somente de qualidades dignificantes.

Há inúmeros e distintos caminhos diante de cada um, e sua transposição e período dependem somente das necessidades vigentes dentro do interesse existente em cada ser. Muitos são os que se demoram nos entraves destes caminhos, e poucos os que se atrevem a alterar seu percurso somente em benefício ao próximo. Escolher o caminho menos íngreme e mais curto nem sempre é sinal de que o trajeto será menos desgastante.

Aquele que estende as mãos ao outro e tem-no como irmão,

sabe que sua própria ascensão também depende deste. E já descobriu que os caminhos da vida, quando percorridos inteiramente, trazem mais felicidade em se estando acompanhado.

Entendem que auxiliar, orientar e, acima de tudo, doar-se em benefício do próximo são as melhores formas para que se alcance o verdadeiro destino ao qual todos almejam um dia chegar. Muitos são os companheiros desencarnados que também escolhem estes caminhos. Aceitam por amor e caridade seguir, lado a lado, junto àqueles que ainda se encontram sob as sombras da perdição. Entregam-se e investem todas suas energias em manter acesa a centelha da esperança existente dentro de cada ser. Executando em muitas vezes papel similar ao anjo guardião, estes amigos seguem ansiosamente ao lado de cada um, insuflando-lhes a certeza de que nunca estarão desamparados, e que por mais tortuosos que possam parecer os caminhos, eles sempre o conduzirão ao regalo almejado.

Ao abrir os olhos e finalmente conseguir enxergar onde me encontrava, constatei que, como imaginado, realmente estava deitado em um leito. Coberto com um macio tecido de cor clara, eu repousava sobre uma cama em um local confortável, semelhante a um quarto.

No entanto as paredes não eram de taipa como a maioria das moradias que conhecia. Eram lisas e possuíam uma cor branca em um tom bem agradável. O teto era alto, e no centro um objeto iluminava levemente todo o quarto.

Do meu lado esquerdo, uma janela entreaberta deixava alguns raios de sol adentrarem no ambiente. Por ela também chegavam a mim os cantos de alguns pássaros e o som bem suave de água corrente. Em nada aquele local distinguia-se do mundo que conhecia.

"Eu estou vivo?" – pensei.

— Se você chama estar vivo o fato de poder sentir, ouvir, ver e respirar, então podemos dizer que sim, você está vivo, Matheus – respondeu-me alguém que se encontrava do meu lado direito.

Imediatamente virei-me para ver de quem aquela voz tratava-se ser. Com bastante dificuldade, pois ainda não recobrara por completo minhas funções motoras, inclinei-me para o lado e vi um sujeito muito sorridente a olhar-me.

Das Trevas à Luz 231

Observei-o por alguns instantes, tentando saber se o conhecia. Ao primeiro momento não me recobrara de ninguém. No entanto, olhando-o mais detalhadamente, tive a sensação de que o conhecia de algum lugar. Sua fisionomia não me era estranha, ele parecia-me muito familiar.

Possuindo pouco mais de trinta anos de idade, cabelos escuros e pele clara, o sujeito continuava silencioso e sorrindo-me. Parecia que me aguardava dizer algo. Eu, no entanto, nada pronunciei e apenas pensei:

"De onde eu o conheço?"

Então, adivinhando-me o pensamento, ele tocou meu ombro e disse calmamente:

— O meu nome é Balthazar, Matheus. Conhecemo-nos há muito tempo, em encarnações passadas. Tenho-o acompanhado, e desde que foi trazido para cá, dedico-me a seu refazimento.

"Era ele, então, quem frequentemente tocava em meu ombro e falava-me para relaxar" – pensei entender.

— Mas como posso estar vivo, se morri? – indaguei, confuso

— Matheus, a vida não cessa com a morte do corpo físico, ela apenas continua de outra forma. Logo entenderá, meu amigo – respondeu ele.

Realmente eu não compreendia por que tudo parecia tão igual. Durante o período nos planos inferiores, tudo era tão diferente. Sentia-me mergulhado em profundo pesadelo, como se nada realmente fosse verdade. Porém ali as imagens e sensações eram completamente diferentes, tudo era tão parecido e palpável, como na Terra.

— Não se perturbe com isto, meu amigo. Todas as suas dúvidas serão respondidas no devido tempo. Aproveite este período para descansar e recuperar suas energias – solicitou Balthazar.

— Mas por que ainda não consigo me movimentar? – quis saber, preocupado.

— Você castigou muito do seu corpo espiritual, chamado de perispírito. Todos os nossos abusos ficam marcados neste envoltório, que ao longo do tempo entra em um estágio onde é necessário realizar-se esta reestruturação para que os danos não se tornem nocivos. Aqui você encontra-se em recuperação para justamente realinhar estas funções. Não se preocupe, que dentro em breve irá reaver esta função, assim como pôde retornar a ver, ouvir, falar e sentir – explicou-me calmamente o amigo.

Apesar das dúvidas e de encontrar-me quase que imóvel, eu sentia-me protegido. As palavras e a presença daquele rapaz ali me traziam um conforto e tranquilidade que não sabia explicar.

Então, atendendo às orientações do amigo, cujas palavras inspiravam-me confiança, fechei novamente os olhos e deixei que o cansaço cobrasse o devido descanso.

Não tardou para que eu logo caísse novamente no sono. Parecia que não dormia há muito tempo, pois tão logo adormeci, dezenas de imagens vieram-me à mente, fazendo-me considerar estar sonhando. Pensava muito em meu pai, e suas imagens constantemente me surgiam. Às vezes parecia que conversávamos, e outras que apenas sorríamos. Havia momentos onde eu entregava-me às lágrimas, procurando conforto em seus ombros. Observava somente imagens muito calmas, com paisagens muito bonitas e iluminadas. Sentia-me livre, e uma enorme leveza na consciência inundava-me.

Por encontrar-me em processo de recuperação, possuía muito sono. Necessitava deste período para que meu corpo perispiritual, que fora bombardeado duramente enquanto estivera tanto no físico quanto a vagar nas regiões inferiores, pudesse reaver condições mínimas necessárias para sua devida utilização na nova etapa.

Além de ser uma cópia exata do corpo físico e receber deste todas as influências geradas e coletadas durante as existências físicas, o perispírito também recebe todas as cargas vibratórias quando este segue na erraticidade. No entanto, na erraticidade, e mais propriamente quando este se encontra mergulhado nas regiões inferiores, a intensidade torna-se muito mais prejudicial e elevada.

Apesar de o estado em que o espírito desencarnado encontra-se ser inteiramente uma consequência de como foram suas provas no corpo físico, o perispírito, sendo o veículo para aqueles que ainda necessitam dele, pode ter suas funções prejudicadas e ampliadas de acordo com o estado trevoso em que este se encontrar.

Como eu estagnei por longo período nas regiões inferiores, sem mensurar as consequências de minhas ações, meu corpo perispiritual recebeu consideráveis danos, e sua funcionalidade fora muito debilitada.

Enquanto seguia naquele leito, nos momentos em que dormia, sem que eu soubesse Balthazar e uma equipe de médicos inves-

Das Trevas à Luz 233

tiam grandes esforços para minha recuperação. Meu acolhimento na Morada Renascer só pôde realmente ser efetuado após minha total depuração com relação aos acúmulos nocivos que vinha trazendo. Seguem para o mesmo local todos aqueles que vibram na mesma faixa. O agrupamento é feito devido à afinidade que seus membros possuem.

Quando desencarnei, fui direcionado para as regiões inferiores devido aos meus pesados acúmulos realizados enquanto encarnado. Minha permanência neste local seguiu-se enquanto eu não possuía condição suficiente para libertar-me. Assim que a obtive, fui encaminhado à região purgatória, a fim de esgotar todos os excessos que ainda residiam em mim, para só então poder seguir adiante. Como trazia forte pendência com relação a meu pai, cujos atos de vidas anteriores ainda me assolavam, necessitava libertar-me destes sentimentos destruidores que me impediam de receber qualquer auxílio.

Com a total dedicação do meu pai em transmitir-me seu afeto, amparo, consolo e todo seu amor, pude enfim abrir os olhos do coração, e de braços abertos finalmente receber aquele que um dia eu tanto rejeitara e odiara.

Livre destes sentimentos destruidores, graças à dedicação dos inúmeros amigos que tanto se empenham no bem estar de seus pequenos irmãos, fui então acolhido na Morada Renascer.

Devido ao meu estado encontrar-se altamente delicado, tive de permanecer por três anos no hospital da morada, restabelecendo funções mentais importantes que haviam sido afetadas em todo o meu percurso.

Somente após esta etapa pude enfim ser transferido ao Centro de Recuperação, onde então me encontrava sob os cuidados de Balthazar.

Melhorando gradualmente a cada dia, eu já possuía quase todas as minhas funções restabelecidas, somente a movimentação do corpo ainda não se apresentava normalizada.

Outro fato que ainda me incomodava era a queimação que de tempos em tempos eu sentia no centro do peito. Como não conseguia movimentar os braços ou as pernas, apenas o pescoço e parte do tronco, não pude remover o tecido que, como uma atadura que cobre um ferimento, envolvia meu peito, para ver o que era aquilo que me incomodava.

O tempo foi passando, e cada vez mais eu ia melhorando. Sempre assistido pelo amigo Balthazar, pois eu nunca abria os olhos e encontrava-me só, este permanecia o tempo todo ao meu lado, sempre com um sorriso no rosto.

Totalmente entregue àquela recuperação, eu perdera por completo a noção de tempo. Sabia somente que os dias passavam-se pelo clarear e escurecer da luz do sol que entrava pela janela do quarto. Nos dias em que me sentia um pouco melhor, conversava com Balthazar. Única pessoa que conhecera até então, pois, quando ouvia mais vozes no quarto, não possuía forças suficientes para abrir os olhos. Assim sendo, questionei-o sobre isto.

— Balthazar, só existe você neste lugar? Por que não vejo mais ninguém?

— Não, Matheus. Aqui na morada residem diversas pessoas, meu amigo. Você ainda não viu ninguém porque neste processo no qual você encontra-se, preferimos evitar estes contatos. Vêm aqui somente pessoas da equipe responsável por sua recuperação – explicou.

— Mas por que eu ainda não consegui ver ninguém desta equipe, somente ouvi-los?

— É porque seu estado ainda não lhe permite enxergar com clareza tudo o que se passa aqui neste plano. Você os veria somente como vultos, e isto não seria agradável, poderia assustar-se. Então, sempre que eles vem, você entra neste estado de sonolência. Além de não o perturbar, eles podem auxiliá-lo mais adequadamente – concluiu o amigo.

— Balthazar, por que você está fazendo isto por mim? Por acaso é médico? – indaguei.

— Não, sou apenas um auxiliar. Minhas condições ainda não me permitem exercer tal atividade. Tenho estudado e me dedicado a fim de ser o mais útil possível. Neste momento sou apenas mais um dos inúmeros servidores que existem em nossa Morada. Faço parte de uma equipe de socorristas, encarregados no atendimento aos nossos irmãos desencarnados que ainda se encontram presos à matéria. Quando soube que você já possuía condições de vir para a nossa Morada, pedi licença de minhas atividades para então poder dedicar-me exclusivamente a seu acompanhamento.

Das Trevas à Luz

235

— Entendi. Mas de onde nós nos conhecemos, Balthazar? Sei que seu rosto é familiar — quis saber.

Ao ouvir meu questionamento, Balthazar ficou sério. Sabia que me referia ao fato de este ter surgido diante de mim durante algumas de minhas visões, tentando auxiliar-me na época em que eu estivera totalmente perdido e revoltado contra tudo. Balthazar tinha receios que se eu soubesse deste fato, pudesse compreendê-lo mal e novamente perder-me na alienação. Mas não poderia simplesmente negar os fatos ocorridos. Então decidiu ao primeiro momento somente informar-me que eu recordava dele devido aos diversos acompanhamentos que ele efetuara enquanto eu estive mergulhado na obscuridade. Fato que, apesar de não ser dito claramente, também envolvia o período em que estivera encarnado.

— Sim, é verdade, lembro-me vagamente de tê-lo visto em alguns momentos. Quero agradecer-lhe por tudo o que fez por mim, Balthazar. Não sei o que teria me acontecido caso continuasse daquela forma. Hoje eu vejo o quanto errei e todas as maldades que cometi. Não sei explicar se é este lugar, algum medicamento que estou recebendo, ou se apenas acordei. Todas as faltas que cometi, hoje são apenas imagens turvas e confusas em minha mente. Somente me restou na consciência o fato de que infelizmente as pratiquei, e por mais que peça perdão, nada irá apagar a dor e o sofrimento pelo qual fiz os outros passarem — completei, envergonhado, enquanto abaixava a cabeça.

— Todos nós ainda nos encontramos sujeitos a estas provas, meu amigo. É através delas que conseguimos despir-nos de sentimentos e desejos que impedem nossa ascensão. Devemos somente agradecer ao Pai por estas oportunidades que temos. Não abaixe sua cabeça, Matheus. Suas ações foram frutos de seus acúmulos, e o estado em que se encontrava ansiava por libertá-los. Muitos dos quais você cruzou o caminho já sabiam de seus destinos. Foram enfrentamentos pelos quais estes também necessitavam passar — disse Balthazar, levantando minha cabeça, e em seguida prosseguiu.

— O mais importante, agora você já obteve: está arrependido. Este é o primeiro passo a ser tomado por aqueles que são acolhidos em nossa Morada. A partir de agora, você deve esforçar-se em seu próprio melhoramento, pois somente assim terá condições de fazer algo pelo próximo — completou.

— Sinto-me realmente diferente, Balthazar. Há algo dentro de mim clamando por mudanças. Não sei explicar-lhe por que, aqui, estes desejos invadem-me, somente sei que estou arrependido e quero fazer algo – respondi.

— Como expliquei, aqui se encontram somente os que se apuram. Você já expurgou todos os excessos que havia acumulado, e por isso se sente assim. Não é porque você está aqui em nossa Morada, ou porque está sob o efeito de algum medicamento. Tem estes sentimentos porque abriu os olhos e pôde ver claramente tudo o que vinha negando há muito tempo. Todos nós trazemos em nosso interior uma pequena semente, presente de Deus nosso querido Pai. Ocorre que, com o passar do tempo, envolvemo-nos de tal forma nas oportunidades de saciamento que nos são apresentadas enquanto estamos encarnados, que acabamos por não cultivar esta semente. Iludimo-nos de tal maneira, que mesmo quando esta pequena semente dentro de nós clama por nossa atenção, não conseguimos nos desvencilhar destes prazeres, e acabamos por abandonar completamente qualquer intenção desta semente em germinar – explicou Balthazar.

— Você acredita que eu ainda possua esperanças de melhorar? – indaguei.

— Mas claro que sim. Todos, independentemente do que tenham realizado contra si ou contra alguém, podem efetivamente tornar-se pessoas dignas. Deus nunca nega uma nova oportunidade a seus filhos queridos. Basta somente, se você desejar melhorar, que o faça com todas as suas forças e de todo o seu coração. Não apenas porque acredita ou imagina ser o correto, mas porque realmente deseja melhorar. Você esta disposto, Matheus?

— Sim, eu estou – respondi com todas as minhas forças.

34 – Os primeiros passos

O primeiro passo pode ser considerado como sendo o mais importante de todos, pois é através dele que o intuito de cada um identifica-se. É através deste passo que tudo se concentra e exterioriza. Um passo em direção ao que se busca, na maioria das vezes rege todos os outros.

Em muitos momentos somos compelidos a fazer determinadas

escolhas, e cada alternativa apresentada indica qual será todo o trajeto. Uma decisão só é concretizada no instante em que se executa o primeiro passo.

Todos somos livres para escolher, no entanto poucos são aqueles que acreditam e confiam em suas escolhas. Para a grande maioria, o contexto geral acaba por ser o responsável por determinar e encaminhar uma decisão que nem sempre fora tomada com sua devida importância. É justamente neste instante onde o primeiro passo torna-se fator primordial.

Contudo aquele que o realiza em seu íntimo, já progrediu, pois mesmo que o caminho escolhido não seja considerado como o mais certo para aquele que analisa de fora, ele o será para seu responsável. Uma vez que tudo se encontra em constante movimento, e as modificações tornam-se necessárias para a devida sustentação desta corrente evolutiva.

Aquele que ontem seguiu por caminhos tortuosos, fê-lo por necessidade. Necessidade esta que, não fosse o primeiro passo, este jamais se daria condições para mais adiante obter em si importantes considerações. Dar o primeiro passo para uma reconciliação, um auxílio, um arrependimento ou simplesmente por vontade de mudar, já é transpassar as maiores barreiras, que são: a inveja e o orgulho.

Quem dá o primeiro passo, despojando-se destes sentimentos, não deu simplesmente um passo para sua própria evolução moral, mas sim um grande passo. Um grande passo em direção a Deus.

Após me familiarizar à nova etapa que se iniciava em minha jornada, já me encontrava quase totalmente recuperado. Podia movimentar os pés e braços, o que me trouxera grande felicidade. Sempre assistido por Balthazar, companheiro que nunca deixara de apoiar-me, suas palavras eram sempre de incentivo e conforto.

Com os movimentos dos braços recuperados, não me contive e fui logo tratar de remover o tecido que me envolvia o peito, a fim de ver o que havia ali que tanto me incomodava. Assim que toquei no tecido, Balthazar alertou-me:

— Espere, Matheus. Creio que esta ainda não seja uma boa ideia. Lembre-se de que você passou longos períodos nas regiões inferiores e que ainda se encontra em recuperação – falou, segurando minhas mãos.

— Mas eu gostaria muito de saber por que meu peito ainda dói. Desde que cheguei aqui, fui aos poucos sentindo melhoras em todo o meu corpo, exceto em meu peito – estranhei.

— Tudo a seu tempo, meu amigo. Verá que em breve já estará bem melhor e não mais necessitará ficar neste leito – respondeu-me.

Eu quis remover o tecido e ver o que havia em meu peito, mas o olhar preocupado de Balthazar ao solicitar-me que fosse paciente, convenceu-me. Sabia estar sendo auxiliado e medicado, mas não compreendia por que a dor em meu peito ainda não havia passado. Por hora, decidi conter-me e atender à orientação do amigo.

Observando meu esforço e minha melhora, Balthazar disse-me que dentro em breve já poderia deixar aquele leito e tentar dar os primeiros passos na nova morada. Para isto, bastava que continuasse a empenhar-me e dedicar-me em meu refazimento.

Vontade não me faltava, pois não via a hora de sair e poder caminhar. Queria muito conhecer aquele novo mundo que até então só pudera ouvir, e ainda assim, somente através da janela de meu quarto.

"Será tudo igual à Terra?" – pensei – "Como serão as pessoas e os animais?"

Por já me encontrar em situação um pouco melhor, Balthazar ausentava-se durante algumas horas, a fim de resolver algumas questões para quando finalmente eu dali pudesse sair. Queria que tudo estivesse preparado.

Confesso que sempre que este não estava por perto, eu possuía um enorme desejo de remover o tecido envolvendo meu peito, e ver por que ali ainda doía. A curiosidade consumia-me.

"Por que, afinal, eu não posso remover este tecido? O que há em meu peito para que não possa ver?" – questionava-me.

Desejava muito ver, mas também havia concordado com Balthazar em ser paciente. Queria muito melhorar e sair logo daquele quarto, mas não sabia se aquela dor tinha algo a ver com aquele período recluso.

"O que eu faço?" – pensei.

Incomodado com aquela dor que não me deixava, eu estava muito curioso em saber o que, afinal de contas, havia em mim escondido debaixo daquele tecido. Desde que eu recobrara os sentidos e constatara que me encontrava recuperando minhas condições na-

Das Trevas à Luz

239

quele leito, sentia pouco a pouco meu corpo ir melhorando. Segundo Balthazar, aquele período era necessário devido às minhas ações, e por isto meu corpo, que fora castigado, necessitava de repouso. No entanto não me recordava de ter-me ferido no peito. Minhas últimas lembranças, antes de acordar no quarto, eram de estar no chamado fogo sagrado. Verdade que enquanto nas regiões inferiores, minha situação não me permitia realizar considerações sobre meu real estado, uma vez que tudo seguia em um verdadeiro torpor. Mas, pelo que me lembrava, lá eu possuía todas as minhas condições, mesmo que de maneira diferente. E não me recordava de haver algo em meu peito.

É certo que desde que desencarnara, todo o meu corpo apresentava-se diferente, e em determinado momento sentia-o pesado e muito dolorido. No entanto, recordando-me com mais calma, considerei que de fato nunca observara a fundo se havia algo. Estava tão preocupado e ocupado com os sentimentos do ódio e vingança, que nem dava a devida importância ao meu corpo.

Sem me recordar de fato se houvera feito ou sido submetido a algo, levei minhas mãos ao tecido com pretensão de sanar de uma vez aquela dúvida. Então, decidido, segurei as pontas do tecido e fiz menção de removê-lo.

Imediatamente ouvi a voz de meu pai, como se falasse dentro da minha mente.

— Filho querido, não sabe a felicidade que é para mim poder vê-lo recuperando-se. Agradeço a Deus pelo lar que o acolheu e pelos queridos amigos que têm se dedicado a seu auxílio. Não deixe que esta maravilhosa luz vinda diretamente das mãos do Senhor seja dissipada. Eu confio em você e sei que fará todo o possível. Eu te amo.

Parei. Ter ouvido a voz de meu pai, aquele o qual nunca fora por mim amado, compreendido ou respeitado, fizera-me repensar minhas atitudes. Realmente eu encontrava-me diferente, e vibrava em nova sintonia. Porém eu estaria mesmo disposto a mudanças? Desejava de todo o meu ser fazer algo, não somente pelos outros, mas também por mim?

Sentia que havia recebido outra chance e existiam pessoas acreditando e confiando em mim. Deveria aproveitar tão preciosa oportunidade e permitir que a luz que se acendera pudesse tomar conta de todo o meu ser. A mudança deveria surgir de dentro, e eu deveria entregar-me por completo. Pois somente assim conseguiria evitar que resquícios de possíveis particularidades que ainda trouxesse, pudessem impedir minha ascensão.

— *Se Balthazar, confiando em mim, solicitou-me que fosse paciente e ocupasse-me somente em melhorar, eu assim o farei. Não pularei etapas e respeitarei a confiança que bão depositado em mim* – pensei, enquanto soltava o tecido.

Ainda deitado e recluso no quarto, eu entregava-me aos pensamentos enquanto olhava fixamente para o teto. Pensava muito em meu pai. Queria muito poder vê-lo e dizer-lhe o quanto me sentia arrependido por tudo o que fizera.

Tinha a consciência de que não me encontrava na Terra, dentre as pessoas que conhecera, apesar da enorme semelhança. Pensava estar no céu, mesmo que enquanto encarnado eu nunca acreditasse em tal possibilidade. E se eu estava no céu, acreditava que meu falecido pai também lá estava.

Por diversas vezes, enquanto permaneci preso às regiões purgatórias, eu pude sentir claramente sua presença. Podia ouvir perfeitamente sua voz, apoiando-me e dando-me forças para seguir em frente. Sabia que se não fosse seu amparo e auxílio, jamais teria obtido condições para sair de meu tormento, e ainda estaria mergulhado nas regiões trevosas.

Queria muito encontrar meu pai, e de joelhos pedir-lhe perdão. Perdão por não ter compreendido a tempo suas intenções, acabando por cair no ostracismo. Voltei-me fervorosamente ao meu subconsciente de maneira a não mais permitir que todos os excessos que cegamente realizara, recobrissem de ódio e revolta qualquer intenção que procurasse promover-me o necessário avanço.

Enquanto lançava pensamentos sobre o quão fraco eu fora em vida, adentrou no quarto Balthazar. E como sempre, este trazia um sincero sorriso no rosto.

— Olá, Matheus, fico feliz que esteja acordado. Como você está se sentindo hoje?

— Estou bem. Quase não dormi, mas não me sinto cansado. Acho que meu corpo não necessita mais de tanto repouso – respondi.

— Que bom, meu amigo. Não sabe como fico feliz ao ouvir isso.

— Balthazar, hoje me lembrei de alguém que, no físico, eu mui-

to fizera sofrer, e gostaria de saber como ele está. Seu nome era Alê
– perguntei.

— Sim, eu sei quem é, e conheço o que houve. Contudo, o que
posso neste momento lhe dizer é que ele está bem e, acima de tudo,
feliz.

— Ah, que bom, não sabe como isto me conforta. Hoje compreendo tudo o que fiz de errado e desejo muito me redimir. É somente uma pena que ainda não consiga sair desta cama. Queria
tanto poder caminhar novamente, poder ver o céu e sentir-me livre
– comentei, decepcionado.

— Ora, então por que não se levanta e vem comigo?

Imediatamente olhei para minhas pernas e, para minha alegria,
elas moviam-se. Obedeciam claramente ao meu comando. Finalmente eu poderia andar e sair daquele leito. Voltei meus olhos para
Balthazar ainda sem acreditar no que via, e, com um largo sorriso,
ensaiei alguns movimentos.

Ao meu lado, o amigo Balthazar estendia-me paternalmente os
braços, querendo amparar-me.

— Mas eu posso mesmo levantar? – indaguei, confuso.

— Claro que pode, Matheus. Se é este o seu desejo e já possui
condições para fazê-lo. Você avançou bastante e seu corpo está quase recuperado. Venha, meu amigo, deixe-me ajudá-lo.

Com o auxílio de Balthazar, retirei o lençol que cobria minhas
pernas, e lentamente comecei a movê-las. Sentia-me como uma
criança aprendendo a mover-se. Ajudado pelo amigo, consegui colocar-me sentado na cama e com as pernas para fora.

Finalmente eu iria tocar o chão. Estava com os pés descalços
e vestia uma roupa muito leve e confortável. Então, sem hesitar,
apoiando-me no ombro de Balthazar, deixei o corpo escorregar da
cama em direção ao solo.

Assim que meus pés tocaram o chão, minhas pernas, ainda fracas, não suportaram o peso, mas antes que eu caísse, o cuidadoso
amigo segurou-me e pôs-me de pé.

Em seguida, com muita dificuldade, comecei a ensaiar os primeiros passos. Minhas pernas ainda pareciam adormecidas devido ao
longo período de recuperação, mas lentamente conseguia movê-las.

O chão estava em temperatura agradável. E no quarto, mais
uma vez, os raios de sol clareavam o ambiente. Sentia-me como o

filho que, amparado pelas mãos do pai, toma coragem para seguir adiante. Eu estava feliz, e Balthazar pôde ver claramente em meu semblante a satisfação por encontrar-me bem.

Mais alguns passos pelo quarto e então ouvi do amigo o convite que esperava ansioso havia tempos:

— Matheus, gostaria de conhecer lá fora e ver o quão maravilhosa é esta nossa Morada? Faltavam-me palavras para expressar a forte comoção que senti em, finalmente, poder sair e conhecer que lugar era aquele onde me encontrava.

Após longos meses enclausurado naquele quarto, à espera de finalmente reaver condições de movimentar-me, minha tão aguardada liberdade enfim havia chegado. Tanto tempo em recuperação, sem poder ver o céu, alguma paisagem, ou outras pessoas, enchia-me de expectativa sobre como seria aquele lugar onde fora acolhido e como eram as pessoas que lá habitavam.

Porém, antes de Balthazar abrir as portas do quarto e eu conhecer o mundo novo que me esperava, este tratou logo de esclarecer-me sobre o que iria encontrar.

— Matheus, antes de sairmos, gostaria de adiantar-lhe que você, aqui em nossa Morada, não é somente um enfermo ou visitante, e sim um morador. Sua vinda pra cá já era esperada há tempos, e todos que aqui se encontram formam uma enorme família. Verá que existem muitas semelhanças entre aqui e o plano físico. Relaxe e sinta-se em casa. Ah, também gostaria de dar-lhe os parabéns, meu amigo. Não sabe a felicidade que é para mim vê-lo recuperado e liberto. Mas agora venha, vamos conhecer um pouco de sua nova morada.

Apoiando-me nos ombros de Balthazar, caminhamos em direção à porta, e finalmente este a abriu, e então pude ver o que por meses povoou-me os pensamentos.

Ao abrir a porta, demos de cara com um extenso corredor. Assim como no quarto, as paredes eram de textura sólida e de cores claras. No teto, pequenos objetos arredondados clareavam todo o caminho. Conforme caminhávamos, reparei que passávamos por várias portas, e indaguei Balthazar:

— Por que existem tantas portas?

— Nós estamos em um dos Centros de Recuperação de nos-

Das Trevas à Luz 243

sa morada. Para cá são trazidos outros companheiros como você, Matheus. Dentro de cada uma destas portas existem pessoas em recuperação.

— Não imaginava que houvesse tantas pessoas assim nesta situação – espantei-me.

— Infelizmente, existem às centenas. Cada um com sua peculiaridade e com uma vivência. No entanto, mesmo com tantos irmãos aqui, ainda existe uma enorme quantidade que se demora nas regiões inferiores, meu amigo.

— Sim, é verdade – concordei, lamentando.

Enquanto estivera envolto sob o domínio das Trevas, verificara vastíssima mancha de seres desencarnados, que se encontravam em condições bem parecidas com as minhas.

— Não são todos que possuem condições para serem acolhidos, Matheus. A cada um é concedido o tempo necessário para que se possa amadurecer. Muitas são as pendências, e mais ainda os acúmulos. Tudo é considerado para que estes possam estar nas regiões a onde são chamados.

— Balthazar, vocês não podem fazer nada para impedir as ações das Trevas?

— Com o tempo você entenderá que nada acontece por acaso. Verá que tudo possui um motivo, e que a cada ação ocorre uma reação. Observando friamente, pode-se considerar que não há ganho algum com determinadas atitudes, mas irá descobrir que sempre se retira algo de importante nas provas às quais, invariavelmente, todos somos submetidos.

Continuávamos a caminhar pelo corredor, enquanto eu ponderava sobre as palavras de Balthazar.

O tempo inteiro sendo amparado pelo amigo, eu esforçava-me para manter-me de pé. Ainda possuía as pernas fracas para ter total confiança em caminhar só, mas seguia esforçando-me.

Mais alguns passos e, finalmente, estacamos em outra porta no fim do corredor.

"O que haverá por trás daquela porta?" – pensei.

35 – De braços abertos

Jamais estamos desamparados. Além do nosso anjo guardião, que nunca se ausenta de nosso lado, existem inúmeras entidades que se dedicam inteiramente ao bem estar do próximo.

Estando-se encarnado, esta percepção, devido às condições existentes no plano físico, torna-se diferente de quando se está fora da matéria. Alguns julgam ser mais simples perceber estas presenças quando já não mais existem os envoltórios físicos barrando estas percepções. No entanto, mesmo para aqueles que já desencarnaram, tal observação depende de diversos fatores, dentre os quais se pode destacar a condição atual em que estes eventualmente se encontrem.

Vasto número há daqueles que já foram desligados da matéria, mas no entanto sequer conseguem abrir os olhos de seu interior e ver estes valorosos companheiros.

Inúmeros são os desencarnados que ficam vagando por tempo indeterminado, até que consigam finalmente reter condições para serem resgatados ou conduzidos, sem nem ao menos saberem da presença destes amigos.

Para aqueles cujas condições já lhes permitem este discernimento, uma enorme surpresa invade-os ao observarem tamanho desprendimento e dedicação de criaturas que, mesmo em condições para seguirem adiante, solicitam, por amor ao próximo, a oportunidade de realizarem este auxílio tão importante.

Após eu ter condições para finalmente sair do quarto, fui aos poucos sendo amparado por Balthazar, que me levava gentilmente para conhecer o local onde me encontrava. Depois de seguir por extenso corredor com inúmeras portas, estacamos diante de uma, fazendo tornar-se muito maior minha curiosidade em saber o que me esperava.

— Tudo bem, Matheus? – indagou Balthazar, ao perceber que eu parara.

— Sim. É que estive por tanto tempo sem ver mais ninguém além de você, que me sinto confuso. Estou preocupado sobre o que irão pensar de mim.

— Ora, não deve se preocupar. Sei que tanto tempo recluso fa-

Das Trevas à Luz 245

z-nos realmente ficar confusos. Mas lembre-se que todos aqui fazem parte de uma enorme família. Família à qual você também pertence, meu amigo.

— Mas e se as pessoas não me aceitarem devido às coisas que fiz no passado?

— Aqui ninguém julga o próximo. Todos sabem que os fatos que aconteceram tiveram um motivo e que, independentemente do que tenha sido, eles eram necessários aos seus participantes. Fico feliz que pense desta forma, preocupado com suas atitudes, mas aqui o mais importante é o bem estar do próximo. Além do que, sua vinda para cá só foi possível porque se arrependeu do fundo de seu coração. Lembre-se que se está aqui é por merecimento próprio. Agora venha, deixe-me mostrar o que o aguarda – concluiu Balthazar, abrindo a porta.

Assim que Balthazar abriu a porta, não acreditei no que meus olhos viram. A imagem que surgira em minha frente fez-me desabar em lágrimas.

Era meu pai. Este se encontrava bem ali, diante de mim, com um enorme sorriso no rosto e de braços abertos.

Pensava eu estar sonhando. Apesar de saber minha condição de desencarnado e querer um dia encontrá-lo, em nenhum instante veio-me à mente a possibilidade de encontrá-lo ali. Com o rosto banhado em lágrimas e sem forças para encará-lo de frente, lancei-me ao chão sem qualquer condição de olhá-lo nos olhos.

Não havia palavras que conseguissem expressar o que eu sentia. Ver meu pai diante de mim, ter ali me encarando aquele homem cuja dedicação nunca fora compreendida, fizera-me solicitar a Deus que me punisse por tudo o que fiz a ele.

Quando me encontrava entregue ao fogo sagrado, a fim de depurar-me das incontáveis atitudes que carregava, a mais forte e que durante longo período açoitava-me, era com relação a meu pai. Trazendo pesadas pendências contra ele, só consegui realmente superá-las graças a sua intervenção generosa e dedicada. Mergulhado em profundo sofrimento, naquele momento compreendi o quão grandioso havia-se tornado aquele espírito, cujo desprendimento e amor com relação ao responsável por ceifar sua vida haviam sido demonstrados.

Tocado por sua atitude em manter-se firme ao meu lado, zelando e amparando-me para que conseguisse superar tão dolorosa situação, pude enfim me libertar de toda mancha trevosa que me consumia, e então vê-lo como lhe era merecido. Meu pai. Querido pai, cuja intenção naquela existência buscava somente entregar-se de todo o seu coração ao filho perdido e perturbado.

Ajoelhado e de cabeça baixa, arremeti algo que havia tempos não fazia. Voltei-me para Deus e orei do fundo de minha alma, agradecendo pela oportunidade de rever meu pai mais uma vez.

Foi então que, enquanto eu orava, meu pai aproximou-se de mim e, também prostrado, agradeceu a Deus a oportunidade que brindávamos.

Logo em seguida, vendo que ainda não possuía forças para levantar a cabeça e encará-lo, este tocou gentilmente em meu rosto e disse:

— Filho, não se sinta culpado por fatos que ocorreram para que pudéssemos nos libertar das vestes que nos impediam de seguir adiante. Suas lágrimas também são minhas e possuo a mesma parcela de culpa com relação aos fatos que compartilhamos. Não se sinta responsável pelas escolhas que juntos decidimos enfrentar. Devemos levantar a cabeça e agradecer a Deus por estas oportunidades que nos foram permitidas para que ambos pudéssemos seguir adiante.

Levantando meu rosto, e enxugando minhas lágrimas, ele prosseguiu:

— Ah, querido Matheus, não sabe a felicidade que é para mim poder estar aqui diante de ti. Em nenhum momento, desde a minha partida, eu parei de pensar em você ou de amá-lo. Pelo contrário, tenho-o acompanhado durante longo período, e aguardava ansioso por este encontro. Não chore, pois com o tempo compreenderá que nada acontece por acaso e que tudo visa a um propósito muito maior. Lembre-se de que você nunca estará só, e que Deus, o nosso amado Pai, jamais nos abandona.

Então, buscando forças para não mais chorar, olhei no fundo dos olhos de meu pai, que sorridente abria paternalmente os braços, e enfim o abracei.

Permanecemos ali, abraçados, por longo tempo, sendo observados pelo amigo Balthazar, que nos lançava vibrações de paz e harmonia. Nunca me sentira tão bem e tão tranquilo como naquele

Das Trevas à Luz 247

momento junto a meu querido e amado pai.

Nós dois ficamos conversando por longo tempo, tentando amenizar um pouco da enorme saudade. Contei-lhe como estava sendo minha recuperação e o quão feliz eu sentia-me pela oportunidade de ter sido acolhido naquela nova morada. Ele explicou-me um pouco sobre seus afazeres e a região superior em que se encontrava. Sentia-me novamente como uma criança contando as novidades ao pai. Eu sentia-me livre e feliz. Junto de meu pai, meu coração voltava a bater e não mais havia espaço para sentimentos negativos. Ríamos e nos abraçávamos, agradecendo pela maravilhosa oportunidade.

Longo foi o período que passamos ali, e no entanto foi curto para que pudéssemos saciar a saudade. Permanecemos o tempo todo em um salão muito claro e de paredes altas, em frente ao corredor que dava acesso aos quartos.

Tê-lo encontrado novamente, fizera-me esquecer por completo a vontade de conhecer o lugar em que me encontrava. Queria aproveitar ao máximo aquela oportunidade de estar junto dele. Se pudesse, queria que ficasse ali comigo, mas infelizmente meu pai residia em moradas mais elevadas, cujas tarefas solicitavam-no.

Antes de meu pai partir, indaguei sobre onde estava minha mãe, falecida quando eu ainda era muito pequeno.

— Pai, onde está minha mãe? Por que ela não veio me ver com o senhor?

— Infelizmente ela não pode vir vê-lo. Ainda há assuntos os quais você, ao longo do tempo, irá compreender. Mas peço-lhe que tenha paciência, meu filho. Esforce-se e siga no bem, que um dia, se Deus permitir, todos tornaremos a estar juntos – falou ele, carinhosamente, abraçando-me antes de partir.

As lágrimas ameaçaram invadir-me com a despedida, mas logo foram contidas com a certeza de que a partir daquele instante não mais estaríamos distantes. Meu pai prometeu-me estar sempre comigo, e pediu que eu continuasse a esforçar-me, procurando melhorar cada vez mais, pois um dia voltaríamos a encontrar-nos. Disse que este dia dependeria somente de mim e minha dedicação.

Ter podido novamente encontrá-lo, deu-me energia renovada. Sentia todo o corpo vibrar de felicidade pela maravilhosa oportunidade que me fora permitida. Nunca concebera um dia reencontrá-lo e, livre, poder dizer-lhe, do fundo de minha alma liberta, o quanto o amava e estava disposto a fazer algo para, de alguma forma, redimir-me.

As pesadas amarras que por longo tempo uniam-me com as regiões inferiores, enfim haviam sido rompidas. E com elas, todo o acúmulo nocivo que alojara em mim dissolvera-se, transformando tudo em pó. Eu finalmente começava a compreender que a nossa natureza é de amor e bondade. E que tudo que fosse contrário a isto era simplesmente um estado passageiro, cujo término depende somente de cada um, mas que em determinado momento, invariavelmente, irá chegar.

Após despedir-me de meu pai com a certeza de que um dia tornaríamos a encontrar-nos, estendi os braços a Deus, agradecendo pela maravilhosa oportunidade.

Terminada minha prece, aproximou-se de mim o amigo Balthazar e, tocando em meu ombro, disse:

— E então, Matheus, como se sente?

— Não encontro palavras para descrever o sentimento que me invadiu ao ter encontrado meu pai. Pensava estar sonhando quando o vi a minha frente.

— Seu pai já vinha acompanhando-o desde muito tempo, Matheus. Seu encontro com ele somente foi possível porque você conseguiu libertar-se e entender que o desejo de Deus para com todos os seus filhos é que encontrem a felicidade. Nosso querido Pai quer que todos, um dia, possamos chegar a um grau de compreensão e evolução semelhante, se é que assim podemos dizer, ao dele.

— Realmente fui surpreendido com este encontro, Balthazar. Penso que obtive novas energias para seguir adiante. Mas uma coisa eu posso afirmar: vontade e dedicação para melhorar não me faltam. Sei que cometi inúmeras faltas contra mim e outras pessoas, e que, por mais que deseje, infelizmente não poderei apagá-las. Mas se Deus permitir, farei a partir de hoje todo o possível para redimir-me do que fiz e fazer jus à confiança que tem sido depositada em mim.

— Com relação a isto eu não tenho dúvidas, meu amigo. Posso garantir-lhe que oportunidade não faltará, e que, se depender de mim, terá sempre todo auxílio e orientação disponível para que isto aconteça – completou Balthazar.

Das Trevas à Luz

249

* * *

Enquanto eu tivera valorosa oportunidade no plano superior, no plano físico a vida de nossos queridos Cláudio e Elisa prosseguia tranquila naquele ano de 1894, até que a mãe de Cláudio, dona Marta, que chegava aos 72 anos, adoecesse.

— Doutor, o que minha mãe tem? – pergunta Cláudio ao doutor Firmino.

— Cláudio, as primeiras análises que fizemos indicam uma infecção intestinal. No entanto ainda precisamos fazer mais testes para ter certeza. Sua mãe já havia reclamado antes de dores abdominais?

— Sim, doutor. No início do ano ela também chegou a ter algumas crises, mas imaginávamos ser a alimentação.

— E saberia dizer-me a duração destas crises, Cláudio?

— Geralmente de um a dois dias, doutor. Só desta vez mesmo que há mais de uma semana ela vem reclamando destes incômodos. O senhor acha que é algo grave?

— Bom, Cláudio, você sabe que sua mãe já é uma senhora de idade e que é natural o organismo tornar-se mais sensível. A princípio não acredito tratar-se de algo para se preocupar. Porém somente com alguns exames mais detalhados é que poderemos afirmar. Como sua mãe encontra-se estável neste instante, acho que ela pode permanecer em casa enquanto aguardamos o resultado de seus exames.

— Está bem, doutor. E devemos controlar a alimentação dela?

— Com certeza. Vou anotar para vocês alguns alimentos que irão ajudar, e outros que devem ser evitados. Também vou recomendar um remédio muito bom que deve aliviar um pouco o desconforto que ela acusou.

Enquanto Cláudio seguia na sala do doutor recebendo as orientações, no setor de observação da casa de saúde Elisa encontrava-se junto a dona Marta, esperando um parecer.

— Não se preocupe, dona Marta, tenho certeza de que o doutor irá recomendar algo que irá ajudá-la. Verá que logo poderá voltar para casa.

— Se Deus quiser, Elisa. Ficar em uma cama é algo para que não tenho paciência. Já estou com saudades de nossa casa e dos meus afazeres.

Como desta última vez as crises foram mais longas, fazia três dias que dona Marta encontrava-se em observação na casa de saúde.

Acostumada com o trabalho desde nova, a mãe de Cláudio sempre fora uma pessoa muito ativa e dedicada. O serviço de costureira que exercia, além de ser seu trabalho, era um passatempo. Dona Marta gostava muito do que fazia, e ficava triste quando algo a impedia de trabalhar.

Após receber as devidas orientações do doutor Firmino, Cláudio e Elisa puderam enfim retornar para casa juntamente com dona Marta.

— Então, mãe, a senhora ouviu bem as recomendações do doutor. Nada de ficar abusando até tarde com o trabalho, a senhora precisa descansar.

Mesmo com as fortes dores abdominais que tanto a perturbavam, dona Marta não largava por um segundo os afazeres que tanto prezava.

— Isso mesmo, dona Marta. Pode deixar que eu dou conta e farei direitinho. Quero que a senhora aproveite somente para relaxar – solicitou Elisa.

— Mas eu me sinto bem. Já fiquei tempo bastante de repouso lá na casa de saúde – insistiu dona Marta.

— De forma alguma, mãe. O doutor deixou bem claro que se a senhora quisesse melhorar, deveria seguir direitinho as orientações dele. Nós não queremos que se preocupe com nada, apenas descanse. Hoje mesmo já seguiremos a alimentação que ele recomendou, e deverá tomar rigorosamente o remédio se quiser ficar bem – advertiu Cláudio.

Não seria nada fácil manter dona Marta na cama, Cláudio e Elisa precisariam esforçar-se muito para que esta compreendesse que necessitava de cuidados. Mesmo sendo uma senhora de 72 anos, dona Marta possuía muita vontade de continuar trabalhando. Tinha receio de que parar com suas atividades, dentro em breve, colocá-la-ia de vez em uma cama.

Ocorria que esta não percebera que sua saúde não mais era como antes, e que passar horas debruçada com o trabalho e descuidando-se da alimentação eram extremamente prejudiciais ao seu corpo.

Em conversa, Cláudio e Elisa procuravam meios de manter dona Marta em total repouso, até que saíssem os resultados de seus exames.

— Elisa, estou preocupado com minha mãe, você a conhece

Das Trevas à Luz   251

bem. Ficar quase um mês em repouso e esforçando-se o mínimo possível não será nada fácil.

— Verdade, sua mãe sempre foi uma pessoa tão ativa, que admiro o vigor que ela possui. Mas desta vez é diferente, antes ela sentia as dores e logo passava, acho que ela percebeu que andou abusando e que seu corpo está cobrando um descanso.

— Será, Elisa? Minha mãe nunca gostou de ficar ociosa. Vamos ter de esforçar-nos bastante para que ela não abuse e tenha uma recaída.

— Não se preocupe, Cláudio, sua mãe pode a princípio não aceitar seguir direitinho as recomendações do doutor, mas ela sabe que no fundo andou abusando e que será somente assim se ela quiser melhorar. Se Deus quiser, logo ela não sentirá mais nada e poderá voltar a costurar, desde que não abuse. Pode deixar que nós ficaremos de olho nela – prometeram ambos, acolhendo-a de braços abertos.

36 – Eterna família

Sendo todos nós filhos de Deus, nosso eterno e bondoso Pai, fazemos parte de uma única e gigantesca família universal. Pois mergulhados no fluido universal que é Deus, seguimos unidos e interligados de maneira a formar-se uma extensa corrente.

Criados a partir do mesmo princípio e com as mesmas condições, cada ser traça seu caminho, conforme suas capacidades e as necessidades forem emergindo. É desta forma que alguns conseguem avançar rapidamente enquanto outros perduram em caminhos tortuosos.

Constituindo-se eterna família, existem aqueles que se afinam e rumam juntos os degraus da evolução. Procuram e, sempre que lhes é possível, encontram-se com os que de alguma forma estiveram presentes em suas vivências.

No plano espiritual esta interação dar-se-á muito mais livre e sublime, pois não estando mais envolvidos por um invólucro material, conseguem expor e sentir o elo que os une em sua inteira totalidade.

Continuando meu progresso no plano espiritual, graças ao reencontro com meu pai, nunca me sentira tão bem e renovado em minhas lembranças. Ter podido, com a bondade de nosso Deus, rever meu querido pai, e junto dele obter forças para prosseguir, foram enorme bênção que me impulsionaram a esforçar-me em meu próprio melhoramento.

Somente após despedir-me de meu pai, garantindo que me esforçaria para um dia conseguir redimir-me por meus atos, pude perceber enfim onde estava, tratava-se de um belo salão. À minha frente, mais uma porta provocava-me sobre o que iria encontrar naquele novo mundo que estava conhecendo.

Então, aproximando-se de mim e percebendo minha grande ansiedade, o amigo Balthazar amparou-me, dando confiança a prosseguir. E logo em seguida, finalmente se abriu a porta. Meus olhos perderam-se com as imagens que surgiram à minha frente. Uma forte sensação de conforto invadiu-me, provocando um prazeroso bem estar. Senti como se houvesse retornado para casa após longa viagem.

A luz do sol iluminava todo o ambiente de uma forma que nunca havia visto antes. Estaquei diante do maravilhoso céu de um azul incomparável, com algumas brancas nuvens movidas por uma agradável brisa refrescante. Fechei os olhos e respirei fundo, procurando sentir todo aquele ambiente que me presenteava.

Mais adiante, belas árvores enfeitavam todo o local. De diferentes formas e tamanhos, algumas estavam carregadas de flores bem coloridas. Do meu lado esquerdo, observei que um riacho seguia calmamente por entre bastante verde, até perder-se de vista.

Fiquei admirado quando vi, não muito longe, pássaros pairando. Pareciam brincar com a tranquila brisa existente. Espantei-me também quando passaram correndo por mim alguns animais domésticos, convivendo tranquilamente.

No entanto, até então, nada me havia chamado mais a atenção do que as imagens que observei a seguir. Avistei centenas de pessoas indo de um lado para outro, como se estivessem muito atarefadas. Pareciam estar tão felizes, pois em seus semblantes notei que sorriam.

Há tempos não observava tamanha concentração de pessoas convivendo tão tranquilamente. Avistei homens, mulheres, e crianças correndo despreocupadamente, tudo parecia transcorrer na mais perfeita harmonia.

Tocando em meu ombro, Balthazar solicitou-me que caminhás-

Das Trevas à Luz   253

semos, pois gostaria de mostrar-me o quão bela era a Morada Renascer.

Seguimos por um bonito caminho, todo ornamentado com algumas árvores pequenas e flores de cor amarela. No chão, conjuntos de pedras muito bem dispostas nivelavam perfeitamente todo o caminho que nos levava até uma pequena praça. Chegando à praça, que era toda enfeitada por um colorido jardim, Balthazar convidou-me a sentar em um confortável banco, com vista para o pequeno rio de águas calmas que avistara quando saíra do Centro de Recuperação.

Sentado ali, diante de tranquilizante som provocado pelo curso das águas, fechei os olhos e respirei fundo, enquanto sentia os raios de sol tocarem mansamente meu rosto.

Tudo naquele lugar parecia conduzir-me à mais pura calma, como se a simples existência fosse algo muito tranquilo, e não houvesse um ato ou sentimento que pudesse modificar tal sensação.

Novamente imaginava estar sonhando. Em nada aquele novo mundo parecia-se com minhas passagens física e espiritual, enquanto estivera encarnado e perdido, ou vagando entre as criaturas das Trevas. Afinal de contas, onde eu realmente estava e por que tudo ali parecia tão mais belo e radiante?

Foi então que o companheiro Balthazar, tranquilamente explicou-me:

— Matheus, na verdade tudo o que você vê aqui é exatamente igual ao que encontrara no passado, lá no plano físico.

— Igual? – questionei, sem entender.

— Exatamente. Ocorre que aqui você consegue perceber tudo o que está a sua volta, sem a máscara da vaidade. Aqui não há sombras ou obstáculos. Tudo é visto com os olhos da alma, e por isso mesmo parece ser mais belo e radiante. Enquanto estamos encarnados, deixamos que dezenas de acontecimentos, sentimentos, e uma porção de aglomerantes que fazem parte desta etapa, ceguem-nos pouco a pouco. Por isso nosso senhor Jesus Cristo disse: "Deixai que venham a mim as criancinhas e não as impeçais, por quanto o reino dos céus é para os que se lhes assemelham"[4]. Em outras palavras, podemos entender que para as crianças tudo é belo e simples. Nelas não há sentimentos impuros que fazem o mundo perder as co-

---

[4] Novo Testamento, Marcos 10:14

254   Matheus

res. Elas conseguem enxergar o verdadeiro reino dos céus, mesmo estando encarnadas.

Realmente. Eu nunca havia pensado em como vamos sendo engolidos por uma enorme quantidade de sentimentos que, se permitirmos, fazem-nos acreditar que na vida tudo é difícil e complicado. Na realidade, a vida nada mais é que o reflexo do que realmente somos. Para aqueles que mesmo diante das dificuldades não perdem a fé em Deus e em si próprios, tudo não passa de uma simples oportunidade de aprendizado e amadurecimento. Confiante na vitória, ele supera os obstáculos, e segue adiante. Já aquele cuja fé segue vacilante, tudo lhe parece uma tempestade, e entende que Deus não o ouve. Esses imaginam carregar o peso do mundo sobre seus ombros e que nada poderão fazer para aliviar-lhes o suplício. No entanto, tudo depende única e exclusivamente da maneira como encaramos as provações da vida, e da fé que trazemos em nós mesmos.

— Então, Matheus, sei que ainda se sente um pouco confuso, mas em breve irá entender claramente. Não se apresse. Tudo a seu tempo. Ah, veja, vem ali um grande colaborador nosso. Matheus, quero apresentar-lhe o senhor Otacílio.

— Muito prazer, Matheus, é uma grande felicidade poder tê-lo aqui conosco – cumprimentou-me o sorridente senhor, enquanto abraçava-me calorosamente.

Paralisado diante de surpreendente demonstração de carinho por um desconhecido, fiquei sem palavras. As únicas pessoas com quem estivera ali, eram Balthazar e meu pai, não estava preparado para adentrar ao convívio de outras pessoas, e ainda me sentia desmerecedor de maiores gestos, devido aos atos que praticara.

Porém, como se lesse os meus pensamentos, o alvo senhor tratou logo de deixar-me à vontade.

— Matheus, Balthazar me disse que você se trata de um antigo amigo. Ele tem-se dedicado avidamente a seu refazimento. Vejo que fez um bom trabalho, sinto até que você não vê a hora de poder fazer algo, não é? Mas com relação a isto, não se preocupe, aqui nós temos muito trabalho. Verá que a partir do momento em que possuir condições para fazê-lo, oportunidades não faltarão. Balthazar, cuide bem de nosso amigo, pois em breve ele será também um grande mensageiro de Jesus – concluiu o senhor, despedindo-se.

O senhor Otacílio aparentava possuir pouco mais de sessenta

Das Trevas à Luz 255

anos. De baixa estatura e alguns cabelos brancos, o que mais destacava-lhe era o sorriso espontâneo que sobrepunha o expressivo olhar, de alguém que parecia já ter enfrentado todo os tipos de obstáculos.

Após algum tempo contemplando o novo mundo que encontrara, comecei a sentir-me ligeiramente cansado. Apesar do espírito ansiar desbravar os novos horizontes, minha real condição ainda necessitava do repouso essencial. Apoiando-me no ombro do amigo Balthazar, que se mantivera o tempo todo ao meu lado, retornei ao quarto, confiante de que deveria aproveitar o repouso, pois sentia que dentro em breve daria início ao meu longo caminho de redenção.

Tendo estado totalmente entregue ao descanso e refazimento, tempos depois despertei tranquilamente em meu quarto no Centro de Recuperação. Avistando duas senhoras ao meu lado, fiquei surpreso e imediatamente dei um pulo da cama, e indaguei-lhes onde estava Balthazar.

— Tudo bem. Não se assuste, Matheus, nós estamos aqui a pedido de Balthazar – respondeu uma delas.

— Você esteve dormindo por alguns dias, Matheus. Balthazar necessitou realizar algumas tarefas junto de outros companheiros, mas em breve retornará. Ele gostaria muito de estar ao seu lado quando acordasse, mas teve de ausentar-se. Mas não se preocupe, porque estamos aqui para auxiliá-lo – explicou a outra senhora.

Confesso que me senti acuado diante da presença daquelas senhoras. Acostumado somente com a presença do amigo, sentia-me como um cão sem dono.

— Matheus, imagino como deve estar sentindo-se, mas posso garantir-lhe que eu e esta minha amiga aqui somos somente mais duas humildes trabalhadoras desta nossa casa. Deixe que me apresente. Sou Amália, e esta é Darci, muito prazer – acenou ela com a cabeça.

— Será muito bom podermos estar juntos, Matheus. Como já deve saber, todos nós aqui nos consideramos uma grande família, e faremos todo o possível para que se sinta assim – completou Darci.

Amália e Darci eram duas senhoras que aparentavam ter idade próxima dos cinquenta anos. Amália possuía cabelos castanhos, pele morena, e aparentava ser uma senhora muito prestativa, e sua amiga Darci não ficava para trás, pois desde que fomos apresentados fez todo o possível para que eu ficasse à vontade. Com cabelos e pele negra, a simpática senhora contou-me que ambas eram auxiliares voluntárias daqueles que se encontravam no Centro de Recuperação.

Após algum tempo de conversação, mais por parte delas do que minha, comecei a sentir-me mais à vontade com as novas companhias.

Amália explicou-me que o trabalho delas é dos mais variados, desde simples companhia aos recém-chegados que ainda não possuem condições de reencontrar familiares, até enfermeiras em auxílio aos doutores do centro. Sentindo-me a cada dia melhor e mais confiante, não mais necessitava de amparo para sair da cama ou conseguir caminhar. A única coisa que ainda me incomodava eram as ataduras em meu peito, cuidadosamente cobrindo algo que parecia ser um ferimento, pois de tempos em tempos sentia um desconforto e sensível ardor no local.

Cheguei a indagar-lhes o porquê de, mesmo após tanto tempo, eu ainda trazer aqueles incômodos, mas gentilmente as senhoras sorriram e em seguida convidaram-me ao passeio. Sentindo que havia algo que não estava preparado a conhecer, resguardei-me com minhas dúvidas e aceitei o bondoso convite.

Ao sairmos do centro, fui mais uma vez agraciado com os raios de sol e maravilhosa brisa refrescante. Acompanhado pelas duas senhoras, seguimos tranquilamente pelos arredores do centro, para enfim chegarmos ao que parecia ser uma rua principal, devido a sua extensão ladeada por majestosas árvores. Tudo parecia ter sido elaborado cuidadosamente devido à riqueza dos detalhes.

Mais adiante, comecei a avistar estranhas construções que me chamaram a atenção. Indaguei do que se tratavam e, afetuosamente, Amália explicou-me:

— Mateus, aquelas são as construções que fazem parte do núcleo de comunicações. É lá onde aqueles que já desencanaram podem obter informações sobre os que ainda se encontram no físico, sem a necessidade de deslocarem-se.

— O núcleo de comunicações é formado por quatro construções, dispostas de maneira a formar um losango, mais o edifício central, onde ficam os companheiros responsáveis por supervisionar

Das Trevas à Luz   257

estas atividades – acrescentou a senhora Darci.

"Poder obter notícias dos encarnados sem efetivamente estar no físico. Isso sim era algo que jamais poderia imaginar" – pensei eu.

Recordei-me vagamente de quando estava a serviço das Trevas naquelas tarefas de perturbação em que nos encontrávamos junto dos encarnados. Procurávamos induzi-los a nossas vontades, agindo diretamente em suas mentes. Pensei em Elisa e no que esta estaria fazendo. Será que se encontrava feliz junto daquele que ela escolhera? Teria se esquecido de mim ou superado as dores que lhe causara?

Todo sentimento possessivo que anos atrás eu carregava com relação a Elisa havia-se transformado em poeira. Não mais conseguia imaginá-la de outra forma que não fosse alguém a quem tanto prejudicara. O débito que trazia em relação a ela e Cláudio agitava-se em meu peito, suplicando por um ressarcimento. Deixando que meus pensamentos e as pesadas lembranças inundassem-me silenciosamente, supliquei ao nosso Pai altíssimo para que um dia eu pudesse reencontrá-los e reparar tudo o que um dia, cegamente, eu causara-lhes.

— Venha, Matheus, hoje nós ainda não podemos levá-lo até lá, mas tenho certeza de que um dia terá esta oportunidade, se assim desejar – falou Amália.

* * *

Enquanto eu iniciava minha longa jornada em busca de redenção, no plano físico iniciávamos o ano de 1895. E na tranquila vila onde moravam, Cláudio e Elisa aproveitavam o dia de folga para descansarem deitados na grama, admirando o belo céu que os presenteava.

— Ah, Cláudio, estou tão feliz que sua mãe deu sinais de melhora após tanto tempo.

— Verdade, Elisa. Tenho rezado muito a Deus, pedindo que ela melhore. Mas só pelo fato de ela sempre ter se mostrado tão forte e confiante, já me sinto bem.

— Tem razão, sua mãe é um exemplo a ser seguido. Há dias em que não me sinto tão bem, e é ela quem acaba me confortando e animando – lembra Elisa.

— Mas e com relação a você, Elisa, notei que hoje está mais silenciosa e pensativa. Está tudo bem?

— Sim, graças a Deus. É que hoje lembrei de uma pessoa. E você me conhece, penso que estas coisas não são à toa.

— E de quem foi que você lembrou?

— Sei que vai achar estranho, Cláudio, mas não pude evitar. No início foram somente pequenos trechos, mas quando me dei conta, não conseguia tirar isto da cabeça. Já rezei, solicitando o amparo de meu anjo da guarda para que se fosse algo ruim recebesse o auxílio, mas desta vez não sinto um peso ou desânimo, muito pelo contrário, sinto apenas um vazio, como se faltasse algo – explica Elisa.

— Bom, se não sente que é ruim, então é porque não tem nada. Vai ver é apenas coincidência. Mas ainda não me disse de quem se trata, Elisa.

— Então, lembrei daquele moço que conhecemos no início de nosso relacionamento, o Matheus.

Neste instante, Cláudio silencia-se. Achou muito estranho Elisa também se lembrar de mim, sendo que havia alguns dias ele também fizera o mesmo.

— Mas não lembrei dele como uma pessoa perdida ou perturbada. Vi-o muito calmo e tranquilo, envolto em luz e paz. No entanto, parecia-me que faltava algo, sabe? Não consigo explicar o que é.

— Acho que sei bem como se sentiu Elisa. Se quer saber, eu também me lembrei dele não tem muito tempo. Eu o vi sentado em uma montanha bem alta, com os olhos fixos para baixo, com se estivesse muito pensativo. Não parecia perturbado ou infeliz, apenas focado em algo.

— Nossa, Cláudio, não deve ser coincidência nós dois lembrarmos dele quase que ao mesmo tempo. Será que finalmente ele arrependeu-se e percebeu a presença de Deus? Se quer saber, eu compreendi que por mais dor e revolta que ele possa ter trazido às nossas vidas, não me vejo no direito de julgá-lo. Tenho fé que um dia, se Deus permitir, ele irá entender tudo o que fez de ruim, não para os outros, mas para si mesmo. E creio que este dia não está longe, pois tê-lo visto envolto em muita paz, demonstra que isto já começou.

Realmente, esta conscientização em mim já havia iniciado. Despi-me de todos os sentimentos negativos e contrários aos ensinados

Das Trevas à Luz

259

por nosso Senhor Jesus Cristo, e estava disposto a entregar-me à verdadeira causa. Finalmente permitira que a luz eterna irradiada por nosso Pai, pudesse enfim transpassar a barreira criada em meu coração, enchendo-me por inteiro com seu sopro divino. Restava agora concentrar todas as forças no bem, e procurar fazer tudo para manter sempre acesa esta luz.

37 – A escola Frei Augusto

Salve Jesus! Salve Maria, mãe do filho de Deus!

Querido mestre, permita que sua misericordiosa luz adentre em todos os lares, e seja tua benção derramada sobre todas as famílias. Conforta os corações que ainda perduram pelos longos caminhos da incerteza. Enche suas mentes com teus ensinos, para que todos possamos um dia ser dignos de adentrar na casa de nosso Pai.

Mãe, querida Maria Santíssima, que sua eterna bondade e doçura permaneçam presentes em cada ato ou gesto praticado por nós, criaturas em aprendizado e carentes de fé. Possamos seguir caminhando e avançando sempre, munidos de seu amor e amparo. Oh querida mãezinha, perdoa-nos as fraquezas e dúvidas. Sejamos nós também instrumentos de Deus, a fim de levarmos suas palavras a todos nossos irmãos ainda distantes e perdidos.

Eterno e misericordioso Pai, que tanto nos tem proporcionado condições para que sempre tenhamos oportunidades de seguir evoluindo e aprendendo, agradecemo-lo a cada instante em que nos possibilitou subir mais um degrau. Dai-nos força para que não nos entreguemos à ociosidade diante das dificuldades. Ilumina, Senhor, nosso anjo guardião, para que juntos possamos ascender em direção a ti, e assim nos tornarmos um só. Estende suas mãos aos que ainda caminham pelas sombras, e guia-os. Perdoa nossos pecados e afasta-nos de todo mal. Hoje e sempre.

Passados algum tempo desde que pude sair pela primeira vez do Centro de Recuperação, naquele primeiro mês de 1895 eu já me sentia muito melhor e mais à vontade. As queridas amigas Amália e Darci, que tanto se dedicavam em meu auxílio, solicitaram-me entrar na escola de Frei Augusto. Local este para onde a maioria dos que eram acolhidos na nossa Morada, em condições de se dedicarem aos estudos, eram conduzidos.

A escola de Frei Augusto, além de instruir-nos sobre as particularidades da vida póstuma, tinha como principal objetivo orientar e transmitir os belíssimos ensinos de Jesus Cristo àqueles que já possuíam condições. Criada juntamente com a Morada Renascer, a escola tem sido fundamental no processo de auxílio aos espíritos que lá são acolhidos. Seu idealizador foi também um dos responsáveis por fundar a própria Morada, em meados do século XVI.

Constituída em turmas de diferentes faixas etárias, a escola abrigava quase trezentos alunos, distribuídos em dois conjuntos compostos cada um por dois edifícios laterais unidos entre si.

Como eu estava focado em recuperar o tempo em que estive perdido, e desejava muito poder sentir-me útil de alguma maneira, decidi por bem aceitar o convite.

Ainda sem a presença do querido amigo Balthazar, mas agraciado pelo amparo das generosas senhoras Amália e Darci, fui conduzido à presença do atual dirigente da escola, o senhor Eleutério.

— Seja muito bem-vindo à nossa humilde escola, Matheus. Nossa querida irmã Amália informou-me de sua vontade em iniciar estudos conosco – cumprimentou-me o senhor.

Estar na presença daquele senhor, que transparecia amor e bondade em seu semblante, fez-me lembrar de minhas diminutas qualidades. Aquele senhor tão gentil exercia enorme respeito em mim, devido à grande pureza contida em sua alma. Confesso que de início senti receio ao não me julgar naquele momento em condições de solicitar ingresso na beatificante instituição. Contudo o gentil dirigente tratou logo de remover-me daqueles pensamentos.

— Será para nós enorme prazer tê-lo aqui conosco, Matheus. Muitos dos que ingressam em nossa humilde escola chegaram até aqui nas mesmas condições que você, meu amigo. Todos trazemos inúmeras necessidades, as quais no decorrer de nossas existências vão pouco a pouco surgindo. Nem sempre consideramos ter escolhido o caminho correto. Porém sabe que nada vem ao acaso, e que tudo carrega um propósito. Propósito cuja necessidade cabe inteiramente a nossas escolhas. Por isso, não se abstenha em procurar avançar quando o desejo invadi-lo. Tenha sempre fé em você, e acredite nas suas capacidades transformadoras – completou o bondoso senhor.

Das Trevas à Luz   261

Após alguns instantes a mais de conversação, já me sentia muito melhor. O senhor Eleutério explicou-me pacientemente como funcionava a escola de Frei Augusto e a importante decisão que eu havia tomado ao solicitar fazer parte daquela instituição.

Logo em seguida, após despedir-me das gentis senhoras Amália e Darci, fui apresentado àquele que também gentilmente me auxiliaria em minha busca por redenção, o instrutor Nestório.

Nestório era um senhor alto, de cabelos grisalhos e olhos claros. Aparentando ter um pouco mais de meia idade, este possuía um semblante muito tranquilo, como se a paciência estivesse sempre presente em todas as suas atitudes.

Assim que o senhor Eleutério fez as formalidades, Nestório estendeu-me a mão em gesto de cumprimento, gesto este que retribuí prontamente.

— Será um grande prazer tê-lo conosco, Matheus. Geralmente aqueles que iniciam estudos conosco começam pelo ciclo básico e, com o passar do tempo, envolvem-se de tal forma que continuam até concluir todas as etapas. O ciclo básico possui uma duração de um ano, enquanto o intermediário e o avançado, dois anos cada um. Espero que, assim como muitos aqui, você também siga adiante, meu amigo.

— Com certeza, Nestório. Não tenha dúvidas de que o nosso amigo aqui se tornará um de nossos alunos mais exemplares – desejou Eleutério.

Realmente. Se dependesse de mim, eu realizaria todas as etapas possíveis. Sentia-me envergonhado com o peso de minhas atitudes do passado. Sabia que por mais que me esforçasse, talvez nunca conseguisse abrandar as coisas que fiz não só a mim, mas principalmente ao próximo. Aquela oportunidade que eu estava tendo agarraria com todas as minhas forças.

Após explicar-me um pouco de sua trajetória até tornar-se instrutor, e o conteúdo que eu iria ver no ciclo básico, Nestório levou-me a conhecer a turma de que eu faria parte.

Localizada no segundo andar, a sala onde eu ficaria possuía cerca de quinze alunos. Todos muito bem dispostos em mesas com dois alunos cada. Aquela turma iniciara os estudos havia apenas cerca de dois meses, e por isso eu não ficaria tão defasado.

Assim que entrei na sala, todos logo trataram de ficar em pé. O instrutor apresentou-me aos alunos da classe e estes retribuíram, dando-me as boas-vindas. Logo em seguida fui orientado a sentar--me junto de uma moça, a fim de que fosse dada continuidade à aula teórica.

A moça chamava-se Ana Lúcia, e fez questão de garantir-me que me auxiliaria, transmitindo os assuntos que já haviam sido abordados. O instrutor citou quais os temas que eles viram e também fez questão de dizer que faria todo o possível para que eu alcançasse os outros.

Naquela aula o assunto era sobre as diferentes religiões existentes e suas origens. Toda turma demonstrava-se muito interessada em participar, pois quase todos debatiam e expunham um pouco sobre o que haviam aprendido. Também quis dar minha opinião, mas quando fui questionado pelo instrutor, as palavras não saíam, talvez por timidez, e acabei apenas concordado com a opinião de um dos alunos.

Não sei se ainda me sentia um pouco acuado por ter acabado de entrar naquela turma, mas confesso que novamente repensei se era justo meu ingresso naquela instituição.

Foi então que, parecendo perceber meu receio, Ana Lúcia fez questão de solicitar ao instrutor que pudéssemos todos dizer qual fora nossa religião enquanto encarnados e falar um pouco de nossas experiências.

"Pronto, agora eu estou enrascado. O que eu irei falar? O que irão pensar de mim?" – pensei preocupado.

Por instantes quis levantar-me e sair da sala, alegando algo, mas Ana Lúcia segurou minha mão e sorriu, como se quisesse tranquilizar-me.

Lembrei-me que quando eu era pequeno e não conseguia dormir, minha mãe sempre segurava minha mão, tranquilizando-me.

Aos poucos todos foram falando quais eram suas orientações religiosas e as experiências que tiveram. Não demorou para que fosse a vez de Ana Lúcia, e em seguida, a minha.

— Eu e minha família éramos católicos. – iniciou Ana Lúcia – Minha avó, que era filha de italianos, cultuava muito São Bartolomeu. Devota desde pequena a este grande mensageiro de Jesus, minha avó transmitiu um pouco de sua adoração para minha mãe e, consequentemente, a mim. Incentivada por minha mãe, houve uma

Das Trevas à Luz   263

época em que eu tive a oportunidade de trabalhar junto ao padre da igreja que frequentávamos. Posso dizer que foi uma época muito boa e proveitosa. Aprendi muito sobre Deus, Jesus Cristo, e tudo o que este maravilhoso ser representou à humanidade – lembrou ela.

Enquanto Ana Lúcia narrava suas experiências à classe, eu pensava comigo sobre o pouco que conhecera de religião. É certo que durante um pequeno período, enquanto jovem, eu também auxiliara o padre Antônio na igreja, por incentivo de meu pai. Mas foram momentos tão vagos os que ainda existiam em minha memória, que não poderia chamar aquilo de lembranças.

Como descrever minha revolta contra Deus e tudo o que eu tentei fazer à igreja? De que forma eu iria dizer que no passado eu havia perdido a fé em Deus e tentado explodir a igreja?

Senti vergonha e principalmente tristeza por ter chegado àquele ponto, onde nada mais além de minha vingança contra Deus importava. Eu queria pagar por meus pecados e depurar-me de todo mal que um dia eu fizera. Sentia dentro do meu peito que Deus ainda me amava e confiava em minha renovação interior.

Cabia somente a mim aceitar tudo o que pratiquei, reverter estes sentimentos em vontade de melhorar, e realmente ser digno da existência que Deus havia-me dado. Lembrei de meu pai. Pedi-lhe forças para não desistir, e sempre seguir adiante. Vi claramente seu rosto em meus pensamentos, e imediatamente recordei-me de suas palavras, dizendo que eu continuasse a esforçar-me, procurando melhorar cada vez mais, pois um dia voltaríamos a encontrar-nos.

Aquilo me deu forças, e decidi não esconder o que eu fora. Compreendera que se eu desejava mudanças, deveria acima de tudo aceitar quem eu fui, e não sentir vergonha de meu passado. Somente desta forma eu poderia aprender com meus erros e libertar-me para seguir em busca de tão desejada redenção.

Terminada a narração de Ana Lúcia, o instrutor Nestório voltou-se a mim e gentilmente questionou se eu também não gostaria de contar um pouco de minhas experiências religiosas.

Confiante e decidido, fiquei de pé à frente da sala e comecei a contar, com todas as vírgulas, tudo de que me lembrava de minha última existência física. Não omiti nenhum detalhe e tão pouco diminuí minhas ações com relação ao que eu fizera para a igreja, ou o sentimento que possuía para com Deus.

Senti como se todos estivessem olhando-me espantados, como se jamais imaginassem que alguém fosse capaz daquelas atrocidades. Porém havia algo de diferente entre aquelas pessoas. Apesar dos olhares, não senti que me repudiavam ou condenavam. Pareciam, de certa forma, felizes por eu ter-me aberto daquela maneira e dividido com eles um pouco do pesado fardo que eu trazia.

Antes que eu percebesse, algumas lágrimas inocentes rolaram por meu rosto ao ter-me lembrado, após considerável esforço, de meus últimos momentos, indo vingar-me de Cláudio e Elisa durante o seu casamento.

Confesso que não foi fácil rememorar aqueles momentos, pois já se haviam passado vários anos e ainda sentia como se fosse ontem. Pensamentos há tempos esquecidos foram surgindo em minha mente, parecendo que as luzes de todas as lembranças que um dia eu apagara, tinham sido novamente acesas.

Não tive forças para prosseguir. Estava com a voz embargada e os olhos úmidos. Baixei a cabeça e comecei a chorar.

Foi então que todos ali na sala de aula ficaram de pé e começaram a aplaudir. Levantei a cabeça sem entender, e notei que muitos também estavam chorando.

Logo em seguida, um a um, dirigiram-se até mim e fizeram questão de cumprimentar-me. Felicitavam-me por minha coragem e força de vontade em estar ali, dividindo aquelas lembranças com eles.

— Muito obrigado por ter repartido e compartilhado conosco suas experiências, Matheus. Aqui somos todos parte de uma grande e feliz família. Se hoje estamos aqui, é por merecimento e porque no fundo possuímos condições para seguir adiante, aprendendo, trabalhando e procurando sempre ir em busca de nossa reforma íntima. Somente assim é que podemos auxiliar-nos e ao próximo, para que juntos possamos todos alçar em direção ao Pai – felicitou-me Nestório.

Ele tinha razão, eu realmente me sentia melhor e mais aliviado. Parecia até que meu corpo estava mais leve. Nunca havia imaginado que poder desabafar e colocar para fora tudo aquilo, faria com que me sentisse tão bem.

Terminada minha primeira aula na nova escola, chegava a hora de conhecer o local onde permaneceria enquanto estivesse estudando no Frei Augusto. Por questão de facilidades e melhor aproveitamento, atrás da própria escola havia um núcleo destinado às

Das Trevas à Luz

265

moradias dos alunos. Quem me levou para conhecer os alojamentos foram o instrutor Nestório e os próprios alunos.

— Matheus, você ficará hospedado ali no Grupo da Prece. Aqui, onde ficam as moradias dos alunos, existem diversos grupos. Ao todo existem vinte turmas aqui na escola, cada uma contendo alunos de um determinado ciclo. São oito referentes ao ciclo básico, seis ao intermediário, quatro ao avançado, e duas ao específico. Como aqui trabalhamos com grupos compactos, para assim ampliarmos a absorção dos alunos, as turmas do básico comportam em média cerca de dezesseis alunos. Como você iniciará pelo ciclo básico, ficará junto de seus colegas de sala, em alojamentos de no máximo quatro alunos. – foi explicando Nestório – Sei que o primeiro dia não é fácil. Ter de acostumar-se com o local, os horários, e as pessoas leva um certo tempo. Mas não tenha dúvida de que seus novos amigos farão de tudo para que se sinta à vontade. Você ficará junto de Raimundo, Osvaldo e Laerte.

Logo em seguida, os três vieram dar-me as boas-vindas, e ansiavam para mostrar-me o local onde eu ficaria. Do lado de fora, o alojamento lembrava muito uma residência. Havia um pequeno jardim na frente, com uma árvore e um banco a seus pés. Um estreito caminho de pedras conduzia à porta.

Lembrava uma pequena vila o núcleo onde ficavam os alojamentos. Quase todos eram compostos por pequenas casas e diversos jardins. Após nos despedirmos do restante da turma, entramos para que eu enfim pudesse conhecer o local.

38 – O grupo da prece

A oração realizada com fé é o melhor caminho para comunicarmo-nos com Deus e seus mensageiros. Quem ora com fé, sabe e conhece todos os efeitos deste poderoso recurso. Ter o hábito da oração é ter sempre no pensamento a certeza de que jamais nos encontramos desamparados.

O milagre da criação por si só já é merecedor de todos os agradecimentos e preces endereçadas ao Pai. E praticar a oração diariamente é sinal de união, amor, humildade, respeito e confiança.

Orar a Deus, ao anjo guardião, aos santos, aos nossos entes queridos, ou a todos aqueles a quem enviamos nossas intenções, é também uma forma de doação. Doação daquilo que possuímos de melhor. E, consequentemente, é também uma forma de recepção.

Pode-se dizer que no ato da prece ocorre uma troca de energias, realizada com fé e total comprometimento com os efeitos e benefícios que se podem obter. A prece unifica-nos e fortalece, elevando seus praticantes em direção ao seio do Criador.

Desta forma, devemos sempre ter no pensamento que, seja ao acordar, alimentar-se, respirar, aprender, receber, ou então quando surge alguma dificuldade ou dúvida sobre qual caminho deve-se tomar, jamais nos encontramos desamparados. Todos fazemos parte de Deus, e quem confia no Senhor jamais estará só.

Após ter conhecido os cômodos e ter-me instalado no alojamento, era a hora de conhecer um pouco sobre meus colegas de quarto. O primeiro a falar foi Osvaldo.

Osvaldo, que me parecia ser o mais desinibido dos três, era um homem que desencarnara com pouco mais de quarenta anos, de estatura baixa, cabelos castanhos e pele clara. Muito sorridente, começou a descrever sua história.

Contou-nos que antes de ser acolhido nesta Morada, onde estava havia pouco mais de cinco anos, passara três anos vagando entre seus parentes no plano físico e mais dois anos em um dos postos de socorro espalhados pelas regiões purgatórias.

Sendo uma extensão de algumas moradas, estes postos de socorro são locais destinados a acolher, nas regiões purgatórias, aqueles que já têm condições mínimas para receber um tratamento inicial, e então, conforme o progresso de seu refazimento, serem encaminhados aos centros de recuperação localizados nas moradas.

— Confesso que a morte pegou-me desprevenido. – prosseguiu Osvaldo contando sua história – Eu era casado e pai de três filhos, quando um infarto arrancou-me deles. Trabalhava como carregador de sacos em um armazém, e posso dizer que me sentia feliz. Não possuía estudos, mas isto não me atrapalhou em nenhum momento de minha vida. Só o fato de possuir saúde para não deixar que faltasse comida na mesa de casa, bastava para mim – lembrou Osvaldo, feliz, e em seguida prosseguiu.

— Sempre fui muito honesto e trabalhador. Tive oportunidades de ganhar dinheiro por fora, realizando alguns serviços de desvio de

Das Trevas à Luz

267

mercadoria, mas nunca aceitei não. Com isso acho que acabei ganhando alguns inimigos, mas não me importava, o trabalho digno e honesto era o que me motivava. Além do mais, não queria que meus filhos fossem sustentados pelo dinheiro oriundo de falcatruas. E assim eu ia levando a vida, até que em um dia aparentemente normal, a morte me ceifou. Custei a aceitar que não mais pertencia à vida de minha família. Revoltei-me contra Deus e o condenei por arrancar-me dentre os meus. Era eu quem mantinha aquele lar, e não me conformei por ter entregado minha família à própria sorte. Não quis abandoná-los, e ainda me sentia responsável por eles. Fiquei assim por longo tempo, acompanhando minha família, martirizando-me por ter partido, e questionando Deus sobre seus motivos.

Enquanto Osvaldo narrava sua história, recordei da minha própria e do quanto eu profanara Deus. Lembrei do quão pretensioso e imaturo eu fora por questionar suas vontades.

— Eu estava completamente perdido. – continuou Osvaldo – Não conseguia ver nada além de minha família sem seu líder e responsável por sustentá-los. O tempo foi passando, meus filhos foram crescendo, e minha esposa, com a ajuda de alguns amigos meus do trabalho, foi tentando tocar a vida. Aos poucos fui verificando que, mesmo sem mim, minha família foi seguindo. Meu filho mais velho conseguiu um emprego no mesmo armazém em que eu trabalhara, e minha esposa, por conta do destino, acabou interessando-se por outro homem – lembrou Osvaldo, com os olhos úmidos, e prosseguiu.

— Daí em diante, comecei a perceber que eles não necessitavam mais de mim. Não me revoltei com minha esposa por esta ter encontrado outro. Posso dizer que até me senti feliz, pois ela não mais estava presa ao passado e a chorar por mim. Ela havia voltado a sorrir, e reencontrado o prazer da vida. Compreendendo que os meus estavam felizes, e a vida havia prosseguido, sentia-me liberto. Percebi que era a hora de deixá-los e seguir a uma nova etapa. Finalmente havia entendido que não tinha sido Deus quem me privara de nada. Simplesmente eu tinha cumprido meu papel, e havia chegado o momento de seguir adiante. Feliz e desejoso por aprender novas lições, ajoelhei-me e fiz uma prece, rogando ao Pai para que me estendesse suas mãos, pois eu estava pronto e feliz pelas lições que havia aprendido, mas era a hora de seguir adiante. E após os cuidados necessários no posto de socorro, enfim aqui estou desde então, procurando servir e ser útil – concluiu Osvaldo.

Não posso deixar de acrescentar que fiquei admirado com o relato de Osvaldo. Ele parecia realmente ter compreendido que nada era por acaso e que não devemos jamais julgar as vontades de Deus. Sendo amor e bondade, nosso querido Pai sempre sabe o que é melhor para nosso amadurecimento.

O segundo a narrar um pouco de sua trajetória foi Raimundo. Ele desencarnara com quase sessenta anos, era alto, magro, de pele morena e poucos cabelos. Iniciou lembrando-se de sua neta.

— Ah, minha querida neta Alice, quanta saudade de meu pequeno anjo. Em minha última existência, eu fui fazendo dinheiro. Posso dizer que possuíamos uma boa faixa de terra, onde, além de cultivarmos de tudo um pouco, também possuíamos cerca de duzentas cabeças de gado. Enquanto eu era jovem, trabalhava para meu pai. Mas assim que ele morreu, acabei herdando tudo por ser o único filho. Foi ainda moço que conheci minha amada esposa, Carmélia. Mulher doce e gentil, ela era filha de uma de minhas empregadas. Nós mantivemos um relacionamento de poucos meses até que ela veio a engravidar. No início recusava-me a assumir compromisso com uma filha de empregados, mas sentia-me tão envolvido por Carmélia, que acabamos nos casando pouco antes do fim de sua gravidez.

— Porém, nem tudo eram flores. – continuou Raimundo – Os últimos meses de gravidez foram muito complicados e sofridos para minha esposa. Optei por retirar a criança, mas Carmélia estava disposta a prosseguir, mesmo com todas as dores que vinha enfrentando. Percebi o quanto minha esposa queria ter aquele filho quando ela, em prantos, implorou-me para que eu não fizesse nada. Realmente não fiz. E assim que minha filha nasceu, Carmélia veio a falecer por complicações no parto. Uma grande hemorragia consumiu minha esposa, que faleceu dois dias após dar à luz Noêmia – lembrou Raimundo, emocionado, e depois continuou.

— A partir daquele dia, tornei-me um homem fechado e desiludido. Havia perdido o grande amor de minha vida, e sentia-me responsável por não ter seguido adiante quando quis interromper sua gravidez. Nem mesmo o nascimento de um pequeno anjo em minha vida poderia remover-me daquela situação. Comecei a pensar somente na morte como única solução. O trabalho e a vida não

Das Trevas à Luz   269

me importavam mais, sentia como se uma parte de mim houvesse partido junto de Carmélia. Isolei-me de tudo e de todos em minha casa. Passava horas debruçado na janela, com o pensamento bem distante. Como eu possuía muitos empregados, foram eles os responsáveis por cuidar e educar Noêmia. Poucas foram vezes em que realmente a tratei como minha filha. De certa forma eu a culpava pela morte de minha esposa – explicou Raimundo, rememorando o passado, e prosseguiu.

— O tempo foi passando e, com ele, minha vida. Quando Noêmia completou dezesseis anos, conheceu um rapaz e logo se apaixonaram. Para mim, pouco importava se ela conhecera alguém ou não. Nunca me havia preocupado em nada a seu respeito, e não seria diferente. No ano seguinte, o mesmo ano em que Noêmia iria se casar, eu decidira pôr um fim em minha vida. Acreditava que somente o suicídio poderia abreviar meu sofrimento e levar-me a minha querida Carmélia.

— E você foi adiante? – perguntei, ouvindo atentamente a história.

— Não, pois no dia anterior ao que iria suicidar-me, enquanto dormia, algo mudaria por completo minhas intenções. Fiz algo que há anos não fazia: sonhei com minha esposa. No sonho ela estava muito triste, parecia incomodada com algo. Eu, pelo contrário, estava feliz, pois em breve voltaríamos a ficar juntos. Mas as coisas não seriam tão simples assim, Carmélia encontrava-se muito além de onde eu estava. Um vasto desfiladeiro separava-nos. E nele, ao olhar para meus pés, vi-os imóveis e totalmente enraizados. Eu gritava e sentia-me desesperado, queria sair dali e ir até minha esposa, mas não conseguia. Por mais força que eu fizesse, ficava cada vez mais preso. Foi então que, ao olhar minha esposa ficando mais e mais distante, desabei em lágrimas, suplicando-lhe para que não me abandonasse, pois eu queria somente ficar com ela. Carmélia sorriu-me, e logo em seguida tudo escureceu.

— Aí então,– prosseguiu ele – seguindo em minha direção, clareando o ambiente e a sua volta, vinha calmamente uma pequena menina. Nunca havia visto imagem mais bela, parecia um anjo. Um anjo que, ao aproximar-se de mim, abriu carinhosamente os braços. Abaixei-me em retribuição, e vi que não mais estava preso. Aquele pequeno ser havia-me libertado não somente de minhas raízes, mas de minha própria prisão. No dia seguinte, quando acordei, minha filha Noêmia estava ao meu lado no quarto, pois fora informar-me que estava grávida. Naquele instante pude compreender o sonho, e logo desisti do suicídio.

— Que bom! – exclamei, contente.

— Iria viver não só por mim, mas pelas pessoas que já faziam parte de minha vida e principalmente por aquele pequeno ser que viria. Assim que a criança nasceu, eu me sentia outro homem, queria aproveitar o tempo perdido. E realmente o fiz ao lado de minha neta, que me ensinara a voltar a sorrir. Removi de Noêmia o peso da culpa pela morte de Carmélia, e em meus últimos anos esforcei-me ao máximo para dar todo amor que ela merecia. Desencarnei quase dez anos depois, em minha cama, com os amores de minha vida ao meu lado, Noêmia e minha neta Alice, o pequeno anjo que me mostrara o verdadeiro caminho da vida – concluiu Raimundo.

— Puxa vida, Raimundo, que verdadeira lição a sua. Mas quando desencarnou, você veio direto para cá? – perguntei, curioso.

— Oh, quem me dera, Matheus. Como sabe, não fui nenhum santo, e também tive de desfazer-me de algumas pesadas bagagens que possuía. Tive uma passagem rápida pelo vale das sombras, mas que me valeram uma eternidade. Depois, também fui acolhido em um pequeno posto de socorro das regiões purgatórias, para daí sim ter condições de vir para cá.

— Bom, deixem-me contar um pouco sobre minha história, então – disse Laerte.

Laerte era um homem forte, estatura média, pele morena e cabelos escuros. Disse possuir pouco mais de quarenta anos e estar havia três na morada.

— Quando encarnado, eu fora médico. Havia-me especializado em Pneumologia, pois quando jovem perdera um pai por problemas pulmonares. Vinha de uma família de classe média, e por isso tive condições de realizar meus estudos. Assim que me formei, já atuava na área havia dois anos, devido ao auxílio de meu tio, que também atuava na área médica, e assim conseguiu-me uma vaga no departamento clínico onde trabalhava – iniciou Laerte, e prosseguiu.

— Atuei durante quase cinco anos junto de outro pneumologista residente e bastante experiente. Foram cinco anos onde pude aprender bastante coisa. Sempre fora um homem muito esforçado

Das Trevas à Luz   271

e dedicado na profissão, quase não possuía tempo para descanso ou divertimento, mas isto não me incomodava. Quando completara trinta e dois anos, decidira que era hora de caminhar com meus próprios pés, e mudei-me para outra cidade em busca de melhores oportunidades. Não se passaram seis meses e já me encontrava instalado e trabalhando em um pequeno consultório. Fui aos poucos recebendo cada vez mais pacientes, e com isso minhas folgas, que já eram escassas, tornaram-se inexistentes.

— Eu estava tão focado em auxiliar as pessoas – continuou Laerte – para que estas não tivessem o mesmo fim de meu pai, que nem me lembrava de mim. Havia dias onde eu não realizava uma única refeição, apenas preocupado em atender os pacientes. No entanto, como era moço, meu corpo conseguia resistir, e assim permaneci: dormindo pouquíssimas horas e alimentando-me muito mal. Então quando estava com quase trinta e oito anos, senti o peso das negligências que impusera ao meu corpo, que cobrou o longo período de maus tratos. Além da anemia em que me encontrava, desenvolvera também uma úlcera gástrica, que no ano seguinte transformara-se em um câncer. Foi neste mesmo ano que conhecera, ao acaso, Suzana, uma jovem enfermeira que me atendera na cada de saúde durante uma de minhas crises. Posso dizer que foi amor ao primeiro olhar. Eu estava fraco e debilitado, mas meu coração batia acelerado por aquela jovem – lembrou, sorridente, Laerte, e deu continuidade.

— Suzana era uma moça muito simples e bastante tímida. Aquele era seu primeiro emprego, e assim como eu, ela tinha paixão em ajudar ao próximo. Percebi que eu também despertara algo profundo no coração daquela jovem. No início tentei aproximar-me dela, mas, confusa, ela preferiu resistir a seus desejos, pois à sua frente havia um homem apaixonado, porém em estado de saúde totalmente deplorável. Completamente apaixonado, decidi não insistir, e mesmo doente, resolvi esperar até que ela retribuísse meus sentimentos. Mas nos dois anos seguintes, eu não mais possuía condições para andar ou sair do quarto. Tantos anos de dedicação ao próximo e nenhum com meu corpo. Estava pagando com a vida por meus anos de descaso. Entrei em uma profunda depressão e desgosto, que só eram um pouco amenizados com a presença de Suzana. A jovem havia-se estabilizado como enfermeira, e a meu pedido seguia auxiliando-me. Seu grande sonho era um dia poder cursar Cardiologia e atuar na área. Para isso ela trabalhava em dois empregos para poder juntar o dinheiro necessário.

— Aos poucos – continuou – fui percebendo que a jovem não possuía mais o mesmo vigor, e que parecia obcecada com o desejo de trabalhar mais e mais. Vi nela o retrato de meu passado, e por diversas vezes tentei fazê-la ver o quanto era prejudicial seguir daquela forma, pois eu era a prova viva do resultado de anos de negligência com o corpo. Sentia que minha partida não demoraria, mas estava disposto a evitar que Suzana seguisse pelo mesmo caminho que eu. Foi então que, vendo-a desgastar-se e nada fazer, decidi realizar uma última tentativa. Concentrei todas as minhas forças, e saí de meu leito à procura de Suzana pelos corredores da casa de saúde. A cada passo sentia todo o meu corpo estremecer, como se estivesse adiantando minha morte com aquele ato. No entanto eu estava decidido e, mesmo cambaleante de dor, eu mantive-me firme em fazê-la compreender o doloroso caminho que espera aqueles que não respeitam as limitações do corpo – disse Laerte, emocionado, e prosseguiu.

— Não sei quantos metros tive de andar até que, finalmente, a encontrei atendendo outra paciente em um leito. Ao vê-la, desabei esgotado, e esta correu ao meu amparo. Expliquei-lhe a necessidade de que ela compreendesse o perigoso caminho pelo qual ela caminhava, seguindo daquela forma. Eu havia rejeitado durante anos os avisos enviados pelo meu corpo e, cego para meu estado, fui suicidando-me pouco a pouco. Sabia que para mim era tarde, mas a Suzana ainda restava tempo. Disse-lhe que se pudesse, voltaria atrás e respeitaria melhor meus limites. Fora egoísta comigo mesmo e merecia pagar pelos maus-tratos físicos que me impusera. Comecei a chorar e implorei para que meu exemplo de como podemos nos destruir não fosse seguido.

— Suzana segurou fortemente minha mão – continuou Laerte – e, com os olhos em lágrimas, prometeu-me que iria mudar. Sorriu, explicando que eu a havia feito compreender o recado que há tempos vinha tentando passar. Quando vi que ela finalmente havia entendido o resultado de anos de abuso, também compreendi que minha hora havia chegado. Cerrei os olhos e fiz uma prece ao Pai, pedindo perdão por ter maltratado meu corpo. Logo em seguida, en-

Das Trevas à Luz   273

treguei-me, e, com um beijo de Suzana em meu rosto, desencarnei ali mesmo, em seus braços.

E então tive de passar seis longos anos vagando pelo vale das sombras, esgotando minhas pendências por ter sido displicente com o corpo, até que fui socorrido e trazido para cá – concluiu Laerte.

Após o término da narração de Laerte, constatei que realmente cada um ali possuía uma história bem distinta, mas que no fundo todas eram ligadas de alguma maneira por uma mulher. Mulheres que tanto fizeram por nós e a quem tanto devemos, com seus corações generosos e pacientes.

Eu havia sido gentilmente acolhido ao convívio daquelas pessoas, meus colegas de sala, amigos de ideal, todos unidos em um único pensamento, o da gratidão ao nosso querido Pai pela oportunidade de podermos continuar sempre prosseguindo em busca dos verdadeiros valores que a vida tanto nos pode proporcionar.

39 – Valiosos ensinamentos

Lembremo-nos dos ensinamentos deixados por nosso Senhor Jesus Cristo, que ressoam ao longo dos tempos, trazendo paz e conforto aos corações de todos nós. Ele veio com o único propósito de mostrar-nos o quão distante estávamos com relação ao Pai, e os inúmeros degraus que deveríamos transpor para que fôssemos capazes de ser acolhidos em sua morada.

Jesus Cristo não nos ensinou somente com palavras e sim com suas atitudes. Acolheu em seus braços todos que necessitavam de amparo, não importando quais fossem os seus pecados. Ensinou que o amor é a maior das lições e que deveríamos amar uns aos outros, da mesma maneira como amamos a nós mesmos.

Nosso querido Senhor veio entregar-nos sua vida para que compreendêssemos quais eram os verdadeiros valores que deveríamos possuir. Não há maior lição do que a vida deste iluminado ser, cujo amor não possuía limitações ou fronteiras que não pudesse vencer.

Sementes foram plantadas, e inúmeras deram frutos. Frutos que trouxeram em seu íntimo estes valores e não mediram esforços para saciar aqueles que se haviam desgarrado do Pai. Todos são passíveis de receber em seu cálice as verdadeiras águas da vida. Águas que refazem, purificam e elevam.

Por isso basta somente que confiemos no Pai, cujas águas, emanadas de seu ser, estendem-se por todos os recantos onde a vida prossegue.

No dia seguinte, eu estava ansioso para ter mais uma aula com o instrutor Nestório. Eram tantas dúvidas que povoavam meu ser, que não me continha em esperar. Osvaldo, que percebera minha agitação, tratou logo de acalmar-me:

— Ei, vá com calma, Matheus. Pode ficar tranquilo que a escola não sairá do lugar – brincou ele.

— Desculpe-me. É que foram tantos anos na ociosidade, que minha mente parece estar vazia – respondi, brincando.

Logo em seguida, surgiram também na saleta Laerte e Raimundo.

— Bem, nós já estamos prontos. Se quiserem, podemos ir – disse Raimundo.

— Sim, vamos. Antes que o Matheus saia correndo sem nós – emendou Osvaldo.

— Mas não se esqueçam antes do mais importante, a alimentação. Já explicaram ao Matheus como funciona? – indagou Laerte.

— Não tive tempo, nosso amigo aqui parece não estar com fome, e sim com sede. Sede de saber – brincou Osvaldo.

— Ora, então vamos. No caminho eu lhe explico como funciona, Matheus – disse Laerte.

Ele explicou-me que antes de irmos à aula, primeiro passaríamos no Centro Rosa Maria. Uma das unidades espalhadas pela escola, voltada inteiramente à doação destes recursos de nutrição.

Como a maioria de nós ali ainda não possuía condições de nutrir-se de outros meios que não fossem os ingeridos, nós os obtínhamos nestes centros. Realmente, mesmo no Centro de Recuperação ou na casa de Amália e Darci, eu ainda mantinha estas necessidades. A única diferença era que antes eu não necessitava deslocar-me a um local específico. No centro ou na casa das senhoras, não era eu que me preocupava com isso, tinha sempre alguém me auxiliando.

O Centro Rosa Maria que conheci era um grande espaço de andar térreo, localizado próximo de uma das ramificações do pequeno rio que se estendia pela Morada. Rodeado de amplo jardim com diferentes tipos de rosas, logo na entrada havia uma placa com os

Das Trevas à Luz
275

seguintes dizeres: "O amor é o verdadeiro alimento. Quem ama, não sente fome ou sede, pois traz em seu interior a maior das saciações que alguém poderia obter. Voltemos nossos corações ao Pai, para que, da mesma maneira que nosso senhor Jesus Cristo, possamos também ser os seus eternos instrumentos de amor".

— Nossa, mas que mensagem tão profunda – surpreendi-me.

— É verdade. – lembrou Raimundo. Recordo-me de quando ainda encarnado, apaixonado por minha saudosa esposa, que hoje alça voos maiores nas esferas superiores, eu a amava tanto que por vezes não sentia fome. Parecia que o nosso amor era tudo de que meu corpo necessitava. Ah, minha querida Carmélia!

— Pois é. Este sentimento que tanto bem nos proporciona, é a verdadeira chave para uma vida feliz. Pena que poucos são aqueles que entendem isto – completou Osvaldo.

— Mas eu acredito que este dia não irá demorar para chegar. – completou Laerte – A cada ano que passa, a humanidade segue evoluindo, conhecendo, aprendendo. Basta vermos como era o mundo na época do Mestre, e como está hoje. Concordo que muita coisa ainda precisa mudar, mas o mais importante é que isto já está acontecendo. E em breve todos viveremos em um mundo cheio de amor. Não somente entre os casais apaixonados ou no âmbito familiar, mas entre todos, independentemente de raça, sexo ou crença.

— E quem foi o autor destas palavras que estão aqui? – perguntei curioso.

— São da idealizadora e criadora deste centro. Como o nome diz, chamava-se Rosa Maria. Foi altamente importante no início da criação desta nossa morada. Dizem que hoje ela encontra-se novamente encarnada – explicou Raimundo.

— Isso é para nós vermos que mesmo uma pessoa com grande contribuição e que certamente já possuía condições de seguir a esferas superiores, é simples e humilde. Com certeza reencarnou para assim poder auxiliar de maneira mais direta a todos que ainda seguem perdidos – disse Osvaldo.

— Acho melhor entrarmos. Logo começará a aula, e ainda nem nos alimentamos – lembrou Laerte.

Enquanto nos alimentávamos, não pude deixar de lembrar-me das palavras deixadas por Rosa Maria.

— *Será que um dia também conseguirei possuir este amor, ca-*

paz de suprir todas as nossas necessidades? – pensei.
Logo me invadiu a mente a imagem de Elisa. Lembrei de minha fixação destrutiva por aquela mulher.

— *Seria aquele desejo era uma forma de amor? Não. No meu caso era diferente, mais denso, mais possessivo. Em nada aquele sentimento parecia-se com o descrito na placa.Acho que estou muito longe de realmente compreender como é amar. Não um amar por desejo físico, mas sim amar por querer somente o bem e o melhor ao nosso semelhante, querido irmão e filho de Deus.* – refleti – *Aliás, como estará Elisa?* – indaguei-me.

— Cláudio,– conversa Elisa com seu companheiro, no plano físico – não se esqueça de que hoje é aniversário de seu tio Alberto. E sua tia Marisa insistiu para que nós fôssemos.

— Tudo bem, não se preocupe que eu não havia esquecido. Inclusive, já havia combinado com o pessoal lá do trabalho que hoje sairia um pouco mais cedo – respondeu Cláudio, despedindo-se de Elisa.

Enquanto seguia para o trabalho, Cláudio pensava consigo: "Puxa, mas quem diria? O tio Alberto já vai fazer 75 anos. Como o tempo passou rápido. Lembro-me como se fosse ontem, eu auxiliando-o no trabalho. Se não fosse pelo tio, minha vida teria sido muito mais difícil, pois foi ele quem me conseguiu um emprego na fazenda onde trabalhava. Hoje ele já não mais trabalha, entrou para outro ramo, ganhou um bom dinheiro, e graças a Deus pode hoje viver tranquilo e sossegado." – lembrava Cláudio – "Bom, eu também já não sou aquele jovem de antigamente. Meus 50 anos já estão quase batendo à porta e preciso começar a preocupar-me com o que farei quando não tiver mais condições de trabalhar" – completou ele, sorrindo.

Quem também sorriu com as preocupações de Cláudio foi um antigo amigo, que sempre que lhe era possível estava a seu lado. Era Cássius, grande companheiro de Cláudio, que em uma existência passada tinha-o como um irmão.

— Ora, mas o que é isso Cláudio, sabe que tudo vem a seu tempo, meu amigo. É muito válido preocupar-se com o futuro, mas não viva somente em função dele, pois aquele que tem a mente só no futuro esquece-se de aproveitar o presente. A vida física é uma verdadeira bênção de Deus, e devemos aproveitá-la em cada momento – considerou Cássius.

Das Trevas à Luz

Cássius não vivia na mesma morada que eu, mas sim na mesma que a senhora Matilda e o senhor Júlio, pais de Elisa. Sempre que a bondosa mãe de Elisa não se encontrava junto desta, e tinha a oportunidade, gostava de visitar o amigo Cláudio durante os sonhos dele. Já o senhor Júlio, graças ao seu próprio esforço e ao apoio de sua esposa, dedicava-se agora ao amparo e auxílio dos que desencarnavam pelo suicídio. Júlio ansiava por visitar-me. É certo que enquanto estive internado no Centro de Recuperação, ele recebeu a permissão para ir ver--me. Mas na ocasião eu ainda me encontrava totalmente debilitado e não via ou ouvia quem estivesse à minha volta.

Ele queria muito poder abraçar-me e pedir desculpas por ter-se lançado comigo do penhasco. Havia ele compreendido que ninguém tinha o direito de julgar, condenar ou tirar a vida de alguém, mesmo que esta pessoa tenha sido causadora de grandes sofrimentos. Somente Deus, nosso querido e amado Pai, sabe o que é melhor para cada um de seus filhos. E mesmo assim, ele ama-nos tanto que jamais nos condena. Somos nós os verdadeiros juízes de nossos atos, condenamo-nos através de nosso próprio arrependimento.

* * *

Enquanto Cláudio seguia ocupando-se com o trabalho, em casa Elisa começava a preocupar-se com alguns incômodos que às vezes a faziam recordar-se do passado.

Durante o fatídico dia que ocasionou a cegueira de um dos olhos de Cláudio e o falecimento de Júlio através de minha fase tempestiva, Elisa, ao tentar proteger o amado, também fora vítima de grave ferimento na região pélvica. Ferimento este que, mesmo após tantos anos, ainda lhe causava suas consequências.

— Ai, Senhor! Até quando esta chaga irá me acompanhar? Há dias em que sinto não mais possuir forças para continuar em frente. Acredito que nada é por acaso e que todo sofrimento possui uma causa maior. A minha vida pertence a vós, amado e querido Pai. Somente lhe peço forças para seguir adiante e não esmorecer. Não julgo ou culpo meu agressor, pois sei que seu sofrimento foi maior que o meu. Por isso rogo-lhe humildemente que o perdoe e receba--o em seus braços. Prometo-lhe jamais esmorecer enquanto possuir forças, e sempre seguir os caminhos do bem. E desta forma, um dia, se me for possível, ainda tornar-me mãe, a fim de apascentar o grande desejo que eu e Cláudio trazemos em nossos corações, de poder gerar um filho e doar-lhe todo nosso amor – desejou Elisa.

Realmente, o fato de nunca terem podido gerar um filho, era algo que entristecia profundamente o casal. Por mais carinho e afeto que ambos sentissem um pelo outro, no fundo, traziam um enorme vazio. Ter um filho seria o verdadeiro complemento de suas vidas, e por isto jamais perderam as esperanças na providência divina.

Mal sabiam eles que, por mais distantes que estivessem, eu podia sentir, no fundo de meu ser, todo o sofrimento que um dia causara a eles. Apesar de estarmos em planos totalmente diferentes, e através do esforço, eu ter podido atingir um nível mínimo de compreensão, nossas mentes ainda permaneciam interligadas. E foi sentindo esta ligação que adentrei na sala de aula no Frei Augusto.

— Oi, Matheus. Como foi sua primeira noite no Grupo da Prece? – questionou-me, sorridente, Ana Lúcia.

Eu encontrava-me tão distante, pensando nas sensações que volta e meia tinha, que nem prestei atenção a amiga Ana Lúcia. Preocupava-me com o fato daquelas sensações inexplicavelmente surgirem e, logo em seguida, desaparecerem. Indagava sobre quais os motivos que as geravam.

Percebendo meu estado, Ana Lúcia tocou em meu ombro e questionou-me se estava tudo bem.

— O que foi, Matheus, aconteceu algo?

— Assustei-me com o toque, e indaguei-lhe se acontecera algo.

— Não, você é quem parece não estar bem. Aconteceu alguma coisa? – quis saber ela, preocupada.

— Ah, desculpe. Eu estava distraído, apenas pensando – respondi, sorrindo.

Logo em seguida o nobre instrutor Nestório adentrou na sala e solicitou-nos uma pequena prece, em agradecimento a mais um dia.

O ato da prece era um momento muito importante a todos da escola Frei Augusto. Pois era através dela que limpávamos nossas mentes e nos uníamos em uma grande corrente, agradecendo ao Pai Eterno por mais aquela oportunidade.

Feita a prece, o instrutor deu início a sua aula, que trataria sobre um assunto bastante pertinente: os vínculos familiares e os la-

Das Trevas à Luz

279

ços existentes entre os espíritos de diferentes graus evolutivos.

– É de conhecimento nosso que espíritos afins não perdem seu vínculo após a morte do físico. Ocorre que estes laços, solidificados através dos tempos, vão estreitando-se e unindo-se cada vez mais, criando energias equivalentes, cuja atração jamais se dissipa.

– iniciou ele – Ou seja, podemos compreender que estas energias não se perdem conforme o meio onde se encontrem tais espíritos. Pois suas existências estiveram unidas em diferentes planos vibracionais ao longo dos tempos.

– Isso quer dizer que quando eu voltar a reencarnar, serei novamente filha dos mesmos pais? – perguntou Araci.

– Boa pergunta. – sorriu Nestório – O que vocês acham? Acreditam que quando voltarem, será junto à mesma família? – perguntou ele à classe.

– Eu acho que não – respondeu Lélio.

– Por que você acredita que não? – indagou Nestório.

– Bem. Porque os espíritos evoluem, e a cada etapa necessitam de novas experiências. Se quando eu reencarnar, for novamente junto de meu pai, isso implicaria ele ter de voltar também. E não creio que isto deva ocorrer, porque hoje ele encontra-se nos planos mais elevados. Não creio que vá regredir e retornar ao físico para ser meu pai só porque eu irei reencarnar – respondeu Lélio.

– Alguém concorda com o nosso querido Lélio? – perguntou o instrutor.

– Eu penso diferente. – disse Altair – Não acho que retornar ao físico seja regredir. Por mais elevado que alguém esteja, e mesmo que resida em planos superiores, tornar a reencarnar sempre traz muitos benefícios.

– Eu também concordo – respondeu Luzia.

No geral as opiniões dividiam-se. Muitos acreditavam que retornariam junto a seus antigos pais, mas não entendiam ou sabiam explicar como ocorreria, uma vez que estes ainda estavam encarnados ou residindo em planos diferentes que os seus, fossem superiores ou até mesmo nos planos inferiores e trevosos.

– Bom, acontece que nada está fadado a permanecer sempre da mesma maneira. – iniciou Nestório – Se hoje você está no físico e sendo filho do senhor José, não quer dizer que daqui a duzentos anos, quando retornarem, você será novamente filho de José. Pode

280   Matheus

perfeitamente acontecer o contrário e, ao invés de ser seu pai, o José ser seu filho. Também pode acontecer dele ser seu irmão ou até mesmo sua mãe. Nada é imutável, tudo se molda de acordo com as necessidades envolventes em cada criatura.

— Desculpe, mas não compreendi – disse Marília, confusa.

— Isso quer dizer que um dia, se for necessário, eu poderei ser filho de minha neta Alice? – surpreendeu-se Raimundo.

— Perfeitamente. – respondeu o instrutor – Deus não sujeita ninguém a permanecer eternamente da mesma forma. Tudo é uma questão de necessidade. Seja para auxiliar o próximo ou a si mesmo. Não é porque seu pai hoje se encontra em planos mais elevados, que não pode tornar a reencarnar. Ou porque seus pais ainda estão encarnados, que você não poderá voltar. Deus é tão generoso que não impede seus filhos de irem em busca do que precisam. Tudo é uma questão de realmente necessitar passar novamente por determinada etapa, ou simplesmente auxiliar o progresso do próximo – concluiu.

Fiquei pensando nas palavras do instrutor, que silenciou, como se desejasse convidar-nos a meditar.

Realmente, foram explicações que até então jamais havia considerado. Isto queria dizer que não somos obrigados a ser filhos dos mesmos pais. Havendo a necessidade, pode-se e deve-se sempre procurar auxiliar ao progresso do próximo. Lembrando sempre que este progresso também pode ser considerado o de nós mesmos, independente do local em que estejamos.

40 – Concluindo o ciclo básico

"Não pode a árvore boa dar maus frutos; nem a árvore má dar frutos bons", disse nosso mestre Jesus Cristo[5].

Todo aquele que não compreendeu ainda que o único caminho para a salvação é o do amor, caridade e humildade, está distante de seus deveres como filho de Deus.

A renovação interior é uma necessidade àqueles cujos caminhos estendem-se a direções opostas às que visam unificar-nos ao Pai. Muitos já trilham os caminhos do bem e dedicam-se a colaborar para o avanço do próximo. Porém há também aqueles em que as sombras

---

[5] Novo Testamento, Mateus 7:18.

Das Trevas à Luz   281

reinam, encobrindo-lhes de aceitar e compreender que quanto mais negam receber o Senhor em seus corações, mais distantes e mais endurecidos irão tornar-se.

Um ser que trabalha no bem sem esperar nada em troca, apenas por amor, transmitirá somente amor. Para aquele que fere, maltrata e omite-se de seus deveres, este não colherá tão cedo os louros que outros já alcançaram. Dependerá somente dele voltar-se para seu interior e aceitar a semente de Deus, existente dentro de cada um de nós. Semente que, se for cultivada no bem e segundo os ensinamentos do nosso querido mestre, em breve germinará e enfim dará também bons frutos.

Finalmente aquele ano de 1895 estava terminando, e com isso se aproximava a conclusão de meu ciclo básico na escola Frei Augusto.

Muitos foram os ensinamentos e as lições que tivera durante aquele quase um ano em que pude frequentar a escola. Com o passar do tempo, aprendi a admirar cada vez mais nosso instrutor Nestório, e a conhecer a mim mesmo.

Aprendi também tanto com meus amigos de sala de aula quanto com meus próprios colegas do Grupo da Prece. Cada um com seus conhecimentos, experiências e limitações, todos contribuíram igualmente para que despertasse em mim o grande desejo de continuar avançando.

Neste ciclo básico, tive a oportunidade de conhecer a criação de nosso querido planeta e o desabrochar da vida nele. Entendi um pouco sobre a grande importância da vida orgânica e animal, e a maravilhosa harmonia reinante.

Conheci a história dos importantes pensadores que surgiram ao longo dos tempos e o quão fundamental estes foram. Seres iluminados, cujo grau evolutivo já atingira elevado nível, e que, por amor, aceitaram retornar entre nós para transmitir-nos um pouco de suas experiências.

Surpreendi-me com a constatação da existência de inúmeras moradas espalhadas por todos os recantos. E aprendi também um pouco sobre seus diferentes sistemas.

Conheci algumas tecnologias, e espantei-me com o que são capazes de realizar. Algumas no âmbito visual, outras de locomoção, e ainda aquelas que agem diretamente sobre a mente. Conheci vastíssimo acervo literário, voltado a diferentes assuntos. Cada um trazendo um pouco de luz e tranquilidade aos nossos questionamentos. Chorei ao descobrir os vastos campos de dor e sofrimento que circundam ao longo da crosta. Milhares de criaturas completamente perdidas e interligadas ao que foram, fizeram e ainda acreditavam ser. Filhos de Deus que, assim como eu, cerraram os olhos para tudo e todos, julgando não haver alternativa que pudesse livrá-los de suas lamúrias.

Compreendi um pouco sobre a forma como as organizações trevosas agem e quais os artifícios que são utilizados por seus líderes. Vimos como conceber pequenos objetos, despendendo determinados níveis vibracionais, chamados de plasmagens. Semelhante ao que realizara enquanto a serviço das Trevas, mas com propósitos totalmente diferentes. Os objetos criados por grupos e seres inferiores, contêm enorme quantidade de energias densas e carregadas com a influência destruidora daqueles que os conceberam. São geralmente muito prejudiciais a pessoas sensíveis e que se encontrem vibrando na mesma sintonia, seja através de atos, palavras ou pelo pensamento.

Praticamos a leitura de pensamentos tanto de encarnados, com a devida permissão de seus guias, quanto de nós, desencarnados.

Observei que a mente dos seres perturbados é muito mais fácil de ser visualizada do que dos mais esclarecidos.

Aprendi também sobre os chamados "postos de socorro", espalhados pelas regiões inferiores, e o edificante trabalho que realizam em benefício daqueles que para lá são conduzidos.

Estudamos a forma como a mente de espíritos desencarnados age com relação às necessidades físicas. E o quão importante é a utilização da água na reeducação a que somos submetidos para, assim que houver condições, não mais dependermos de tais recursos.

Observamos as necessidades do repouso e as suas respectivas consequências agindo diretamente na manutenção e assimilação de novos conhecimentos, uma vez que nos encontramos ainda interligados ao físico, mesmo que de maneira indireta.

Iniciamos no processo de aprendizado da locomoção pelo ar, porém somente no ciclo intermediário nós nos aprofundaríamos. En-

Das Trevas à Luz 283

quanto a serviço das Trevas, utilizei-me de uma forma similar deste recurso, porém sua execução e duração eram totalmente diferentes, o que em nada me servia para que pudesse naquela nova etapa avançar neste processo. Há de considerar-se que alguns aspectos são semelhantes com relação ao que podemos realizar enquanto estamos perdidos e perturbados e o que aprendemos nestes planos mais sutis. No entanto, analisando um pouco mais detidamente, verificam-se inumeráveis diferenças.

Enfim, posso dizer que neste ciclo básico tivemos a oportunidade de conhecer um pouco sobre diferentes tipos de assuntos. Porém aqueles que prosseguissem e realizassem o ciclo intermediário, com duração de dois anos, além de aprofundarem-se ainda mais nos assuntos que foram abordados, teriam a oportunidade de realizar pequenos estágios com instrutores nas regiões inferiores, e também acompanhá-los em diferentes trabalhos na crosta.

Havíamos estudado importantes assuntos naquele ciclo básico. No entanto nenhum fora tão valioso e elucidativo quanto conhecer a história de nosso querido senhor Jesus Cristo. Conhecer sua trajetória e a grande importância que este maravilhoso ser iluminado representou e sempre representará à humanidade, é algo que todos deveríamos aprender e jamais esquecer.

Eu nunca fora um pessoa de crenças ou que seguisse o culto evangélico. Pelo contrário, sempre repudiava qualquer intenção que procurasse fazer algum tipo de alusão a Deus. No início, ainda rapaz, por causa do meu pai, aventurei-me aos costumes da igreja, porém aqueles atos eram uma grande ilusão do que eu realmente trazia em meu íntimo.

Não me arrependo dos momentos em que, junto de meu pai, frequentei a igreja, mesmo que me sentindo fora de mim. Compreendi que, mesmo não estando ciente do que fazia, aquela era a forma que meu querido pai encontrou para tentar abrandar o amargor que eu carregava. Meu pai iniciara-me nos princípios religiosos, confiante que Deus, através dos ensinos de seu amado filho Jesus, traria o conforto que ele próprio tentou por anos proporcionar-me. Conforto que eu jamais conseguira sentir, compreender ou permitir que se manifestasse em meu coração.

Por anos, talvez séculos ou existências, eu fechei os olhos para aquilo a que nosso querido senhor Jesus Cristo tanto se entregou para transmitir-nos. Não há dúvidas ou indagações com relação ao propósito deste iluminado ser. Toda sua trajetória traz incontáveis ensinos a nós, seres carentes de amparo espiritual. Conhecê-la fez-me perceber o quão vazio eu fora e o distante percurso em que eu deveria engajar-me se quisesse realmente alterar aquela situação.

Ter tido a oportunidade de ser acolhido naquela maravilhosa morada e ainda cursar em sua escola, fora algo imensurável se considerar o estado tempestuoso em que me encontrava não muito tempo antes. Pela primeira vez sentia que havia um caminho a trilhar. Parecia que tinha acordado de um pesadelo que há muito me consumia. E meu ser ansiava por minimizar o tempo perdido.

Vi no Frei Augusto o caminho que desejava trilhar em busca de minha própria redenção. Sabia claramente que aquilo que eu fora, e tudo o que praticara contra o próximo e principalmente contra mim, não seriam ressarcidos através do curso, mas entendi que ali estava um caminho para que enfim eu pudesse dar o primeiro passo.

E o primeiro passo já havia sido dado. Eu conseguira, graças a meus colegas e ao bondoso instrutor Nestório, concluir o ciclo básico. A continuidade não era obrigação de nenhum aluno, e nem poderia ser este o intuito. Sempre há incentivo para que haja prosseguimento, mas a escolha final cabe inteiramente a cada um dos alunos.

Fato que se demonstrara, pois nem todos da minha sala sentiram-se aptos a dar continuidade tão logo concluímos o ciclo básico. Não que existissem aqueles que não gostaram ou arrependeram-se. É que nem todos, o que é perfeitamente normal, sentiam-se preparados e em condições de prosseguir. Continuariam residentes na morada, mas em outros setores. Aí, ansiando por retornar, poderiam fazê-lo a qualquer momento quando assim o desejassem.

Eu, como encontrara na escola o pão para alimentar minha forma de redenção, estava certo sobre minha continuidade. Já entre meus amigos do Grupo da Prece, Raimundo não possuía certeza se estava apto a continuar.

— Eu não sei como explicar, mas tenho receios de prosseguir e desistir – disse ele.

— Imagino como deve estar se sentindo, meu amigo. Também cogitei de desistir do curso de medicina em que me formara no físico, quando estava na metade – lembrou Laerte.

— Sério? Mas e aí, o que você fez? – indagou Raimundo.

Das Trevas à Luz
285

— Lembrei-me das dificuldades que enfrentei para que pudesse ter a oportunidade de estudar. Apesar de ser da classe média e, mesmo com o falecimento de meu pai, ter conseguido custear meus estudos, sentia medo. Imagine eu, órfão de pai, tendo de preocupar-me com a casa e ainda estar estudando – explicou ele.

— Realmente, não deve ter sido fácil – concordou Raimundo.

— E não foi. Eu estava decidido a estudar, e enfrentaria todos os obstáculos para formar-me. Como sabe, escolhera a área da medicina, e mais especificamente a pneumologia, devido à perda de meu pai por problemas pulmonares. No entanto, como expliquei, na metade do curso quase desisti por não ter a certeza se era aquilo que eu realmente desejava para meu futuro, ou se apenas fizera a escolha por impulso, devido à morte de meu pai. Mas compreendi que aquilo significava muito mais para mim do que eu poderia imaginar. É certo de que a perda de meu pai fizera-me escolher o ramo, mas o fato apenas me indicou o caminho. A verdadeira decisão cabia inteiramente a mim. E foi o que escolhi. Não por meu pai ou por outro alguém, e sim por mim mesmo. Decidi que aquele era o caminho em que eu desejava seguir. E é o que lhe aconselho. Não faça escolhas pensando no que os outros esperam de você, e sim naquilo que você espera de si mesmo – concluiu Laerte.

— Laerte tem razão. Não faça nada precipitado, pois teremos um mês antes do início do ciclo intermediário. Aproveite este tempo para descansar e pensar no assunto. Depois você decide se seguirá ou não – comentou Osvaldo.

— Bem, acho melhor nós irmos. Afinal, enfim chegou o último dia de aula, e tenho a certeza de que o instrutor Nestório fará suas considerações finais – disse Laerte.

Senti que, assim como eu, meus amigos do Grupo da Prece estavam ansiosos. Pode parecer tarefa fácil e tranquila cursar e concluir o curso no Frei Augusto, uma vez que nos encontramos mergulhados em um ambiente onde tudo parece proporcionar ao aluno a tranquilidade necessária. Porém, por mais apoio, incentivo e condições de mantermo-nos focados nos estudos, a grande chave para o êxito está dentro de cada um de nós.

Se nós não desejarmos com firmeza e empenharmo-nos em atingir a meta, sempre haverá inúmeros obstáculos a surgir em nosso caminho, prontos a testar nossa força de vontade.

A mente despreparada é a grande causadora da maioria das quedas. Quantos são aqueles que diríamos serem possuidores de todos os recursos possíveis para obterem sucesso e, no entanto, caem no decorrer de suas jornadas? Muitos são os exemplos destes que caíram, não pela falta de subsídios à conclusão do que almejavam, mas sim porque, em derradeiro momento, não tiveram na mente, de forma fixa e inabalável, aquilo que realmente queriam. O nosso próprio senhor Jesus Cristo disse que tudo pode aquele que crê[6]. Então devemos sempre ter em mente que somos capazes de realizar qualquer coisa, independentemente de onde estivermos. Mas, acima de tudo, precisamos acreditar com firmeza em nós mesmos e no grande poder interior existente dentro de cada um de nós.

Finalmente era chegado o último dia do curso e todos da turma aguardavam ansiosos pelo pronunciamento do instrutor, que não se fez demorar. Sorridente como sempre, Nestório adentrou na sala, cumprimentou-nos e, após nossa oração inicial, deu início à aula.

— Antes de mais nada, quero parabenizar a todos pelo empenho e doação que mantiveram ao longo deste ano. Sabemos da grande dificuldade em relação à inclusão dos temas que foram abordados. Também sabemos que cada um aqui percorreu um longo caminho e teve de enfrentar duras barreiras para estar conosco. A cada um de vocês, meus queridos alunos e amigos, eu felicito neste dia de hoje. Não somente pelo término desta etapa, mas sim pelo que se tornaram. Pudemos, com felicidade, ver o empenho e interesse estampado no rosto de cada um de vocês. Eu agradeço-lhes por terem compartilhado este período comigo. Pude também, com o auxílio de vocês, conhecer, compreender e aprender muitas coisas. Não sou e nunca serei melhor do que vocês, pois são meus queridos irmãos. Irmãos que, graças à bondade divina, chegaram até nós e ensinaram-nos, cada um do seu jeito, um pouco daquilo que possuíam – Nestório, emocionado, enxugou uma lágrima e prosseguiu.

— O que nós tivemos a oportunidade de estudar aqui foi somente uma pequena etapa do que vocês têm pela frente. E não me refiro ao prosseguimento dos ciclos aqui no Frei Augusto, mas sim na própria evolução de cada um de vocês. Como sabem, nada se encontra estagnado. Tudo sempre está, a seu modo, em constante andamento. E é através deste processo que, um dia, com a permis-

---

[6] Novo Testamento, Marcos 9:23

Das Trevas à Luz

são do Pai, poderemos enfim retornar ao seu seio. Novamente quero agradecer-lhes pelo período que passamos juntos, e felicitá-los, queridos formandos do ciclo básico de estudos da escola Frei Augusto – concluiu ele.

Aquele último dia foi praticamente um dia de festas e comemorações. Nós não tivemos aula ou aprendemos uma nova lição, pois a maior lição de todas que estávamos recebendo era a de estarmos ali. Que maravilhosa lição aquela, por termos tido a oportunidade de fazer parte daquele grupo.

Não éramos apenas um grupo unido em um mesmo propósito, nos havíamos tornado companheiros e irmãos. Durante aquele ano de estudos, pudemos ver e conhecer um pouco de cada um. Aprendemos com os relatos tão distintos e elucidativos que cada um de nós havia trazido de sua bagagem na última existência.

Nós fomos um importante complemento no decorrer das aulas ministradas por nosso querido instrutor, que, sempre tão gentil, nunca deixou de atender aos nossos inúmeros questionamentos.

O progresso nos cursos no Frei Augusto não era realizado através de provas que visassem a analisar o conhecimento adquirido de cada um, para mediante seus resultados permitir que seguíssemos adiante. Todos que ali se encontravam já haviam enfrentado inúmeras provas ao longo de suas jornadas. O quesito para seguir adiante era o próprio interesse e a força de vontade existente em cada um.

Ninguém ficava para trás, pois trabalhando em equipe todos se auxiliavam mutuamente. Posso dizer que eu fui um dos que, se não fosse o amparo, auxílio e paciência de meus colegas, dificilmente teria chegado ao fim. Agradeço-lhes imensamente por terem-me aceitado de braços abertos, mesmo conhecendo tudo o que fiz e desejei fazer antes de chegar à Morada.

Eu ainda sentia que todo esforço que fizesse e todo arrependimento que trouxesse ainda seriam insuficientes para amenizar tudo o que causara em minha última existência física. Aquela era somente uma pequena etapa, que, graças à misericórdia de Deus, eu havia completado. Sabia que meu trajeto em busca de redenção estava apenas começando.

288   Matheus

41 – Os instrumentos do Senhor

"Vinde a mim todos os que estais cansados e sobrecarregados, eu vos aliviarei"[7].

Por estas palavras é possível compreender que não importa o fardo que trazemos sobre nós, nem mesmo as consequências que possam ter sido acarretadas durante nosso trajeto, uma vez que aceitemos, de maneira sublime e com fé, a presença do Senhor em nossas vidas.

Compreendamos nossos defeitos e limitações, entregando-nos em espírito àquele que nos fortalece. Removamos de nossos semblantes o véu da vaidade e, prostrados com fé, lancemos dos ombros fatigados e macerados, todo fardo que nos impeça de prosseguir.

Saciemo-nos com as águas da vida oriundas do Pai, e de olhos abertos possamos adentrar em seu eterno oásis, a fim de retomarmos forças para não esmorecer. Deixemos que esta maravilhosa energia reparadora possa agir em cada um de nós. E como verdadeiros filhos, ouçamos a voz daquele que jamais se ausenta ou deixa de estender seus vigorosos braços paternais ao que humildemente os aceita.

Todos trazemos sobre nossos ombros, fardos que tendem a dificultar cada passo em direção àquilo que intimamente cada um procura. Felizes são aqueles que já compreenderam isto e aceitaram verdadeiramente a presença do Pai em suas vidas.

O ano era 1896, e na vila onde Cláudio e sua querida companheira Elisa moravam, tudo seguia tranquilo até a grande imigração de pessoas carentes e à procura de novas oportunidades. Como aos poucos a pequena vila começou a receber sensível estruturação, e a sua proximidade com a linha férrea facilitava o acesso, famílias vindas de locais nos arredores arriscavam-se por lá.

Ocorria que região, que mal podia dar conta de seus próprios moradores, começou a sentir os efeitos dessa imigração inesperada. Com isso, dezenas de problemas começaram a surgir. Dentre eles destacavam-se a falta de moradias e os recursos voltados à alimentação.

Alguns, com o auxílio dos moradores mais antigos, conseguiram

---

[7] Novo Testamento, Matheus 11:28

Das Trevas à Luz

construir pequenas casas. Mas a maior parte acabou acumulando-se nas ruas e próximo aos armazéns. Sendo uma vila onde havia plantações, principalmente de café, uma pequena parcela conseguiu, com muito esforço, ser admitida pelos fazendeiros. Já para o restante, viver às custas de doações era o único caminho encontrado.

Abandonados e largados na rua, muitos começaram a contrair doenças e, inevitavelmente, transmiti-las ao restante dos moradores. Houve um incentivo por parte das autoridades, e um movimento tentou ser criado, a fim de procurar contornar a triste situação em que a vila estava mergulhando.

Porém foram poucos os moradores que realmente se empenharam em fazer algo. Como havia uma parcela da população que, além de tirar seu sustento de suas hortas particulares, tinha forte vínculo com os proprietários dos armazéns, esta acreditava estar imune aos problemas do restante.

Desta forma, mesmo com a boa vontade de algumas famílias em ajudar, dentre elas a de Cláudio, o movimento acabou dissolvendo-se em pouco tempo, largando a vila à própria sorte.

A partir daí, atos antes muito esporádicos na vila começaram a surgir cada vez com mais frequência. Pessoas famintas começaram a saquear os armazéns à procura de comida. Fazendas também tiveram de enfrentar o desaparecimento de seus animais. E àqueles mais revoltados com a situação, o roubo de alguns bens era o caminho mais curto.

Com isso, fazendeiros e moradores começaram a armar-se, a fim de tentar coibir a ação dos delinquentes. Desta forma, empregados dos fazendeiros, agora armados, começaram a atirar em todo aquele que tentasse invadir os terrenos. Logo, dezenas de casos de mortes por invasão iniciaram por todos os lados. Preocupados com o caos em que a vila estava entrando, Cláudio e Elisa conversavam em casa:

— Cláudio, estou muito preocupada com toda esta situação. Estive conversando com a dona Célia, e ela pretende organizar uma reunião o mais breve, para discutirmos o que podemos fazer, uma vez que o descaso das autoridades responsáveis é visível.

— Tem razão. O novo pároco da igreja, o padre João, contou-me que quase todos os dias ele precisa pedir para os moradores de rua que procuram abrigo deixarem a igreja. Por não ser um local restrito, e sim aberto a todos, essas pessoas acabam aproveitando para lá irem encostar-se.

— Nós poderíamos organizar uma reunião na própria igreja. Tenho certeza de que o padre concordará em auxiliar-nos – sugeriu Elisa.

— Verdade. Inclusive ele poderia, ao final das missas, solicitar às pessoas para que todos se juntem em busca de uma solução – concordou Cláudio.

— Irei hoje mesmo conversar com o padre e questioná-lo sobre nossas ideias. Tenho certeza de que se nós conseguirmos juntar pelo menos a maior parte das pessoas que frequentam as missas, já será de grande auxílio – concluiu Elisa.

Enquanto Cláudio e Elisa procuravam encontrar uma solução para o triste estado em que a vila encontrava-se, algumas pessoas não compartilhavam destes pensamentos. Uma delas era o fazendeiro Miguel. Homem viúvo e muito rico, este se havia isolado dentro de suas terras após o falecimento de sua esposa.

Miguel, acostumado a sempre ter o que desejava, era cercado por empregados. E confinado em seu casarão, era tratado como um rei. Todos o temiam devido a seu temperamento forte e por acreditar que sua pistola tornara-se sua única companheira.

— Adalva, onde está minha arma? Quantas vezes eu já lhe disse, sua empregada estúpida, para jamais encostar nela?

— Desculpe-me, senhor. Eu a coloquei na cômoda, ao lado de sua cama – explicou a empregada, de cabeça baixa.

— Sua imbecil. Nunca mais ouse mexer no que está proibida. Agora vá e traga-a para mim antes que eu me irrite.

— Sim... Sim, senhor. Agora mesmo.

"Mulher idiota! Esta será a última vez que permito que alguém toque em minha arma. Não posso descuidar-me. Vai que algum vagabundo dessa escória que invadiu a região também tenta invadir minhas terras? Vai levar chumbo, cambada de infelizes! Por mim, colocava todas enfileiradas e mandava bala" – pensava ele.

— Prontinho, aqui está sua arma, senhor – voltou a empregada.

— Dê-me aqui, sua idiota.

E, segurando a mulher pelos cabelos, disse-lhe:

— E nunca mais ouse tocar em minha arma, entendeu? Se eu souber que você ou alguém mais nesta casa tocou um único dedo

Das Trevas à Luz
291

nela, juro que arranco os dedos um por um. Agora vá. Diga que estou faminto e que apressem o almoço.

— Agora mesmo, senhor – respondeu a empregada, saindo.

Em seguida, beijando a pistola, Miguel dizia:

— Ah, minha querida Jussara, prometo que nós nunca mais iremos nos separar. Só você consegue me entender.

Jussara era o nome da falecida esposa de Miguel, o qual, em homenagem a ela, havia colocado seu nome na pistola, que ele tratava com o mesmo amor que tinha pela esposa.

Miguel não possuía filhos. Sua esposa Jussara falecera havia pouco menos de cinco anos, quando estava grávida. O amor entre eles era visível, apesar das constantes brigas. Miguel sempre fora um homem muito ciumento e arrogante, e sua esposa era a única que conseguia domá-lo.

No entanto havia dias onde nem a própria amada era capaz de fazê-lo acalmar-se. Sempre irritado com tudo, este descontava sua ira em todos que estivessem a sua volta, fossem os empregados ou a própria esposa.

Muitas foram as vezes em que Miguel batera na esposa a ponto de arrancar sangue de seu rosto e deixá-la com grandes hematomas. Porém Jussara, que era mulher humilde e amava muito o marido, tinha receio sobre o que poderia acontecer com ele caso o abandonasse. E assim ela seguia, aguentando de cabeça baixa tudo o que seu marido fazia.

Entretanto havia em Miguel algo que o perturbava muito. Ele tinha a consciência de que exagerava quando espancava a esposa. Contudo questionava-se, desconfiado, por que a mulher nunca reclamava e sempre dizia que o amava. Dizia que tudo o que ela queria era estar junto dele.

O tempo foi passando, até que um dia Miguel resolveu pôr um basta naquela situação e colocar Jussara contra a parede. Eles trancaram-se no quarto, e Miguel pressionou sua mulher sobre o que ela estava escondendo. Dizia que aquilo não era normal e que até mesmo os cães avançavam em seus donos se fossem maltratados. Ao ouvir mais de uma vez da mulher que ela apenas o amava, Miguel revoltou-se e partiu para cima dela.

Foram inúmeras as bofetadas que este desferia contra a mulher sem que esta revidasse ou procurasse esquivar-se. Aguentava tudo

292   Matheus

calada e com lágrimas nos olhos. Miguel, não conformado com aquela situação e decidido a fazer a esposa confessar que possuía um amante, foi até a cômoda e pegou sua pistola, a fim de arrancar-lhe a verdade a qualquer preço.

— Anda, maldita, conta logo a verdade ou te mato, entendeu? Fala, fala logo que você tem um amante e é por isso que aceita esta situação. Enquanto o idiota aqui lhe dá todo o conforto, você fica com o pensamento nele – ameaçou ele.

Vendo que a mulher seguia sem palavras mesmo com suas ameaças, Miguel colocou a pistola na barriga da esposa e disse que aquela seria a última vez que ele perguntaria.

— Fala, sua maldita, diz de uma vez quem é o seu amante ou eu puxo o gatilho. Fala! – grita ele, enfurecido.

Atônita com aquela situação e vendo o ponto a que o marido chegara, Jussara não se conforma por Miguel não acreditar em suas palavras e, desesperada, grita:

— Sim! Eu tenho um amante! É isto o que você queria ouvir? Então está dito! Eu tenho um amante e o amo com todas as minhas forças desde que o conheci.

Neste instante, Miguel desaba com a afirmativa da esposa. Apesar de todas as desconfianças, ele jamais esperava ouvir aquilo. Uma raiva incontrolável começou a invadi-lo a ponto de este gritar enfurecido, sendo interrompido pela esposa:

— No entanto... você precisa saber o nome de meu amante – continuou ela.

— Não, eu não quero, maldita!

— Sim, você precisa saber.

— Não, não! – grita Miguel.

— Sim. O nome do meu amante é...

Então, antes que a mulher terminasse, revoltado, Miguel atira no peito de Jussara.

A mulher não acredita que o marido tenha sido capaz de atirar nela. Com os olhos assustados, Jussara, cambaleando, volta-se para o marido e diz:

— "Miguel"...Este é o nome de meu amante. Você, Miguel, é e sempre será o único e eterno amante que surgiu em toda minha vida – murmura ela, antes de cair.

Miguel vê o chão abrir-se diante de seus olhos, pois as palavras

Das Trevas à Luz   293

de Jussara dizendo que era ele mesmo o seu amante, caem-lhe feito um trovão. Imóvel e sem condições de reação, Miguel não consegue aglutinar explicações para o que acabara de acontecer. Sua esposa Jussara tinha sido julgada, condenada e morta pelas próprias mãos dele, simplesmente porque permanecera até o último instante afirmando que o amava.

Ao ouvir o disparo da pistola, os empregados correram ao quarto e encontraram Miguel em pé e imóvel, com a pistola nas mãos, e sua esposa caída à sua frente, já sem vida. Desesperados, os empregados questionaram-no sobre o que havia acontecido. E as únicas palavras que Miguel conseguira pronunciar foram:

— Jussara se matou – murmurou ele.

Deste dia em diante, Miguel fechou-se para o mundo e colocara o nome de sua esposa na pistola, em forma de lembrança de tudo o que acontecera.

Por isso todos o consideravam louco. Não sabendo da verdade, acreditavam que Miguel havia enlouquecido com o suicídio da mulher. Somente Miguel sabia o que realmente havia acontecido naquele dia, e este decidira levar o fato ao túmulo com ele.

Conforme o tempo foi seguindo, Miguel fora piorando cada vez mais. E quanto mais pensava na esposa e no fatídico dia, mais e mais se afundava. Com isso, este criara forte vínculo com entidades perturbadoras e mais uma leva de criaturas que partilhavam dos mesmos pensamentos destrutivos.

Seres que se haviam suicidado, assassinos, loucos, infelizes, revoltados e tantos outros se tinham encostado em Miguel, por terem visto neste as mesmas vontades, temores e devaneios que os interligavam destrutivamente. Criaturas que desconheciam totalmente suas condições de parasitas e seguiam nutrindo-se das pesadas emissões vibratórias de Miguel.

Existiam também os que foram capazes de realizar qualquer ato em nome do doentio e possessivo amor. Estes se refletiam em Miguel de forma a sentirem neste tudo pelo que passaram enquanto vivos. Estava formada ali verdadeira cadeia alimentar, cujos elos estendiam-se e interligavam-se de forma a proporcionar a saciedade almejada por cada uma das partes.

Contudo, nem Miguel ou qualquer um dos seres que o parasitavam, estavam entregues à própria sorte. Todos que ali se encontravam eram observados e amparados, na maneira do possível, por uma dedicada equipe de samaritanos, que despendiam suas melhores intenções em prol de todos aqueles irmãos, estando eles no físico ou não.

Equipe esta composta por doze membros, dentre eles o bondoso e humilde Balthazar, o querido amigo que tanto se dedicara a auxiliar-me quando eu, Matheus, fora acolhido na Morada Renascer. Este, por solicitação de seus superiores e por saber que eu encontrava-me acolhido e muito bem amparado, decidira atender humildemente o pedido e ingressar em uma das dedicadas e importantes equipes de samaritanos.

O trabalho da equipe envolvia o atendimento tanto aos viventes no físico como fora dele. A equipe despendia toda dedicação com ambos os necessitados e não media esforços. Em geral, auxiliando a uma das partes, a outra também se beneficiaria.

O trabalho, na maioria das vezes, requeria muito amor e dedicação, pois os envolvidos comutam-se de tal maneira que removê-los destas situações de modo involuntário traz grandes malefícios. Obedece-se à máxima de que a cada um é dado aquilo que merece e cujas profundas necessidades somente esse e o Pai conhecem.

Sendo assim, todo o trabalho de amparo e auxílio age de maneira totalmente sutil. Apenas se removem as amarras e proporcionam-lhes as opções que antes pareciam opacas.

A equipe de samaritanos era formada por homens, mulheres e dois animais. Estes animais eram dois cachorros, que sempre acompanhavam esta equipe quando em trabalho de auxílio. Os cachorros executam um papel extremamente importante, uma vez que a interação entre estes e os auxiliados ocorre de forma bastante tranquila. Estes amigos conseguem adentrar e amansar mentes, as quais nem sempre a equipe tem condições de alcançar como estes pequenos companheiros.

Toda equipe de samaritanos é coordenada por um orientador com a função de garantir que a equipe possa realizar suas tarefas da melhor maneira possível. Este orientador geralmente é alguém cujo amor ao próximo consegue espargir em todas as vertentes. No caso da equipe de Balthazar, este orientador era a senhora Anastácia. Ser de grande humildade e dedicação em benefício do próximo,

Das Trevas à Luz   295

esta senhora trabalhava junto às equipes de samaritanos havia longo tempo.

Anastácia formara-se na escolha Frei Augusto há algumas décadas, e desde então tem atuado junto às equipes. Uma senhora de meia idade, cabelos grisalhos e olhar fraterno, que faz qualquer um, ao recebê-lo, sentir o conforto de mãe.

Fazendo parte de uma das equipes de samaritanos da Morada Renascer, esta era apenas mais uma dentre outras tantas equipes das diversas localidades que povoam os planos superiores. Equipes de bem, inteiramente dedicadas ao auxílio e resgate das milhares de almas caídas na obscuridade.

Ocorria também a possibilidade de, em determinados momentos, equipes oriundas de localidades diferentes trabalharem unidas em prol do mesmo objetivo. Quando isto ocorre, a troca de experiências é sempre muito importante a ambos os lados, e quem colhe os benefícios são todos os irmãos necessitados.

Quem escolhe fazer parte destas equipes compreende as dificuldades e necessita um alto nível de doação. Por isso, nos bem aventurados que têm a oportunidade de realizar trabalho tão sublime, o Pai e toda sua essência já fazem parte de seu íntimo. Estes conseguiram compreender e aceitar as palavras de Jesus Cristo. Entenderam que o Pai é quem age sobre nós, e todos somos apenas seus instrumentos em benefício do próximo.

42 – Os novos enfrentamentos

A solidão não faz parte da essência das almas. Não importa o momento pelo qual estejamos passando, nem mesmo as dificuldades e provações que estivermos enfrentando, nós sempre estaremos sob os olhos de dedicados companheiros.

Companheiros que velam por nós e anseiam por nosso sucesso. Seres de diferentes graus na senda evolutiva, cuja meta não tem limites. Amigos, irmãos, pais e filhos, com o sublime propósito de proporcionar aos que ainda seguem nas trilhas de seu próprio firmamento, condições para que, assim como eles, estes também possam receber o que instintivamente almejam. Inumeráveis correntes do bem, que, graças à bondade divina, espalham-se por todos os recantos onde a existência prossegue. Composta por nossos humil-

Matheus

des irmãos cujos calorosos corações resplandecem todo o amor que jamais cessa ou retrocede. O amor proveniente de nosso querido e amado Pai.

Amor puro e totalmente verdadeiro, o qual foi vivido e conhecido através daquele que foi, é, e sempre continuará sendo, o real significado desta palavra "amor", nosso querido e amado senhor Jesus Cristo.

O ano de 1896 já havia começado, e com ele, o ciclo intermediário na abençoada escola Frei Augusto. Após um rápido período de descanso, depois da conclusão e assimilação das importantes lições que tivera durante o ciclo básico, o novo ciclo começara, trazendo-me enormes expectativas.

A turma permanecia a mesma, com exceção de alguns amigos cujas incertezas sobre seus reais desejos ofuscaram-lhes a empolgação inicial. Dentre alguns destes amigos estava o irreverente e extrovertido Raimundo. Este, mesmo com nosso incentivo, escolhera não dar sequência aos estudos no Frei Augusto enquanto não tivesse a convicção de que era aquilo o que realmente desejava fazer. Raimundo ou qualquer um de nós ali era inteiramente livre para decidir o que queria. É certo que todos gostaríamos que ele prosseguisse, mas aceitávamos sua decisão.

Como Raimundo não mais frequentaria conosco o Frei Augusto, deixara também o nosso Grupo da Prece e o próprio colégio, indo permanecer em um dos abrigos existentes na Morada, enquanto não optava por algo de efetivo.

Os outros dois membros de meu grupo, Osvaldo e Laerte, seguiam firmes e fortes. Assim como eu, ansiavam por todo o tipo de conhecimentos.

Assim como nosso grupo, outros também acabaram tendo a saída de alguns de seus membros, e o novo instrutor optou por fazer alguns remanejamentos a fim de completar cada um. Como a nossa não era a única turma no ciclo intermediário e outras também estavam com menos integrantes, foi levantado se existiam interessados em serem remanejados a novos grupos. Uma vez que muitos ali, apesar da amizade criada no ciclo básico, já haviam compreendido que não deveriam limitar-se a determinado núcleo de amigos, e sim procurar cada vez mais novos amigos, muitos aceitaram tranquilamente esta mudança.

Das Trevas à Luz   297

Desta forma, veio unir-se ao nosso Grupo da Prece um novo amigo, Adalberto. Este era um senhor de idade, calvo e de cabelos brancos. Possuía jeito de instrutor, devido à sua aparência tranquila e preocupação em sempre orientar, com seus anos de experiência, quem estivesse à sua volta, e também devido aos óculos largos debaixo das grossas sobrancelhas.

Realmente, Adalberto fora um grande entusiasta pela literatura quando no físico. Tinha uma biblioteca particular em sua antiga residência, onde possuía um considerável acervo literário sobre diferentes assuntos. Ele contou-nos que sua paixão pelas letras veio através do avô, cujo gosto pelo saber acabou influenciando-o.

Adalberto estava na morada havia quase dez anos. Contou-nos sobre seu difícil período em reabilitação e a dificuldade que foi aceitar a nova etapa. Este deixou no físico mulher e filhos, dois para ser mais exato. Quando partiu, o mais velho iria casar-se e, para Adalberto, ter partido antes fora muito doloroso.

Sua vinda para cá ocorrera através de um acidente na estrada. Durante o percurso de volta entre o trabalho e sua casa, algo assustara os cavalos que puxavam sua carroça, fazendo-os partir em disparada. Adalberto estava só, e tentou com muito custo fazê-los parar, mas era fim de tarde e o cair da noite parecia assustar ainda mais os bichos. Com a carroça desgovernada, os cavalos acabaram por correr em direção a uma ladeira, fazendo a mesma soltar-se deles e arremessar Adalberto contra uma árvore, levando-o à morte poucas horas depois.

Mais tarde, logo que foi resgatado e amparado pelos benfeitores, este soube que a falta de cuidados e os maus-tratos com os cavalos foram agravantes ao acidente, cujo propósito ele ainda não tivera total permissão e condições para compreender.

Eu, Laerte e Osvaldo nos estávamos entendendo muito bem com o novo amigo. Não demorou para que este acabasse em tornar-se uma espécie de orientador entre nós. Pois com sua paciência, atenção e boa vontade em sempre acrescentar algo a mais quando o assunto era de seu conhecimento, logo nos cativou.

No ciclo intermediário, meus colegas eram: Laerte, Osvaldo, Adalberto, Ana Lúcia, Marília, Altair, Antonia, Valdecir, Soraia, Araci, Luzia, Frederico, Lélio, Benedita e Margarida.

Neste ciclo, diferentemente do básico, nós teríamos três instrutores ao invés de apenas um, já que os assuntos que seriam abordados eram mais específicos. Desta forma, cada um poderia empenhar-se mais. Nossos três novos instrutores eram dois homens e uma mulher. Logo que nos acomodamos na sala, estes se apresentaram.

— Que o amor e a paz de nosso querido e amado Senhor Jesus esteja conosco. –saudou-nos o mais velho – O meu nome é Demósteles, e para mim é uma grande satisfação podermos aprender juntos um pouco mais sobre as diferentes maravilhas que envolvem a vida pós o físico. Sei de grande interesse de vocês em compreender mais afundo os temas que foram abordados no ciclo anterior, e estaremos à inteira disposição para orientá-los. Eu irei aprofundar com vocês os ensinamentos de Jesus Cristo e as particularidades envolvendo as diferentes religiões existentes – concluiu ele.

— Olá a todos. Eu me chamo Taméria, e será muito bom poder trocarmos conhecimentos. Assim como disse nosso querido senhor Demósteles, nosso intuito com vocês, neste ciclo, é poder aprofundar os assuntos anteriores neste primeiro ano; e no segundo, expandir cada um de acordo com suas ramificações. Eu irei abordar as capacidades relativas ao nosso atual estado – explicou ela.

— Que todos possamos ser os verdadeiros instrumentos do Senhor. Para mim também será uma enorme satisfação estarmos juntos nestes dois anos. O meu nome é Altamir, e pretendo transmitir-lhes tudo o que for possível. Irei aprofundar os estudos das nuances relativas aos corpos do físico e a estes que nos revestem – desejou o terceiro.

Enfim, estes seriam para nós, nos próximos dois anos, nossos humildes instrutores no Frei Augusto. Cada um com suas particularidades e a melhor das intenções. Os três passaram-nos muita paz e segurança, fazendo-nos ter a melhor expectativa com relação ao que iríamos ver e aprender.

Teríamos aula dois dias na semana com cada instrutor. Nossa turma agora estava localizada no terceiro andar do Frei Augusto, e assim como nós, havia outras turmas no ciclo intermediário, com os mesmos desejos e anseios que trazíamos.

Podíamos trocar um pouco de informações no horário em que estávamos no Centro Rosa Maria. Ali, às vezes, formavam-se pequenos grupos de troca de informações, onde cada um tentava explanar um pouco do que aprendera. No entanto, é certo que os encontros

Das Trevas à Luz

299

serviam somente como calmante às mentes curiosas dos mais inexperientes, uma vez que toda aplicação, inegavelmente, dependia do auxílio de cada um dos seus respectivos instrutores.

Foi durante um destes rápidos encontros que vim a conhecer Merlinda. Esta era aluna do ciclo avançado e já estava residente na morada havia quase dez anos. Merlinda era uma moça um pouco mais jovem que eu, cabelos negros e pele clara. Contou-me que sua vinda à morada foi devido a um rompimento de uma das veias do cérebro. Disse não ter sofrido ou agonizado, pois o fato ocorrera quando esta repousava.

Explicou-me que em sua última existência no físico, fora filha de um importante doutor no estado de Minas Gerais. Merlinda era a caçula dentre os quatro irmãos que possuía. Quando falecera, estava noiva, fato que lhe causara grande sofrimento quando acordou no novo plano. Disse-me que foram dois longos anos no Centro de Recuperação até que finalmente aceitasse sua partida.

Contou-me que nos primeiros anos após a aceitação, sua maior vontade era uma nova chance no físico, desde que fosse no âmbito de sua antiga família. No entanto, como tal fato envolve uma série de atos, viu com o tempo que suas expectativas haviam diminuído. Chegou ao ponto de prejudicar-se com os sentimentos que estava gerando, e isto a levara a retornar ao Centro de Recuperação. Somente após isto compreendeu que deveria ser paciente e que, se quisesse realmente ter condições de merecer uma nova oportunidade, o primeiro passo seria entregar seu destino nas mãos de Deus, que jamais nos abandona.

Desde então, Merlinda decidiu que enquanto fosse necessário permanecer no plano espiritual, faria tudo o que estivesse em seu alcance para ser digna de uma nova oportunidade. Adentrou no Frei Augusto e, agora no ciclo avançado, é considerada um dos alunos mais aplicados, segundo nosso querido dirigente da escola, o senhor Eleutério.

Estava sendo muito gratificante para mim a oportunidade de amizade com aquela moça. Logo nos primeiros diálogos que havíamos tido, verifiquei o quão decidida esta era. Merlinda sabia claramente o que almejava, e parecia disposta a não se desviar de seus objetivos. Explicou-me que a cada passo que dava em direção ao progresso na beatificante escola, mais entusiasmada ficava por seguir adiante.

Merlinda contou-me das dificuldades que estava encontrando no ciclo avançado e da grande responsabilidade que adquiriam todos que até ali chegavam. O ciclo avançado era voltado principalmente à aplicação dos recursos que se obtiveram nos ciclos anteriores, e ao trabalho totalmente direcionado ao próximo, independentemente de seu plano residente.

Detalhou-me um pouco da experiência em acompanhar seus instrutores às glebas de seres caídos e atormentados nos planos inferiores, e o difícil reencontro com seu noivo, que ainda permanecia no físico. Disse ter sido verdadeira prova ao espírito poder revê-lo após tanto tempo e não mais estar presente em sua jornada. Este seguira seu caminho e encontrava-se casado havia quase cinco anos. Possuía uma filha, e seu antigo relacionamento com Merlinda havia permanecido no passado.

Fatos dolorosos, mas que serviram de impulso a Merlinda para jamais abaixar a cabeça em busca de seus anseios.

Seus pais e irmãos ainda se encontravam no físico, e a querida caçula sempre estava presente em suas orações. Orações direcionadas ao progresso e bem estar da moça, que reciprocamente jamais deixara diminuir o valor que estas tiveram para ela.

Merlinda repartira valiosas lições de amor comigo, cuja comparação não pude deixar de realizar. Lembrei-me de meu encontro último com Elisa e da dolorosa constatação de minha situação. Confesso que para mim aquelas lembranças seguiam envoltas em torpor e escombros, restando-me somente pequenos trechos enegrecidos do que realmente acontecera.

Meu estado naquele período fora tão perturbador, que minha atual condição naquele momento não me permitia ir mais afundo do que dolorosas lembranças despedaçadas pairando em minha mente. A única certeza que possuía era da semente reparadora germinando em meu ser, como poderoso bálsamo vindo diretamente das mãos do Criador, insuflando-me a busca por redenção.

* * *

Enquanto eu seguia iniciando a nova etapa, no plano físico Elisa conversava com o padre João.

Das Trevas à Luz

Então, padre, se nós conseguirmos juntar pelo menos metade dos que costumam frequentar as missas, acredito que poderemos fazer algo em relação ao caos em que nossa querida vila se transformou.

— Eu não sei, Elisa. Algumas pessoas já vieram conversar comigo sobre este assunto, mas não pareciam dispostas a intervir. A grande maioria está descontente com a postura das autoridades e o total descaso, mas contaram preferir ficar fora deste assunto.

— Nossa, padre, mas como podem não querer fazer nada? É claro o caos em que estamos mergulhados, e se não nos organizarmos o mais rápido, a tendência é piorar – espantou-se ela.

— Sim, eu concordo. Ocorre que infelizmente estas pessoas iludem-se, acreditando estarem imunes ao que ocorre fora de suas propriedades. No entanto elas não podem simplesmente se isolar e deixar que as coisas sigam como estão. Hoje podem não estar sentindo os efeitos desta bagunça, mas dentro em breve chegará a suas portas, e aí talvez seja tarde demais – considerou o padre.

— Exatamente. É por isso que eu e dona Célia estamos dispostas a fazer qualquer coisa para tentar contornar esta situação. Pensamos em organizar uma frente de voluntários para discutir o que podemos fazer. E se pudermos ter seu apoio, acreditamos que poderíamos alcançar um número maior de pessoas.

— Bem, você me conhece e sabe que pode contar com meu apoio no que for preciso. Parte-me o coração ver quase toda semana esses pobres irmãos virem até aqui em busca de auxílio. Nós tentamos ajudar na maneira do possível, mas, infelizmente, nunca é o suficiente.

— Eu imagino, padre. Eu agradeço o seu apoio e compreensão. A princípio, nosso intuito é tentar reunir a maior quantidade de pessoas. E para isto, gostaria que o senhor nos permitisse, ao final de cada missa, tomar a palavra, convocando os interessados em auxiliar. Acreditamos que, neste primeiro momento, esta forma é mais eficaz do que irmos de porta em porta.

— Sim, é verdade, Elisa. Fiquem inteiramente à vontade para agir como acharem melhor.

— Obrigada, padre. Irei conversar com dona Célia. E, se o senhor nos permitir, gostaria de fazer esta convocação logo na próxima missa.

— Por mim não há problema. Ficarei muito feliz em poder ajudar – concluiu o padre.

Deixando a igreja, Elisa reúne-se com dona Célia a fim de contar como fora seu encontro com o padre João.

— Olá, dona Célia. Acabo de vir lá da igreja, e expliquei ao padre nosso intuito. Ele concordou em auxiliar-nos, permitindo que após a missa possamos convocar as pessoas a tomarem alguma atitude para este caos.

— Que bom, Elisa. Não poderia imaginar outra atitude vinda do padre.

— No entanto ele acredita que serão poucas as pessoas que nos darão ouvidos. Explicou que já havia conversado com algumas pessoas e que nem todos se demonstraram dispostos a fazer algo – explicou Elisa.

— Tudo bem. Mesmo que não consigamos reunir um grande número de pessoas, conseguindo o apoio de alguns, desde que dispostos a realmente ajudar, já estará bom. Eu fiz uma lista de quais serão as nossas prioridades e a melhor forma que encontrei para tentar abrandar esta situação. Dê uma olhada, Elisa, e diga-me se esqueci de algo ou se há pontos em que podemos melhorar – solicitou dona Célia.

Após analisar calmamente, Elisa ficou espantada com as sugestões elaboradas por dona Célia e concordou plenamente com todos os pontos levantados.

Dona Célia, que era viúva, dizia ter aprendido com seu falecido marido o pouco que sabia com relação a organização e planejamento. Não possuía filhos, e por isto dedicou-se inteiramente aos estudos, para melhor compreender sobre gerenciamento.

Em sua listagem estava um sistema muito bem descrito sobre como ela esperava minimizar os efeitos da desordem, integrando os moradores, produtores e dirigentes com os imigrantes. Bastava primeiro conseguir o apoio de uma parcela de interessados, para logo em seguida colocar em prática os itens de seu planejamento.

Distante dali, no outro extremo da região, dois dos imigrantes, descontentes com suas situações precárias, planejavam uma forma de conseguirem sair do buraco em que haviam entrado quando erroneamente, para arriscar-se na nova localidade, largaram o pouco que tinham.

Das Trevas à Luz
303

— Ah! Se quer saber, eu cansei de mendigar na porta desses malditos. Viver assim, à base de esmolas, não é vida. Quando vim pra cá, foi porque me disseram que havia dinheiro fácil, mas chegando aqui não vi nada disto – reclamou um deles.

— Eu também não vi nada do que me disseram. Cadê as terras para plantar e todo o necessário que falaram estarem dando por aqui? Isto é tudo papo furado. Quem manda por aqui só está interessado no próprio bolso.

— Tudo uma cambada de safado que não está nem aí para os outros. Mas se quer saber, isto não irá ficar assim. Chegou a hora de mostrar do que somos capazes. Vou juntar alguns e invadir a propriedade destes safados ricos, e pegaremos tudo o que pudermos. Você está comigo? – indagou.

— Sim, pode ter certeza.

43 – Abnegáveis Samaritanos

Quando Deus criou-nos, quis que todos pudéssemos atingir o mais alto grau de pureza e sabedoria, utilizando todos os recursos disponíveis à obtenção desta dádiva.

Podemos compreender que, ao sairmos das mãos do Criador, equiparamo-nos a um cálice vazio. Enchê-lo e utilizá-lo da melhor maneira possível, segundo aquilo que julguemos mais conveniente, é tarefa inteiramente nossa. Nada nos impede de decidir qual será a maneira, o conteúdo ou o tempo em que iremos dedicar-nos para este feito.

Ocorre que o princípio interior existente em cada um destes cálices é oriundo da fonte mais pura e mais sábia, que é Deus. E sendo criados a partir de pequenas centelhas emanadas diretamente do Pai, podemos afirmar que, independentemente das escolhas que forem sendo realizadas durante o processo, todos tenderão indistintamente ao mesmo fim.

Devemos também compreender que estes cálices não se esvaziam ou transbordam. Tudo o que for sendo obtido em seu interior é utilizado por cada coletor, mesmo que, no primeiro momento, o que estiver sendo coletado possa parecer inapropriado. Aos olhos daqueles que observam por fora, tais substâncias coletadas indicam não possuir valor, mas aos olhos do Pai, cuja compreensão estende-

-se ao íntimo de cada um, tudo é sempre aproveitado. Àqueles onde a borda já estiver sendo alcançada, ocorre uma doação daquilo que puramente obtiveram. Doação que será eficaz somente dentre aqueles que conseguiram compreender suas verdadeiras essências e absorveram de maneira sublime tudo aquilo que coletaram ao longo de suas jornadas.

Por isso esforcemo-nos a fim de alcançar este objetivo e cumprir com nosso papel de verdadeiros filhos de Deus.

Enquanto eu seguia iniciando os estudos no ciclo intermediário, no plano físico os valorosos companheiros do bem, instrumentos do Senhor a quem o bondoso companheiro Balthazar havia-se unido, continuavam a empenhar-se no auxílio e amparo às criaturas perturbadas da pequena vila onde Cláudio e Elisa residiam.

A equipe de samaritanos coordenada pela bondosa senhora Anastácia, também contava com o apoio de outros servos do invisível, cuja simpatia por aqueles que se encontravam no físico mantinha-os unidos. Dentre estes queridos irmãos destacava-se o gentil Cássius, obreiro dedicado e amigo fiel a Cláudio. Ele seguia auxiliando-o na obtenção dos recursos necessários ao seu progresso.

O reencontro entre Cássius e Balthazar que havia algum tempo que não ocorria, foi regado, como sempre, a um caloroso abraço e muita emoção. O trabalho que ambos realizaram no passado, procurando auxiliar e orientar a mim e ao casal Cláudio e Elisa, apesar do longo tempo decorrido, ainda seguia vivo em suas lembranças. E como não poderia deixar de ocorrer, ambos quiseram informações sobre seus assistidos.

— Então, meu amigo Cássius, como vai o nosso querido Cláudio e sua companheira?

— Seguem trilhando muito bem seus caminhos. Elisa continua o mesmo ser doce e gentil, cujo coração não mede esforços a fim de auxiliar ao próximo. E Cláudio, ao lado de Elisa, fez acender em seu íntimo importantes sentimentos. Ainda segue como um trabalhador dedicado, e o amor a sua querida mãe não mede esforços para fazer-se presente.

— Ah, que bom ouvir isto. Que Deus continue sempre a iluminar seus caminhos – desejou Balthazar.

— E diga-me, Balthazar, como está se saindo Matheus depois

Das Trevas à Luz 305

que foi acolhido na Morada Renascer?

— Não encontro palavras para descrevê-lo. Confesso que ele superou todas as minhas expectativas, e hoje é alguém que compreendeu qual o verdadeiro caminho que devemos trilhar. Após sua recuperação, aceitou por iniciativa própria cursar no Frei Augusto.

— Sério, Balthazar? – espantou-se Cássius.

— Sim, é verdade. Como sabe, lá eles seguem o mesmo foco do Instituto Sagrado Coração, o qual você cursou na Morada Servos do Senhor. Não é maravilhoso?

— Realmente é como você disse. Este rapaz superou minhas expectativas. Ainda mais se levarmos em consideração tudo o que ele já fez. Confesso que imaginava que ele fosse permanecer, assim como muitos, errante no Vale das Trevas por longas décadas. Não foram à toa seus anseios com relação a ele. Torço para que se torne, assim como você, um grande trabalhador do bem.

— Ora, o que é isto, Cássius? – sorriu ele – Sou apenas mais um dentre os humildes servos de nosso querido e amado Pai.

— E Matheus tem ouvido seus conselhos? – indagou Cássius.

— Na realidade eu não estou atuando diretamente com ele. No começo, durante sua recuperação, estive presente o tempo todo. No entanto, quando se mostrou apto a seguir com as próprias pernas, tomei por bem afastar-me e deixar que ele fizesse suas escolhas. Contudo procuro sempre manter-me informado sobre sua evolução.

— Fez bem. Permitiu que ele agisse segundo seus próprios desejos, sem que sofresse qualquer tipo de influência – concordou Cássius.

— Porém devo confessar-lhe que não estar ao seu lado, amparando-o como vinha efetuando até seu acolhimento e refazimento, tem sido mais difícil do que eu esperava. Mas conforta-me a certeza que dentro em breve, se Deus nos permitir, tornaremos a estar juntos – desejou ele, sorrindo.

— Não tenho dúvidas disto, Balthazar. Mas agora falemos sobre as questões que atualmente envolvem esta vila. Confesso que me preocupo muito em relação aos últimos acontecimentos.

— Realmente, a situação não vai nada bem. Apesar de nossos esforços em tentar acalmar a grande leva de criaturas desgarradas que acompanharam os irmãos no físico vindos das regiões vizinhas, muitos, talvez a grande maioria, ainda não se encontram em condi-

306   Matheus

ções favoráveis ao auxílio – explicou Balthazar.

— Infelizmente. Há também aquelas pessoas que já residiam antes nesta vila e, com a chegada destes imigrantes, revoltaram-se e tomaram atitudes muito preocupantes. No entanto, agindo desta forma, seus pensamentos destrutivos têm imantado não só as criaturas que acompanharam os imigrantes, mas também as levas que já espreitavam sem destino entre estes moradores. Seres desencarnados e totalmente revoltados, cujo intuito compraz-se somente na destruição alheia – acrescentou Cássius.

— Posso dizer que se estabeleceu a organização perfeita às investidas dos senhores das sombras. Situação que merece total atenção para que não se complique ainda mais. A senhora Anastácia, nossa generosa coordenadora nos serviços que estamos prestando, já nos informou a necessidade de seguirmos à Morada Servos do Senhor a fim de reorganizarmo-nos e buscar junto destes companheiros um auxílio a este caso – salientou Balthazar.

— Por minha vez, tenho trabalhado ativamente junto a outros amigos do invisível que possuem apreço aos moradores desta vila, procurando instruí-los a organizarem-se em busca de opções para esta situação. Como você sabe, meu amigo Balthazar, a companheira de Cláudio, Elisa, sempre se ocupou em auxiliar a todos. Desta forma, também há muita facilidade em relação à comunicação com ela. Tenho fé que, juntos, todos poderemos encontrar a melhor solução, tanto aos irmãos no físico quanto aos do invisível – desejou Cássius.

Distante dali, na Morada Renascer, eu seguia meus estudos no Frei Augusto, recebendo valorosos ensinamentos da gentil instrutora Taméria. Eu e meus companheiros estávamos aprofundando nossos conhecimentos em relação à capacidade de levitação, condição muito importante aos serviços de auxílios externos.

A instrutora explicou-nos que conforme consigamos ter condições para evoluir, esta capacidade também avança. Disse que, com o tempo, esta forma de locomoção torna-se tão impressionante como o nosso próprio pensamento, permitindo que nos desloquemos tão rápido quanto o simples ato de pensar.

Novamente remeti-me às lembranças do período em que estivera a serviço das Trevas. Lembrei que enquanto estivera nos domínios de Charon, observei algumas criaturas moverem-se de forma

Das Trevas à Luz

307

bastante ágil. Forma que também fora aplicada a mim durante o período de vinculação, dando-me posteriormente condições para executar algo não tão ágil quanto a levitação, mas próximo do que os serviços requisitavam.

Tentar explicar ou reproduzir tal ação nas minhas atuais condições não era possível, uma vez que, como explicado, o período anterior à minha chegada a nossa querida morada encontrava-se ainda muito turvo e confuso em minhas lembranças.

Questionei a instrutora se esta capacidade de levitação era equiparada ou semelhante entre os seres de planos superiores e inferiores.

— Realmente é semelhante, na forma exterior entre alguns casos. Contudo, se analisarmos com maior profundidade, verificaremos muitas diferenças. Alguns seres inferiores têm esta capacidade de locomover-se, porém isto depende da condição em que se encontre. Há a necessidade de determinado grau de inteligência, agindo para armazenar esta energia mental. E por isto são muito poucos os que conseguem, devido a suas reais condições – explicou ela.

— Mas, instrutora, eu penso que uma vez que reunimos condições para permanecer em locais como aqui na Morada, já não deveríamos conseguir efetuar isto comumente? – indagou Lélio.

— Bem, possuir condições para estar-se residente em uma morada como a nossa ou qualquer outra que se encontre situada nesta faixa na qual nós estamos, não necessariamente implica que todos possam levitar apenas pelo fato de aqui terem sido acolhidos. Há a necessidade de compreender-se como isto ocorre – completou ela.

— Mas esta capacidade seria como conseguirmos andar? – perguntou Ana Lúcia.

— Como nós já vimos e estudamos, uma vez fora do físico, não mais utilizamos o mesmo veículo a que estávamos acostumados. Lá, no plano físico, devido às condições envolventes, o caminhar é a única forma a qual conseguimos utilizar. Aqui, como sabem, a matéria, elemento que envolve os seres do físico, não nos restringe. Podemos, com a força da mente, locomover-nos. Agora eu pergunto-lhes: por que, mesmo aqui em nossa Morada, não vemos os mais antigos utilizarem este recurso ao irem de um local a outro?

— Porque nem todos conseguem – respondeu Araci.

— Bem, eu pergunto em relação àqueles que já sabem levitar e mesmo assim não utilizam este recurso entre nós – completou Taméria.

308   Matheus

— Porque aqui há outras formas de locomoção que suprimem esta necessidade – respondeu Lélio.

— Deve ser porque levitar é cansativo como andar – disse Lusia.

— Não, para aqueles mais experientes, que conseguem controlar suas mentes, não há cansaço. Podem vencer grandes distâncias com um piscar de olhos – considerou a instrutora.

Observando que ninguém mais conseguia explicar o motivo, a instrutora respondeu:

— Por humildade.

— Como assim, humildade? – indagou Araci.

— É simples. Imagine como você iria sentir-se se não conseguisse mover as pernas e, ao seu lado, todos passassem correndo, livres. Aqui ninguém é mais que ninguém. Todos somos irmãos e filhos do mesmo Pai. Nada mais compreensível que não nos sintamos no direito de utilizar recursos que nem todos são capazes de utilizar, uma vez que podemos nos valer dos recursos a que todos estamos condicionados. Se mesmo aqui a forma de locomoção ainda prossegue sendo o andar, então, como verdadeiros irmãos, devemos todos utilizar a mesma condição. Jamais devemos ampliar as distâncias que existem entre nós. Quem é simples, coloca-se no lugar do próximo, e faz todo o possível para estreitar cada vez mais os laços que nos unem, a fim de que todos possamos um dia alçar voos juntos – concluiu Taméria.

— Realmente valorosos ensinamentos nossa querida instrutora trazia-nos. Não somente em relação a esta ou aquela capacidade que estávamos aprendendo, mas principalmente em relação àquilo de que devemos saciar-nos. Aprender a entender e agir como simples criaturas que somos. Ter sempre em mente que todos somos pequenas centelhas irmãs, cujo bem maior está em despojarmo-nos de altares que visem a destacar-nos perante os menos aventurados, a fim de que todos possamos seguir juntos.

Devemos agir conforme as maravilhosas lições deixadas por nosso senhor Jesus Cristo, e com amor e humildade, esforçarmo-nos todos os dias para melhorar.

Enquanto eu seguia meditando sobre as palavras da instrutora, no físico Cláudio e Elisa conversavam sobre um assunto que volta e meia perturbava os pensamentos dele.

Das Trevas à Luz

* * *

— Elisa, tenho ultimamente pensado muito no que aconteceu conosco no passado. Às vezes me questiono se, caso o Matheus não a tivesse ferido em seu ventre, poderíamos gerar um filho.

— Ah, Cláudio. Não fique pensando no "se não tivesse ocorrido isto ou aquilo". Lembre-se que devemos pensar que nada é por acaso. Confiemos na vontade do Pai, e se ele achou por bem que não pudéssemos ter filhos, então procuremos conformar-nos com isto.

— Sim, eu sei, Elisa. É que eu iria sentir-me realizado podendo transmitir esta espécie de sentimento paternal que sinto em meu peito. Às vezes parece que falta algo em minha vida. Você é o presente que Deus me deu, mas queria de alguma forma expor isto o que sinto e poder sentir-me mais completo, mais vivo – lamentou Cláudio.

— Sei que é difícil suprir esta vontade, que não apenas você sente, mas eu também. Seria muito feliz se pudesse ser mãe, ter um filho. Creio que gerar um filho é o ato mais belo que nós podemos realizar. Maravilhoso dom este que o nosso querido Pai concede-nos. O amor existente entre pais e filhos é o amor mais puro e sincero, que nós todos deveríamos sentir uns pelos outros. Talvez esta oportunidade de amar alguém tão incondicionalmente seja uma amostra, concedida por Deus, do amor que este sente por todos nós – considerou Elisa e prosseguiu.

— Porém, meu amor, não me sinto infeliz ou desprivilegiada por ainda não termos tido esta oportunidade. Penso que tudo tem sua hora certa, e que Deus sabe exatamente aquilo que é melhor para cada um de seus filhos. Vamos entregar nas mãos dele, como sempre temos feito, e confiar em sua vontade – completou Elisa.

Por maior que fosse a vontade de ter um filho com Cláudio, Elisa não se sentia preparada para ser mãe. Sabia que a oportunidade de gerar um filho era maravilhosa bênção, e que se ocorresse, Elisa entregar-se-ia totalmente. No entanto algo em seu íntimo a fazia querer relutar e temer a maternidade. Elisa não conseguia compreender se este receio era devido ao acidente do passado ou se era apenas insegurança. Contudo esta ainda esperava ter coragem o suficiente para abrir-se com Cláudio e dividir com ele seu aborto e seus temores.

Todas as noites, ao rezar, Elisa orava a Deus para que um dia pudesse ter forças para enfim se abrir com Cláudio. Porém, enquanto esta hora não chegava, entregava a Deus, confiante de que este jamais a abandonaria.

Enquanto para alguns o amor e a confiança em Deus eram essenciais, a outros esta verdade estava totalmente distante. O revoltado fazendeiro Miguel, completamente temeroso com suas terras, armava-se como podia, procurando proteger seu patrimônio.

— Eu é que não vou ficar esperando esses malditos miseráveis pegarem o que é meu. Aqui nas minhas terras, vagabundo não entra, ouviram? O que é meu ninguém toma! Mato o safado que ousar invadir minhas terras – gritava ele, com os seus empregados.

— Procure acalmar-se, senhor, isto não lhe irá fazer nada bem – pediu Adalva, sua empregada.

— Cale esta boca, mulher idiota. Só irei acalmar-me quando esta maldita corja sumir de uma vez. Ouvi que continuam a invadir e saquear como bem entendem. Aqui não. Nenhum safado e vagabundo invade o que é meu. Eles é que se atrevam, então irão conhecer minha pistola – gritava Miguel, sacudindo sua pistola de um lado para outro.

Companheiros do bem, humildes servos do Senhor, procuravam doutrinar as levas de criaturas que tanto o assediavam, porém, quanto mais o tempo seguia, mais ódio este exalava.

Parasitas das Trevas, eles enlaçavam-no cada vez mais fortemente. Enquanto intimamente Miguel seguia entregando-se aos seus desejos e vontades destruidoras, obsessores povoavam-lhe da forma como conseguiam, nutrindo-se de seus pensamentos de ira e ódio, criando ligações cada vez mais intrínsecas.

Triste era a situação em que Miguel encontrava-se, permitindo tal enlace e renegando qualquer tentativa de amparo por parte das correntes do bem. Contudo estes abnegados servos, cujo amor ao próximo não encontra obstáculos, procuravam higienizar o ambiente, removendo qualquer forma de pensamento negativo criada pelos espíritos inferiores.

Observou-se que pesada carga havia sido depositada em sua tão protegida pistola. Por vezes os companheiros do bem aconselharam os empregados de Miguel a removê-la de suas vistas, porém seu apego pelo artefato era tamanho que ele não conseguia realizar

Das Trevas à Luz

mais nada longe deste.

A situação somente não estava à total escura graças à humilde Adalva, que em todas as noites elevava seus pensamentos a Deus, rogando pela proteção do perturbado senhor. Frequentadora assídua das missas do padre João, Adalva e mais alguns empregados de Miguel eram centelhas de luz, enviadas para tentar auxiliar e apascentar os diversos corações sofridos que jaziam espalhados pelos inúmeros recantos do globo.

44 – Bálsamos de Luz

"Eu sou o caminho, e a verdade e a vida; ninguém vem ao Pai, senão por mim"[8].

Jesus Cristo foi a salvação enviada por Deus para resgatar a humanidade da escuridão. Trouxe-nos seu amor e humildade, assegurando-nos da certeza de que o espírito é imortal, e que ninguém chega ao céu enquanto não compreender e aceitar suas palavras.

Sua vida foi dedicada a acender a luz nos corações dispersos, procurando fazê-los enxergar o verdadeiro sentido da existência. Ensinou-nos que o amor é o caminho o qual todos devemos trilhar.

Jesus Cristo foi, é e sempre será o exemplo que todos devemos seguir. Quis que todos nos aceitássemos como verdadeiros irmãos que somos. Irmãos que se amam, respeitam e auxiliam. Ele veio demonstrar-nos tudo aquilo que Deus espera de nós enquanto seus queridos e amados filhos.

Não há castigos ou tempo fixo àqueles que ainda percorrem pelas sombras. Cada um faz-se seu próprio juiz, condenando-se por cada ato. Cada um necessita de um período para esclarecer-se e abrir os olhos para a verdade. Por isso Jesus assegurou-nos da meta em que devemos empenhar-nos. Ele sabia exatamente o quão difícil seria nosso caminho enquanto não lançássemos fora de nós mesmos, e de uma vez por todas, as íntimas mazelas que tanto vínhamos cegamente acumulando.

Nosso querido mestre empenhou-se em inserir dentro de cada um de nós a semente de Deus, cujos frutos dependem única e exclusivamente de cada um.

Abramos nossos corações e possamos enfim aceitar suas pala-

---

[8] Novo Testamento, João 14:6

vras. Compreendamos o quão simples é a vida, e paremos de renegar nossa importante parcela no transpor de cada etapa.

Voltemo-nos em direção à semente existente em cada um, cultivando-a com o evangelho do Cristo, a fim de que possamos todos, um dia, sermos também humildes mensageiros do Senhor e verdadeiros bálsamos de luz para nossos irmãos.

No plano físico os humildes servos do bem procuravam despender suas melhores intenções a fim de orientar e auxiliar os inúmeros irmãos sofredores que seguiam tão distantes de qualquer sentimento de paz, amor e esperanças. E enquanto isso, na benévola escola Frei Augusto eu dedicava-me cada vez mais a aprender tudo o que fosse possível, para meu refazimento interior.

— Hoje iremos aprofundar os estudos da maravilhosa capacidade de poder aplicar passes – explicou a instrutora Taméria.

— Senhora Taméria, todos podem aplicar passes? – indagou Benedita.

— Perfeitamente. Desde que possuam condições necessárias para utilizar esta importante ferramenta, e conheçam seus inúmeros benefícios, qualquer um tem esta capacidade.

— O passe é uma troca de energias? – quis saber Valdecir.

— Sem dúvida. Mas não somente uma troca, também uma doação. Doação que vem do coração e do interior de cada um.

— O passe deve ser realizado em um ambiente específico? – perguntei.

— Seria o ideal. Porém, não existindo condições para isto, nada impede que se realize. Contudo há de ressalvar-se que fora de ambientes preparados, e efetuado por alguém que não se tenha preparado suficientemente, sua prática é desaconselhável.

— O que acontece quando se aplicam passes fora destes ambientes? – perguntou Ana Lúcia, curiosa.

— Bem, ao primeiro instante pode-se prejudicar aquele que recebe, contribuindo para piorar sua situação. Fora de ambientes preparados, toda a ação recai sobre seu realizador, esteja ele no físico ou não. Por isso se espera que este, ao executá-lo, sempre esteja com o pensamento firme e consciente de que é um instrumento de amor, amparo e humildade. Ao segundo instante, o realizador pode acabar atraindo para si toda a energia nociva envolta naquele que

Das Trevas à Luz   313

estiver recebendo o passe. Não apenas neste, mas também ocorre de acabar recebendo tudo o que estiver acumulado no próprio ambiente.

Ou seja, se quem executá-lo não estiver preparado, pode este também ser alvo de qualquer intenção contrária à sua.

— Então o passe é algo muito sério – considerou Margarida.

— Isso mesmo. Quem o executa deve estar totalmente consciente de sua importância. Deve ter em mente que é um trabalho de amor, auxílio e doação – asseverou a instrutora.

— E de onde vem esta energia utilizada nos passes? – indagou Frederico.

— Em se tratando de alguém que esteja no físico, ela pode vir do próprio executor, através de sua capacidade de emanar de seu interior estas energias; pode vir também através de algum de nossos irmãos do invisível, fazendo com que o executor do passe no físico seja o seu intermediário; ou pode ainda vir pela ação de ambos, tanto daquele que está no físico como dos do invisível, onde ambos contribuem para a emanação de suas energias. Ah, e não vamos esquecer de que estas também podem vir do próprio meio ambiente. Os que aplicam o passe conseguem absorver importantes energias conforme o meio em que se encontrem.

— E quando não se está mais no físico? Existe alguém que contribui e auxilia, como é feito com aqueles que ainda estão na matéria? – quis saber Osvaldo.

— Sem dúvida que há. Ou vocês acreditam que após o físico estão sozinhos e por conta de vocês? Nós também recebemos o auxílio de irmãos mais elevados. Assim como no físico, quando necessitamos de auxílio e os chamamos, eles juntam-se a nós e amparam o trabalho da melhor maneira possível.

— Uma vez eu vi minha avó aplicando passes, e ela colocava as mãos na cabeça da pessoa. É isto mesmo? – perguntou Soraia.

— As mãos servem de orientação ao fluxo das energias, mas, aos mais experientes, o simples pensar atua da mesma forma. Suas mãos estavam sobre a cabeça da pessoa porque há no centro da cabeça, na parte superior, um dos centros de energias do corpo.

— E o que são estas energias emanadas através dos passes? De onde elas vêm? – indagou Altair.

— Bem, como vocês já viram, todos nós somos portadores de energias. Energia que não cessa ou dissipa. Nossa mente é poderosa fonte de energia, capaz de atos ainda pouquíssimo conhecidos. Contudo não apenas em nossa mente, mas dentro de cada um de nós, há poderosa energia. E esta energia vem da fonte inesgotável que é o nosso Pai. Este é quem nos fortalece e alimenta com todo o seu amor. Amor que não possui limites ou barreiras. Por isto, o primeiro e mais importante passo é acreditarmos que ao nosso lado e dentro de cada um de nós há esta energia maravilhosa, capaz de realizar qualquer coisa. Então, aceitando o Pai de coração, podemos ser capazes de utilizar tranquilamente nossas energias em favor e auxílio de qualquer um – concluiu ela.

Maravilhosos ensinamentos estávamos tendo com a instrutora Taméria. Descobrir que todos podemos gerar energias reparadoras e capazes de auxiliar ao próximo, encheu-nos de felicidade. Eu e meus queridos colegas nos sentíamos privilegiados pela abençoada oportunidade que estávamos tendo. Esforçando-nos, poderíamos nós também ser capazes de ajudar os inúmeros irmãos que necessitam tanto de auxílio. Agradeci ao Pai pela grandiosa oportunidade e roguei-lhe forças para que em minha busca por redenção pudesse eu ser capaz de, através do amor, amparar tantas pessoas quanto fosse possível.

Distante dos maravilhosos ensinamentos deixados pelo querido mestre, no físico um grupo contendo cerca de trinta e três imigrantes, os mais revoltados e raivosos, preparava-se para dar início à onda de saques às residências dos mais ricos da cidade. Dentre esses imigrantes estava o astuto Timóteo, aquele que pelos demais era considerado o líder de todo o grupo.

— E então, está tudo certo? Iremos atacar, a princípio, em dois dias diferentes, e não quero falhas.

— Está sim – respondeu Feliciano, seu braço direito.

— Confirmaram se o lugar estará vazio?

— Pelo que vimos, não haverá mesmo ninguém vigiando o local. Como invadiremos no horário da missa, com certeza não haverá ninguém – garantiu Feliciano.

— Muito bem. Aproveitaremos o horário em que estes imbecis estarão reunidos na igreja, e iremos limpar o lugar.

O grupo queria aproveitar a missa de páscoa, acontecimento importante na cidade, que era formada por muitos católicos.

— Chega de ficarmos mendigando e à espera de algum auxílio.

Das Trevas à Luz   315

Eles nos enganaram, fazendo-nos crer que este lugar era acolhedor e que dava condições iguais a todos. Tudo mentira para elevar a moral desta vila entre as grandes capitais. Cambada de safados. Não iremos mais ser considerados invasores, pobres e vagabundos. Faremos as coisas com nossas próprias mãos. Começaremos invadindo as casas dos ricos safados; depois, os armazéns e tudo o mais que for preciso – exaltava Timóteo.

— Mas e se durante a invasão encontrarmos alguém? – perguntou um dos comparsas.

— Ninguém ficará em nosso caminho. Se encontrarem alguém, não tenham piedade. Façam o que for necessário, mas limpem todo o lugar. Esses ricos malditos costumam ter joias guardadas, e por isso revirem tudo. Chega de sermos humilhados, enfim teremos aquilo que merecemos. Quem está comigo?

Todos gritavam estarem de acordo. O grupo faria qualquer coisa para sair da miséria em que se encontrava. Aproveitariam a data da páscoa para iniciar as ondas de saques às residências dos considerados mais ricos da vila. E a primeira residência escolhida por eles era justamente a do senhor Miguel, o revoltado e temeroso fazendeiro que tanto se preocupava em proteger suas terras de serem invadidas pelos imigrantes.

Dona Célia, a determinada senhora disposta a colaborar para auxiliar aos imigrantes necessitados, já havia combinado com o padre de aproveitarem a data da páscoa para, durante a missa, convocarem os cidadãos a unirem forças para contornar a triste situação. Ela explicava a Elisa como pretendia sensibilizar as pessoas a juntarem-se em prol de uma solução:

— Eu creio, Elisa, que se nós conseguirmos explicar nossa intenção para auxiliar a toda esta gente, de forma que as pessoas vejam que se todos nos ajudarmos, todos seremos beneficiados, não há como continuarem de olhos fechados, esperando que tudo se resolva sozinho.

— Concordo com a senhora. Muita gente abstém-se e vira a cara para estas pessoas por que não lhes deram uma oportunidade de demonstrarem do que são capazes. Estive conversando com alguns, e muitos eram trabalhadores onde viviam. Acontece que preferiram arriscar-se vindo para cá, com a falsa promessa de trabalhos e condições justas para todos, quando na realidade isto só acontece com os moradores que possuem recursos.

— Exatamente. Também conversei com diversas destas famílias que vieram para cá, e todos, exatamente todos, foram categóricos em afirmar que o boato de que aqui era uma região justa para todos foi o que lhes fez largarem a miséria em que viviam para aqui se arriscarem. Uns pobres coitados que já não possuíam nada e, chegando aqui, descobriram a triste realidade – lamentou dona Célia.

— Pois eu tenho pena destas pessoas. Percebe-se que tudo o que desejam é uma oportunidade justa e digna de ganharem seu sustento, mas todos lhes fecham as portas.

— Sim, mas você sabe porque isto aconteceu, Elisa. No meio destas famílias que migraram para cá, também vieram muitos encostados, que esperavam aqui tirar a sorte grande. Bandidos e sem-vergonhas que não possuem escrúpulo algum, infiltrados no meio de trabalhadores e pais de família.

— Impressionante como existem pessoas tão desonestas assim ainda nos dias de hoje – comentou Elisa.

— Infelizmente, Elisa. E foi justamente por causa destes desordeiros que as pessoas fecharam as portas a todos. Acabaram generalizando. Mas isto não ocorreu somente entre os moradores, e sim também entre os dirigentes. Quem, nos dias de hoje, preocupa-se em ajudar ao próximo? Ainda mais sabendo que este nada quer da vida além de sombra e água fresca. Assim fica extremamente complicado, por isto os dirigentes abstiveram-se de proporcionar qualquer auxílio a toda esta gente.

— Pois é. Muito mais fácil considerar todos um bando de aproveitadores do que procurar informar-se sobre quem realmente é mau-caráter – lamentou Elisa.

— Por isto a oportunidade que teremos na missa será muito importante. Será a chance de, além de explicar sobre verdadeira índole dos pais de família que só querem poder trabalhar dignamente, mostrar quais são as nossas sugestões para tentarmos contornar esta lamentável situação – considerou dona Célia.

— Com certeza. Graças à boa vontade do nosso querido padre em permitir-nos divulgar isto após a missa, creio que enfim teremos uma alternativa para ajudar toda esta gente. Vou orar a Deus para que tudo possa dar certo – concluiu Elisa.

Realmente, era valiosa bênção a oportunidade de divulgarem

Das Trevas à Luz
317

uma maneira para auxiliar aos imigrantes e consequentemente contribuir para o bem estar de todos.

Restava agora crer que mesmo os mais revoltados e que procuravam seguir com os pensamentos de ódio e vingança, acreditando que roubar era a única saída, fossem também sensibilizados pelo espírito da páscoa, e permitissem que o Senhor em suas vidas também pudesse florescer.

Enquanto no físico alguns procuravam servir de instrumentos do Senhor, nos planos mais elevados o gentil grupo de samaritanos buscava orientação na simpática Morada Servos do Senhor, localizada não muito distante da Morada Renascer. Lá a humilde coordenadora Anastácia fora reunir-se com outros espíritos de luz, tão dedicados ao auxilio do próximo quanto ela, a fim de procurar uma melhor maneira para conseguir atingir os corações dos inúmeros espíritos caídos, que se multiplicaram atendendo aos pensamentos destruidores dos pobres imigrantes da vila de Cláudio e Elisa.

Nos casos onde se faça necessária uma outra forma de abordagem aos irmãos desgarrados, é perfeitamente comum as entidades de diferentes moradas unirem-se de forma a encontrar uma melhor solução ao amparo e auxílio destes.

O acesso a outras moradas também é comum em casos de estudo e aprimoramento, ou em visitas. Cada uma segue um estilo de organização, e difere sensivelmente em relação à forma como trabalha, sendo algumas específicas a determinada área. Porém todas possuem o mesmo propósito, que é auxiliar ao próximo, esteja este em planos inferiores e trevosos ou até mesmo no físico.

Há inúmeras moradas de Deus espalhadas em diferentes regiões e empenhando-se todas no progresso dos menos afortunados, a fim de que todos possam receber o amparo desejado e permitir que o Pai também se manifeste em suas vidas, onde quer que estejam.

— Que as bênçãos do Senhor estejam com vocês – proferiu Anastácia no salão de conferências.

A senhora Anastácia tinha por objetivo explicar a atual situação da região a qual ela empenhava-se em auxiliar com seu grupo. No distinto salão, além de sua equipe de samaritanos da qual fazia parte Balthazar, estavam outros grupos de auxílio e dois dirigentes responsáveis pela Morada, sendo um deles o senhor Amaro, e o outro, o senhor Irineu.

Ambos ouviram atentamente as explanações da senhora Anastácia, e prontamente colocaram suas equipes à disposição da humilde causa. Contudo, a dedicada instrutora fez questão de asseverar que não pretendia angariar um grande grupo, removendo-os de outras tarefas tão importantes quanto aquela. Mesmo ouvindo dos gentis dirigentes que esta não necessitaria preocupar-se, Anastácia preferiu solicitar o apoio de somente uma equipe.

Tendo a solicitação atendida, o seu grupo de samaritanos iria trabalhar juntamente com a equipe gentilmente disponibilizada pelo senhor Amaro, sendo o coordenador de tal equipe o tranquilo e muito respeitado senhor Casemiro.

45 – Sopro Divino

"Bem sabeis que daqui a dois dias é a páscoa; e o Filho do homem será entregue para ser crucificado"[9].

Jesus Cristo sabia claramente tudo o que iria acontecer, e como um verdadeiro filho, respeitava e confiava na vontade do Pai.

Somente Deus sabe o motivo das coisas pelas quais devemos passar. Ele não vê nos fatos que nos acometem, dor ou sofrimento, pois é amável para com todos seus filhos e a estes espera somente o melhor. Conhece-nos e entrega-nos exatamente o que necessitamos para nossa própria elevação, a fim de que um dia possamos ser dignos de adentrar em sua morada.

Morada esta que não é reclusa a ninguém, todos, se assim o quiserem, poderão lá estar. Para isto basta que confiemos em sua vontade e aprendamos a retirar sempre o máximo proveito em cada uma destas oportunidades que nos são concedidas.

Assim como Jesus, devemos ter fé que Deus está em nós, assim como todos nós fazemos parte dele. Não devemos encarar o sofrimento como castigo e sim como oportunidade. Oportunidade valorosa de praticarmos nossa fé e aceitarmos que, para cada obstáculo que nos permitimos experimentar, mais um degrau conseguimos alçar em direção à nossa própria felicidade.

A existência física já é bênção divina pela oportunidade que esta proporciona. Saibamos aproveitar cada momento, independentemente de suas dificuldades. Pois é através delas que conseguimos fortalecer nossos pilares, para que um dia não mais nos sintamos

---

[9] Novo Testamento, Mateus, 26:2

Das Trevas à Luz   319

incapazes de suportar os desafios que nos elevam o espírito e fortalecem o coração.

A cada novo dia e a cada nova aula que eu tinha no Frei Augusto, maior era a minha compreensão a respeito da valorosa oportunidade que deixamos escorrer por nossas mãos quando estamos vivendo no físico. Tenho constatado que não são poucos os que, assim como eu, falham em colocar em prática tudo o que aprenderam enquanto aguardavam nova oportunidade de retornarem em outra roupagem. É certo que não há regresso e nada é em vão. Porém melhor seria nosso avanço se conseguíssemos não nos deixar entorpecer pelas vicissitudes da vida física, e nos ocupássemos mais em escutar nosso íntimo.

Conforme o tempo seguia e eu prosseguia com os estudos na escola Frei Augusto, ia interessando-me cada vez mais pelos valiosos ensinamentos deixados por Jesus Cristo. No ciclo intermediário, um de nossos instrutores ministrava somente temas referentes a este grandioso ser.

Longe de tornarmo-nos pessoas inteiramente conhecedoras a respeito dos ensinamentos deixados pelo filho de Deus, a intenção do tema era fazer com que cada um pudesse abrir os olhos para si e permitir-se ser aquilo que o senhor vivenciou durante toda sua passagem entre nós.

O responsável por trazer-nos maiores conhecimentos a respeito de Jesus era o senhor Demósteles. O respeitável instrutor contou-nos ser um dos primeiros integrantes da equipe de professores da beatificante escola. Disse-nos também que em sua última passagem pelo físico fora um sacerdote e literário estudioso acerca do evangelho do Cristo.

O senhor Demósteles contou-nos, com lágrimas nos olhos, seu chamamento para a servidão a Jesus, e disse-nos ter encontrado o verdadeiro complemento à sua existência. Este se considerava um humilde servo imperfeito, cuja felicidade encontrava-se em poder transmitir os ensinamentos do Senhor.

Confessou-nos orar todos os dias para que sempre fosse digno de transmitir o evangelho, colocando-se na posição de simples instrumento do Cristo, prostrado em amor e união com Deus, aquele que jamais nos abandona, e espera paternalmente pelo nosso progresso.

— "E, tudo o que pedirdes na oração, crendo, o recebereis"[10]. Jesus explica-nos que tudo pode aquele que crê. Devemos sempre confiar na providência do Senhor, que jamais nos desampara quando a este oramos com fé. "(...) Porque em verdade vos digo que, se tiverdes fé como um grão de mostarda, direis a este monte: Passa daqui para acolá – e há de passar; e nada vos será impossível[11]". Ou seja, o fundamental ao levarmos o pensamento a Deus, é a confiança que lhe depositamos quando a este entregamos nossas rogativas – explicou o senhor Demósteles.

— Senhor, como deve ser realizada a verdadeira oração? – perguntou Lélio.

— Com fé. É fazê-la com o coração. Orar sem restrições ou receios. Entregá-la às mãos de Deus e aceitar que quem nele crê, tudo pode – respondeu o instrutor.

Valiosos ensinamentos. Ao ouvir as explicações do instrutor a respeito da fé, comecei a questionar-me qual era o tamanho da minha até então. Sentia-me em paz comigo e feliz pela oportunidade que estava tendo. Mas será que no fundo eu havia aprendido a entregar minhas dores, fraquezas e até mesmo as incertezas nas mãos de Deus?

Recordei-me de quando ainda me encontrava em refazimento no Centro de Recuperação, e o amigo Balthazar solicitou-me que eu deveria aprender a confiar quando então eu quis remover de meu peito os tecidos que recobriam algo que me incomodava e perturbava.

O gentil companheiro orientou-me a ter fé no Pai, e a ele entregar todas as minhas dores e angústias. Pensava ter compreendido suas palavras, mas infelizmente fui fraco e comecei a duvidar que algum ser superior intercederia por mim. Ainda mais com uma antiga existência tão pesada como a que tivera.

Como o tempo passava e o incômodo não melhorava, à semelhança de minhas funções motoras, acabei por falir. Então, em lamentável dia, esperei ficar só em meu leito para remover os tecidos do peito e enfim ver o que tanto me atormentava.

Assustadora foi minha constatação quando, renegando os con-

[10] Novo Testamento, Mateus 21:22
[11] Novo Testamento, Mateus 17:20

Das Trevas à Luz

selhos do abnegado amigo e os apelos de minha própria consciência que tanto me alertara, falhei e vim a remover os tecidos que me recobriam o peito.

Verificar ali tal chaga ainda aberta e em estado completamente aterrador, fizera-me entrar em verdadeiro estado de choque. Pois com aquela imagem, tudo o que retinha em mim, fazendo-me considerar até então que em meu corpo nada realmente se houvesse modificado, tal atitude levara-me a adentrar novamente pelas portas que conduzem às regiões inferiores.

O medo e o temor pela gravidade da ferida que eu havia cegamente provocado em mim, atingiram-me violentamente, quase me levando a entrar em verdadeiro colapso. Um misto de angústia e revolta invadiu-me os pensamentos. Logo estaquei atemorizado ao ver-me à beira das incontáveis criaturas sofredoras e revoltadas, às quais outrora eu tanto me coadunara a serviço das Trevas, agora transformadas em lamentáveis verdugos para a minha própria infelicidade, devido à total falta de paciência e confiança nas orientações recebidas.

Vergonhosas foram a minha falta e total displicência quando, tempos depois, após ser transferido para ala específica no Centro de Retificação, pude finalmente compreender o quão fraco eu fora, após, à base de muito esforço e dedicação dos benfeitores, ter enfim me acalmado e conseguido restabelecer minhas funções.

Creio que somente com a queda pude começar a entender e realmente interiorizar o verdadeiro valor da fé. Grande fora minha perda, mas enormes suas consequências em mim.

Aceitar Deus como nosso querido Pai, até o qual o caminho dar-se-á somente através de seu filho, nosso Senhor Jesus Cristo, foi bálsamo de luz em minha jornada à redenção.

Prostrei-me em pensamento, enquanto seguia procurando absorver os ensinamentos do instrutor Demósteles acerca do evangelho de Jesus, rogando ao Pai sua bênção e entregando-lhe com fé tudo o que estivesse no advento de minha nova caminhada.

No físico era enfim chegado o dia da páscoa. E na pequena vila de Cláudio e Elisa, os moradores preparavam-se para seguir ao culto religioso, a fim de rogar bênçãos na ressurreição do Cristo.

— Então, mãe, como a senhora se sente hoje? Vamos à missa? – indagou Cláudio.

— Sinto-me bem, graças a Deus. Mas acho que não irei, pois não quero dar trabalho – lamentou dona Marta. Esta estava com a saúde muito enfraquecida, e caminhava apenas amparada. Seus quase setenta e quatro anos inspiravam cuidados, e ela dificilmente saía de casa.

— Imagina, mãe. A senhora sabe que não dá trabalho algum. Eu ficarei muito feliz se for conosco à missa.

— Tem certeza? Não me importo de ficar em casa, filho. Vocês podem ir e fazer suas orações.

— De forma alguma. A senhora que me desculpe, mas hoje é um dia especial e vale qualquer esforço. Afinal, comemoramos a ressurreição de Jesus. E, também, hoje iremos aproveitar que todo mundo vai estar lá para convocarmos os moradores a unirem-se em prol de uma melhoria para todos. Lembra-se que comentei que dona Célia quer fazer um apelo às pessoas para que se unam por causa do caos gerado pelos imigrantes?

— Bem, está certo então, eu vou – respondeu dona Marta, sorrindo.

Realmente, a páscoa era um dia muito importante à vila. Formada em quase que sua totalidade por católicos, boa parte reunia-se na igreja a fim de comemorar a data.

Contudo havia dentre os moradores algumas exceções, pessoas que por adventos enfrentados acabaram por distanciar-se de Deus. Mesmo com a solicitação daqueles com quem conviviam, viravam a cara ou reclusavam-se em suas lamentações quando o assunto era religioso.

Um destes reclusos era o senhor Miguel, que recusava-se a ir à missa, contrariando o pedido de seus funcionários, que mesmo convivendo com suas constantes revoltas, o queriam bem, pois conheciam seu passado.

— Vamos à missa, senhor Miguel? – indagou Adalva, sua empregada.

— Deixe-me em paz, sua imbecil. Acha que eu irei prestar-me a rezar por um Deus injusto?

— Não pense assim, senhor. Todos devemos confiar na vontade de Deus.

— Confiar? Isto aqui é a única coisa em que confio. – disse, mostrando a pistola – Agora suma da minha frente e leve com você

Das Trevas à Luz   323

essa sua crença estúpida.

Apesar de toda a agressividade de seu patrão, Adalva angustiava-se vendo-o definhar em solidão e revolta. Porém, como este se demonstrou irredutível, ela resolveu atender suas ordens e deixá-lo. Seguindo então à missa junto dos outros empregados de Miguel, e deixando-o só em seu casarão. Casarão este que era o local escolhido por Timóteo e seu bando para ser invadido e saqueado.

— Estão preparados? – perguntou Timóteo, reunido com seu bando.

— Estamos. Hoje será o nosso dia de vingança – responderam, agitando-se.

— Isso mesmo. Começaremos com este casarão e depois seguiremos aos armazéns. Vamos limpar esta maldita cidade. Eles nunca saberão o que houve – vangloriou-se ele.

O bando de Timóteo já estava a postos para seguir ao local. Só esperavam mais um pouco para ter a certeza de que estaria vazio. Os integrantes do bando haviam-se informado com relação aos costumes dos moradores da cidade e descobriram suas fortes intenções religiosas.

Apesar de alguns desejarem não esperar a data ou os locais estarem vazios para invadir e saquear, Timóteo, muito astuto, preferia prevenir-se de um alarde por parte dos moradores e, consequentemente, evitar as autoridades. Sabia que um ataque sem plano algum poderia acabar por completo com sua real intenção.

Não muito distante dali, na igreja, os moradores, como de costume, compareciam todos para a importante data. Casais, crianças, idosos, todos se reuniam felizes a fim de louvar ao Senhor.

Dando então início à missa, o padre João solicitou que todos cantassem o cântico de abertura.

Aos poucos todo o ambiente fora sendo tomado por raios de luz, harmonizando e serenando todos os corações ali presentes. Não só dos residentes no físico, mas também das inúmeras criaturas do invisível. Todos que já traziam em si condições para o amparo, eram inconscientemente atraídos pelo maravilhoso resplandecer de paz e união com Deus.

O culto também era importante bálsamo de luz ao auxílio e amparo de todos que ainda se encontravam presos à matéria. Dezenas de trabalhadores do bem, servos do invisível, utilizavam-se destes belos momentos, em que a luz consegue chegar aos distantes corações destes irmãos perdidos, para poderem auxiliá-los.

Enquanto na igreja alguns conseguiam ser amparados e conduzidos, fora dela, mais precisamente junto ao bando de Timóteo, as equipes do bem coordenadas pelos dedicados Amaro e Anastácia, procuravam despender todos esforços ao auxílio da grande leva de criaturas do invisível que os acompanhava.

Raivosos, revoltados, assassinos, eram alguns dos que ao bando enlaçavam-se. Diferentemente dos seres perdidos, a vagar indefinidamente, esperando o momento de sua redenção, aqueles se comprazem somente no mal.

Parasitas das Trevas, estes sofredores renegavam, até então, qualquer tipo de auxílio ou amparo que pudesse removê-los daquela situação. Tendo sido em vida no físico alguém cuja índole e caráter apegavam-se somente a prejudicar ao próximo, quando dela partiram, não conseguiram desvincular-se do que eram, e acabaram por criar estas tristes manchas trevosas.

À medida que no invisível as equipes de samaritanos seguiam procurando auxiliar as dezenas de perturbadores, no físico o bando de Timóteo enfim chegava ao casarão de Miguel e preparava-se para invadi-lo.

— É hoje que vamos nos dar bem – disse Feliciano, braço direito de Timóteo.

— Lembrem-se do que eu disse, vamos limpar todo o local. Peguem tudo o que for de valor e puderem carregar – falou o líder.

— Mas, Timóteo, e se por acaso dermos de cara com alguém que não quis ir à missa?

— Foi por isto que viemos armados. Não permitiremos que ninguém fique em nosso caminho – alertou ele.

— Não se preocupem, o local estará vazio. Esse povo burro é muito religioso – adiantou Feliciano.

— Agora calem essa boca e vamos. Temos muito o que fazer – ordenou Timóteo.

Porém o casarão realmente não se encontrava vazio. Do lado de dentro, o descrente Miguel em seu quarto caminhava de um lado para o outro, balançando sua pistola.

"Ir à missa. Até parece que me prestaria a isso" – pensava ele.

— Ninguém me tira daqui! Este é o meu tesouro e irei protegê-

Das Trevas à Luz 325

-lo, custe o que custar. Não facilitarei as coisas para safado algum pegar o que é meu! – gritou em voz alta.

Realmente Miguel estava sendo alertado de que deveria proteger a todo custo o que lhe pertencia. Enlaçado a ele, criaturas das Trevas alimentavam-se de seus pensamentos e desejos, instruindo--o a agir conforme queriam.

Assassinos e revoltados, estas infelizes criaturas há tempos o acompanhavam, ansiando por dor e sofrimento. Assim como sofreram e experimentaram inumeráveis aflições em vida, desejavam com toda a força que possuíam, que fossem todos tanto infelizes quanto eles foram em suas existências físicas.

Junto a Miguel, dois companheiros do bem, servos do invisível, seguiam dedicando-se a auxiliar as criaturas revoltadas que tanto o influenciavam. Balthazar, a pedido da generosa Anastácia, e Simeão, a pedido do benfeitor Amaro, despendiam-se em apascentar os corações revoltados dos seres perturbadores que o enlaçavam.

Ambos espíritos voltados ao bem estar dos necessitados, tentavam, na maneira do possível, acalmar os desejos destruidores que haviam tomado conta de todo o local. Constituindo-se aquela mancha das Trevas por trinta e três criaturas, sendo em maior número os sofredores, a tarefa dos benfeitores, a princípio, ocupou-se em acender-lhes a consciência do estado em que se encontravam.

Estes sofredores afinaram-se com Miguel devido a ambas as partes terem enfrentado uma difícil perda, a qual, feito ímã, juntou-os para que inconscientemente pudessem alimentar-se com os sentimentos criados e emanados por suas lembranças.

Nenhuma criatura é instantaneamente removida de seu convívio entre os espíritos residentes nos planos físico ou espiritual. Cada qual deve seguir até o ponto onde intimamente necessita, de forma a receber o devido ensinamento, seja este perceptível ou não. Por isso todo auxílio é sempre tarefa zelosa e muito bem conduzida.

Já com relação aos assassinos e raivosos, seres totalmente inclinados ao mal e com o único propósito de causar dor e sofrimento ao próximo, os benfeitores do além podem, quando têm a permissão, removê-los de seus estados tempestuosos, a fim de que esgotem seus excessos e acúmulos nas regiões purgatórias e de arrependimento.

Contudo nem sempre o ser destinado à prática do mal é removido contra a sua vontade. Há casos onde este, por intermédio dos amparadores de luz, consegue despir-se da sombra onde se afixara, e humildemente acaba aceitando receber seu devido jugo.

Radiosa a imagem do arrependimento quando o atormentador compreende a triste situação em que se mantivera. É como o homem sedento no deserto, ansiando por água restabelecedora. Toda criatura que se enlaça a determinado ser é portadora de uma necessidade. Necessidade que, em determinada situação, pode estender-se no decorrer de diversas existências pertinentes ao físico. Exatamente por isto o cuidado se faz necessário quando da intervenção por parte de um amparador. Por isso estes servos do bem são criaturas cuja elevação atingira determinado grau. E em seus corações o amor ao próximo resplandece de forma a suprir tais criaturas na falta que carregam cerradas em seu íntimo.

Porém o homem é senhor de seus atos e a este caberá o ensejo de suas escolhas. Dos inúmeros servos do invisível, o amparo e auxílio necessários sempre estarão presentes. Cabe ao homem, no entanto, a escolha final de aceitá-los ou não.

46 – Importantes elucidações

"Ouvi, e entendei: o que contamina o homem não é o que entra na boca, mas o que sai da boca, isso é o que contamina o homem (...) o que sai da boca, procede do coração, e isso contamina o homem"[12].

Por estas palavras, Jesus quis chamar atenção à demasiada e desnecessária preocupação a que as pessoas da época haviam-se vinculado. Preocupava-se em seguir os costumes apenas por tradição, passada através das gerações, esquecendo-se e ignorando o termo fundamental o qual todos deveriam trazer em mente.

Profanar, maldizer, mentir, eram apenas algumas das observações às quais o Senhor quis referir-se quando elucidou que a humanidade deveria tomar maior importância em relação às atitudes do que se ocupar com formalidades inócuas.

Jesus procurava desta forma acender nas pessoas a preocupação com assuntos realmente importantes e de cunho altamente construtivo à moral da sociedade, ao contrário de assuntos tão pífios

---

[12] Novo Testamento, Mateus 15:11,18

Das Trevas à Luz

327

a que estes se prendiam.

Contudo, não somente naquele tempo, mas ao longo dos anos, a humanidade foi pouco a pouco construindo em torno de si redomas tão supérfluas que acabaram por ditar erroneamente qual deveria ser a verdadeira preocupação que todos deveriam frisar.

Abramos nossos corações aos reais valores da vida, e despojemo-nos dos falsos apegos. Compreendendo, enfim, a tão necessária e importante conduta, a qual todos nós, como irmãos e irmãs, filhos de Deus, devemos sempre trazer fixado em nosso íntimo.

Preocupemo-nos mais em ensinar, enaltecer, bendizer ao próximo, contribuindo assim para que todos possam ser beneficiados com a parcela a qual nos cabe, como complementos que somos, do verdadeiro todo que é Deus.

Era dia de folga e não possuíamos aula. A cada um era dado o dia livre para que fizesse o que desejasse. Eu, a convite de minha amiga do ciclo avançado, Merlinda, acompanhá-la-ia ao Centro de Amparo Dom Justiniano.

Com nome herdado de um de seus fundadores, o Centro de Amparo era um local para onde eram trazidos os que por algum motivo desviaram-se do principal objetivo no físico, e não conseguiram exercer tudo o que almejaram enquanto encarnados. Os que para lá eram conduzidos, encontravam-se geralmente em boas condições de compreensão e não foram pessoas que abusaram de si, o que acarretaria consequências ao veículo que no físico possuíam. Consequências estas que implicariam tratamento dedicado nos distintos Institutos de Recuperação.

O Centro de Amparo Dom Justiniano era voltado ao atendimento e conforto dos que partiram rumo ao físico a fim de realizarem determinadas especificidades e, no decorrer de seus trajetos, acabaram por desviar-se. No geral, são criaturas que retornam sentindo-se culpadas e indignas da confiança que lhes foi depositada.

No entanto lá ninguém as julgava mais ou menos dignas por não terem desempenhado aquilo que intimamente ansiavam. Todos eram recebidos como verdadeiros vencedores e merecedores de todo amor e carinho, independentemente daquilo que tenham realizado ou não.

A culpa e falta de dignidade com que estes se martirizam é posta inteiramente por eles próprios. É fruto de suas mentes, ainda presas e voltadas ao que vivenciaram no físico. Isto logo seria solucionado assim que conseguissem abrir seus olhos e aceitar que tudo faz parte de um grande aprendizado. Somente Deus sabe o que será melhor para nós. Sua felicidade está em ver-nos tentar quantas vezes forem necessárias, pois sabe que todos somos totalmente capazes.

Merlinda contou-me que poder conhecer algumas destas histórias era importante oportunidade. Não para ficarmos analisando este ou aquele fato, mas sim para compreendermos um pouco mais sobre as diferentes nuances a que a vida física pode nos direcionar. Confesso que me senti um pouco mal quando adentrei no Centro de Amparo. Não por causa do ambiente, pois lá dentro todos os assistentes eram seres amáveis e dedicados. Um verdadeiro recinto de fraternidade e auxílio. Senti-me mal porque intimamente não sabia se em outras existências eu também havia falhado. Minhas recordações remetiam somente à última existência no físico. Quem eu fora antes disto ou onde estivera, ainda seguiam incógnitos para mim.

Existia na Morada um local especializado a este fim, contudo fora orientado que deveria aguardar. Lá nada era antecipado ou acelerado. Tudo seguia conforme seu tempo, dando condições para que cada etapa fosse bem assimilada.

Seguindo no Centro apenas como visitantes, nós observávamos os pacientes com total respeito e sem qualquer julgamento. Poderíamos conversar somente com aqueles que nos fossem indicados pelos assistentes.

Após visitarmos e conhecermos um pouco da ala um, graças ao acompanhamento da gentil senhora Clarete, que nos elucidava sobre algumas das histórias dos que lá se encontravam, fomos convidados a conhecer a ala dois. Local aonde eram conduzidos aqueles que já apresentavam sinais de melhoras.

Tudo era muito limpo e organizado, tornando o ambiente verdadeiro recinto de conforto e restabelecimento. Na ala dois havia cerca de vinte pacientes, sendo assistidos e amparados por quatro dedicados assistentes que a eles entregavam-se em total auxílio.

A senhora Clarete, que era uma das responsáveis pelo bom gerenciamento do Centro, gostava muito quando os alunos do Frei Augusto iam visitar os enfermos em recuperação. Contou-nos que além da oportunidade viva dos alunos conhecerem um pouco das

Das Trevas à Luz

329

diferentes surpresas que o físico pode proporcionar, o bate-papo com pessoas fora daquele ambiente do Centro trazia aos enfermos ótimas impressões. Uma vez que, apesar dos laços familiares que possuíam com desencarnados que os antecederam em partir do físico, existiam alguns enfermos ali que ainda não podiam desfrutar da oportunidade de receber estes parentes em visita.

Após nos encontrarmos com a humilde e simpática Aracélia, uma das assistentes da ala dois, a senhora Clarete despediu-se, ansiando que pudéssemos aproveitar a oportunidade, recolhendo importantes lições à nossa própria formulação interior.

— Fico muito feliz que tenham vindo visitar-nos. É sempre muito bom aos enfermos esta troca sadia de energias – disse-nos, sorrindo, Aracélia.

— Somos nós que agradecemos a oportunidade – ressaltou Merlinda.

— Vejo que hoje você trouxe um novo amigo, Merlinda. Ele é de sua turma?

— Não, ele está no ciclo intermediário. Mas meu amigo aqui, Matheus, é muito esforçado e, garanto, será ele em breve tão dedicado quanto meus colegas de turma.

— Imagina, é gentileza dela. Sei que há extenso percurso a seguir antes que eu seja digno de algum reconhecimento – respondi, acanhado.

— Seja bem-vindo, Matheus. – disse Aracélia, sorrindo – Venham, quero apresentar-lhes nosso mais novo integrante da ala dois. Merlinda, você se recorda do senhor Gilmar?

— Claro que sim. Era aquele que não cansava de ficar repetindo o nome Lucinda. Mas que alegria em saber que ele despertou.

— Isso mesmo. Tem algumas semanas que ele despertou e enfim pôde ser removido. Creio que lhe fará muito bem poder conversar um pouco com vocês.

O fato de alguns ficarem em uma espécie de transe e repetirem sem cessar o nome de alguém, é resultado da culpa a que estes se submetem quando do físico retornam e aqui acabam por recobrar-se do traçado para que se haviam preparado, e do qual acabaram desviando-se. Em suma, podemos dizer que iriam compartilhar seus caminhos junto daquele com quem almejavam transpor pendências que intimamente traziam, o que por infortúnios diversos não aconteceu.

Este era o caso do senhor Gilmar. Encontramo-lo reclinado sobre sua cama, com o olhar perdido no tempo e com a fisionomia da derrota estampada. Aproximamo-nos sutilmente. E, tocando em sua mão, a bondosa Aracélia, em voz calma e complacente, disse-lhe ter visitas. O desorientado senhor nem se alterou, mantendo-se indiferente a nós.

Com a permissão de Aracélia, focamo-nos na mente dele, atentando-nos aos seus martírios, a fim de conhecermos um pouco das tribulações que o haviam encerrado naquele estado. Passados alguns instantes, começamos a ver projetada em sua tela mental as recordações que este trazia.

Gilmar era homem de bem, amava seus pais e nunca faltava com a verdade. Tratava a todos com total respeito e procurava ser o mais solícito possível. Assim como seu pai, a carpintaria era para este a forma de trabalho a qual escolhera como sustento.

— Mas eu não compreendo. Pelo que vemos, não há nada neste homem que implique sua atual condição – indaguei, confuso.

— Tenha calma. Nem sempre apenas por sermos pessoas de bem, faculta-nos o direito aos louros. A vida do físico é oportunidade vasta no que tange exercermos tudo aquilo que Jesus ensinou. Continuemos com a análise – solicitou a bondosa Aracélia.

Voltando aos pensamentos de Gilmar, vimos o quanto este era focado no trabalho. Chegava a permanecer horas dedicado ao ofício, esquecendo-se em muitas vezes de alimentar-se ou repousar. Percebemos que intimamente este carregava um forte desejo a conclusão de todos os seus afazeres. Não gostava de interromper seu trabalho, alegando que perderia a inspiração.

Por vezes, sua mãe zelosa procurou atentar ao filho a necessidade do refazimento, porém este não mais a ouvia. Observava que o cansaço estava estampado em seu rosto e preocupava-se com as constantes dores que este desenvolveu por causa do demasiado esforço, considerando-se o total responsável pela deterioração do estado de saúde do pai.

Beirando aos quarenta anos de idade, o corpo de Gilmar não mais reagia como antes. Os constantes abusos exercidos ao longo dos anos cobravam seu preço. No entanto esta situação teve início anos antes, quando em um momento de discussão com seu pai, este acabou sofrendo um infarto. Acidente este ocorrido alguns meses

Das Trevas à Luz 331

após Gilmar conhecer uma moça.

— Lucélia — disse Gilmar, voltando o olhar para nós.

Parecia que nossa presença ali ao seu lado, verificando suas recordações, fizeram-no despertar de seu estado de aparente transe. E antes de proferirmos qualquer palavra, o próprio Gilmar seguiu contando-nos suas lembranças.

— Ela era linda, possuía os cabelos longos e negros. Nunca conhecera um olhar tão profundo e penetrante. Eu estava concentrado em meu trabalho quando esta apareceu. Naquela época meu pai e eu trabalhávamos juntos. E eu, ainda rapaz moço e filho dedicado, sempre seguia suas ordens. Estávamos no meio de um trabalho que já se encontrava atrasado, quando ela surgiu. Na hora em que a vi, meu coração começou a bater acelerado e senti-me, por instantes, flutuar. Imediatamente uma sensação de conforto invadiu-me, como se alguém que há tempos não via, houvesse retornado — Gilmar fez uma pausa, como se revisse o momento, e prosseguiu.

— Ela veio a pedido da mãe para buscar uma peça que esta havia encomendado. Apressei-me para atendê-la, e tão logo peguei a peça, corri para entregar-lhe. Esta gentilmente sorriu e indagou-me se já nos conhecíamos. Disse que meu rosto era-lhe familiar e trazia boas recordações.

Neste instante, observando que Gilmar, ao recobrar-se daquele encontro, ficara emocionado, suavemente Aracélia colocou a mão em sua cabeça, inclinando-o a não se esforçar.

Disse-nos, em tom discreto, que antes de partirem rumo ao físico, realmente Gilmar e Lucélia já se conheciam. Contou-nos que em uma de suas existências, mantiveram um rápido, porém profundo, romance. Após o desencarne, tornaram a unir-se aqui no plano espiritual e juntos traçaram novas metas.

A assistente explicou-nos que, além das experiências individuais a qual cada um deveria enfrentar para seu próprio amadurecimento e engrandecimento, eles deveriam conhecer-se e seguir juntos na senda que almejavam.

— Exatamente. E isto aconteceria se eu não tivesse sido fraco e então falhado. — disse Gilmar, tomando novamente a palavra — Nós deveríamos ter ficado juntos, se eu não tivesse renegado o que estava sentindo e sido tão prepotente. Após algum tempo, depois de nosso primeiro encontro, nós começávamos a ver-nos com cada vez mais frequência. No entanto isto começou a afetar meu rendimento no trabalho, e consequentemente atrasá-lo, irritando meu pai com as perdas que estávamos tendo. Por algumas vezes, meu pai chamou minha atenção para que eu não misturasse o trabalho com assuntos particulares, porém eu estava apaixonado demais para dar-lhe atenção. Comecei a faltar-lhe com o respeito, não me preocupava com as perdas e os acúmulos de trabalho.

— Tudo o que eu queria – prosseguiu ele – era estar junto de Lucélia. Nos meses que se seguiram, minha imprudência fora aumentando cada vez mais. Chegava tarde em casa, e às vezes gastava o pouco que tínhamos apenas tentando agradá-la. Lucélia nunca me pedira nada ou exigira que eu desse-lhe mais atenção do que ao trabalho. Ao contrário, esta bem que tentou por algumas vezes orientar-me a ser mais ponderado. Eu, no entanto, estava cego e pedia para ela não se preocupar, pois sabia o que estava fazendo. Contudo, Lucélia estava certa e somente eu não estava percebendo a triste situação que criara.

— Em mais uma noite em que eu chegara tarde, após faltar com minhas obrigações no trabalho, meu pai, disposto a colocar-me nos eixos, aguardava-me acordado, a fim de termos uma conversa. Conversa esta que não ocorrera, pois assim que adentrei em casa e vira meu pai acordado, já fui dizendo que não mais queria ouvir sermões. Falei que para mim havia chegado de ser tratado como escravo. Este, porém, insistiu, dizendo que jamais me havia obrigado a trabalhar e que apenas queria minha dedicação. Percebera o quanto aquilo estava afetando-me e estava preocupado. Eu, no entanto, comecei a gritar, dizendo que ele não mais mandava em mim. Ele aproximou-se, dizendo que eu estava entendendo tudo errado, e o empurrei. Foi quando ele caiu, e logo em seguida levou a mão ao peito – contou Gilmar, comovido, e prosseguiu.

— No mesmo instante, vendo a reação de meu pai, lembrei que este já tivera antes um princípio de infarto, e corri a ampará-lo. Peguei-o com o auxílio de minha mãe, que acordara com meus gritos, e rapidamente o colocamos na carroça, correndo em seguida ao doutor que cuidava dele. Durante o trajeto, fui implorando para que aguentasse firme, e prometendo que eu não mais me descuidaria do serviço. Nos dias que se passaram, vendo meu pai acamado, quase tendo partido por imprudência minha, resolvi mudar minhas atitu-

Das Trevas à Luz 333

des. Comecei a repensar tudo o que havia acontecido e odiei-me por não lhe dar ouvidos, e por colocá-lo naquela situação. Decidira que a partir daquele momento eu não mais faltaria com minhas obrigações, e que cortaria tudo o que procurasse afastar-me delas, iniciando por meu relacionamento com Lucélia.

47 – Não julgueis o próximo

"Por que afligis esta mulher? pois praticou uma boa ação para comigo"[13]. Eis aqui o julgamento o qual constantemente praticamos, por considerar-nos os senhores da verdade.

Tamanha pretensão. Quem nos indicou como detentores deste mérito? Como ousais efetuar julgamentos ante o próprio teto de vidro? Por acaso não é Deus o único que nos conhece intimamente? Mais uma vez, quem vos disse poder colocar o próximo sob vossa análise, implicando-lhe o que este pode ou não?

Nada possui curso definido e inalterado. Cada um escolhe a forma mais conveniente segundo suas atuais possibilidades. E assim, mesmo que se espere prosseguir por determinado caminho, o curso modela-se conforme as necessidades mostrem-se em condições favoráveis ao íntimo melhoramento ou expurgo. Porventura sois mais dignos que o próximo, e vencestes todas as batalhas para poder ditar-lhe o caminho?

Não queiras acelerar o traçado do próximo. Permite que este, assim como tu, em seu tempo também possa colher as próprias impressões. Lembra-te que foram estas que contribuíram para que hoje pudesses estar com a maturidade moral em que te encontras.

Jesus Cristo já nos indicou o caminho. Estudai e compreendei seus ensinamentos. Vereis que há neles tudo de que necessitamos.

Conhecendo-os, entendereis que não cabe ao homem o julgamento das coisas. Devemos aceitar que cada um retira um entendimento de suas provas. Por isso não queirais que o próximo aja como vós o faríeis.

Aos olhos de Deus, todos somos aprendizes dignos de um dia tornarmo-nos mestres. Trabalhai e esforçai-vos sempre, para um dia obterdes este mérito. Enquanto este momento não vem, ouçais aquele enviado por Deus para ser, no meio de nós, o modelo vivo que

---

[13] Novo Testamento, Mateus, 26:10

todos devemos ter e seguir como exemplo, Jesus Cristo.

Seguindo a ouvir os relatos de Gilmar sobre os motivos que o levaram a estar naquele estado, pensava eu a respeito de sua decisão em romper seu relacionamento com Lucélia. Pensava se aquela era a melhor decisão, considerando-se o forte vínculo existente entre ele e a moça.

Então, antes que eu seguisse com minhas indagações, minha amiga Merlinda, tocando em meu ombro, sussurrou-me que não devemos jamais fazer julgamentos. Esta lera meus pensamentos, já percebendo que começava a colocar-me no lugar de Gilmar. Estávamos ali com o intuito de auxiliar aos que pudéssemos, e não para colocarmo-nos em seus lugares, efetuando qualquer comparação.

Imediatamente compreendi nossa importância ali, e sorri, concentrando-me nos relatos de Gilmar, que enxugou as lágrimas e prosseguiu.

— Oh, onde eu estava com a cabeça quando imaginei ser Lucélia a causadora de meu desvio para com as obrigações? Nós éramos tão felizes. Ao seu lado eu sentia-me tão vivo. Ela completava-me como jamais imaginara. Porém eu estava cego. Sentira-me o culpado por ter colocado meu pai naquela situação, e fechei os olhos para tudo que me afastava do trabalho. No entanto Lucélia nunca me afastou de nada. Pelo contrário, inúmeras vezes esta solicitara que eu fosse mais ponderado. Vendo que eu estava afundando por não conseguir conciliar o trabalho com o relacionamento, esta até cogitou distanciar-se de mim por um período, para que me reorganizasse. Contudo achava-me capaz o suficiente para lidar com aquela situação, e a proibi de cogitar dar algum tempo.

— Como eu fui tolo! – exclamou Gilmar – Joguei nas costas da pobre Lucélia todo o peso de minha arrogância e imprudência. Nas semanas seguintes, esta se afastou de mim, deixando que eu repensasse tudo o que fizera até então. Passados alguns meses, Lucélia veio ao meu encontro ter notícias sobre como iam as coisas e como eu estava. No entanto, ainda me sentindo marcado pela situação causada com meu pai, fui grosseiro com a pobre, e lancei-lhe fel, para que se afastasse de mim. Pois, como eu havia conseguido saldar as dívidas adquiridas, e cumpria rigorosamente com minhas obrigações, tudo o que menos precisava era voltar com um relacio-

Das Trevas à Luz

335

namento que acreditava consumir-me. Pobre Lucélia. Inocente, esta ouviu silenciosamente todas as minhas críticas e, com lágrimas nos olhos, baixou a cabeça e partiu. Partiu para nunca mais nos vermos. Esta se mudou, foi com a mãe para outra cidade a fim de tentar esquecer-me e começar uma vida nova. Porém, soube que esta jamais conseguira esquecer-me.

— A mim – continuou ele a contar – os anos passaram-se, e durante uma tarde, em seu leito de morte, meu pai, então se apercebendo que eu havia perdido o brilho de antes, indagou-me se não deveria pôr o orgulho de lado e procurar Lucélia. Meu pai tinha razão, desde que ela partiu, eu nunca mais fora o mesmo. Apesar de toda pose de homem decidido e centrado, o sorriso e o carinho dela jamais desapareceram de minhas lembranças. Então, após sem sucesso procurá-la por um tempo, finalmente a avistei ao longe. Naquele instante parecia que meu coração havia voltado a bater. Abri um enorme sorriso e corri em sua direção. Estava arrependido por tê-la considerado, no passado, culpada por meus erros, e queria pedir-lhe perdão. Eu havia compreendido o quão tolo eu fora, e iria pedi-la em casamento. De posse das alianças em mãos, segui ao seu encontro apressadamente. Foi então que vi diante de mim o meu sonho desabar... – emocionado, Gilmar fez uma pausa, e prosseguiu.

— Uma criança surgiu em sua direção, chamando-a de mãe. E, pegando a criança no colo, surgiu um homem ao lado de Lucélia, e beijou-a. Senti-me empalidecer. Não acreditava no que estava vendo. Lucélia possuía outro e havia-se tornado mãe. Desabei. Entendi que eu demorara tanto tempo para procurá-la, que esta desistira de mim e tocara sua vida em frente. Chorei. Chorei desesperado por ver a mulher que eu amava nos braços de outro. Sem ação, dei-lhes as costas e corri, procurando fugir daquela dolorosa realidade. Porém, ao fazê-lo, também deixava de vez aquela vida. Não vi que uma diligência apressada passava atrás de mim, e acabei por desencarnar ali mesmo.

Senti-me emocionado por Gilmar estar compartilhando conosco suas experiências. Não são todos que conseguem lembrar-se do que passaram, sem sofrer recaídas. Mas este não era o caso dos assistidos da ala dois. Faziam parte de seus processos de recuperação estas oportunidades de relatos.

Gilmar contou-nos que, ao desencarnar, sentiu-se perdido e per-

336   Matheus

turbado. Este, sem saber, imantara-se a Lucélia, imaginando ser ela sua ligação com o que conhecia. Disse-nos que o ódio dos primeiros momentos, por imaginar-se traído, logo desapareceu quando este a acompanhou até a casa e descobriu a dura realidade de sua vida.

Lucélia não era casada, mas vivia junto de um homem havia alguns anos, desde que sua mãe adoecera. No início esta o considerava um amigo que se havia solidarizado com sua situação. Contudo, aos poucos, o homem começou a chantagear Lucélia para que esta fosse sua, senão este não mais custearia os gastos dos remédios no tratamento de sua mãe.

No início Lucélia negou-se, mas seria acusada por ele de roubo caso assim se mantivesse. Acuada e vendo a mãe sofrer, esta não encontrou alternativa e viu-se obrigada a curvar-se às ameaças.

Lucélia pediu, em pensamento, perdão a Gilmar por entregar-se a outro, pois até então ainda retinha esperanças de revê-lo. Ela jamais deixara de amá-lo, e foi justamente este amor que a fez decidir ir embora, acatando a vontade dele, aguardando esperanças de um dia retornar.

Porém o sujeito não a obrigou a entregar-se a ele somente uma vez, e sim várias vezes. Não bastasse isto, ele possuía o vício da bebida e constantemente voltava para casa alterado, descontando todo seu temperamento com várias surras sobre a pobre.

Quando as surras chegaram ao limite e Lucélia decidira pôr um fim àquela situação e ir pedir abrigo a Gilmar, o seu algoz, vendo-a tentando rebelar-se, entorpece-a e acaba por engravidá-la. Grávida, com a mãe doente, e humilhada, Lucélia vê-se sem alternativa e aceita tentar esquecer de vez Gilmar e a antiga vida.

Enquanto acompanhava o martírio de Lucélia, Gilmar recordou-se do traçado escolhido por eles dois, quando na erraticidade ambos planejaram em nova roupagem reencontrarem-se e unirem-se.

Desoladora foram estas lembranças e dolorida a constatação de Gilmar verificando suas falhas. Por anos este se prendeu a Lucélia, culpando-se. Até que esta tornou novamente a engravidar, vindo então a falecer durante o parto. Após isto, Lucélia fora acolhida em esferas mais superiores, enquanto Gilmar viu-se preso à pena que este se impusera com suas escolhas.

Com o relato de Gilmar, pude compreender o quanto nossas escolhas em determinado momento podem influenciar consideravel-

Das Trevas à Luz 337

mente todo um processo. Este iria envolver-se com Lucélia para que juntos pudessem resgatar antigas pendências, e desta forma elevarem-se mutuamente. Contudo o homem é senhor de si e faz suas escolhas à medida que as etapas vão apresentando-se. Observei também que nada segue sem que se haja obtido algo. Nem sempre estamos preparados para discorrermos em um novo processo almejado. Ocorre que intimamente trazemos elos ainda não desatados, cuja manifestação invariavelmente se apresenta quando então somos solicitados por estas antigas pendências. Somente Deus sabe o melhor para seus filhos, e a este devemos entregar sempre nossas melhores intenções. É certo que, mesmo considerando-se que na última existência de Gilmar este tenha falhado, devemos reunir apenas as lições obtidas. Lições que alavancarão as próximas atitudes de Gilmar, e contribuirão para que este as utilize sabiamente.

Após conhecermos e aprendermos preciosos ensinamentos com o relato de Gilmar, seguimos conversando como bons amigos e irmãos em Deus. Notei que após descrever um pouco de sua história, Gilmar demonstrou perceptível melhora. Era como se este houvesse diminuído o peso da carga que trazia. Sentimo-nos felizes em poder contribuir de alguma forma para a melhora de alguém.

Agradeci, em pensamento, à minha gentil amiga Merlinda pela oportunidade ali concedida. Esta se voltou para mim sorrindo, enquanto seguíamos desfrutando do benévolo bate-papo no Centro de Amparo Dom Justiniano.

E no plano físico, enquanto o grupo de Timóteo preparava-se para invadir a residência de Miguel, na igreja o padre João discursava aos fiéis, aplicando elevado sermão apostólico:

— Queridos irmãos e irmãs, possamos todos, unidos em Deus, nosso querido Pai, louvar seu amado filho Jesus Cristo. Este maravilhoso espírito de luz enviado por Deus para mostrar-nos o caminho. Caminho da paz, do amor, da caridade e humildade. Jesus, a pureza personificada em homem, empenhou-se contra tudo e todos de sua época, a fim de que compreendêssemos nossa missão nesta Terra. Missão de sermos o melhor que pudermos. O melhor para com os outros, nossos queridos e amados irmãos. O melhor para esta Terra, que tão generosamente nos acolhe e proporciona tudo do que necessitamos. O melhor para com os animais, também nossos irmãozinhos, cuja função é auxiliar-nos. E a mais importante de todas: sermos o melhor para com nós mesmos.

— Devemos amar-nos – prosseguiu ele – e aceitar-nos como somos, pois se somos da forma como nos apresentamos, é porque, no fundo, Deus, em toda sua sabedoria, quis que fosse desta forma. E não pensem que foi pena ou castigo. Porque Deus não castiga, ele ama-nos e sabe que somos todos capazes. Capazes de amar, superar e vencer todos os obstáculos. Nada é impossível para nós, desde que acreditemos nisto e tenhamos fé em Deus e em Jesus Cristo – falou o padre, sorrindo.

Realmente, falta fé à humanidade. O homem tem-se entregado à própria sorte, ignorando por completo a existência de um Deus em suas vidas. Fazem e agem como se ninguém os sustentasse. Quantos não são os que ainda hoje, mesmo com o advento do Cristo na humanidade, relutam em atender a este chamado?

Oh, homens, levantai vossas cabeças e crede nas palavras do Cristo. Ouçais este clamor interior, que tanto sufoca em vossos peitos orgulhosos. Aceitai Deus como Senhor de todas as coisas.

Não há nada relativo ao que precisássemos saber que não tenha sido dito pelo Cristo. Parai de encher vossos bolsos, e preocupai-vos em encher vossos corações, e nutri-os com a mais pura e abundante energia existente, que é a do amor. Lembrai-vos que sua fonte é eterna e inesgotável, pois provém de Deus.

Por isso, quem ama não falha. Porque todo aquele que ama, compreendeu as palavras de Deus e aceitou-o do fundo de seu coração.

Enquanto o padre seguia com o culto, Elisa, em tom baixo, comentava com Cláudio sua ansiedade em poderem aproveitar a presença de todos para divulgarem as alternativas encontradas por dona Célia em relação aos imigrantes.

— Ai, Cláudio, não vejo a hora de podermos dizer nossas sugestões a todos.

— Eu acredito que se não for a maioria, grande parte irá concordar com as ideias de dona Célia. Pois quase todos aqui presentes já a conhecem e sabem da credibilidade que ela possui.

— Mas mesmo assim, sabe? Eu estou além de ansiosa, com um pressentimento estranho. É como se houvesse algo me perturbando. Não consigo explicar – avisou Elisa.

Das Trevas à Luz 339

Porém Elisa estava realmente pressentindo o que era articulado distante dali. Armados e preparados para tomar a residência de Miguel a qualquer custo, o bando de Timóteo começou a invadi-la pelos fundos.

— Depressa, depressa, temos muito o que fazer – ordenou Timóteo.

Então, rapidamente cerca de dez integrantes do bando, dentre eles o próprio líder Timóteo, tomaram o jardim de trás do casarão, enquanto alguns ficaram de vigia do lado de fora, e o restante tomando conta do refúgio improvisado do bando.

Do lado interno do casarão, mais precisamente no andar superior, Miguel conversava perturbadamente com sua pistola:

— Ah, minha querida Jussara. Somente você me compreende e não me abandonou nessa vida maldita – diz, em menção a sua falecida esposa Jussara, assassinada por ele e cujo nome fora dado à pistola.

— Somos apenas você e eu, mais ninguém. Prometo que nunca deixarei que nos separem – murmurava ele, beijando a arma.

A seu lado, empenhando todos os esforços em auxiliá-lo e às entidades revoltadas que o acompanhavam, os queridos servos do invisível, Balthazar e Simeão, oravam ao Alto, rogando-lhe forças ao amparo.

Ambos sabiam do inevitável embate que estava prestes a ocorrer entre Miguel e o bando de Timóteo. E por isso concentravam-se ao máximo em apascentar aqueles corações macerados pelo tempo. No entanto o homem é senhor de seus atos, e a este cabem suas escolhas.

Não pode o homem ser controlado ou manipulado contra suas vontades, pois Deus assim o quis. Todavia nada há que o impeça de aceitar sugestões do invisível. Assim como um espírito revoltado pode sugerir a este homem que pratique o mal, um espírito de luz também pode sugerir o contrário. Cabe ao homem escolher seu ensejo e assim arcar com suas escolhas.

O mesmo ocorria ao bando de Timóteo. Junto deste, dedicados servos do bem empenhavam-se em auxiliá-los, removendo-lhes estes sentimentos pesados. Como também os acompanhavam espíritos inclinados ao mal. Ninguém se encontra sozinho na ramagem de Deus. Todos são, ao mesmo tempo, assistidos e assistentes, alunos e mestres, a enxada e o trabalhador. Seguimos juntos, para que ninguém fique para trás.

Assim, um espírito perdido, em contato com seus irmãos, consegue receber o necessário ao momento pelo qual está passando. Se isto não ocorresse, esta falta jamais seria suprida, e este dificilmente conseguiria seguir.

Não parece bom o fato de um espírito perdido poder exercer o mal e despejar seu ódio sobre o próximo, sanando seus desejos. Mas quem sabe como seria caso não o fizesse? Quanto tempo este padeceria até que acordasse? Acreditai que Deus não proveu ou instaurou o melhor para seus filhos?

Mais uma vez, evitai o julgamento do próximo, mesmo que tenhais certeza de suas convicções. Aceitai que somente Deus conhece o que de melhor necessitamos, e que não cabe ao homem o julgamento das coisas.

48 – Todos somos irmãos

"Amarás o teu próximo como a ti mesmo"[14]. Quem consegue amar o próximo, colocando-o sob a mesma importância que coloca a si mesmo, já obteve seu mérito sobre a senda da humanidade.

Querer o bem ao vosso irmão, tanto quanto o desejaríeis a vós, é prova importante de maturidade espiritual. Mesmo hoje poucos são aqueles que conseguiram despir-se de vaidades a ponto de empenhar-se em elevar o próximo.

No entanto exemplos não faltam. Tomai-os sob vossa análise e vereis que, mesmo aos mais incrédulos, nada há de impossível. Todos conseguiram compreender de forma a exteriorizar o verdadeiro significado do amor. Amor puro, amor sublime.

Porém estes não se amavam menos ou se privaram de ter este amor. Foram criaturas que atingiram aquilo que todas, um dia, podem e irão manifestar.

Não foram mais privilegiadas em determinado momento que o próximo. Apenas souberam utilizar aquilo que já existe em cada ser. Amor proveniente de Deus, capaz de suprir todas as nossas necessidades.

Procuremos amar-nos, rogando para que o nosso irmão possa

---

[14] Novo Testamento, Mateus, 22:39

Das Trevas à Luz

alcançar todos os méritos possíveis. Quem ama, não escolhe ou faz distinção, pois sabe que sua fonte é eterna.

Lembrai-vos de que todos fazemos parte da grande família universal, filhos do mesmo Pai. Estendei vossas melhores intenções, independentemente dos laços consanguíneos que vos separam, pois são mera ilusão.

Por isto não feche os olhos ao próximo, como se este lhe fosse estranho e indigno de seu amor. Pois aquele que, para os olhos da carne, pode parecer-lhe indiferente, poderá ter sido seu pai ou irmão no passado.

Quando o sol perde seu brilho, quando o som dos pássaros desaparece, quando a brisa não mais refresca, quando o aroma das flores extingue, quando a água não mais sacia, é o momento de reflexão. A vida concedida a todos não age sobre a mente e o corpo, promovendo condições para que compreendamos nossa real importância perante o todo que nos cerca. São os pequenos momentos, as diminutas coisas e os simples gestos que fazem e tornam a existência tão valiosa aprendizagem.

Que o maior faça-se o menor, e o patrão torne-se o empregado. Na vida com Deus e Jesus, tudo e todos possuem sua verdadeira importância.

Demos as mãos em torno desta mesa farta que o Pai oferece-nos a cada dia, e não nos coloquemos injustiçados ou indignos de também saciar-nos. Pois o pão da vida é entregue a todos os famintos igualmente, para que estes o utilizem da maneira como desejarem.

Na igreja, dezenas oravam a Deus, unidos, rogando-lhe graças pelas bênçãos de ter-nos enviado seu filho querido para que nos acendesse a luz do amor. E enquanto isso, na residência de Miguel, criaturas perdidas seriam postas à provação. Dispostos a saquearem o local, suprindo-lhes todas as necessidades que acreditavam renegadas, os homens do bando de Timóteo, após invadir o jardim do casarão, tomaram facilmente o piso inferior, arrebatando uma das janelas.

O bando pegava tudo o que para este fosse de valor. Rapidamente os sacos estavam carregados, e pouco a pouco eram levados para fora, sem que se dessem conta de não estarem a sós. No andar superior e de portas trancadas, Miguel nem supunha estar sob invasão.

342   Matheus

Os benfeitores Balthazar e Simeão empenhavam-se em inspirar Miguel para que este permanecesse no quarto, a fim de evitar o embate. No entanto o vínculo criado e cultivado por este e seus perturbadores, era sólido. Miguel estava surdo para os benfeitores e propenso aos revoltados que tanto o maculavam. Amor e dedicação não faltavam aos servos do bem, cujo amparo àquele homem era total. Porém a criatura inclina-se ao vértice que no transcorrer for-lhe mais conveniente. Escolhas permitidas por Deus, para que cada um tenha sua parcela e seu mérito na senda da vida, até o momento em que deverão prestar ao Pai as devidas contas de seus atos.

Acompanhavam o bando de Timóteo tanto os servos do invisível quanto os perturbadores, cada qual se empenhando em instaurar a parcela que lhe cabia. Vale ressaltar que, por mais ódio e revolta que um ser possa manifestar, este nunca é abandonado pelos servos do bem. Esteja a criatura no físico ou não, sempre será merecedora de auxílio. Basta que a criatura tenha no seu íntimo o arrependimento e o desejo de realmente ser auxiliada.

— Andem, depressa, peguem tudo o que puderem – ordenou Timóteo.

— Acho que já pegamos tudo aqui embaixo, vamos ver o andar superior – falou Feliciano.

Então, obedecendo ao gesto do líder, dois trataram logo de subir a escada. Lá em cima, não perderam tempo e adentraram no primeiro cômodo à procura de joias e tudo o que fosse de valor.

Trancado no último quarto e entregue aos seus devaneios, Miguel nem esboçava saber da invasão de que estava sendo vítima. Parecia estar alucinado e completamente fora de si. Sua mente havia-se tornado verdadeira cova aos infortúnios dos revoltados, os seres perturbados que a ele haviam-se enlaçado.

Alucinação esta que somente foi quebrada com o estrondo da queda de um objeto no quarto ao lado do seu, causada por um dos invasores. Imediatamente Miguel levantou-se e, assustado com o barulho, pensou logo se tratar de uma invasão, pois era cedo para que seus empregados retornassem da missa. De arma em punho, este abriu a porta do quarto e deu de cara com um dos invasores.

O invasor, mais assustado que Miguel, pois confiava que a casa estava vazia, ficou sem reação ao vê-lo surgir à sua frente e armado.

Das Trevas à Luz 343

Gritando e sacolejando sua pistola, o revoltado Miguel não perdeu tempo e rapidamente mirou no invasor.

Foi então que o comparsa deste, que estava ainda em um dos quartos, surgiu por conta daquela gritaria e, vendo Miguel armado e apontando sua pistola para seu amigo, pegou um dos objetos que carregava e jogou-o sobre ele. Ao ser atingido, Miguel distraiu-se, dando tempo do invasor rendido e seu comparsa largarem tudo o que haviam furtado para então correrem.

Chegando ao andar inferior, ambos gritaram aos outros membros do bando que a casa não estava vazia. Assustados, estes também não compreenderam, até ouvirem Miguel dar um tiro.

Revoltado com a audácia do bando, Miguel gritava e dizia que iria matá-los, enquanto descia correndo as escadas.

Desesperados por encontrarem alguém na casa e, além disso, armado, todos os invasores pegaram tudo o que haviam conseguido juntar e correram em disparada. Todos, exceto Timóteo. Único do bando que estava armado com uma pistola, este não se intimidou, e sacou sua arma contra Miguel.

O ódio transcorria em seus olhos, incitando-lhes para que atirassem. E foi o que ambos, influenciados por seus perturbadores e sua propensão a isto, fizeram. Tanto um quanto o outro descarregaram suas pistolas. Ambos só pensavam nos bens materiais ali em jogo. Enquanto Miguel trazia em si o peso do assassinato da esposa e a revolta contra aquela vida, Timóteo também carregava uma morte e o ódio por aquela sociedade que acreditava injusta. Ambos haviam esquecido o amor ao próximo, e nada pareciam trazer de entendimento em relação ao que enfrentaram. Duas almas, dois irmãos, completamente distantes dos ensinamentos de Jesus.

Enquanto o bando fugia em disparado, tiros ouviam-se ao longe. Tanto Miguel quanto Timóteo não somente descarregavam ali toda sua munição, mas também todo o ódio e revolta que haviam acumulado.

Abraçadas a estes, as criaturas das Trevas sorriam felizes pelo ensejo, enquanto Balthazar, Simeão e os outros anjos ali presentes choravam.

Na igreja o padre dava continuidade à Liturgia, convidando a todos ali presentes para participarem da comunhão do Senhor. Verdadeiro recinto de paz e amor, à palavra de Jesus, os fiéis cantavam felizes, de mãos dadas, enquanto uma chuva de bênçãos vinda do plano espiritual abençoava a todos. O ambiente era de alegria e confraternização. Muitos que lá se encontravam não se viam havia tempos, e aproveitaram também o convite aos cumprimentos para sanarem a saudade. Aos abraços e sorrisos, não eram somente as palavras de paz de Cristo que circulavam no meio dos presentes, mas também vibrações de carinho e afeto.

Uma das que foi bastante procurada a receber o abraço carinhoso era a gentil dona Marta, mãe de Cláudio.

— Paz de Cristo, Marta.

— Pra senhora também, dona Maria – respondeu a mãe de Cláudio, sorridente.

Como dona Marta estivera doente, e havia algum tempo tivera que se ausentar do culto dominical por causa da saúde frágil, muitos se animaram ao revê-la. Porém o mais sorridente era seu próprio filho, Cláudio. Poder ver a querida mãe sorrindo e esquecendo das dificuldades que tanto a perseguiram nos últimos anos, era o maior presente para ele.

E logo, com as bênçãos de Jesus, o padre João então encerrava a missa, agradecendo a todos ali presentes. E como combinado com dona Célia, Elisa e mais um grupo de pessoas, este gentilmente os convidava a conversarem sobre o tema dos imigrantes.

Como o tema era assunto importante que estava envolvendo várias pessoas da vila, quase todos os presentes permaneceram na igreja. Exceto um pequeno grupo que possuía outros compromissos, e alguns que, mesmo com o gentil pedido do padre, preferiam abster-se do assunto, jogando às autoridades a responsabilidade pela situação enfrentada.

Então, enquanto alguns retornavam para suas casas, o padre João, após introduzir sabiamente o delicado assunto, passou a palavra para dona Célia.

— Bem, como nosso querido padre João disse, estamos passando por um período muito delicado nestes últimos tempos, devido a esta inesperada imigração. Porém, antes de explicar qual é o nosso intuito hoje aqui, peço para que tenham em mente que a nossa vontade é de apenas lhes contar quais são as nossas sugestões. – iniciou dona Célia – Queremos aproveitar esta oportunidade em que

Das Trevas à Luz 345

todos estamos aqui reunidos, para poder bater este papo e, quem sabe, conseguirmos encontrar uma solução.

— Eles deveriam voltar de onde vieram! – gritou um senhor, exaltado.

— Eu concordo. São todos uma cambada de encostados e preguiçosos, que não fazem nada além de ficar mendigando – manifestou-se uma jovem.

— É! Mande-os embora! – começaram a gritar todos, inconformados.

Logo as manifestações incitadas por alguns começaram a influenciar a todos, fazendo com que se iniciasse um pequeno tumulto. Junto a estas pessoas que deram princípio às reclamações, encontravam-se algumas criaturas revoltadas, as quais não conseguiram ser auxiliadas durante a missa. Auxílio que não se omitiu em momento algum, pois lá também se encontravam dedicados servos do bem.

Enlaçados a algumas pessoas, cujo pensamento egoísta seguia ainda aceso, estas criaturas lançavam, sobre a mente daqueles que eram objetos de sua ira no físico, o próprio desejo de criar revoltas. Como, mesmo frequentando a igreja, estas pessoas falsamente seguiam, iludindo-se ao acreditarem ter absorvido os ideais cristãos, não compreendiam estar sendo incitadas.

Pessoas de bem, que se haviam modificado, porém, ao longo do tempo, preocupando-se somente com seu ponto de vista. Cresceram vivendo o evangelho apenas da boca para fora. De pessoas como estas, o mundo infelizmente está cheio. São pessoas de bem, desde que não sofram interferências externas, as quais impliquem direta ou indiretamente sobre suas vidas.

— Calma, pessoal. Esqueceram-se que muitas destas famílias que vocês estão julgando, buscam apenas uma oportunidade de serem felizes? – gritou Elisa, procurando conter o tumulto – Até parece que não ouviram uma única palavra do que o padre disse. Que cristãos são vocês que não seguem o evangelho de Jesus? Esqueceram-se que estes a quem julgam são tão dignos quanto vocês? Quantos de vocês ao menos se deram ao trabalho de conhecer quem realmente são estas pessoas, estas famílias? São trabalhadores, mães e pais preocupados em dar a seus filhos uma vida mais decente. E mesmo aos que não possuem filhos, é errado que procurem obter algo melhor para suas vidas, para seu futuro? Por que colocam todos no mesmo nível? Assim como dentre eles há alguns ainda perdidos, também existem destes entre vocês.

— Lancemos mão de vaidades – prosseguiu ela – ou receios desnecessários. Vamos mostrar que todos nós podemos ser os verdadeiros instrumentos do Cristo. Por acaso já se esqueceram de que Deus plantou o amor em nós, e que Jesus, aquele que se entregou por amor a todos, fez isto porque confiava em cada um? Chega de fazer julgamentos ou condenar o próximo. Vamos deixar de uma vez por todas que esta pequena semente que vibra em cada um de nós, chamada de amor, possa enfim germinar e render seus frutos, tornando este mundo um lugar mais feliz. Não para mim ou para você, mas sim para todos nós – concluiu Elisa, chamado todos à autoanálise.

Por instantes a palavra firme de Elisa provocou em todos ali o senso crítico sobre suas atitudes, fazendo-os considerar estarem sendo injustos com aquelas pessoas. A densa névoa que havia rapidamente sido inflamada, procurando criar a discórdia entre os fracos de coração, foi simplesmente varrida como um sopro de Deus, acendendo-lhes a luz da razão.

Foram palavras ditadas ao espírito imortal de cada um, por uma caridosa mãe às dezenas de filhos espalhados, pois, abraçando maternalmente Elisa, sua querida e dedicada mãe Matilda inspirava-lhe o verbo do amor ao próximo. A benévola serva de Deus também se encontrava dentre os emissários do céu que estavam na igreja. E a seu lado, o redimido espírito de Júlio, amado pai de Elisa, cujo afeto enlaçava-lhes os corações. Ambos sorriam e vibravam unidos em Cristo, lançando sobre a filha amada toda a ternura resplandecente da sagrada família.

As pessoas presentes na igreja, que após ouvirem as palavras de Elisa olhavam-se emudecidas, foram pouco a pouco tomando seus lugares, dispostas ao diálogo.

Então, vendo que as pessoas haviam compreendido quais eram suas intenções, Elisa gentilmente sorriu para dona Célia, desculpando-se pela intromissão. E pediu para que esta prosseguisse.

Mais uma vez tomada por serenidade e respeito, a igreja não apenas estava servindo de instrumento aos homens da Terra, mas também aos trabalhadores do Senhor, que aproveitavam o valioso momento para auxiliar as perdidas criaturas a compreenderem o

Das Trevas à Luz   347

quão tristes e distantes de Deus estas se haviam tornado.

Enquanto os que haviam permanecido na igreja seguiam ouvindo as sugestões de dona Célia para com o tema dos imigrantes, aqueles que não puderam permanecer, dirigiam-se normalmente a suas residências. Uma destas pessoas era a humilde Adalva, empregada dedicada do senhor Miguel, que preferira voltar para casa, preocupada com o isolamento do patrão. Em verdade, esta havia sido inspirada por seu guia e amparador, através do chamamento efetuado pelos benfeitores do próprio senhor Miguel, com o auxílio de Balthazar e Simeão.

Ao chegar ao casarão, Adalva espantou-se com o estado em que o lugar encontrava-se. Tudo estava revirado, e muitos objetos de valor haviam desaparecido. Desesperada, a empregada começou a gritar pelo nome do patrão.

— Senhor Miguel, senhor Miguel! Ai, meu Meus... – chamava ela, assustada.

Foi então que algumas marcas de sangue conduziram-na ao local onde o ofegante e baleado Miguel encontrava-se. Este estava caído atrás de um móvel, e bastante ferido. Assustada, Adalva correu para socorrer o patrão enquanto gritava por ajuda.

No invisível, Balthazar, Simeão e o benfeitor de Miguel, prostrados em oração, rogavam ao alto, pedindo-lhe forças àquele momento.

Após alguns instantes, atendendo ao chamado de Adalva, apareceu um jovem que passava pelas proximidades, o qual também havia saído da missa. O jovem, chamado Lucas, vendo que a situação de Miguel era preocupante, decidiu correr em busca do doutor Joaquim, médico experiente, o qual ele lembrou-se de ter visto na igreja, e então tratou logo de seguir para lá.

Na igreja os presentes pareciam ter chegado a um consenso. Depois de haverem ouvido as sugestões de dona Célia, sensibilizados com a triste situação da maioria dos imigrantes, os moradores decidiram enfim se unir a fim de ajudá-los.

Contudo o clima de paz e tranquilidade logo fora quebrado com a entrada do jovem Lucas, gritando e chamando pelo nome do doutor, avisando que, não muito distante dali, um homem havia sido baleado.

348   Matheus

49 – O caminho à felicidade

"Buscai, e achareis"[15]. O reino dos céus é para todos os filhos de Deus. E para neste adentrar, somente é preciso que façamos por merecer. Assim, não penseis que é Deus quem nos priva ou impede. Somos nós que, através das faltas e vaidades, colocamo-nos incapazes de ascender a ele.

Quantos não são aqueles que cerram seus olhos e selam seus ouvidos, procurando renegar o que está diante de si? Blasfemam, ocupando-se em retirar seus grilhões das pernas, mas transferem-nos à alma.

Jesus alertou-nos, asseverando que ninguém vai ao Pai senão por ele. O caminho e a maneira para atingir o que todo homem intimamente procura, já foram descritos. E qual é este caminho? O do amor e da humildade.

Todo homem busca a felicidade. Porém poucos são aqueles que a compreendem. E raros aqueles que a transmitem. Por isso, esforcemo-nos sempre, procurando melhorar a cada dia. Pois a verdadeira felicidade está ao alcance de todos.

Nos dias seguintes, o triste fato acontecido com o senhor Miguel seguia sendo o assunto de debate entre os moradores. Como ele encontrava-se internado e inconsciente devido ao delicado estado de saúde, as autoridades ainda não sabiam o que havia acontecido em sua residência.

Suspeitava-se de invasão pelo fato de diversos itens de valor terem desaparecido. Contudo, devido ao divergente estado mental em que Miguel encontrava-se, as autoridades consideravam várias hipóteses.

Na casa de saúde, enquanto os médicos aguardavam sinais de melhora em Miguel, Adalva, sua empregada, seguia orando pela recuperação do patrão. Devota religiosa, esta tinha a Miguel como um parente, pois já fazia alguns anos que trabalhava em sua casa. Sabia da sanidade debilitada do patrão por causa da perda da esposa, mas jamais consideraria que este atentasse contra a própria vida. Mal sabia ela que Miguel estava colhendo o que cultivara ao longo dos anos. O peso de sua insanidade, com o ato praticado contra a esposa Jus-

---

[15] Novo Testamento, Lucas, 11:9

Das Trevas à Luz

sara, fortaleceram seus laços com as revoltadas criaturas das Trevas. Porém a todos os filhos de Deus, independentemente de seus atos, os servos do invisível seguem também tentando auxiliar. Sabem que não lhes cabe exercer julgamento, e sim transmitir todo o auxílio e amparo necessários. Compreendem que a cada um recairá inevitavelmente todo o peso por seus atos.

Enquanto Miguel lutava pela vida, comutado aos seres revoltados que somente queriam prejudicá-lo e vê-lo sofrer, os incansáveis companheiros da seara de Jesus, Balthazar e Simeão, seguiam unidos em oração com a humilde Adalva. Conhecendo a triste situação em que Miguel fora pouco a pouco se prejudicando, eles dedicavam-se ao amparo, resguardando-o na maneira do possível.

— Infelizmente, este nosso irmão aqui está demasiadamente fraco para repelir este avanço das sombras sobre si – advertiu Simeão.

— Porém este será um momento muito importante para ele. Sua mente segue ativa e, como vemos em sua tela mental, recordações há muito esquecidas vieram à tona, povoando-lhe os pensamentos – considerou Balthazar.

— Você crê em arrependimento por parte dele? – indagou Simeão.

— Sim. Acredito que, enquanto houver esperança, qualquer um pode arrepender-se. Até mesmo para o ser mais distante e perdido, sempre há salvação. Talvez Miguel não possa colher louros, mas pode perfeitamente abrandar sua própria sentença – considerou Balthazar.

— Tem razão. Vamos sustentá-lo enquanto for possível, procurando resguardá-lo nestes momentos de provação. Devemos auxiliá-lo para que nenhum destes perturbadores, que tanto o aguardam, ampliem suas investidas e prejudiquem-lhe o ensejo – salientou Simeão.

Então, enquanto Adalva orava a Deus ao lado do leito de Miguel, suplicando pela saúde do enfermo, os dedicados servos do invisível, estendendo suas mãos sobre o corpo dele, transmitiam-lhe importantes eflúvios. A fim de que naquele momento, ele não fosse mais uma vez alvo das investidas daqueles que tanto o obsedavam.

Já distante dali, no refúgio improvisado, o algoz de Miguel bradava a todos de seu bando, garantindo que aquilo não ficaria impune. Com a troca de tiros, Timóteo fora atingido na mão, perdendo dois dedos.

Este, mesmo com todos os objetos de valor roubados do casarão, considerava revoltante terem sido surpreendidos da forma como foram. O bando não esperava encontrar alguém armado e disposto ao sacrifício. Considerando também que o incidente, além de ter evitado que estes invadissem outras residências, acabou colocando as autoridades em alerta.

Os lucros obtidos com os objetos da casa de Miguel não eram suficientes para suprir as necessidades do bando, uma vez que os mesmos não podiam ser negociados dentro da própria região, pois isto levantaria suspeitas. Havia a necessidade de exporem-se, caso seguissem com o planejado e invadissem outras residências. Porém, por hora, enquanto suspeitassem que as autoridades estivessem atentas, isto teria de ser adiado. Pois, apesar da necessidade do bando e de todo ódio e revolta de Timóteo, esta era a única solução.

Do outro lado da vila, o casal Cláudio e Elisa conversava a respeito do parecer obtido com o bate-papo realizado havia alguns dias na igreja.

— Você acha que as pessoas conseguiram compreender qual a nossa intenção em relação aos imigrantes, Cláudio?

— Eu acredito que sim. Todos os pontos aparentemente importantes foram levantados, e a maioria concordou.

— Sim, é verdade. Mas estou receosa com o que tenho ouvido entre as pessoas. Andam dizendo que quem invadiu e baleou aquele fazendeiro, Miguel, foram os imigrantes – preocupa-se Elisa.

— Também já ouvi isso. Mas pelo que sabem até agora, ainda são apenas suspeitas. Mas por que está preocupada se foram eles? – indagou Cláudio.

— Bem, é que se isto for confirmado, ninguém mais irá querer ajudá-los. Mesmo que se confirme que tenha sido um grupo isolado, esta atitude irá espalhar-se, recaindo sobre todos. Ou seja, todos os pais de família e pessoas de bem acabarão sendo crucificados por causa de alguns.

— Você tem razão, Elisa. Se isto acontecer e confirmarem que foram eles, os moradores colocarão todos no mesmo nível. Vamos torcer para que isto não se confirme. Este fato seria prejudicial a eles e a nós, e estragaria todo o trabalho que você, dona Célia e os demais se têm dedicado tanto.

— Bom, o único que poderia evitar que isto aconteça, é o fa-

Das Trevas à Luz   351

zendeiro, que segue inconsciente. Pobre homem. Rezo para que ele consiga recuperar-se e, se Deus quiser, dizer que não foram eles – desejou Elisa.

Enquanto no físico Elisa orava a Deus pela melhora do senhor Miguel, na Morada Renascer orava eu, agradecendo por mais um dia de estudos no Frei Augusto. Nosso querido instrutor Altamir seguia elucidando-nos sobre as fantásticas capacidades de nosso corpo fluídico.

— Como nós já abordamos anteriormente, podemos observar que nossa atual constituição é o veículo intermediário entre os planos físico e superior. Elemento semimaterial, este nos reveste após o desencarne e também serve como elo de ligação entre os planos. – iniciou Altamir – Por ser fluídico, podemos moldá-lo conforme nossas necessidades e de acordo com a capacidade de cada um.

— Mas se nós podemos moldá-lo, por que quando saímos do físico chegamos aqui exatamente com a aparência que possuíamos? – perguntou Luzia, uma de nossas colegas.

— Isto acontece porque este elemento, formado por substância vaporosa para os encarnados e fluídico para nós, foi-se emoldurando dia a dia, ano a ano, como corpo de cada um. Estando este servindo de elo no físico, o corpo é que age sobre ele, dando-lhe todas as suas características – respondeu Altamir.

— Mas se no físico era o corpo quem moldava este elemento, quem o molda agora, que não mais estamos na carne? – questionou Valdecir.

— Ora, o mesmo que faz com que vocês movimentem-se aqui: a ação da vontade expressa pelo pensamento. No físico, quando vocês desejavam fazer algo, a sua mente, conectada ao cérebro, enviava o desejo a este, que o repassava aos membros. Aqui, sem o corpo físico, esta informação emitida pelo espírito atua somente no corpo fluídico. Bem, na realidade o seu corpo fluídico, enquanto elo intermediário no físico, também obedecia aos comandos da mente, mas por encontrar-se envolto com o veículo do físico, era este quem efetivamente se manifestava – explicou o instrutor.

— Mas o que acontece quando as pessoas, por algum motivo, perdem um membro do corpo? Também chegam aqui sem este? – perguntou Soraia.

— Bom, pelo que vejo, vocês ainda não visitaram o Centro

de Recuperação. Sei que alguns de vocês passaram por lá quando aqui foram acolhidos, mas não tiveram a oportunidade de circular por suas dependências, não é mesmo? Creio que esta será uma boa oportunidade de conhecimento a vocês. Façamos o seguinte: amanhã peço que me encontrem na praça em frente ao Centro. Irei conversar com nosso dirigente aqui da escola, o senhor Eleutério, e verificar se a visita que estava prevista poderá ser amanhã. No dia seguinte, como combinado, nós todos estávamos aguardando o instrutor na praça. Muitos estavam empolgados por aquela oportunidade valiosa. Eu, no entanto, sentia-me feliz, mas um pouco receoso. Como fora o local onde permaneci por um bom tempo antes de adentrar na escola, eu possuía um carinho por tudo o que fizeram por mim, mas um pouco de solidão. Não era nada muito triste, mas era uma sensação diferente.

— Bom dia, pessoal, que as bênçãos de Deus sejam convosco – cumprimentou-nos, aproximando-se, o instrutor Altamir.

— Amém! – respondemos, sorrindo.

— E então, senhor, poderemos visitar o Centro? – adiantou-se Osvaldo, ansioso.

— Bem, eu conversei com nosso querido dirigente do Frei Augusto, e este gentilmente solicitou aos responsáveis pelo Centro a permissão de efetuarmos uma visita. Desta forma, hoje teremos esta valiosa oportunidade de conhecermos um pouco do maravilhoso trabalho de auxílio que eles vêm realizando, e se for possível, conversar com alguns dos pacientes. Antes, porém, gostaria de pedir-lhes para evitarem acúmulos nos corredores. Como entraremos todos juntos, procurem manter uma organização, de forma a não incomodarmos os trabalhadores desta humilde casa. E respeitemos também as condições observadas em cada um dos internos. Todos são nossos queridos e amados irmãos, merecedores de todo amor e compreensão – orientou Altamir.

Todos já estávamos conscientes de como deveríamos postar-nos no decorrer da elucidativa visita. Mas orientações sempre são importantes, considerando-se que o desejo comum do saber às vezes pode sobrepor-se.

— Que a paz do Senhor esteja conosco! – desejou um simpático moço, recebendo-nos – Sejam todos muito bem vindos. Eu me chamo Sebastião, e serei o guia de vocês pelo Centro – completou ele,

Das Trevas à Luz 353

cumprimentando-nos um a um.

Sebastião era moço pardo, de cabelos negros e estatura baixa. De olhar atencioso e sorriso fácil, este nos explicou trabalhar no Centro de Recuperação havia mais de cinco anos. Sebastião contou-nos ter sido ele também um dos internos que foram auxiliados quando na Morada pôde ser acolhido. Disse ter desencarnado por insuficiência renal, em uma existência física não muito responsável, após perder os pais ainda jovem.

Falou também da solidão que este enfrentara durante seu processo de recuperação, mesmo tendo sempre a seu lado generosos e dedicados companheiros zelando por seu refazimento. Exatamente como eu sentia-me durante minha recuperação, mesmo tendo o amável Balthazar acompanhando-me.

Isto ocorria bastante com os internos do Centro, segundo explicou-nos Sebastião. As distintas situações que estes enfrentaram, tanto no físico quanto nos desfiladeiros das regiões inferiores, envolviam-nos de tal forma que inevitável acabava tornando-se este sentimento de solidão.

Logo em seguida, após as devidas considerações e recomendações, fomos, um a um, adentrando no Centro de Recuperação, guiados por Sebastião e nosso instrutor. Após passarmos pela porta principal, reunimo-nos na sala seguinte, cujas portas, segundo esclareceu-nos Sebastião, dava a distintos setores do Centro.

Sebastião explicou-nos que existiam quatro setores, sendo cada um destinado a um grupo específico de pacientes. Poderíamos visitar apenas dois setores, pois nos demais as condições dos pacientes requeriam maiores restrições. Nosso guia contou-nos que nestes setores o contato com os internos é sempre muito cauteloso. Considerando-se que são aqueles que enfrentaram, no decorrer de seus caminhos, grandes tormentos pessoais e demandaram prolongado tempo para enfim aqui poderem ser acolhidos. Recordei-me então que eu fora um destes que tivera de permanecer nestes setores restritos.

Confesso que senti pena, imaginando a situação daqueles que se encontravam em estado igual ou até mesmo pior que o meu. Respirei fundo e então, imediatamente, recordei-me das lições que aprendera no Frei Augusto sobre o sentimento de pena. Sentimento aparentemente inocente, porém muito prejudicial. Pois retendo este sentimento de que o próximo é um coitado, um sofredor, além de

354   Matheus

questionarmos a vontade de Deus, lançamos sobre o irmão energias e vibrações que em nada o auxiliarão a superar aquela situação.

Nestes casos, quando percebemos que iremos render-nos a estes sentimentos, devemos invertê-los, de forma a olhar o próximo como alguém que está erguendo-se, alguém que está saindo daquela situação. Jamais o contrário, colocando-o como um pobre coitado. Somente assim estaremos auxiliando-o de fato.

Nosso primeiro irmão visitado foi um tranquilo senhor que, segundo contou-nos Sebastião, dentro em breve, se mantivesse seu esforço, poderia então receber alta. Estava no Centro havia pouco menos de três anos. Aproximando-nos, o gentil guia apresentou-nos como sendo estudantes em visitação, vindos do Frei Augusto. E calmamente o senhor cumprimentou-nos.

— Muito prazer em conhecer a todos. Eu me chamo Gerson. – falou, simpático – Como bem disse nosso caro Sebastião, faz cerca de três anos que gentilmente venho sendo auxiliado aqui no Centro. Minha partida do físico, no entanto, ocorreu há quase oito anos – iniciou ele.

Gerson contou-nos que falecera depois de ter sido envenenado pela picada de uma serpente em seu braço, enquanto cuidava da poda do mato de sua residência. Os médicos bem que tentaram salvá-lo, removendo-lhe o membro, mas o veneno já se havia espalhado. Disse ele ter deixado esposa e filhos, o que fizera com que sua aceitação do fato tivesse sido mais demorada.

Falou-nos da sensação de revolta que a princípio invadira-lhe, e da preocupação em proteger e zelar pela família. Disse estar tão apegado, que mesmo após a morte continuava a realizar as mesmas coisas que antes. Pouco a pouco via os filhos crescerem, mas não queria aceitar estar ausente. Sentia como se ainda tivesse chance de voltar a estar entre eles.

Duros e difíceis foram aqueles anos preso ao que deixara. Situação que apenas foi modificada quando caiu em si, compreendendo que precisava de ajuda. Foi então que finalmente pôde ver os dedicados companheiros que sempre estiveram ao seu lado, pacientemente esperando sua decisão.

Companheiros cujas mãos amparadoras sempre estiveram estendidas, mas para as quais Gerson mantinha seus olhos seguidamente selados. Somente quando, de coração, aceitou ser auxiliado, é

Das Trevas à Luz 355

que pôde enfim ver que aqueles ao seu lado eram apenas o princípio da gigantesca família que este jamais deixara de possuir.

Gerson descreveu-nos com alegria a emoção que o invadiu ao perceber que dentre aqueles amparadores dedicados em auxiliá-lo estavam seus queridos e amados avós, dos quais a separação ocorrera quando ele ainda era jovem. Disse ter desabado de felicidade ao rever aqueles rostos tão bondosos, os quais tanto significavam para ele.

Aceitando assim sua nova condição, passivamente segurou--lhes as mãos e enfim pôde ser acolhido. Trazido por estes à Morada Renascer, a fim de receber os devidos cuidados ao seu refazimento no Centro de Recuperação, disse-nos com orgulho estar esforçando--se ao máximo por sua melhora. Queria ele também ser assim como seus avós. Com as bênçãos de Deus, ser um destes seres tão iluminados, os quais tanto se doam em auxílio daqueles irmãos perdidos, que seguem confusos e até mesmo revoltados.

Fato que também pudemos verificar era que, por Gerson haver tido um de seus membros removido enquanto estava no físico, ao adentrar no plano espiritual seguiu-se na mesma condição. Tal fato era devido ao estado em que seu corpo fluídico, assim como sua mente, condicionaram-se àquela nova situação. Seu estado mental, mesmo com ele já sendo auxiliado e retendo em si boas condições de assimilação, ainda não se permitia restabelecer-se ao ponto de suprir aquela condição em que ali chegara.

Ouvindo os elucidativos relatos de Gerson e dos demais pacientes em condições semelhantes ou melhores que a dele que íamos conhecendo no Centro, comecei a entender um pouco da situação que acometia a maioria dos homens que partiam do físico sem realmente aceitarem aquela nova etapa. Nova a princípio, mas tão bem conhecida de todos nós.

Se deixássemos de ser tão materialistas e pretensiosos, compreenderíamos que a vida física nada mais é que uma grande oportunidade de exercermos o que no espiritual aprendemos. A ela seguimos a fim de trabalharmos em nós importantes questão morais, que irão pouco a pouco auxiliar-nos em nossa própria ascensão. Ascensão que não é única, mas sim coletiva. Por isso somos colocados à prova em uma mesma escola. Escola da vida, cuja função é de que todos possamos, ao mesmo tempo em que trabalhamos por nós, também trabalhar pelo próximo, auxiliando-nos mutuamente. E desta forma a ela seguir quantas vezes façam-se necessárias, e quantas vezes sejamos solicitados.

Terminada a elucidativa visitação, recolhi-me em mim. E agradecendo a Deus, elevei o pensamento, desejando também, assim como Gerson e tantos outros, que pudesse ser digno de levar a luz aos corações dos queridos irmãos que ainda jazem no vale das sombras.

50 – Sementes da vida

"O reino de Deus é assim como se um homem lançasse semente à terra"[16]. Tudo aquilo que semeamos na estrada da vida, colhemos na casa de Deus.

Praticar bons atos, ser gentil, caridoso, e não deixar de lado a humildade, são nossas sementes. O bom trabalhador dedica-se com amor e espera pacientemente pela colheita. Sabe que os frutos nada mais são que os resultados de seu esforço.

Ao homem são entregues a enxada e a semente. Porém poucos são aqueles que fazem bom uso destes recursos. Muitos ainda se encostam ociosos, esperando pela sombra aconchegante da própria sorte. Contudo, sorte maior não há que aquela a qual cada um escolhe em cada novo amanhecer.

Trabalhemos, esforçando-nos sempre. A ociosidade não existe no reino dos céus, pois todo fruto é mérito de trabalho. Quem trabalha por si e pelo próximo, jamais interrompe seu próprio plantio.

Todos somos capazes de colher bons frutos. Para isto basta seguir o exemplo daquele que foi e sempre será nosso maior semeador. Abracemos esta grande oportunidade e afastemos a ociosidade. A vida com Deus é mais feliz quando a colheita é farta. E para a colheita ser farta, depende somente de cada um.

Plantemos amor, caridade, humildade, felicidade, e tudo o que nosso senhor Jesus Cristo ensinou-nos. Somente assim estaremos semeando os verdadeiros frutos. Frutos que saciam a alma e auxiliam multidões.

No físico o tempo passava, e com ele, aquele ano de 1896. Muitos foram os fatos que envolveram a outrora tranquila e pacata vila

---

[16] Novo Testamento, Marcos 4:26

Das Trevas à Luz

de Cláudio e Elisa. Um destes fatos fora a desordenada imigração de famílias à procura de novas oportunidades. E a falta destas oportunidades logo causou revolta em alguns arruaceiros.

Arruaceiros estes que, liderados pelo perigoso Timóteo, aproveitando-se da data da páscoa, data muito respeitada na região e na qual a grande maioria dos moradores reúne-se na igreja, decidem começar uma onda de saques às residências.

Escolhendo então invadir primeiramente o casarão de Miguel, homem revoltado e disposto a tudo para proteger seus bens, o bando de Timóteo é surpreendido por este, armado com sua inseparável pistola. Durante a troca de tiros, Timóteo é ferido na mão, enquanto Miguel fere-se gravemente.

Enquanto isso, o doutor Joaquim, junto dos outros dispostos a fazer algo para auxiliar aos imigrantes, ouvia atentamente as sugestões de dona Célia, até ecoar na igreja a notícia de um homem ter sido baleado.

Resgatado e em estado preocupante, Miguel é internado, enquanto Timóteo e seu bando, frustrados com a ação daquele homem, decidem adiar seus planos.

Nos meses que se seguem, Miguel, após muita luta pela vida, enfim consegue receber alta e retornar para casa. Contudo, este não retorna como antes. Os ferimentos causados deixaram-no em uma cadeira de rodas e com problemas mentais. Miguel nunca conseguira explicar o que lhe acontecera. Ao seu lado, agora mais dedicada do que nunca, sua empregada Adalva cuidava carinhosamente do debilitado patrão.

Com a ausência das ondas de crimes pelo isolamento de Timóteo, pois os arruaceiros estando sem um líder para induzi-los, agiam como pessoas normais, houve um período muito bom para que dona Célia e seus companheiros conseguissem enfim aplicar as sugestões para auxiliar os imigrantes.

Trabalhando todos em equipe, moradores e imigrantes, aos poucos a grande maioria dos desocupados e as famílias sem abrigo foram-se acertando.

As ondas de crimes e arruaças caíram. Muitos saíram das ruas para terem o sonho do lar concretizado. Os fazendeiros viram nos imigrantes boa oportunidade de colaboração, e até as autoridades começaram a estenderem-lhes as mãos, vendo que estes apenas buscavam oportunidades dignas de sustento.

Até mesmo Cláudio intercedera pelos imigrantes e colocara-os a colaborar no seu trabalho. Amparado por sua sempre amada Elisa, Cláudio sentia-se muito feliz com aquela oportunidade de auxiliar ao próximo.

Quanto a mim, aquele ano fora também muito importante e valioso. Auxiliado pelos queridos instrutores Demósteles, Taméria e Altamir, eu e meus companheiros pudemos aprender maravilhosas lições. Desde os assuntos abordados no Frei Augusto, até as gratificantes visitas às instituições e centros de amparo e resgate espalhados por nossa iluminada Morada.

Em cada novo dia e novo aprendizado, maior e mais vibrante era o meu desejo de continuar seguindo adiante. Queria tornar-me cada vez mais um ser digno e dedicado ao próximo. E com este pensamento, concluíra então o primeiro dos dois anos referentes ao ciclo intermediário, agradecendo a Deus pela oportunidade abençoada.

E rogando-lhe forças, iniciara o ano de 1897, disposto a seguir prostrado em espírito por tudo o que de ruim eu realizara, e consciente de que, se Deus permitisse, iria eu em busca de minha desejada redenção.

Desta forma, seguia eu dedicando-me e esforçando-me na abençoada Frei Augusto, a fim de que, se Deus permitisse, pudesse ser agraciado com a conclusão do elucidativo ciclo intermediário.

Orientado pelos dedicados e atenciosos instrutores, eu e meus companheiros de turma nos sentíamos, a cada dia em que recebíamos as maravilhosas lições de amor e humildade, mais felizes e confiantes em nosso próprio progresso.

Pudemos ao longo deste ano colocar em prática muitas das teorias que havíamos estudado.

A união e harmonia em todos nós era claramente visível. Estávamos tomados pelo desejo do bem e comunhão em Cristo. Eu seguia fazendo parte do querido Grupo da Prece, bem como meus irmãos Laerte, Osvaldo e Adalberto. Nós quatro havíamos estreitado nossos laços, criando uma bela amizade, na qual um procurava auxiliar o outro nas questões referentes ao que era abordado em sala de aula e também nas questões que envolviam cada um.

Isto ocorria não somente entre nós quatro, mas entre todos da turma, entre os instrutores e os respectivos amigos que seguíamos

Das Trevas à Luz   359

ganhando tanto no próprio Frei Augusto quanto nos centros que visitávamos, e nas demais áreas da iluminada Morada que tão bondosamente nos acolhera.

Eu finalmente havia compreendido o que meu saudoso companheiro Balthazar explicara em relação à grande família que todos somos. Sentia-me ligado a todas aquelas pessoas, meus verdadeiros irmãos em Deus. Desejava-lhes carinho, respeito e gratidão. Pois sabia que só pudera abrir meus olhos, e abraçar o maravilhoso mundo que a todos nós acolhe, graças a seus esforços. Suas histórias, lições, foram a mim tão importantes e valiosas, que em meu ser não havia palavras que expressassem meu agradecimento.

Agradecimento que todos nós, após um incomparável ano de estudos e realizações, sentíamos por enfim estarmos concluindo o ciclo intermediário.

Já no plano físico, difíceis provações ainda se faziam necessárias.

— Ai... Está doendo – reclama Elisa a Cláudio, levando as mãos ao ventre e levantando-se da cama.

— O que? Onde? – acorda Cláudio assustado.

— Não tenho certeza, mas acho que é no local onde levei aquela facada.

De tempos em tempos, a região onde Elisa no passado fora apunhalada por mim durante minha tentativa de assassinar Cláudio, incomodava-a com pequenas contrações. Como Elisa encontrava-se grávida no momento em que eu, perdido e comutado com as sombras, feri-a, o médico que a atendera no passado teve de sacrificar a criança para poder preservá-la. Atualmente o médico que a atendia era o doutor Joaquim, o qual já sabia de seu caso.

— Tenha calma, Elisa, esta dor não é a mesma que às vezes você sente? – indagou Cláudio, confuso.

— Não. É no mesmo local, mas a dor é diferente. Nunca foram tão fortes assim – explica Elisa, retraída de dor, com dificuldades em falar e um pequeno sangramento genital.

— Meu Deus, Elisa, isto não é normal. Vou chamar minha mãe para ela ficar com você, enquanto corro no doutor Joaquim.

Então rapidamente Cláudio acordou sua mãe, que já dormia no quarto ao lado, e saiu em disparada à casa do doutor, que morava somente a algumas quadras. O doutor Joaquim era um bom homem, e nunca negava auxílio a quem o procurasse.

Alguns minutos depois, Cláudio retorna, trazendo o experiente médico, que ao ver Elisa contorcendo-se e com sangramento, aplica-lhe um leve sedativo. Joaquim já atendera Elisa algumas vezes e conhecia seu caso. Sabia do fatídico dia em que Elisa, tentando proteger Cláudio, foi apunhalada por mim em seu ventre. Após a analisar, e com esta aparentemente estabilizada, o médico chama Cláudio de lado a fim de descrever-lhe sua análise.

— E então, doutor, o que ela tem? – pergunta Cláudio, apreensivo.

— Bem, eu preferi não dizer nada na frente de Elisa e da senhora Marta, a fim de poupar-lhes preocupações. Mas pelo que pude verificar ao primeiro momento é que Elisa possui um pequeno nódulo na região intrauterina que pode ser o causador das dores.

— Nódulo? Mas o que isto quer dizer? – questiona Cláudio.

— Isto pode ocorrer ao longo do tempo, desenvolvendo-se no organismo de qualquer um que tenha pré-disposição ou reação do organismo. Pelo que nós sabemos, a punhalada desferida em Elisa atingiu seu aparelho reprodutor. E pelo que vimos, na época o médico responsável optou por preservar ao máximo o seu útero.

— Exatamente, doutor. Ele disse que desta forma nós poderíamos no futuro tentar engravidar.

— Sim, eu compreendo, Cláudio. Mas talvez o preço desta decisão que tomaram pode ter saído alto.

— O que? Mas o que Elisa tem doutor?

— Bem, ainda são necessários exames mais detalhados para termos um diagnóstico correto. Mas suspeito que Elisa tenha desenvolvido alguma doença no útero.

Neste instante, Cláudio desaba. Não conseguia conceber que as contrações e incômodos que em nada preocupavam o casal, por serem tão casuais, pudessem tornar-se algo tão sério.

— Mas como, doutor? Deve haver algum engano. O senhor mesmo sabe que Elisa nunca se descuidou ou se omitiu. Sempre fez os exames preventivos anualmente, como o antigo doutor havia-nos solicitado. Tudo bem que já tem mais de um ano que ela não faz, mas este foi um caso à parte. Das outras vezes sempre seguíamos tudo à risca – justifica-se Cláudio, caindo às lágrimas.

— Eu sei, mas estas coisas não seguem um padrão específico.

Das Trevas à Luz   361

A doença pode manifestar-se em qualquer um e a qualquer momento. O mais importante é que, mesmo que for realmente comprovada uma doença, as chances de cura são altíssimas se esta for detectada no início. Sei que não é fácil ouvir este diagnóstico, Cláudio. Mas só estou sendo franco com você porque o conheço e sei da sua força.

Segurando as mãos de Cláudio, que, desolado, ainda chorava inconformado, o médico levantou seu rosto e, sorrindo, pediu-lhe para ter fé e confiar em Deus.

— Vamos lá, Cláudio. Entreguemos nossas angústias e aflições a Deus. Confia que ele estará ao lado de vocês, conduzindo tudo. Tenha fé, homem. Aproveite este momento para dar o testemunho de sua fé.

— Eu estou tentando, doutor. É que Elisa é tudo em minha vida e não sei o que seria de mim se algo lhe acontecesse. Como o senhor sabe, nós já enfrentamos muitas dificuldades para conseguirmos ficar juntos.

— Por isso mesmo, Cláudio. Se vocês enfrentaram tanta coisa e hoje estão juntos, é porque não foi à toa. Não se entregue, e lute com fé. Verá que se você chamar, Deus virá. Não apenas Ele, mas todos os seus anjos virão em auxílio de vocês. Além do mais, é como expliquei. Temos de fazer exames para ver se há mesmo algo em Elisa. Por enquanto são apenas possibilidades – explicou o médico a Cláudio, despedindo-se.

Após agradecer ao médico Joaquim por ter vindo em seu auxílio no meio da madrugada, e garantir-lhe que levaria Elisa ao seu consultório para fazer exames mais detalhados, Cláudio enxugou as lágrimas e foi ao quarto ver sua amada, que repousava na cama, assistida pela sogra.

Com o auxílio do médico, enfim pararam as fortes contrações e o sangramento, podendo Elisa descansar após horas de sofrimento. Cláudio entrou silenciosamente no quarto para não a incomodar, e calmamente tocou no ombro da mãe, agradecendo-lhe por ficar ao lado dela.

Como dona Marta estava com a idade avançada, e a saúde requeria cuidados e repouso, Cláudio deu-lhe um beijo na testa e, sorrindo, pediu-lhe que fosse descansar, pois ele ficaria ali. Como Elisa finalmente havia dormido e Marta não queria fazer barulho indagando Cláudio sobre a conversa com o médico Joaquim, esta decidiu recolher-se, deixando os questionamentos para o dia seguinte.

A sós com Elisa, Cláudio, olhando-a ternamente enquanto ela dormia, mais uma vez não conteve as lágrimas e pôs-se a chorar em silêncio. Em sua mente, este tentava manter-se focado na fé e confiança em Deus, como o médico pedira-lhe. Contudo a tristeza e o medo de perder Elisa assolavam-no.

Horas este passou ao seu lado, até que finalmente conseguisse acalmar-se e retomar a confiança na providência divina. Confiança restabelecida graças ao auxílio de seu amigo e benfeitor Cássius, que se mantivera o tempo inteiro ao seu lado, insuflando-lhe vibrações de alento e serenidade.

O querido amigo, se pudesse, ficaria a seu lado só para não o ver sofrer. Mas como sabia das provas e necessidades existentes em cada um, entregava-as a Deus, rogando-lhe forças ao amigo. Suavemente, Cássius, tocando na cabeça de Cláudio, procurava transmitir-lhe todo seu amparo e carinho, fazendo-o lembrar-se de nosso querido e amado Jesus, o qual nos disse que jamais nos abandonaria.

E foi com esta lembrança encaminhada a Cláudio paternalmente pelo amigo, que ele pôde enfim se acalmar e tentar descansar um pouco.

No dia seguinte, logo cedo, Cláudio, com muita dificuldade, tenta explicar a sua mãe o diagnóstico feito pelo médico Joaquim. Ao saber da possibilidade de Elisa estar com uma doença, dona Marta sorri e, de braços abertos, acolhe o filho, procurando transmitir-lhe confiança. A mãe de Cláudio fora amparada por Matilda durante a noite. Esta, unida a Elisa e Marta pelos laços fraternais, dedicara-se a prepará-la para ser um dos pilares da fé em Deus naquele obstáculo.

Após ouvir e procurar tranquilizar o filho, dizendo que Jesus estaria segurando em suas mãos durante todo o percurso em que fosse necessário enfrentar aquela situação, dona Marta reforçou que Elisa precisaria de toda força e apoio de Cláudio.

Procurando ser alicerce da fé, Cláudio buscou em seu interior a confiança de que Deus, em nenhum momento, deixá-los-ia à própria sorte. E confiante na saúde e na superação de Elisa, prometera à mãe e a si mesmo que não mais se deixaria abater ou entrar em desespero.

Quando fora quase a hora do almoço, Elisa levantou-se ainda se sentindo cansada, mas aparentemente bem. Esta encontrou um

Das Trevas à Luz   363

Cláudio com olhar terno e atencioso, questionando-lhe como estava. Enquanto alimentava-se, Elisa quis saber se o médico comentara algo em relação ao que possa ter ocorrido. Preocupado em não causar alarde com a suspeita do diagnóstico do médico, Cláudio sorriu e limitou-se a dizer que Elisa deveria fazer exames mais detalhados.

Atendendo à solicitação médica, Elisa dirigiu-se ao consultório do doutor Joaquim, acompanhada por Cláudio, logo na semana seguinte. A pedido de Cláudio, o doutor apenas orientou Elisa da necessidade de serem realizados exames, a fim de verificar sua saúde e o que poderia tê-la levado até aquele quadro. Muito atenciosa e nem um pouco receosa com o que poderia ser, Elisa dispôs-se a realizar uma bateria de exames nos meses que se seguiram.

Como a vila onde moravam era pequena e o consultório não dispunha de muitos recursos, alguns dos exames coletados eram encaminhados à capital para análise.

Enquanto aguardavam pelos resultados, Elisa tornou novamente a sentir as dores e ter o sangramento, sendo mais uma vez atendida e estabilizada pelo atencioso doutor Joaquim.

Assim, Elisa e Cláudio seguiam firmes e confiantes que Deus não os estava desamparando, e que ela logo voltaria a ficar bem.

Enfim aquele ano de 1897 passara tão rápido, que muitas pessoas dos nossos grupos, se pudessem, gostariam de vivenciá-lo novamente. Contudo sabíamos que durante aquele período esforçamo-nos e dedicamo-nos ao máximo, procurando absorver tudo o que seguíamos colhendo.

Lições que nos invadiram a alma de tal forma que sentíamos como se uma luz acendera-se em nosso peito. Luz que espargia e acalentava nosso interior, envolvendo-nos e a todos à nossa volta. Era a verdadeira centelha de Deus que germinara em nós, esperançosa por dar frutos.

Reunidos no grande salão de palestras, todas as turmas aguardavam ansiosas pelo pronunciamento do digníssimo dirigente do Frei Augusto, senhor Eleutério. Além da nossa, havia outras turmas, contabilizando cerca de dezesseis alunos cada, todas unidas e felizes pela conquista.

Sentados à mesa e com sorrisos paternais, nossos queridos instrutores, os quais se doaram por completo a nosso progresso durante aqueles dois anos, aguardavam também, respeitosamente.

Todos os ciclos, a seu final, também eram parabenizados pela etapa concluída. No entanto cada um dos três possuía um dia diferente dedicado a isto. Não para criar separações entre os ciclos, pois todos eram unidos e auxiliavam-se na maneira do possível. Mas sim porque o calendário de atividades existentes em cada um, não possibilitava.

Também estavam presentes no salão os entes e amigos de cada um. Familiares que já haviam retornado do físico e residiam na Morada Renascer, e outros, de moradias distintas, em visita. Todos transbordavam de alegria ao verem aqueles rostos amigos orgulhosos, inclusive eu. Surpreso, avistei meu querido e dedicado amigo Balthazar, sorridente e com lágrimas nos olhos.

Rever aquele espírito tão iluminado e cativante enchera-me de felicidade. Em mim, naquele momento, sentia como se Deus literalmente estivesse abraçando-me e, junto daquela grande família, parabenizando-nos pela conquista.

E foi banhado por aquele sentimento de paz, que humildemente nosso respeitável e bondoso dirigente adentrou no iluminado salão, dando graças e iniciando elevada oração ao Pai, convidando-nos todos a unir-nos em espírito ao nosso querido e amado senhor Jesus Cristo.

51 – Crer no poder interior

"O reino de Deus está entre vós"[17]. Oh qual sublime e majestosa confirmação tens diante de ti. Todo ser contempla em si a essência de Deus. Carregamos em nós verdadeira parcela deste composto universal.

Deus é amor, justiça e sabedoria. Fazem parte de sua essência todas as manifestações de pureza e bondade para com seus filhos. Busquemos em nós esta maravilhosa fonte da vida, cujas águas reparadoras não devem jamais encontrar obstáculos.

Esqueçamos os tormentos trazidos por nossa própria imprudência, e por alguns minutos permitamos que este desejo, esta vontade que em nós tanto sufocamos, possa enfim se manifestar. Cegamo-nos com os problemas e as tribulações do físico, e acabamos por enclausurar qualquer intenção que procure abrir-nos os olhos do in-

---

[17] Novo Testamento, Lucas 17:21

Das Trevas à Luz   365

terior para a verdadeira vida.

Nosso senhor Jesus quis que compreendêssemos que a verdadeira felicidade não está fora do alcance de ninguém. Todos a carregamos em nosso ser. Feliz aquele que já compreendeu e trabalha para que outros também compreendam.

Crer na palavra e aceitar sua parcela perante as escolhas realizadas, são alguns dos primeiros passos àquele que almeja libertar-se. Soltemos as amaras da vida material para que permitamos florescer o verdadeiro mundo que habita em nós.

Despojemo-nos das falsas realizações, as quais tendem a encerrar-nos cada vez mais profundo nos calabouços da iniquidade, e abramos nossos corações a este clamor silencioso, cujas esperanças em nós jamais se apagam. Pois somente assim conseguiremos remover as barreiras que nos cegam, enxergando então o verdadeiro reino de paz e amor existente dentro de cada um de nós.

Chegávamos enfim a 1898 e com isto, finalmente, após três anos de estudos, eu enfim iniciaria o aguardado ciclo avançado na escola Frei Augusto. Seriam dois longos anos de muito empenho e dedicação, cujos esforços converter-se-iam em bênçãos reparadoras à nossa própria construção íntima.

Assim como no ciclo anterior, nós não teríamos apenas um instrutor, e sim quatro queridos e dedicados apóstolos do bem. Dois instrutores no primeiro ano, sendo eles o senhor Henrique e a senhora Monise, e outros dois no próximo, a senhora Verusca e o senhor Gregório.

Seguiríamos estudando o vastíssimo acervo acerca dos maravilhosos ensinamentos de Jesus, e as particularidades presentes nas inumeráveis projeções que um ser de luz consegue efetuar. Estes seres de luz são criaturas puras e que conseguiram, através do amor e humildade, doar-se de tal forma que atingiram elevado grau na senda evolutiva.

Para as aulas práticas nós enfim poderíamos, com a orientação e permissão dos dirigentes, seguir tanto às regiões inferiores quanto ao físico. Iríamos, com o amparo de nosso instrutor, realizar trabalhos simples de auxílio às dezenas de criaturas encarceradas em suas próprias prisões.

Todos da minha turma sentiam-se felizes pela oportunidade em retornar ao físico. Tornar a ver aqueles que participaram de suas vidas e de cujo carinho familiar jamais se esqueceram, também seria permitido.

Queridos amigos e parentes ainda em estágio no físico, seguiam entrelaçados aos renovados corações dos que para o espiritual retornaram. Almas irmãs, cujas orações e emanações de afeto e carinho jamais encontraram barreiras.

Dentre os seres que constituíam nossa grandiosa família universal, havia aqueles que, de alguma forma, foram-nos objetos de provas e provações. Queridos irmãos que contribuíram, cada qual com sua parcela, à obtenção e realização de nossos íntimos anseios.

A mim não poderia ser diferente o desejo de rever os queridos Cláudio e Elisa, e de alguma forma, se Deus permitisse, reparar o que no passado eu praticara contra eles. Criaturas que contribuíram para meu resgate e, mesmo após tantos anos, ainda em meu coração, agora transformado, seguiam carinhosamente merecedoras das mais sublimes orações.

O desenlace do físico não nos impede de sermos agraciados com o maravilhoso poder restaurador e reconfortante obtido através das orações. Muito pelo contrário, são poderosas fontes de elevação.

Em quase todo o período, desde que eu retomei condições de compreensão de meu estado, fui banhado pelos desejos de paz pelo casal endereçados a mim. Desejos de carinho que humildemente também procurei retransmitir-lhes.

E através deste desejo de remissão, atrevi-me a questionar o querido companheiro Balthazar se possuía notícias destas queridas almas.

— Se soubesse o grande desejo que possuo em revê-los, meu amigo – comentei, sorrindo.

— Sim. E eu não duvido disto, meu esforçado amigo. Sei dos laços que os unem e do seu desejo por notícias. Afinal, já se passaram mais de quinze anos desde que você pôde ser resgatado – concordou Balthazar.

— É verdade. Mas devo confessar-lhe que em meu íntimo parece ter sido ontem. Mesmo dementado e atormentado enquanto a serviço das Trevas, eu sabia claramente o vínculo que possuíamos. Mas hoje penso diferente, graças ao amparo que gentilmente tenho recebido de todos aqui em nossa Morada. Sinto-me um novo ser. Quero muito seguir esforçando-me e poder auxiliar a todos quantos

Das Trevas à Luz 367

puder. Sei dos meus erros, e creio ter aprendido com eles. Por favor, meu amigo, diga-me como Cláudio e Elisa estão.

Balthazar, com seu jeito simples e humilde de sempre, sorriu--me, dizendo que estava orgulhoso em ver meu progresso. Afirmou que sabia e confiava em minhas intenções de seguir na senda do bem, mas que eu não deveria prender-me àqueles que deixara. Reencontros de determinadas naturezas podem facilmente provocar lembranças perturbadoras. Principalmente em se tratando de alguém ainda em tratamento, como era meu caso. Confesso que me senti triste por ainda não poder revê-los. Mas Balthazar tinha razão. Eu sentia-me bem, mas um encontro com seres que poderiam induzir-me a lembranças ainda não totalmente superadas, poderia ser-nos prejudicial.

Balthazar, na realidade, podia ver claramente em meu corpo fluídico todos os resquícios dos danos que tanto eu provocara-lhe através de meus devaneios do passado. Consentia que eu seguia buscando redenção e já havia realizado grande progresso, mas zelava para que aguardasse o momento oportuno.

Então gentilmente tocou em meu ombro e disse que seguisse esforçando-me, pois este reencontro aconteceria em breve. Solicitou--me que por enquanto continuasse como já vinha efetuando para com estas almas. Deveria orar a Deus, pedindo-lhe que derramasse suas bênçãos sobre todas as criaturas, nossas amáveis e queridas irmãs.

No físico, finalmente chegara o dia de Elisa conhecer o resultado de seus novos exames. Uma vez que nos primeiros, realizados no final do ano passado, nada de grave havia sido realmente detectado. E como ela ainda continuava sentindo dores, e a medicação inicial não surtira muito efeito, desta vez seus novos exames haviam sido encaminhados à capital, devido às maiores condições de recursos de seus laboratórios, a fim de obterem uma análise mais detalhada.

Em casa, preparando-se para dirigirem-se ao consultório do doutor Joaquim, Cláudio auxiliava Elisa a vestir-se. Esta aparentemente se encontrava bem, mas movimentos mais bruscos, principalmente o de dobrar a região do abdómen próxima à pélvica, seguiam sendo um pouco incômodos.

Contudo, mesmo com as dificuldades e as alternadas dores que a acometiam, Elisa não se deixara abater. Seguia vivendo humilde e feliz ao lado do eterno companheiro. Acreditava que as dificuldades eram necessidades as quais deveria enfrentar, e que se a vida assim a experimentava, era porque sua alma retinha condições de suportar.

Desde jovem Elisa sempre fora muito religiosa. Nutria uma vida dedicada às boas ações e às orações. Todos os dias elevava seu pensamento a Deus, dando-lhe graças pelas oportunidades de aprendizado e realizações. Trazia em seu íntimo a certeza de que sua querida e amada mãe seguia bem e confortando-a. E a esta endereçava suas melhores intenções e seus mais puros sentimentos de carinho e afeto. E, realmente, Elisa tinha-a a seu lado. A dedicada senhora Matilda, serva fiel de Deus, cujo labor aos mais necessitados não encontrava obstáculos, abraçava maternalmente a amada filha, em espírito. A abençoada senhora transmitia a Elisa todo seu conforto e amor.

Outro companheiro zeloso que seguia abençoando o casal, era o dedicado amigo Cássius. Tendo Cláudio como um verdadeiro irmão, o espírito de luz vibrava em conjunto com este, enviando a Elisa todo seu amparo.

— E então, meu amor, com receio de pegar o resultado dos exames? – perguntou Cláudio, um pouco tenso.

— Não, de forma alguma. Sendo positivo o resultado ou não, já me dou por uma vencedora. Só tenho mesmo a agradecer a Deus por tudo que tenho. Principalmente por você – respondeu, sorrindo.

Cláudio quis chorar, mas conteve-se. Não queria transmitir a Elisa a tristeza e o medo que possuía ao vê-la ter de enfrentar aquela situação.

— Imagina, meu amor. Você sabe que felicidade é ter ao lado alguém assim como você. Sou eu que tenho de agradecer muito a Deus por tê-la posto em meu caminho. Não sei o que seria de mim se não fosse você – completou ele, amparando-a.

Após despedirem-se de dona Marta, que fez questão de dizer a Elisa que ficaria rezando, o casal dirigiu-se então ao consultório. No trajeto, Cláudio reafirmou a Elisa que o exame daria negativo e que ela logo voltaria a ficar bem. No entanto as afirmativas de Cláudio não condiziam com seus pensamentos. Neste, o medo e desespero por receber uma notícia ruim eram mais fortes que sua confiança.

Pensamentos aparentemente comuns, mas altamente convidativos àqueles que sintonizem e vibrem na mesma faixa. Faixa na qual, infelizmente, encontram-se inumeráveis criaturas que deixaram o físico, mas que ainda seguem totalmente vinculadas a este através dos temores que possuem.

E como um verdadeiro ímã, os temores de Cláudio atraíram duas criaturas que neste viram um elo em comum. O espírito de uma garota que perdera a mãe por uma doença, e o de um senhor que falecera antes da esposa. Ambos já haviam deixado o físico há algum tempo, mas seus medos pertinentes ao que vivenciaram não os abandonaram mesmo após o desenlace. Foram criaturas tão ligadas à matéria, que não conseguiram aceitar o novo estado. Seguiam com a mente fixa no que alimentaram durante anos.

Estado comum para alguns seres. Pode-se dizer que não foram criaturas ruins ou que praticaram atitudes contra o próximo para causar algum sofrimento. Foram apenas criaturas que em nada se esforçaram para seu próprio benefício. Renegaram todo auxílio e amparo que tiveram, e entregaram-se ao desespero. Lançaram sobre si, e sobre aqueles por quem tanto zelavam, pesadas cargas negativas. Foram vítimas de suas próprias investidas temerosas, encarcerando-os neste estado.

No entanto este seres, que se encostaram em Cláudio por seu próprio desejo involuntário, não seguiam sozinhas e entregues ao destino. Os dois eram assistidos por seres distintos, cuja elevação não nos cabia avaliar, mas que lhes direcionavam total amparo. Talvez amigos ou familiares, que seguiam carinhosamente respeitando o tempo de compreensão e aceitação destes.

Emissários do bem assim como Cássius e Matilda, que se dedicavam a auxiliar Cláudio e Elisa. Estes seres de luz respeitam e não interferem nas escolhas de cada um. Apenas se dedicam a transmitir-lhes suas melhores intenções, cabendo ao assistido aceitá-las ou não.

Estes contatos entre criaturas do físico e de outros planos têm por finalidade a mútua troca de energias, sejam elas positivas ou não. Segue como em uma escola. Aqueles mais graduados dedicam-se a transmitir suas experiências aos alunos, assim como estes o fazem com os respectivos colegas. Ocorre que estas trocas entre os colegas nem sempre é elevada, pois cada qual absorve e transmite as informações de uma maneira. São informações positivas e negativas transferidas conforme o ponto de vista de cada um, porém considerando que sua aceitação ou não depende apenas de escolha daquele que as recebe.

Algumas destas criaturas que se encostam, atraídas por desejos iguais ou semelhantes, às vezes acabam com este contato ao receber o que procuravam, e conseguem ser resgatadas e amparadas. Outras vezes isto demanda um maior tempo.

No caso das duas criaturas que se encostaram em Cláudio, a garota conseguiu, através desta troca, ser resgatada e conduzida ao local apropriado. Já o senhor, este obteve um pouco do que necessitava, mas ainda não fora o momento. Por hora ainda permaneceria por mais um tempo à procura de outras pessoas que compartilhassem de seus temores, até que seus amparadores pudessem também, enfim, resgatá-lo.

Com o auxílio de seu querido amigo Cássius, orientando-o a confiar na providência divina e aceitar que Deus jamais nos desampara, Cláudio alterou seu pensamento, quebrando o vínculo que estabelecera com o perdido e perturbado senhor.

Já na casa de saúde, o doutor Joaquim recebera o casal com toda a atenção que lhe era comum. Bem devagar e cuidadosamente, Cláudio auxiliou a querida esposa, e então ambos colocaram-se à espera do pronunciamento dos resultados do exame.

Todo atencioso, o doutor fez questão de afirmar que, apesar das dificuldades de locomoção, Elisa aparentava estar com boa fisionomia.

— Muito obrigada, doutor. Para ser sincera, tenho tentado seguir com uma vida normal. Certo que só estou conseguindo isto graças a Cláudio – afirmou Elisa, segurando nas mãos do companheiro.

Cláudio retribuiu o carinho e, sorrindo para a amada companheira, beijou-a suavemente na testa.

— Bem, fico feliz que se sinta assim, Elisa – considerou o doutor.

— Mas e então, doutor, o senhor já sabe o resultado dos exames? – indagou Cláudio, respirando fundo.

— Antes de dizer-lhes o resultado, quero parabenizá-los pelo esforço e paciência que tiveram durante este período em que seguimos juntos em busca de respostas. Sei que esta espera não é nada fácil, mas infelizmente ela foi necessária. Como foram exames específicos e tivemos de encaminhá-los à capital, chegaram somente ontem – explicou o doutor.

— Sei também – prosseguiu ele – que um resultado diferente daquele que esperamos nem sempre é encarado de forma tranquila. Porém a fonte de todos os nossos problemas reside em nós mesmos.

Das Trevas à Luz 371

Tudo depende de como trabalhamos e moldamos estas energias...

— Cláudio e Elisa, fizemos todos os exames, procurando encontrar a causa das fortes dores, e esta foi aqui indicada. – disse o doutor, fazendo uma pausa – Elisa, você está com câncer.

52 – Jamais estamos desamparados

"Por que temeis, homens de pouca fé?"[18]. Quantos não são aqueles que creem estar à mercê da própria sorte? Julgam-se postos ao destino, aguardando que suas lamentações transformem-se em prodigiosidades, removendo-os do sepulcro.

São estes mesmos homens que, maculando suas atitudes, corrompem-se em verdadeiros verdugos da incredulidade. Acreditam não usufruírem do mesmo véu que recobre os seareiros.

Lançam constantemente sobre si, e principalmente sobre aqueles indivíduos cujo labor escolheram enfrentar unicamente por amor a Deus, injúrias e lacerações de orgulho. Pleiteiam alcançar reconhecimento e mérito, no entanto apenas se afundam em suas próprias incertezas.

Dedicados trabalhadores do bem, que tanto se esforçam para que se possa obter o intimamente necessário e essencial a cada um, são constantemente esquecidos e afastados. Árduos e delicados trabalhos são minuciosamente preparados com todo amor e dedicação destes queridos e amados irmãos, mas quando finalmente a necessidade se apresenta, renegai-la.

Achais estar sós e que Deus está tão distante que não pode atender-vos? Já vos esquecestes que este mesmo Deus colocou a vosso lado criaturas dedicadas a auxiliar-vos?

Não, não estais sós. Nas dores e nas lamentações, irmãos velam e torcem por vós. Sabem de vossas necessidades e esforçam-se para que recebais o que irá libertar-vos das amarras do mundo. Não penseis que quando algo vos acometer, é castigo ou falta de sorte.

Entregai-vos a estes seres enviados por Deus, que sempre vos ouvem, até mesmo quando acreditais estar sós.

Ninguém está sozinho, e todos são merecedores do mesmo amor. Basta apenas querer obtê-lo e trabalhar para isto.

Deus já colocou em vossas mãos a chave da felicidade. Usai-a.

---

[18] Novo Testamento, Mateus, 8:26

Não penseis que algo é obra do acaso, pois tudo atua em conjunto de forma a instruir-vos.

Então, quando achardes que as portas fecharam-se e que todas as injúrias do mundo recaíram sobre vós, parai por alguns instantes, e vereis que em vosso interior há um poder capaz de sustentar-vos e amparar-vos, independentemente da dificuldade aparente. Crede e tende fé não somente neste poder interior, mas principalmente em vós mesmos. Pois toda criatura que aceita e reconhece suas fraquezas, buscando a Deus, jamais será desamparada.

Em casa e trancado em seu quarto, Cláudio buscava forças para tentar compreender porque sua doce e amada Elisa estava sendo vítima de uma doença considerada tão terrível como era o câncer.

— Por que, Deus? Ela é uma pessoa tão generosa e faz tanto pelos outros – questiona Cláudio, inconsolável.

Elisa não se encontrava em casa. Como não possuía dores e estava seguindo corretamente as orientações do médico no decorrer do iniciado tratamento, quis aproveitar o belo dia de sol para passear um pouco. Esta convidou o companheiro para acompanhá-la, mas Cláudio preferiu ficar em casa.

Estava ocorrendo que Cláudio não possuía coragem para abrir-se com Elisa. Não queria que a companheira descobrisse seus medos e acabasse por perder as esperanças. Então, quando estava em sua companhia, controlava-se e dizia que aquilo não era nada e logo esta ficaria bem. Até mesmo à mãe, Cláudio não contava suas aflições. Com dona Marta possuindo a saúde debilitada e a idade avançada, não queria incomodá-la com preocupações, poupando-a.

A seu lado, o dedicado amigo Cássius entristecia-se com os pensamentos do amigo. Sabia o quanto aquela situação era prejudicial a ele, podendo colocá-lo em estado de depressão, além de acarretar-lhe problemas obsessivos.

Junto de Cássius também se encontrava um recém-chegado espírito amigo. Era o de um antigo companheiro de trabalho de Cláudio, de tempos atrás, quando este ainda não era sócio da fazenda onde trabalhava cuidando das plantações.

Cássius já o encontrara anteriormente, quando com este esteve em uma instituição de amparo na Morada Servos do Senhor. Seu nome era Ernesto, e com o pedido de seus superiores, pôde acom-

Das Trevas à Luz   373

panhar Cássius, para rever o antigo amigo. Ernesto encontrava-se em estágio, a fim de mais adiante poder ingressar nas equipes de samaritanos.

— Cássius, estou preocupado com estas formas de pensamento que Cláudio vem produzindo. Se prosseguir neste estado, temo que possa atingir a própria Elisa – analisou ele.

— Sim, realmente, Ernesto. Conversei com nossa querida Matilda, e esta me asseverou que sua equipe segue trabalhando ativamente para resguardar Elisa.

— Não quero afastar-me nem por um instante do lado de Cláudio. Sempre tive muito apreço por ele, e tinha-o como um amigo para todos os momentos. Conheço sua fé e sei que estes pensamentos não lhe são comuns – assegurou Ernesto.

— Você está certo, meu amigo. Mas entenda que Cláudio, apesar de ser um homem de bastante fé, psicologicamente não estava preparado para uma provação como esta.

— Para ser sincero, acho que ninguém está – redarguiu Ernesto.

— Não pense assim, meu amigo. Realmente, enfrentar uma doença, ou até mesmo qualquer dificuldade que possa intervir em nós de forma considerável, não é tarefa simples. Mas sabe que a forma como encaramos cada obstáculo é o que define o quão difícil será ultrapassá-lo. E se nossos amigos estão passando por esta situação, é porque chegou o momento deste enfrentamento que se fazia necessário.

— Você tem razão, Cássius.

— Às vezes um pequeno entrave ou uma dificuldade que para um parece tão simples de ser superada, para outro não é. E são estes espíritos, cuja evolução ainda não lhes permite que hajam desta maneira, aqueles que têm maior propensão à comunhão com seres mal influenciados. Pois os seres revoltados e perturbadores sabem que, com estes, o mal que exalam encontrará sempre terreno fértil – concluiu Cássius.

Não tão distante dali, Elisa, na praça em frente à igreja, contemplava o belo dia de sol, lançando seus pensamentos a Deus.

De olhos fechados e sentindo a suave brisa tocar em seu rosto, Elisa, sorrindo, orava.

— Obrigada, meu querido Pai por este dia tão maravilhoso. Que sol mais gostoso e quentinho. – iniciou ela, respirando fundo –

Obrigada por tudo, do fundo do meu coração. Sou uma pessoa muito feliz e agradecida por tudo o que pude realizar. Sei que os teus anjos assistem-me e dedicam-se em meu bem estar.

Neste instante, a humilde mãe de Elisa, Matilda, que já estava a seu lado, acolhe ternamente a filha em seus braços, lançando-lhe todo o seu carinho e conforto.

— Não estou vindo aqui, meu Deus, pedir-lhe algo. – prosseguia Elisa na oração – Pois sei que já me encontro em tuas mãos e não há neste mundo felicidade maior que podermos estar hoje aqui aprendendo e compartilhando cada momento tão valoroso. Minha vida a ti pertence, e aceito com fé quaisquer que sejam os desafios. No entanto, se algo pudesse querer, seria que confortasse meu querido Cláudio. Sinto que a confirmação da doença foi muito inesperada para ele, e por mais apoio que ele esteja dando-me, sei que por dentro está sofrendo. O que eu não quero nesta vida é ter de vê-lo sofrer por minha causa, agora que estamos juntos e felizes.

— Por favor, fortaleça-o para que, assim como eu, compreenda que nós não estamos sozinhos e desamparados. E que tudo o que nos ocorre nesta vida é porque é necessário. Que ele entenda que por dentro não me sinto infeliz, mas sim contente. Contente porque hoje estamos juntos e porque ao seu lado eu sou mais feliz – concluiu ela, finalizando com a oração do credo.

No plano espiritual seguia eu empenhando-me no ciclo avançado do Frei Augusto. Havíamos iniciado o acompanhamento aos residentes no físico e aos que com estes seguiam perdidos e entrelaçados. Acompanhados pelo agradável instrutor Maurício e mais dois auxiliares, fomos, em metade da turma, até a cidade. Lá nós teríamos a oportunidade de acompanhar os trabalhos tão importantes que equipes de samaritanos realizam em benefício dos espíritos sofredores.

Ansiosos, porém serenos, conforme nos orientara o instrutor, fomos ao encontro do companheiro Salazar, o qual coordenava os trabalhos de três assistentes que o auxiliavam.

Salazar, que já sabia de nossa visita de estudos, após fraternos cumprimentos, informou-nos a situação:

— Este nosso irmão que se encontra enfermo neste leito é o senhor Arlindo. Ele possui hoje cinquenta e quatro anos, e há dois iniciou um pesado processo de degradação, que tivera como ponto

Das Trevas à Luz 375

de partida a perda de sua esposa. Este nunca fora um homem que procurou ter cuidados com a saúde, e inclusive eis um dos motivos que contribuíram para seu atual estado.

Contudo, apesar desta falta de cuidados com seu corpo, Arlindo sempre retivera o lado espiritual bastante nutrido – explicara Salazar, prosseguindo.

— O correto é sempre cuidarmos dos dois lados, tanto o físico quanto o espiritual. De forma a encontrarmos o equilíbrio necessário para que ambos sejam devidamente trabalhados. Se puderem observar, na região abdominal dele pode-se constatar que dezenas de cistos negros envolvem-lhe todo o aparelho digestivo.

Neste instante, com a solicitação de Salazar, seus auxiliares, com as mãos sobre a região abdominal do enfermo, começaram a emitir suave luminosidade, clareando-nos a visão de todos, a fim de que pudéssemos verificar os danos.

— Prestem atenção à condição existente nestes cistos. Lembrem-se do que estudamos em relação às características como estes se portam quando influenciados por criaturas que deixaram o físico envoltas em revolta – salientou o nosso instrutor Maurício.

— Mas eu não compreendo. Como isto pode estar ocorrendo, se aparentemente não há nenhum ser enlaçado a este homem? – indagou Lélio.

— Não necessariamente ele precise manter-se enlaçado ao enfermo de forma constante e direta para que sua ação seja induzida e aceita. Uma vez consentida esta influência durante determinado período, ela pode manter-se atuante por considerável tempo – explicou Maurício.

— Mas se este homem é tão dedicado ao seu lado espiritual, como isto ocorreu? – quis saber Soraia.

— Ocorreu por sua própria vontade, intimamente – respondeu Salazar.

— Mas e por que alguém se permitiria isto? – espantou-se Osvaldo.

— Porque este ser revoltado, que lançara seu ódio sobre Arlindo, ocasionando a formação e desenvolvimento destes cistos, fora justamente sua própria esposa, Clotilde – explicou Salazar, para nosso espanto.

Ocorria que enquanto Arlindo, dentro de seus limites, fora um homem de bem, sua esposa não possuía escrúpulo algum. Vendo em

Arlindo uma forma para manter seus vícios, Clotilde, que era promíscua e não escondia isto de seu marido, seguiu ao longo dos anos envolvendo-se com diferentes parceiros, até contrair uma doença que a vitimara. Porém esta, revoltada, acusara, em vida, o marido de transmitir-lhe. E este, cego e apaixonado que era, aceitara ser o responsável.

Com a perda da esposa, Arlindo caíra em pesada depressão, contribuindo para que fosse afetado o até então estabilizado quadro de abusos alimentares que este possuía. Sentindo-se culpado pela morte da esposa, Arlindo fora pouco a pouco degradando seu aparelho digestivo e assim abrindo as portas para o desenvolvimento destes pequenos cistos.

Não bastasse sua própria falta de cuidados para consigo, este, sentindo-se culpado, permitira que sua esposa, perturbada e revoltada com a saída do físico, a ele enlaçasse-se. Sem consciência de seus reais atos, sua esposa induzira-o de forma a prejudicá-lo, num processo em que se desenvolvera nociva influenciação degradante.

— Mas em qual local está a esposa dele neste momento? – perguntei.

— Durante um período esta esteve por vontade e necessidade do próprio Arlindo enlaçada a ele. No entanto esta situação começou a modificar-se no momento em que sua aceitação dos fatos foram-se alterando. No instante em que este alterou seu estado, o qual mantinha-o comutado a ela, sua esposa não mais encontrou forças para prosseguir de forma intensiva com ele. A partir deste momento, equipes socorristas, que já os acompanhavam, puderam aproximar-se de Clotilde, procurando orientá-la. Contudo, ainda revoltada por não mais conseguir intervir e contribuir para a piora do marido, e encontrando-se dementada para aceitar o auxílio, ela acabara por afastar-se – explicou Salazar.

— E ela, mais adiante, não poderá retornar e prosseguir prejudicando-o? – perguntou Altair.

— Dificilmente. Pois seu elo com Arlindo foi desfeito e esta não mais encontrará terreno fértil.

— E o que fizera com que Arlindo alterasse seus pensamentos e desejos, quebrando o que o mantinha enlaçado a Clotilde? – perguntou Ana Lúcia.

— Vejam aquela ali que se encontra velando pelo enfermo – in-

Das Trevas à Luz 377

dicou Salazar, apontando-nos uma mulher.

Sentada ao lado do leito de Arlindo, uma mulher de aspecto tranquilo e sereno sorria-lhe, direcionando ao seu refazimento toda paz e ternura.

Aquela era uma enfermeira que há algum tempo assistia-o, tendo desenvolvido por este uma atração passiva e respeitosa. Mulher humilde e dedicada, esta fora aos poucos conquistando sua simpatia e carinho, fazendo-o repensar suas vontades de martírio.

Como esta enfermeira era uma mulher muito devota, assim como Arlindo, ambos conseguiram harmonizar aquele estado depressivo que havia sido gerado e, enfim, permitir que o auxílio pudesse ser efetuado.

Com as mãos dispostas sobre o enfermo, os auxiliares conduzidos por Salazar começaram a transmitir reluzente energia em direção ao local afetado. Enquanto os auxiliares seguiam emitindo luz de coloração amarela suave, Salazar, movimentando as mãos sobre os cistos de Arlindo, emitia alternantes luzes de matizes verde e violeta.

Enquanto os trabalhadores do bem seguiam auxiliando e doando-se ao enfermo, nosso instrutor seguia, em tom baixo, explicando-nos nuances do processo.

Admirava-nos poder presenciar maravilhoso auxílio e dedicado trabalho, o qual, graças à interação entre os planos, podia, com as bênçãos de Deus, ser realizado.

Verificando aquele belo trabalho, tão importante ao auxílio de nossos irmãos, não pude deixar de recordar-me de atos tão similares ao de Clotilde, senão piores, que eu próprio praticara.

Pensei nas dores que influenciara e nos inúmeros corações em que provocara a dor e o sofrimento. Recolhidamente chorei em silêncio. Lancei meus pensamentos a Deus, agradecendo-lhe por permitir-me compreender tudo o que de negativo eu fizera. E orando a Jesus, pedi forças para que pudesse também, assim como aqueles belos exemplos, auxiliar e levar conforto e amparo a todos os corações perdidos e sofredores.

Ali, todos unidos em pensamento, não éramos apenas alunos, instrutores, auxiliares, maridos ou enfermeiras. Éramos almas irmãs, unidas em Deus e no desejo mútuo de auxílio e doação. Seguíamos todos praticando os ensinos de nosso querido e amado Senhor Jesus Cristo.

378   Matheus

53 – Seareiros do Amor

Por que o temor da dor vos assola? Credes que o sofrimento seja um castigo? Pois sabei bem que não. Toda dor ou sofrimento, seja este esperado ou não, visa somente a ensinar ao homem.

Entregar-se em um leito, lançando todas suas lamentações ao próximo, na esperança de que este o aliviará, é renegar sua própria condição interior. Muitos daqueles que o fazem, esquecem-se de que por trás de cada provação ocorre poderoso ensinamento. Cada qual absorve em si totais condições para alterar seu estado no transcorrer de qualquer obstáculo. Basta crer no amparo e aceitar, confiante, que a dor é oportunidade de evolução.

Quem aceita suas dificuldades, não condenando ou se entregando, nem a propagando em direção ao próximo, sairá tanto mais vitorioso, e em menor período, quanto maior for sua confiança.

A mente é poderosa fonte de conforto, desde que se compreenda que nela repousa o remédio necessário ao alívio do corpo.

Quando a revolta desaparecer e em seu lugar brotar a fé, então toda dor e todo sofrimento não mais encontrarão forças, transformando a dificuldade em beatificantes oportunidades.

No plano espiritual, entregue aos meus pensamentos, aproveitava eu nosso dia de repouso para refazer algumas considerações. Como em todos os dias, na querida Morada Renascer o sol brilhava majestoso, transformando todo o ambiente em radioso emissor de luz.

A suave brisa, o tranquilo som das águas e a magnífica vegetação composta por belíssimas árvores floridas, completavam harmoniosamente mais aquele sagrado dia.

Sentado serenamente em um confortável banco situado em uma das diversas praças localizadas na fraterna Morada, refazia em mim um apanhado de considerações em relação a meu estado.

Encontrando-me quase que diariamente envolto em muito amparo e valiosos ensinamentos, indagava-me se não estava sendo de certa forma influenciado. Pensava se teria realmente atingido tal estado se eu ainda estivesse envolto nas sombras das Trevas.

Tudo o que pelas bênçãos de Deus pudera aprender e realizar, ecoava fortemente em mim. Internamente sabia e sentia que tudo em mim havia-se transformado. Eu estava feliz como nunca imagi-

Das Trevas à Luz   379

nara. E, pulsando em meu ser, o desejo de auxiliar e retribuir tudo o que tivera a oportunidade de obter, impulsionava-me a ir além. Mas será que não era eu, no fundo, ainda um ser ruim e falível? Então busquei dentro de minha alma encontrar qualquer resquício que ainda me prendia ao antigo Matheus. Queria sentir-me livre e capaz de extirpar estes receios que pesavam em mim. Cerrei os olhos, e então, imediatamente, rostos tão familiares projetaram-se, não deixando dúvidas. A lembrança daqueles irmãos, que o tempo jamais conseguirá apagar, seguia fixa em minha mente. Eram eles Cláudio e Elisa.

Fora informado pelo querido amigo Balthazar de que dentro em breve poderia tornar a ver Elisa, mas não imaginava que, fixamente em mim, este desejo era tão forte.

E percebi que não somente Elisa, mas também Cláudio, impulsionava-me. Estes haviam atuado em minha existência de maneira tão significativa, que mesmo não possuindo laços consanguíneos, sentia-os como parte importante de mim.

Compreendia que necessitava revê-los. Tudo o que a estes provocara enquanto no físico estivera, precisava de alguma forma ser redimido. Se eu buscava redenção, sentia que algo de minha parte necessitava ser entregue a estes seres.

Faria tudo o que fosse preciso para suavizar um pouco de todo o mal que lhes causara e, se possível, transmitir-lhes um pouco destes desejos de paz e amor que agora ecoavam em mim.

Então, como se um nó houvesse sido descoberto em meu peito, prostrei-me em agradecimento, elevando minhas súplicas ao nosso querido Pai, rogando-lhe forças para cumprir meu desejo.

No físico era dia de missa e, como de costume, Cláudio e Elisa preparavam-se para ir à igreja.

— Sente-se bem para irmos à missa hoje, meu amor? – indagou Cláudio.

— Sim. Enquanto possuir forças e Deus permitir, eu vou – respondeu, sorrindo.

Em verdade Elisa já não mais possuía o mesmo vigor de antes. Prestes a completar 51 anos, e com a saúde sensível por causa do câncer, os esforços já lhe cansavam facilmente.

Dona Marta, mãe de Cláudio, também os acompanharia. A idade fazia-se presente e a saúde fragilizada, mas, assim como para

Elisa, a oportunidade de louvar a Deus era mais forte.

Já Cláudio, prestes a completar seus 53 anos, seguia firme e disposto. Desde pequeno, este sempre possuiu uma saúde e um vigor abençoados. Nem mesmo a perda da visão de um dos olhos afetara-lhe.

— Bem, podemos ir, então? – solicitou Cláudio, amparando em um braço sua mãe e no outro, Elisa.

Lentamente a humilde família pôs-se em direção à igreja, enquanto, pelo caminho, vizinhos cumprimentavam-nos. Como não moravam distante, em poucos minutos chegaram.

Na porta, atenciosamente o querido padre João cumprimentou-os, e fez questão de auxiliar Cláudio, conduzindo assim dona Marta a acomodar-se. Pouco a pouco as pessoas foram chegando, e não tardou para que a igreja ficasse cheia.

Após as bênçãos, o padre iniciou, agradecendo a todos que ali se encontravam, por encherem a casa de Deus. Disse que Deus gostava assim, quando sua casa estava cheia.

Todos seguiam atentos ao louvor, prestando atenção a cada palavra do padre. Todos, exceto uma pessoa, Cláudio. Este, por mais que se esforçasse, ainda não conseguia remover do pensamento o medo de perder Elisa. Quantas não foram as vezes em que este, mesmo ocupado com os afazeres do dia a dia, viu-se tomado por este pensamento. Pois mesmo não se encontrando mais tão desesperado como no início, ainda assim se indagava por que Elisa estava enfrentando aquilo.

Distante dali e sem saber as provações que o casal estava enfrentando, segui até o amigo Balthazar a fim de esclarecer-lhe o que estava sentindo e mais uma vez solicitar-lhe se haveria a permissão de ir visita-los no plano físico.

— Compreendo perfeitamente suas vontades e esta fixação por rever o casal, meu irmão Matheus. Creio que já esteja na hora de você conhecer um pouco mais sobre o elo que interliga vocês. Conversei com meus superiores, e estes, vendo seu progresso desde que chegou aqui, permitiram-me contar-lhe sobre seu passado – iniciou Balthazar.

— Mas como assim, meu passado? Eu já sei tudo o que fui e fiz para Cláudio e Elisa – respondi, surpreso.

Balthazar sorriu-me paternalmente e, com olhar sério, explicou-

Das Trevas à Luz 381

-me que não era sobre este passado de que me recordava que ele iria contar, e sim de uma existência física que tive anterior àquela.

— Matheus, primeiramente quero dizer-lhe que qualquer ação que praticamos em existências anteriores tem forte ligação com as existências seguintes. Ou seja, tudo o que realizamos fica gravado em nosso íntimo, transformando-nos à medida que por cada etapa vamos passando. Como você já estudou no Frei Augusto, nós somos inteiramente responsáveis por cada um de nossos atos, sejam estes positivos ou não. Ocorre também que, durante estas etapas na escola do físico, temos a oportunidade de conviver com diferentes pessoas. Pessoas mais experientes, pessoas no mesmo nível de evolução que o nosso e até mesmo pessoas em processo bastante atrasado. Seres cujas batalhas pelas estradas da vida causaram-lhes feridas, as quais demorarão ainda longo período para cicatrizarem.

— Geralmente, – seguiu explicando Balthazar – em sua grande maioria, as pessoas de um grupo no físico encontram-se quase todas no mesmo nível de evolução. Mas para auxiliar o processo e incentivar o avanço dos mais atrasados, a divindade permite que haja uma colaboração. De forma que criaturas um pouco mais experimentadas, e em graus acima, coexistam com esses em processo mais atrasado. Seria como se em uma sala de aula onde existam alunos bons e não tão bons assim, fossem inseridos os instrutores.

— Sim, eu compreendo o que você quer dizer – concordei.

— Pois bem. Na medida em que os seres vão adentrando no físico, com o passar dos tempos vão familiarizando-se e criando laços com os que têm a oportunidade de estudar. Laços de amor, amizade, ódio, desejo. São inúmeras as atrações que podem interligar as criaturas. E comumente, quando os seres retornam ao físico, seguem no mesmo âmbito de outras existências, a fim de darem continuidade ao que com estes experimentaram. E este é o seu caso para com Cláudio e Elisa.

— Então quer dizer que em um passado nós já estivemos juntos? – surpreendi-me.

— Exatamente. Deixe-me explicar um pouco de como e quando isto ocorreu – começou a contar-me o querido amigo.

Balthazar explicou-me que foi em meados do século XVII, em uma pequena cidade da França, um destes vários encontros em que nós três estivemos mais uma vez juntos.

Calmamente o gentil amigo foi-me contando os percalços que nós três enfrentamos, e a forma como meu pai, preso a dívidas, viu em minha união com Elisa saída para seus problemas.

Espantei-me, porém não o julguei pelo ato de ter-me vendido como escravo para escapar de ter sido morto por aquele com o qual contraíra pesada dívida. Também não questionei o fato de Elisa, na época prometida a mim, ter-se negado a casar-se e fugido com Cláudio. Já havia compreendido que este fora o grande amor de sua vida, e isto só me fez comprovar.

No entanto Balthazar disse-me que esta encarnação que narrou era apenas o início da real história que gostaria de contar-me.

Após Elisa ter falecido, depois que fugiu com Cláudio e ambos acabaram contraindo doença, vindo a óbito, esta, no plano espiritual, sofre muito por minha causa. Elisa sentia-se culpada por eu ter sido vendido por meu pai como escravo, e acreditava que toda a dor e todo sofrimento pelo qual eu passara foram obra de sua recusa em casar-se comigo, uma vez que na época eu realmente estava apaixonado por ela.

Comecei a compreender o porquê de minha fascinação e atração por Elisa terem sido tão fortes e tão violentas nesta última existência. Eu renascera com este desejo não correspondido por Elisa cravado em mim. Entendi também o motivo do ódio que nutria por Cláudio e principalmente por meu pai. Considerava-os, intimamente, os responsáveis por todos os males que enfrentara.

Mais uma vez espantei-me como a vida física atua significativamente sobre nós. Realmente é impressionante como o que um ato praticado acarreta, muitas vezes sem a real intenção de prejudicar, ecoa fortemente em nosso interior.

Após eu meditar no assunto por alguns instantes, Balthazar indagou-me se estava tudo bem.

— Matheus, meu amado irmão, se você preferir e achar por bem, eu posso parar por aqui ou contar-lhe em outra ocasião. Sei que conhecer atos passados não é fácil, e muitas vezes levamos tempo para poder aceitá-los.

— Não, imagina, meu amigo. Eu estou bem. Como lhe expliquei, eu não sinto nada de negativo por nenhuma destas pessoas. Muito pelo contrário, só tenho mesmo que lhes agradecer, pois compreendo que tudo o que fizeram foi porque na época consideravam o

Das Trevas à Luz 383

melhor para si. Por favor, peço para que continue – solicitei. Mas Balthazar estava certo, os próximos relatos talvez não fossem ainda tão bem aceitos. Contudo, como eu gentilmente lhe solicitara e garantira que me encontrava bem, este prosseguira.

Contou-me o amigo que, sentindo-se culpada por meu sofrimento em ter-me tornado escravo, Elisa, no plano espiritual, batalhou arduamente a fim de tentar redimir-se comigo. Junto de seus amparadores, Elisa procura de todas as formas encontrar um meio de aliviar minha dor, que após todo o sofrimento enfrentado no físico, seguiu-se nas regiões inferiores, com minha morte.

Foram anos e anos de dor e revolta que eu, sob a vigia das criaturas das Trevas, tivera de suportar. Conforme eu, no vale das sombras, prosseguia nutrindo ódio, no plano superior Elisa investia todo seu esforço em auxiliar-me.

Ocorria que em meu íntimo não havia espaço, naquele momento, para amparo. Transtornara e revoltara-me de uma tal forma com aqueles que me colocaram naquela situação, que só conseguia ver ódio e vingança. Isto, aliado às influências dos senhores das Trevas, cujo prazer encontra-se depositado no sofrimento de cada ser, era minha verdadeira prisão.

Elisa encontra, então, outro ser cujo labor atuara diretamente sobre mim, e o qual também se sentia responsável por meu atual estado. Este alguém era meu pai, José, o mesmo que me vendera como escravo. Assim que faleceu, seguiu a vagar por longos anos pelas regiões inferiores, submetendo-se ao peso dos tristes atos que havia praticado. Foram anos de intensa dor e sofrimento, até que ele enfim pudesse compreender, arrepender-se e ser então resgatado de seu martírio. Após isto, meu pai, através do auxílio dos espíritos amigos e seu próprio esforço, empenhou-se a fim de tentar ajudar-me.

Recordei-me então de meu pai. Lembrei de tudo o que a este provocara enquanto estivemos no físico. E, por mais forte que seguia ouvindo o amigo Balthazar, não consegui conter a emoção e fui às lágrimas. Tinha meu querido pai como um objetivo a alcançar, esforçando-me no bem para que um dia pudesse tornar a vê-lo. E não pude deixar de imaginar todo o esforço que este, juntamente com a dedicada Elisa, realizaram em meu benefício.

Abnegados seres, cuja dedicação e doação em meu benefício, diminuindo suas próprias condições de espíritos elevados em troca do resgate de uma criatura perdida e revoltada, eram naquele momento, para mim, dignas e respeitáveis ao ponto de transforma-rem-me.

Emocionado, permaneci em oração por alguns minutos, agradecendo ao Pai por todo amparo que me proporcionara através daqueles seres tão iluminados, enquanto o gentil amigo Balthazar humildemente me olhava em silêncio.

No entanto algo me dizia que o relato de Balthazar ainda não terminara, e que ainda havia detalhes a serem esclarecidos. Então enxuguei as lágrimas e, sorrindo, levantei a cabeça, solicitando para que o bondoso amigo prosseguisse.

Este, consciente de que eu estava bem e que intimamente necessitava conhecer os fatos que me antecederam, afagou meus cabelos e disse:

— Matheus, o que estou prestes a dizer-lhe, só o faço porque sei de toda a sua mudança e toda a sua dedicação em procurar redimir-se. No entanto não desejo que fatos ou ações que em dado momento ocorreram, sejam motivo para que este Matheus, que hoje se encontra diante de mim, perca-se – desejou Balthazar.

— Não, meu amigo. Tudo o que sou hoje, só o sou graças a você, meus amigos e instrutores, que tanto se dedicam a auxiliar--me. E se hoje compreendo que o caminho o qual devo seguir é o do bem e auxílio ao próximo, foi somente graças a estas criaturas que lá atrás trabalharam arduamente por mim. Por favor, conte-me tudo – solicitei, sorrindo.

54 – O ventre de Maria

Óh, mães. Queridas e abençoadas mães, que tanto se dedicam e doam-se em benefício de seus filhos tão amados.

Grandiosos seres iluminados por Deus e cuidadosamente escolhidos para serem o primeiro e mais terno berço de cada um de nós.

Amáveis e cuidadosas mães, que tanto fazem e esforçam-se para que seus pequeninos recebam todo amor e amparo.

Anjos enviados por Deus para que possamos, mesmo que ensejados temporariamente no físico, receber e compreender um pouco de como é sentir o verdadeiro amor de Deus.

Criaturas humildes, cujos esforços não encontram obstáculos

Das Trevas à Luz 385

para que os seus obtenham a desejada felicidade. A verdadeira doação em forma de serva fiel. Anjo de luz, anjo de amor.

Quanto estas queridas mães não se reprimem ou privam de inumeráveis necessidades, apenas por amor e amparo de seus filhos tão amados? São estas incontáveis sementes de luz, espalhadas por Deus em todos os recantos, que amenizam um pouco das inevitáveis tribulações a que todos somos submetidos.

Filhos desgarrados, amem suas mães, respeitando-as por tudo o que estas nos significam. Abram suas mentes e corações, lançando fora tudo o que lhes cega a razão.

Então, quando em seu interior conseguirem sentir este desejo de amparo e eterno amor, despojem-se dos indumentos talhados na fraca casca externa e, de corações abertos, retribuam, agradecendo a estas nossas tão amadas mães, demonstrando que assim como todos fazemos parte de Deus, também fazemos parte destas abençoadas e dedicadas servas de luz.

Seguindo respeitosamente os relatos do querido amigo Balthazar a respeito de meu passado, eu ansiava muito por conhecer tudo o que me fosse permitido sobre os liames que me envolveram com o casal Cláudio e Elisa.

— Bem, meu amigo Matheus, como lhe contei, em uma época passada seu caminho cruzou mais uma vez com estas criaturas, as quais, assim como você, possuíam pendências a serem enfrentadas – explicou Balthazar.

— Sim, perfeitamente.

— Pois bem. Ocorria que em tal existência, sua pendência com Elisa, de uma outra encarnação e que vinha ao longo dos tempos arrastando-se, deveria ter sido colocada à prova. Por isto vocês conheceram-se e o caminho conduzia-os ao matrimônio.

— Entendo.

— Porém Cláudio, assim como seu pai, também trazia vínculos passados com você, o que acabou conduzindo-os àquele desfecho. Em muitas vezes ocorre que um débito adquirido necessita de um determinado tempo para amadurecer e conseguir ser extirpado.

— Sim. Devo confessar que enquanto no físico, mesmo ensejado na carne, sentia haver algo em mim que me interligava com Cláudio e Elisa – lembrei.

— Exato. Isto era o seu espírito reagindo diretamente com o deles. Por isso, muitas vezes, quando conhecemos alguém e sentimo-nos como se conhecêssemos há longo tempo, isto indica uma grande verdade. No transcorrer de nossas jornadas no físico, vamos reencontrando-nos com diversas destas almas que conosco já caminharam lado a lado.

— Por isto poderíamos dizer que estes fazem parte desta eterna e grande família universal, da qual todos fazemos parte – considerei.

— Realmente. São criaturas cujos laços do físico não se estendem somente no decorrer de uma única existência. E são estes fortes laços que seguem unindo, no transcorrer de cada nova existência no físico, você, Cláudio, Elisa e também seu pai. Como lhe contei, todas estas criaturas que de alguma forma influenciaram-no ao caminho do Gólgota naquela existência, sentiram-se responsáveis após a morte.

— Matheus, – continuou Balthazar após uma breve pausa – assim que Elisa partiu do físico, esta, por intermédio da espiritualidade superior, teve a oportunidade de conhecer seu pai. Estavam ali criaturas cujos débitos com você almejavam ser sanados. Distintos irmãos em Deus, estes não mediram esforços a fim de livrá-lo do pesado tormento no qual você encontrava-se quando foi lançado às Trevas. Revoltado por tudo o que tivera de enfrentar, seus desejos envolveram-no de tal forma que seu estado dementado já vinha estendendo-se por longo tempo.

Seguindo atenciosamente ao que o querido amigo contava-me, eu somente sinalizava com a cabeça, indicando para que este prosseguisse.

— Unidos em pensamento, ambos, juntamente com Cláudio, seguiram à espiritualidade superior com um pedido humilde de auxílio. Aquelas três almas não desejavam outra coisa senão removê-lo de seu estado, onde seguia pouco a pouco se estreitando cada vez mais com os senhores da escuridão. E assim tentarem quebrar o vínculo que progressivamente o conduzia a juntar-se àquelas criaturas – contou Balthazar.

Vendo que este não prosseguira, tive a curiosidade de interrogá-lo sobre de que se tratava aquele pedido. Então, para meu espanto, este respondeu:

Das Trevas à Luz

— Eles pediram para serem seus pais – falou, sem hesitar.

Estaquei perplexo diante do que Balthazar acabara de dizer-me.

— O que? Mas quem pediu para serem meus pais? – indaguei, confuso.

— Cláudio desejava, por misericórdia divina, ser seu pai, e Elisa, sua mãe. Ambos acreditavam que renascendo mais uma vez e tendo-o em seu âmbito familiar, poderiam assim se entregarem em seu benefício. Contudo, mesmo amando Elisa e disposto a lançar-se no físico em doação a você, o desejo universal de irmãos, que todos trazemos, fez Cláudio compreender que, ao invés dele, quem deveria retornar ao físico deveria ser José, seu pai, Matheus. Aquele cuja dor por tê-lo vendido como escravo clamava por perdão em seu peito.

Desabei quando ouvi o que aqueles amigos pretendiam fazer. Mesmo já tendo visto diversas demonstrações de amor e doação desde que fora acolhido na Morada, não imaginava que isto também pudesse ter acontecido comigo e daquela maneira.

Não me contive e chorei. A emoção por conhecer a maravilhosa lição que aqueles seres estavam passando-me, era benção de luz. Tentei imaginar o amor e humildade que se fizeram necessários para que estes escolhessem enfrentar tal caminho.

— Balthazar, então o que está dizendo é que Elisa fora minha mãe em minha última existência? Mas como isto é possível? Eu não compreendo – perguntei, confuso e assustado.

— Sim, meu amigo. A mesma mulher que deu à luz você, e faleceu quando ainda era pequeno, foi o mesmo ser que no passado largou-o para fugir com Cláudio, e também o mesmo que você conheceu na igreja nesta sua última existência. Eram estas mulheres o mesmo espírito, porém em corpos diferentes.

— Mas como pode Elisa e minha mãe Maria terem sido o mesmo espírito se ambas viveram quase que na mesma época?

— Calma, Matheus, sei que parece estranho, mas eu irei explicar-lhe: sua mãe Maria nasceu em meados de 1810 e faleceu cerca de dois anos após o seu parto, em 1835. Já esta mesma Maria, agora com o nome de Elisa, nascera em 1847. Cerca de doze anos ocorreram entre uma existência e outra.

— Desculpe-me, Balthazar, mas nós aprendemos no Frei Augusto que o período entre uma existência física e outra pode chegar a séculos. Como isto é possível?

— Sim, é verdade que para a grande maioria este tempo é demasiadamente longo. Contudo deve recordar-se que vocês viram que isto não é uma regra, e há casos onde o período na erraticidade pode ser realmente curto. No caso de Elisa, os espíritos superiores que nos orientam, compreenderam a necessidade de ela retornar assim que faleceu como Maria. Deixe-me explicar o que houve para sua mãe voltar como Elisa.

— Balthazar contou-me que, ao renascer como minha mãe, o objetivo de Elisa, juntamente com meu pai, era o de auxiliar-me a sair do enclausurado ciclo de ódio e revolta em que eu havia-me encarcerado nas regiões inferiores. Após organizarem junto das equipes responsáveis o plano estabelecido à nova roupagem física, ambos retornaram ao físico. Meu pai retornara no ano de 1807, enquanto Elisa, em 1810.

Com o nome de Maria, Elisa fora conduzida ao regaço de família muito simples e humilde, tendo nascido em um pequeno casebre na cidade vizinha a onde meu pai, José, nascera. Este, diferentemente de Elisa (Maria), fora conduzido a uma família de classe elevada e detentora de grandes áreas de terra.

Ambos, além dos débitos vigentes comigo, também aproveitariam a abençoada oportunidade para elevarem-se, purgando seus espíritos na chamada escola da vida.

Já Cláudio permanecera em vigília, aguardando pelo êxito de seus irmãos no físico.

Alguns poderiam questionar por que ao invés de José não foi Cláudio a retornar ao físico, uma vez que este considerava Elisa como sua grande alma gêmea e também possuía pendências comigo. No entanto há de destacar-se que quando deixamos o corpo físico trazendo certo grau de esclarecimento, não nos encontramos mais presos somente aos laços que possuíamos. Compreendemos que todos somos irmãos em espírito e que devemos estender nosso amor e afeto sobre todas as criaturas. Cláudio seguia amando Elisa, contudo considerou que, naquele momento, as pendências entre meu pai e mim eram muito mais amplas que a sua.

Após retornarem ao físico, meu pai e Elisa (Maria), foram galgando cada um seus passos, até o momento certo para encontrarem-se. Enquanto isto, equipes do plano superior já trabalhavam em

Das Trevas à Luz   389

meu favor, preparando-me a ser conduzido junto ao âmbito da futura família através da reencarnação compulsória.

Este processo ocorre quando a providência divina, verificando existir a necessidade de determinado espírito tornar a voltar ao físico para que seu progresso possa realizar-se de maneira mais efetiva, permite aos espíritos superiores encarregados deste processo, atuarem em benefício deste irmão mais atrasado. Uma vez que falte neste a consciência para optar por esta escolha para seu próprio melhoramento.

Antes de retornarem ao físico, tanto Elisa quanto meu pai foram instruídos em relação ao meu atual estado tempestuoso, e que o processo que envolveria minha interligação no novo envoltório junto a eles era extremamente delicado, considerando-se o interesse dos senhores das sombras, criaturas a serviço das Trevas, sobre mim.

Confiantes e dispostos a tentar auxiliar-me como fora anteriormente programado, no ano de 1830 José e Maria conhecem-se, para cerca de dois anos após descobrirem a gravidez da jovem.

Como se esperava, a gestação de Maria fora difícil e dolorosa. Em seu ventre, meu espírito intimamente não aceitava nascer naquela mulher. Eu repudiava-a e lançava-lhe todo meu ódio e revolta acumulados durante os anos em que estivera sendo influenciado pelas Trevas nas regiões inferiores.

Do lado oposto, servos de luz trabalhavam, procurando auxiliar e transmitir toda a paz necessária. No entanto, como não sofremos manipulação, e sim influenciação, aceitamos receber somente aquilo que desejamos. Não estando disposto a aceitar renascer naquela família, eu acabava recebendo então somente as pesadas influências negativas emitidas violentamente por aquelas criaturas, cujo interesse em mim já se estendia por longo tempo.

Vendo a difícil gestação e as dores que Maria vinha enfrentando, José procurava, a seu lado, envolvê-la em muita paz e serenidade.

E Maria, mesmo tendo de passar por aquela difícil provação, tentava manter-se inteiramente calma e confiante, pois não queria enviar sentimentos negativos à criança trazida em seu ventre. Queria que aquele pequeno ser soubesse que esta o amava e faria de tudo para preservá-lo. Mesmo com fortes contrações e acamada, procurava não se deixar abater, enviando à criança todo seu calor e afeto maternal.

Então, após delicada e difícil gestação, eu nasci prematuramente em meados de 1833, deixando Maria em estado frágil e preocupante.

Com o corpo debilitado, Maria tenta transmitir-me todo o seu carinho e amor, esquecendo-se de si própria e de seu estado. Ambos estávamos sendo envolvidos pelas vibrações de paz e amor transmitidas pelos dedicados amparadores espirituais.

Já as Trevas tentavam intensificar suas investidas, procurando desestabilizar aquele ambiente de harmonia a todo custo.

Ocorria que enquanto eu estivesse envolto na pureza e inocência de uma criança, qualquer tentativa externa que não fosse a de meus pais, gentilmente amparando-me, esta não provocaria qualquer influência.

Durante o período de dois anos, o casal faz todo o possível para aquecer aquele pequeno coração inocente, enchendo-o de muito afeto e carinho.

No entanto o estado em que Maria ficara após o parto causara-lhe danos, fazendo com que a continuidade naquele corpo físico infelizmente não mais fosse possível.

Consciente de estar próxima do fim, Maria inclina-se sobre o pequenino ser, e, após lhe citar amorosas palavras de ternura, vem a falecer, alguns meses após eu completar dois anos de idade.

Passados então alguns anos após a perda de minha mãe, fui, mesmo com o esforço de meu pai, pouco a pouco me inclinando às persistentes investidas das Trevas.

Na erraticidade, a falecida Maria não compreende o porquê de tanto ódio e revolta acumulados, e mais uma vez segue aos espíritos superiores, solicitando retornar ao físico, disposta a entregar-se de martírio a mim, acreditando que seja este o laço de ódio e revolta que me prendia às Trevas.

Maria tem a permissão de retornar ao físico, agora com o nome de Elisa. No entanto, desta vez, para unir-se a Cláudio.

Retornar ao físico não é tão simples, devido ao estado em que cada ser dele parte, e também por causa da enorme quantidade de espíritos que esperam por nova roupagem física. Todavia há casos onde algumas tarefas fazem-se necessárias, e não devem ter a espera prolongada.

Sendo assim, como fora previamente programado, estes três se-

Das Trevas à Luz   391

res, José, Cláudio e Elisa, cujos débitos ainda clamavam ser saldados, entregaram-se a mim, dispostos ao devido sacrifício, em busca de redenção e procurando auxiliar-me.

Meu pai José, assim que atingi a maturidade, entrega-se então a mim, aceitando seu assassinato, permitindo que eu, revoltado, lançasse sobre ele todo meu desejo de ódio e revolta acumulados quando, em existência passada, eu fora por ele vendido como escravo, e então torturado e morto.

Elisa, consciente de que eu, no passado, revoltara-me enquanto fora a esta prometido e por ela criara destruidores desejos da carne, escolhe entregar-se a mim em suplício e permitir-se ser por mim ferida em seu ventre, acreditando não ter sido forte o suficiente, enquanto minha mãe, para evitar que eu inclinasse-me para o mal.

Já Cláudio, este aceita como martírio próprio ser por mim ferido na vista, vindo a perder um dos olhos, por em existência passada ter olhado e desejado Elisa, uma vez que a mim é que esta havia sido prometida.

— Meu Deus! – exclamei, perplexo após conhecer todas estas revelações.

— Agora você compreende como atos que praticamos, se mal resolvidos, vão estendendo-se e intensificando ao longo dos tempos – completou o amigo.

— Devo confessar-lhe, Balthazar, que nunca havia imaginado que algo assim fosse possível. Tenho aqui aprendido e visto muita coisa. Coisas que se interligam e influenciam muitas outras. Mas nada parecido com isto.

— Pois é. A misericórdia divina proporciona-nos receber, sempre, tudo aquilo que intimamente buscamos. Nada no infinito segue estagnado, e tudo tende a progredir. A única coisa que fazemos é ditar se o período será curto ou prolongado. – explicou, gentil – Não se abale, meu amigo Matheus. Pense que a felicidade na vida está também em podermos sempre ter uma segunda chance. Venha, enxugue estas lágrimas e diga-me se compreendeu.

— Sim. Agradeço-lhe muito por tudo o que me contou, mas quero pedir-lhe algo – solicitei.

— Claro, o que desejar, Matheus.

— Eu preciso ver Cláudio e Elisa.

55 – Escolhas e realizações

A vida, onde quer que estejamos, é feita através de escolhas e realizações. **Ambas agem direta ou indiretamente sobre nós e consideravelmente sobre aqueles que por nossas atitudes foram de alguma forma tocados.**

Estes atos que, conscientemente ou não, findamos por executar, são pequenas parcelas de nós mesmos que lançamos sobre tudo e todos que se encontram à nossa volta. São forças canalizadas e direcionadas sobre determinado conjunto, cujas energias reinantes determinarão sua absorção ou repulsão.

Sendo todos nós senhores de nossos atos, nosso jugo e a maneira como este irá proceder dependem intimamente do que tivermos realizado. Seja no físico ou não, a reação e sua resultante indicarão qual será este caminho.

Devemos agir com consciência e sabedoria, conhecendo que tudo o que praticamos, ou apenas pensamos, provoca reações ou consequências diante de nós e daqueles que nos cercam. E por isso devemos sempre ter em mente a parcela que nos cabe enquanto filhos de Deus, agindo de maneira a procurar melhorar-nos e contribuir como podemos. Contribuir e auxiliar não somente àqueles que necessitem, mas principalmente a todos nossos irmãos.

São as pequenas escolhas que realizamos hoje as responsáveis pelas grandes atitudes do amanhã. Se a cada dia lançarmos um pouco do que possuímos de melhor, buscando somente a colaboração e contribuição para que tudo a nossa volta, e principalmente dentro de nós, seja beneficiado, já estaremos realizando aquilo que nosso Pai espera de cada um.

Por isso devemos apoiar-nos nos grandes exemplos que possuímos. Não para sermos iguais, e sim para demonstrarmos que também somos capazes. O auxílio e a doação ao próximo, para que este possa conseguir acender a luz em si, são bênçãos de paz e amor nos corações dos verdadeiros filhos de Deus.

Entregue aos meus pensamentos horas depois, após conhecer os fatos sobre minha existência passada, que gentilmente o amigo Balthazar contara-me, tentava eu organizar as ideias.

Olhando fixamente para o chão, fui desperto quando sutilmente tocaram em meu ombro.

— Matheus, o que faz aqui na praça a uma hora destas?

Ao levantar o rosto, vi diante de mim o amável e simpático padre Antônio.

Sim, o mesmo padre Antônio que no físico fora o responsável por tentar auxiliar-me quando humildemente, a pedido de meu pai, permitiu que eu trabalhasse na igreja.

Período no qual eu encontrava-me em constante briga interior. O ódio por meu pai, em mim bradando por vingança, lutava com a pequena semente de amor que minha mãe tanto se esforçara para fazer render frutos.

Meu querido e amado pai, vendo minha inclinação para o mal e percebendo que eu, mesmo jovem, já me declinava a seguir por caminhos escuros, tentara colocar-me para auxiliar ao padre na igreja, buscando assim uma forma de eu encontrar Deus em minha vida.

O amável padre Antônio deixara o físico em meados de 1885, vindo diretamente para esta nossa Morada. Eu reencontrara-o havia dois anos, em uma das inúmeras palestras que tivemos. Pessoa simples e um verdadeiro servo de Deus, o padre trabalha em prol dos recém- resgatados das regiões inferiores, além das investidas junto às equipes socorristas aos ainda presos no físico.

Dedicado a levar a mensagem de Jesus Cristo àqueles que seguem ainda perdidos e distantes de Deus, o padre Antônio, cuja condição já lhe permitia residir em planos mais elevados, solicitara humildemente a nossos superiores seguir trabalhando em nossa Morada.

Confesso que quando este me encontrou, ao término de uma de suas palestras, senti-me envergonhado por tudo o que de ruim eu realizara no físico. Não somente contra as pessoas que cruzaram meu caminho, mas também em relação a minha tentativa de destruir a igreja.

No entanto este me tratara com o mesmo respeito e carinho de todos aqueles que aqui tive o prazer de conhecer. Ao encontrar-me bem e junto de meus colegas, abrira largo sorriso, seguido por um caloroso abraço. Tratou-me como se eu nada de ruim tivesse realizado, muito pelo contrário, fez questão de dizer que estava feliz por rever-me.

Eu bem que tentei expressar minha tristeza pelo que efetuara, procurando palavras para pedir perdão, mas este logo asseverou-me que não havia o que perdoar. Solicitou-me humildemente que não pensasse mais naquilo, pois podia ver em mim que eu realmente me havia encontrado. E que sempre que eu estivesse precisando conversar, este ficaria imensamente feliz em ouvir-me.

Desde aquele dia, então, eu tenho a felicidade de poder contar com ele como um de meus orientadores quando algo me faz refletir e não posso conversar com Balthazar.

O padre Antônio era para mim um grande exemplo a ser seguido, tanto como pessoa quanto por suas atitudes. Poder vê-lo doando-se aos que tanto necessitam de paz e aos que buscam um conforto espiritual, era para mim valiosíssima bênção.

Quantos maravilhosos ensinamentos este me transmitira através da belíssima lição de vida de nosso senhor Jesus Cristo. Lições que amparam e confortam a alma, trazendo-nos esperanças.

E poder ser um mensageiro de Deus, trabalhando e entregando-se em benefício dos nossos irmãos, era algo que no fundo eu aprendera a admirar. Pensara até em como teria sido meu ensejo caso eu não me tivesse revoltado e então abandonado aquele abençoado caminho. Caminho reto e justo, que meu pai bem intencionalmente tentara indicar-me.

— Quer conversar, Matheus? – perguntou o solícito padre, sorrindo-me.

— Olá, padre. Imagina, não quero incomodá-lo.

— Mas o que é isto, Matheus, você sabe muito bem que pode conversar comigo sempre que precisar. Estou vendo você aí, olhando para o vazio, e aparentemente preocupado com algo. Por que não me conta o que houve, e quem sabe assim possamos encontrar uma solução juntos?

Eu bem que tentei sorrir, procurando transparecer que não havia nada com o que se preocupar, mas padre Antônio já me conhecia, e sabia bem quando algo me incomodava. Gentil que era, este não lera meus pensamentos, pois acreditava que somente os incapazes de expressar-se deveriam receber este auxílio. Nada melhor do que a própria pessoa conseguir expor o que a incomoda.

— É que hoje tive uma conversa com meu amigo Balthazar a respeito de existência passada que tivera. – iniciei – Este me contou sobre minha relação com Cláudio e Elisa. O senhor lembra-se deles,

Das Trevas à Luz   395

eu já comentei com o senhor a respeito dos percalços que tivemos no físico.

— Sim, como não, Matheus? Lembro-me deles não somente pelo que me contou, mas também do período em que os conheci pessoalmente. Cláudio, um rapaz humilde e trabalhador; e Elisa, a simplicidade e doçura em pessoa.

— Pois então, padre, Balthazar disse-me que por mérito meu em ter-me esforçado e trabalhado bastante desde que fui acolhido aqui, fazia parte de meu progresso conhecer um pouco mais sobre o que eu fora.

Atenciosamente, então, o padre foi serenamente ouvindo tudo o que eu conhecera a respeito de minhas ligações com Cláudio e Elisa. Como se estivesse ouvindo meus pecados, este gentilmente permitira que eu contasse-lhe tudo o que me afligia.

Eu sentia-me um pouco perdido e confuso, por ter conhecido trechos tão importantes de minha história. Não estava triste, chateado ou com raiva, apenas sentia como se um vazio surgisse em meu peito. Era como se algo precisasse ser feito, mas não sabia ainda por onde começar.

— Padre, o senhor acha que talvez tenha sido um pouco precipitado eu conhecer estes fatos?

— De forma alguma, Matheus. Conheço Balthazar e sei perfeitamente que ele só lhe contou estes fatos porque o considerou em condições de compreendê-los. – respondeu ele – Há alguns que aqui chegam, Matheus, que demoram anos e anos para que consigam reunir condições para conhecer e aceitar fatos de existências passadas. Não acho de modo algum que possa ter havido precipitação.

— Mas se eu já possuía condições para conhecer estes fatos, então por que eu me sinto assim?

— Isto que você está sentindo é perfeitamente comum e normal, Matheus. Creio que esta é a reação que ocorre com a maioria dos que têm esta oportunidade de saber sobre o passado.

— Verdade, padre? – espantei-me.

— Perfeitamente, meu filho. Mas vou explicar-lhe por que isto ocorre. Meu caro Matheus, isto que você sente em seu peito é fruto de seu atual estado, tanto de compreensão quanto de elevação. Você, através de suas próprias condições, permitiu-se despertar o verdadeiro sentimento em relação ao próximo. A semente que Deus entregou-nos, cuja conscientização pode ser manifestada somente através de nosso senhor Jesus Cristo, finalmente germinou dentro de você. E este desejo que o toca não é o vazio, e sim a mais pura manifestação de humanidade. É o seu interior suplicando por ser ouvido – explicou-me gentilmente e prosseguiu.

— Por sermos todos filhos de um Pai amoroso e bondoso, já trazemos adormecida em nós uma pequena semente composta por esta maravilhosa essência. À medida que vamos prosseguindo nesta maravilhosa escola, chamada de encarnação, conseguimos fazer com que esta condição desperte em nós. E é isto o que Jesus quis demonstrar-nos durante sua passagem. Quis mostrar que todos somos dignos de receber tudo de bom e proveitoso que a existência pode proporcionar-nos para que alcancemos a desejada felicidade – disse, sorrindo.

— Isto o que você está sentindo – continuou ele – é o desejo de auxílio, doação e redenção deste novo Matheus. É seu interior, agora repleto de paz, solicitando que estes frutos que você conquistou através de seu esforço possam ser enfim distribuídos. E nada mais comum do que desejar que aqueles que lá atrás tiveram sua parcela para que hoje isso fosse possível, também possam ser recompensados. Não se esqueça, meu filho, que, segurando firme em nossa mão, possuímos um querido Pai amoroso, cujo amparo sempre estará ao nosso alcance. Para isto, basta lembrar daquele que é o nosso maior e melhor exemplo que o mundo até hoje pôde conhecer. Jesus Cristo.

Ao término do maravilhoso sermão do querido padre, senti-me como se uma fonte de luz houvesse-me invadido, indicando a meta a seguir.

Suas palavras foram esclarecedoras para mim. Compreendi que, no fundo, o meu desejo era de poder fazer algo por aqueles que tanto trabalharam e empenharam-se por mim.

Iria seguir trabalhando e esforçando-me no bem, até o momento em que pudesse, mais uma vez, estar junto de Cláudio e Elisa. Momento que talvez não fosse tardar em acontecer, segundo as instruções de Balthazar, que, quando logo cedo o questionei sobre tal reencontro, indicou-me que seria em breve.

Nos meses seguintes eu fora um dos mais aplicados da minha turma, segundo o relato de nossos próprios instrutores. Eu queria muito, enfim, reter as condições necessárias para rever minha ama-

Das Trevas à Luz
397

da mãe Maria, agora Elisa, e o querido Cláudio. Empenhara-me ao máximo a fim de absorver tudo o que de bom e proveitoso ao meu ser eu pudesse obter, tanto nas aulas quanto no próprio dia a dia em nossa Morada.

Nos dias em que possuíamos folga, eu era o primeiro da turma a solicitar aos responsáveis pelas visitações às instituições de auxílio, uma permissão para visita. Graças a minha querida amiga Merlinda, que já estava formada e agora trabalhava junto às equipes de samaritanos do físico, eu havia tomado gosto pelas visitações àqueles que se encontravam espalhados por nossas instituições.

Contudo não buscava, com toda aquela dedicação com que me lançava ao estudo e auxílio, somente um mérito para poder retornar mais uma vez junto aos que deixei no físico. Fazia-o porque compreendera, do fundo de minha alma, o verdadeiro sentido da vida com Jesus. Em mim o desejo por auxiliar, e de alguma forma conseguir aliviar a dor de nossos irmãos, era o que me fortalecia. Aprendera a enxergar todos como queridos irmãos e irmãs, independentemente do que tenham feito ou de quem tenham sido. Para mim eram todos merecedores de meu amor e respeito. Se falharam ou se feriram pessoas, não cabia a mim julgá-los, pois a vida já os condenara. Trabalharia arduamente para que, assim como eu, também compreendessem onde se desviaram, e pudessem encontrar Jesus.

— Bom dia, senhor Alberto, como está hoje? – cumprimentei um dos enfermos.

— Bom dia por quê? Não vê que ainda me encontro preso a esta cama? – respondeu-me, irritado.

O senhor Alberto era um dos muitos inconformados que chegaram a nossa Morada a fim de receber o devido tratamento. Em vida este não fora uma pessoa ruim, apenas nunca se ocupou em fazer nada de útil para si ou para os que lhe cercavam. Foi egoísta, chantageou os amigos, e a única pessoa com quem possuía um vínculo, acabou traindo-a.

Assim que deixou o físico, rumou diretamente às regiões inferiores, onde passou longos oito anos a vagar e blasfemar sem rumo. Sua vinda para cá ocorrera a pedido de seu pai, que hoje habita esferas superiores, mas principalmente por causa de sua compreensão e busca por auxílio.

O senhor Alberto era assim: na minha frente e de quem quer

que fosse, demonstrava-se sisudo e rabugento, mas quando se encontrava só, voltava-se para si, e rogava súplicas a Deus, pedindo que lhe perdoasse por quem era.

— Puxa, é uma pena que acredite não ser um bom dia. Eu conversei com os doutores e estes me disseram que hoje, se o senhor desejasse, já poderia sair deste leito – comentei.

— Ora, sair? Está mentindo, filho. Caso não tenha percebido, minhas pernas não se mexem – respondeu-me.

— Isto é mesmo muito triste, pois lá fora está um dia tão lindo. E aposto que seria muito proveitoso.

Na realidade, o senhor Alberto já retinha em si totais condições para sair de seu leito e caminhar por si só. Mas trazia fixo em sua mente esta incapacidade, como forma de culpa e castigo por tudo o que no físico realizara de negativo.

Seguindo ali, acreditando-se inválido naquele leito, o senhor Alberto imaginava-se protegido de qualquer julgamento ou condenação. Preferia isolar-se da vida e do trabalho restabelecedor, por falta de confiança em si. No fundo, não queria dar o braço a torcer e aceitar que, mesmo depois do físico, a vida prossegue.

— Sair deste leito? Muito engraçado, rapaz. Se não sabe, Deus abandonou-me. Sim, ele esqueceu-me aqui para apodrecer – falou Alberto.

— É realmente uma pena que pense assim. Mas eu vou ser sincero com o senhor. Eu também, antigamente, pensava isto. Achava que tudo na vida estava contra mim. Não acreditava na amizade, no amor, no perdão e principalmente em Deus. Pensava que minha própria existência fora um erro. Posso dizer que cheguei realmente ao fundo do poço. Tudo em minha mente remontava ao ódio e vingança. Segui assim durante muito tempo – disse eu, fazendo uma pausa e prosseguindo.

— Mas então, um dia, eu finalmente compreendi. Compreendi que se eu simplesmente abaixasse minha cabeça e fechasse meus olhos, eu prosseguiria naquele estado indefinidamente. Continuaria agindo como se estivesse preso em um leito. Um leito de dor, tristeza e sofrimento, cuja fonte jamais se extinguiria, pois todo aquele desejo de revolta contra tudo não era culpa do mundo por não ter me aceitado, e sim apenas culpa minha. Culpa minha por ter aceitado que fosse daquela forma. Fui eu que fechei as portas para o mundo,

Das Trevas à Luz

399

e não ele para mim. Quantos não foram os que, mesmo se sacrificando, empenharam todos os seus esforços em me auxiliar? Mãos deixei ao vento, sorrisos repeli, e corações feri. Tudo porque me acreditava injustiçado. Mas quem disse que eu não possuía uma escolha? Quem disse que eu merecia seguir daquela maneira? Quem disse que Deus não existia?

— Eu disse. – completei – Fui eu que me coloquei naquele estado, e fui eu quem não fez nada para tentar sair dele. Sim é verdade, senhor Alberto. Nós somos os únicos e inteiros responsáveis por tudo o que ocorre em nossa vida. E por mais que lancemos esta culpa sobre o mundo ou sobre Deus, ela sempre recairá em nossos ombros – respirei fundo e prossegui.

— E vou ser-lhe sincero, senhor Alberto. Isto dói. Dói por sabermos que é nossa culpa. Dói por descobrirmos que todos, inclusive Deus, estenderam-nos as mãos e simplesmente as negamos. Por orgulho, inveja, vaidade... são tantas as desculpas. Mas no fundo, bem lá no fundo, não importa qual ela seja, pois isto só ocorreu porque permitimos que fosse assim. Por isso eu peço-lhe, meu amigo, não deixe que isto ocorra. Não seja seu próprio carrasco e não negue as mãos que lhe forem estendidas – concluí, estendendo-lhe as mãos para que saísse de seu leito.

Este parecia surpreso com tudo o que lhe acabara de contar. Olhava-me fixamente e em silêncio. Seguia como se houvesse acabado de compreender onde estava pisando.

E então, para minha alegria, o senhor Alberto, retribuindo o sorriso e a mão estendida, agarrou-a firmemente e, com voz humilde e serena, disse-me:

— Matheus, você pode por favor levar-me para ver este belo dia?

Amparei-o com bondade, e este, enfim, levantou-se. Saindo então de seu leito, e comigo a seu lado, caminhou com as próprias pernas, antes consideradas inválidas, até o florido jardim de nossa Morada, para que juntos pudéssemos apreciar o belo dia e rogar graças a Deus, agradecendo-lhe assim por aquela bela oportunidade.

56 – O jugo e o fardo

"Porque o meu jugo é suave e o meu fardo é leve"[19]. A vida física ou espiritual não deve jamais ser considerada como um pesado fardo, tampouco ser motivo para tristeza ou infelicidade. A alegria, e consequente felicidade, está contida dentro de cada um de nós. Se encontramo-nos tomados por desejos contrários a estes, foi tão somente porque assim nos permitimos estar, por necessidade ou consequência. Necessidade em decorrência de nossa própria incerteza com relação a nossa confiança, escassa em relação a nós mesmos e principalmente a Deus. Consequência por permitirmo-nos ser intimamente induzidos a isto. Geralmente por causa de criaturas menos evoluídas que em nós veem fonte de vingança ou prazer.

Quando nos permitimos ser influenciados por criaturas que já deixaram o físico, de tal forma que acreditamos residir em nós a fonte de todos os desejos provocados por tais influências, cometemos falta maior do que se estes fossem tão somente nossos. Justamente porque esta comutação ou, de certa forma, convivência ocorre para que ambos possamos ser mutuamente beneficiados. Benefício para aquele que busca atormentar e tem então a oportunidade de ser beneficiado quando seu obsedado, encontrando-se amparado, poderá através de seus benfeitores romper a barreira que este obsessor criou em torno de si, e assim auxiliá-lo. Pois através disto tem tanto a possibilidade de auxiliar o atormentador, demonstrando-lhe sua confiança no amor e na vontade de Deus, quanto a de permitir-se ser objeto de experimentação, onde tal contato fará com que trabalhe em si pontos ainda pouco solidificados.

Por isso, quando a tristeza vier assolar-nos o pensamento, o primeiro passo a ser considerado é confiar que a tristeza não faz parte daquilo que intimamente somos. Somos pequenas fontes provindas de Deus, que é amor e bondade. O segundo passo é crer que jamais nos encontramos desamparados. Se assim nos consideramos, não é porque efetivamente nos encontramos desta forma, e sim porque nos permitimos estar assim. E daqueles cujo amparo sempre estará ao nosso alcance, distanciamo-nos e, consequentemente, suas mãos soltamos.

Sendo assim, não sejamos também mais um peso a contribuir

---

[19] Novo Testamento, Mateus, 11:30

Das Trevas à Luz

para que todos aqueles que de alguma forma ainda padecem sob as falsas tristezas do mundo, sejam puxados para ainda mais fundo. Sejamos a fonte de auxílio e amparo, nutrindo-lhes de luz e esperanças. Esperanças de que Deus ama-nos e jamais nos abandona, e que toda a tristeza, por mais difícil e dolorosa que possa parecer, será sempre passageira. Enquanto que o amor, por ser proveniente de Deus, será sempre eterno.

Seguindo no aprendizado esclarecedor em meu ciclo avançado no Frei Augusto, eu e meus companheiros seguiríamos em valiosa excursão até as regiões inferiores, acompanhados efetivamente por nossa instrutora Monise e mais dois assistentes.

Nosso intuito era o de estudar as diferentes formas que envolvem os tristes processos de dementação sobre as criaturas lá residentes. Com isto, começarmos a compreender o que as cinge de forma a mantê-las naquele estado longo, porém transitório, no qual assim que possível serão todas, sem exceção, auxiliadas.

Difícil descrever a sensação provocada na mente quando se cruzam estes planos. Tudo que antes havia desaparecido ou seguia estabilizado e suave, revolve bruscamente ao primeiro impacto quando nesses planos adentramos.

Mesmo havendo alguns anos que eu estava residente na acolhedora Morada Renascer, é difícil esquecer a claustrofóbica sensação causada pelas regiões inferiores. A névoa espessa, o chão pegajoso, o cheiro putrefato e os perturbadores gemidos tomavam-nos o grupo, pondo-nos em estado de vigília.

Respeitavelmente a instrutora Monise solicitou-nos que se fôssemos falar algo, que o fizéssemos em tom baixo, para não sermos inconvenientes com as levas de criaturas que lá jaziam. Desejava que nos comunicássemos principalmente através do pensamento. Todos nós ali, havíamos estudado e aprendido como proceder utilizando-nos deste recurso quando necessário.

O nosso grupo era composto por trinta e três pessoas, sendo duas turmas do ciclo avançado, mais os dois assistentes e a instrutora.

Após seguirmos por quase trinta minutos, um dos assistentes fez um sinal para a instrutora, indicando o local em que deveríamos parar. Local este que justamente fora indicado assim que os sons de gemidos e lamúrias aumentaram. A alguns metros diante de nós, dezenas de criaturas em estado lamentável arrastavam-se umas sobre as outras.

No atual estado em que nos encontrávamos, poderíamos ser vistos e até tocados. Contudo, presas anos a dentro e entregues a todos os tipos de alucinações, aquelas criaturas seguiam indiferentes à nossa presença.

Confesso que por mais concentrados e conscientes de que não deveríamos emitir qualquer julgamento sobre eles, aquela cena era algo extremamente triste. Pensar que ali seguiam nossos queridos irmãos em sofrimento e completamente inconscientes de seu estado, era algo inimaginável.

Porém, antes que qualquer sentimento negativo pudesse tomar nosso grupo, um dos assistentes, a pedido de nossa instrutora, deu alguns passos, e com as duas mãos posicionadas no centro do peito, começou a emitir pequena vibração. Imediatamente, sentindo que nós começávamos a ser por ela envolvidos, percebi que nossa percepção mental pareceu expandir-se gradualmente sobre tudo à nossa volta.

Espantamo-nos com o que começamos a visualizar. Estavam diante de nós, acompanhando cada uma daquelas criaturas, incontáveis seres de luz. Todos emanavam feixes reluzentes sobre cada um dos que lá permaneciam entregues em sofrimento.

Indaguei em pensamento nossa instrutora se eram aqueles seres anjos guardiões. E para minha surpresa, esta nos disse tratarem-se de criaturas iguais a todos nós. Apenas haviam atingido um estágio mais elevado, cuja compreensão e doação possibilitavam-lhes seguirem daquela forma.

Eram todos humildes e dedicados servos de Deus, cujo amor para com o próximo superava todos os limites. Emocionado com toda aquela belíssima cena que estávamos ali presenciando, percebi que lágrimas também escorriam pelo rosto de meus companheiros, maravilhados com o que viam.

Logo compreendemos o quão perfeitas são as distintas ramagens que criamos no decorrer de cada uma das nossas etapas. Criaturas mais adiantadas auxiliando as mais atrasadas. Verdadeiras ramificações da extensa família universal estendiam-se sobre todos os recantos. Cada um ocupando-se em entregar seu melhor para com o próximo.

Das Trevas à Luz

Bem ali, à nossa frente, trabalhadores humildes estendiam seus mantos de paz e conforto sobre aqueles corações tão marcados e sofridos.

Pudemos verificar em seus semblantes todo o amor e alegria com que tratavam aquelas criaturas. Não os viam como seres caídos, cujo peso por suas atitudes condenava-os. Não. Acolhiam-nos como verdadeiros filhos, necessitados tão somente de amor, carinho e amparo, para que encontrassem cada qual seu caminho.

Emanavam-lhes o desejo de que com suas próprias vontades conseguissem, dentro em breve, sair daquela situação.

E foi assim que também começamos nós a vê-los. Afastamos da mente qualquer pensamento que nos fizesse enxergá-los apenas como criaturas perdidas e sofredoras. Todos nós víamos cada um daqueles irmãos ali caídos, como criaturas capazes de serem redimidas. Seres cuja compreensão de seus estados logo os invadiria, removendo-os daquele estado.

Quando pudemos então compreender aquele valoroso ensinamento, o assistente que nos proporcionara majestosa visão cessou a vibração, indicando à nossa instrutora Monise para que começássemos os estudos.

Dentre todos os que seguiam ali diante de nós e naquela região, nós iríamos focar-nos em duas criaturas, conforme informou a instrutora.

A primeira seria um homem aparentando a idade dos trinta anos. Seu nome era Gumercindo, e seguia atado àquela região fazia mais de quatro décadas. Sua vinda para o local ocorrera através do assassinato. Durante toda a vida, Gumercindo sempre fora uma pessoa extremamente agressiva.

Sua agressividade, que logo mostrou seus indícios, surgira ainda na adolescência, quando, com ciúmes do irmão mais novo, começou a agredi-lo constantemente.

Gumercindo, em encarnação anterior a sua última, convivera com este mesmo irmão, no entanto como seu primo. Primo que lhe causara pesada dor quando este, em ato impensado, pegara a espingarda de seu avô para caçar aves, o que acabou provocando um acidente. Pois, enquanto ele mirava em um pássaro, a mãe de Gumercindo surgira por trás de um arbusto, assustando-o, o que o fez alvejá-la na perna. Ferimento este que acabara por atingir uma artéria, levando-a então à morte.

Gumercindo, que era muito apegado à mãe, revoltara-se. E desde então perdera por completo o gosto pela vida, vindo a falecer sozinho, revoltado e com um grande ódio pelo primo.

Após um período nas regiões inferiores, este teve, por intermédio de sua mãe, a oportunidade de nova roupagem física através da reencarnação compulsória. Nesta nova etapa, Gumercindo, tendo seu primo agora encarnado como seu irmão, teria a oportunidade de resgatar todo aquele sentimento negativo que trazia em relação a este.

Porém Gumercindo, trazendo em si todo aquele ódio pelo primo de sua existência passada, acabou libertando-o nocivamente sobre este, agora como seu irmão. A nova existência que tinha como objetivo ser um resgate entre aqueles seres, findou em uma completa existência fraca em termos de aprendizado e resgate.

Gumercindo, que naquela existência física acabou desde cedo se tornando uma pessoa isolada e inconscientemente revoltada, cuja única libertação era agredindo ao próprio irmão mais novo, vira sua vida ser impiedosamente ceifada quando fora por este friamente assassinado. Cansado de tanta agressão, seu irmão, que havia tempos já vinha indicando sua indignação, acabou por dar fim à situação.

O irmão mais novo, cuja índole demonstrara-se fraca quando este se vestiu no físico, conseguiu em partes resolver alguns débitos que trazia em relação a outros assuntos, mas falhou em se tratando daquela tentativa de resgate com relação a Gumercindo, demonstrando-se tão atrasado quanto este. Ambos falharam.

Enquanto seu irmão seguiu com uma vida triste e amargurada pelo ato praticado, Gumercindo, ao ser por ele assassinado, consolidou ainda mais sua revolta, apenas afirmando os sentimentos negativos que trazia.

Ao irmão mais novo restou somente aguardar seu devido jugo, quando então deixar o físico e inevitavelmente for também arrastado às regiões inferiores.

Notam-se neste caso as consequências provocadas por atos passados. Gumercindo não recebera o devido preparo ao ser direcionado em nova estada física para resgatar os devidos débitos, o que acabou contribuindo ainda mais para seu atual estado. Vale ressaltar que o intuito da mãe de Gumercindo, ao colocá-los àquela

Das Trevas à Luz 405

prova, era tentar proporcionar a seu filho e o primo a oportunidade de ambos dissolverem aquele entrave que os havia acometido.

Nos anos preso naquela região, Gumercindo não fez outra coisa senão se prejudicar, insuflando em si perigoso e degradante ódio contra a vida que teve, contra seu irmão, mas principalmente contra si próprio, mesmo que de maneira indireta.

Em seu veículo semimaterial podíamos verificar que extensa faixa por toda sua camada superficial estava altamente infestada e corrompida pelos constantes açoites a que este se induzira. Não bastasse isto, o próprio lado interno de seu invólucro começara também a ser afetado devido àquela longa exposição. E em sua região mental, pequenos ciclos alternados completavam seu estado dementado e tempestuoso.

Pudemos, com as orientações de nossa instrutora, fazer diferentes constatações sobre o que o acometia, e com isto verificar como eram os processos gerados diretamente sobre este.

Após obtermos as informações que envolviam aquele caso e termos todos efetuado as devidas considerações para que aproveitássemos de maneira eficaz aquela oportunidade, deixamo-lo então com os cuidados de seu amparador, que permanecia insuflando-lhe o bálsamo reparador, a fim de que assim que lhe fosse possível, e suas condições pudessem restabelecer-se, ele então obtivesse a devida recuperação. Em seguida, com a devida permissão, dirigimos respeitosamente nossas atenções sobre a próxima criatura.

Analisaríamos desta vez uma mulher. Chamada em sua última existência de Lindinalva, esta aparentava idade próxima dos cinquenta anos. A mulher, cuja prisão mental impunha-lhe arrastar-se penosamente diante de nós, já se encontrava envolta naquela região havia mais de meio século.

Nossa instrutora explicou-nos que os motivos que levaram Lindinalva a seguir naquele estado, diferentemente de Gumercindo, tiveram sua parcela em sua última existência física.

Lindinalva fora uma mulher egoísta e promíscua, cuja índole e caráter poderiam ser considerados como os mais baixos. Na mocidade esta mantivera relacionamentos com diferentes parceiros e a todos prejudicara de alguma forma. Algo que no começo era puramente por prazer, acabou tornando-se vingança. Lindinalva, durante uma de suas inúmeras aventuras, acabou contraindo hepatite através de um de seus parceiros. Despreocupada com a gravidade, esta seguiu mantendo relações até que, mais adiante, contraiu também doença infecciosa mais séria.

No início, acamada pelas moléstias, ela revoltara-se por não poder dar sequência aos seus desejos incontroláveis e decidiu tomar uma atitude. Continuaria relacionando-se sem importar-se consigo e com qualquer um dos que com ela deitassem-se. Lindinalva seguiu desta forma durante considerável período. E a cada novo parceiro, transmitia-lhe suas moléstias sem que este soubesse. Com o tempo e sem buscar tratamento, Lindinalva fora transmitindo aos parceiros até que um destes acabou por falecer. Quando este falecera, imediatamente revoltara-se por sua aparente infelicidade, mas principalmente por conhecer a causadora de sua queda. Assim, Lindinalva, que com o tempo fora acumulando inimigos no físico, acabou por também acumulá-los fora dele.

Não bastasse sua forma de vida e seus desejos revoltados, que a comutavam ao invisível, fazendo com que criaturas com intenções afins e semelhantes às suas aproximassem-se, aqueles que por esta foram de alguma forma prejudicados, vindo a falecer, a esta se enlaçavam.

Doente e revoltada com seu estado, Lindinalva era constantemente perturbada por estas criaturas, que nela viam a satisfação de seus desejos e o objeto de atormentação.

Sem dar-lhe um período de descanso, pois esta, mesmo que inconscientemente, atraía-os e com estes se submetia aos inumeráveis devaneios, Lindinalva começara a enlouquecer. Esta ficara em estado tão lastimável por causa da doença, que seu corpo frágil não suportara uma surra de um de seus amantes, quando este descobrira ter sido por ela infectado.

Lindinalva, ao deixar o físico, seguira às regiões inferiores, onde durante longo tempo fora assediada pelas criaturas que lhe antecederam. Assédio este que, com o passar dos anos, fora aos poucos diminuindo, tendo em vista o próprio desinteresse de seus assediadores. Pois Lindinalva fora tão atormentada e chegara a estado tão demendado, que seus algozes acabaram por perder o prazer em perturbá-la.

De lá em diante, esta fora afundando-se e prejudicando-se cada

Das Trevas à Luz   407

vez mais, até atingir o estado em que a encontramos.

Assim como Gumercindo, esta também havia desgastado e causado pesados danos em seu veículo semimaterial. E na região mental, os mesmos ciclos de degradação e acúmulos mostravam-se presentes.

Analisamos atentamente o estado que envolvia aquelas criaturas, pudemos fazer impressionante constatação de como nós conseguimos colocar-nos em uma situação tão deplorável. Atos e intenções praticados de forma leviana, cuja fonte seja causar a dor e sofrimento ao próximo, mesmo que cegamente acreditemos serem justos, são os verdadeiros grilhões que nos prendem aos estados dementados, dentre os tantos que jazem nestas tristes regiões.

Somos nós os únicos responsáveis por nossa felicidade ou revolta. Nada é imposto, pois tudo é fonte viva de aprendizado.

Não disse Jesus para perdoarmos nossos inimigos setenta vezes sete[20], ou que o seu jugo é suave e seu fardo leve[21]? Pois bem, guardemos todos estes ensinamentos.

Quando alguém nos fizer algo e não concordarmos, querendo condená-los ou lançar nossa ira sobre estes, ou quando nos sentirmos sobrecarregados com as intempéries do mundo, não deixemos que as situações coloquem-nos de joelhos. Lembremo-nos sempre que a força para superar cada obstáculo reside em nós mesmos, e que nos amparando está aquele que jamais nos sobrecarrega ou abandona.

57 – Todos merecem a luz

Quem condena o próximo, condena a si mesmo. Pois somente aquele que nos criou tem este direito. E mesmo assim, não o faz, porque nos ama de tal forma que nos deixa seguir quantas existências façam-se necessárias, até que consigamos, através de nosso próprio esforço, encontrar o justo caminho. E sabe que, quando este momento chegar, então seremos nós mesmos que iremos condenar-nos por nossos próprios atos.

Deus age sabiamente, proporcionando-nos ao longo de cada uma das etapas de nossas existências, totais condições para que possamos seguir instruindo-nos e trabalhando de forma a sermos

[20] Novo Testamento, Mateus, 18:22
[21] Novo Testamento, Mateus, 11:30

também parte fundamental no valioso ciclo da vida. Ciclo que avança sem cessar, permitindo assim que cada nova existência venha a ser por este influenciado de maneira sucessiva, até que todos possam um dia enfim alcançar a verdadeira fonte da vida, que é Deus.

Todo nosso estado é transitório, uma vez que somos nós energias capazes de gerar, receber e agregar as nossas próprias vibrações no todo à nossa volta, através do fluido universal. A própria matéria densa é energia, mesmo que moldada e condicionada a seu estado, também transitório.

Então, quando condenamos alguém, a nós mesmos, ou determinada situação, lançamo-lhes estas energias em forma de pequenas vibrações, provocando variável efeito, conforme nós todos nos encontremos mais ou menos aptos para recebê-las. Estando aquele que as recebe vibrando em faixas similares às emitidas, inevitavelmente agirá como um polo de atração. E então, com o decorrer de seu estado, estes acúmulos que lhe foram sendo transmitidos e nele agregados de maneira positiva ou negativa, agirão assim que a oportunidade fizer-se presente.

Por isto, trabalhemos sempre em prol do progresso como um todo. Lembrando que quanto mais nos vinculamos aos desejos tempestuosos e destrutivos, mais vamos tornando-nos parte destes. E quanto mais nos mantivermos envoltos e envolvidos com as sombras, mais distantes estaremos da luz.

O ano de 1898 chegava ao fim, e todos os medos e temores que envolviam o casal Cláudio e Elisa eram transformados em desejos de fé e superação.

Elisa, que havia sido diagnosticada com câncer no útero, seguia confiante em seu tratamento, que era simples, porém eficaz em alguns casos. Por ser de origem humilde, o casal não possuía recursos para dirigir-se à capital, conforme orientara o doutor Joaquim. E mesmo este possuindo valiosos amigos na capital, que poderiam tratar Elisa com melhores recursos, esta se encontrava confiante com o trabalho dele.

Apesar de acamada, o sorriso não deixava o rosto de Elisa, que jamais se deixou abater. Sentia-se feliz e privilegiada pela vida que possuía. Apesar das dificuldades que lhes envolveram, esta sempre se mostrou calma e serena.

Das Trevas à Luz

E para comemorarem mais aquele natal em família, desta vez Elisa teve uma bela surpresa. Seu querido irmão Pedro, agora um homem formado e contando 44 anos, pai de três lindos filhos, havia ido visitá-la. Por causa do trabalho e da grande distância que os separava, estes se viam somente em ocasiões bem esporádicas. No entanto jamais deixaram de corresponder-se através das cartas.

Pedro já sabia que a querida irmã estava com câncer, mas mesmo muito preocupado e com o coração partido, infelizmente as condições financeiras não lhe permitiram encontrá-la anteriormente. Indescritível fora o sentimento que os envolvera quando Pedro adentrou no quarto e viu a irmã debilitada em seu leito. Elisa não conteve as lágrimas e quis levantar-se para abraçá-lo, mas seu estado não lhe permitiu.

Pedro, reclinado sobre esta, chorava feito um menino, lembrando dos tempos quando pequeno, em que corria para seus braços, procurando amparo.

Ao verem a cena, todos, emocionados, também não se contiveram. Além de Pedro e Elisa, estavam presentes Cláudio; dona Marta; a esposa de Pedro com seus três filhos, Guilherme, Lúcia e Felipe; e os tios de Cláudio, Alberto e Marisa, com seus dois filhos, Renato e Marcela.

E além desta grande família, também estavam ali presentes os humildes servos de luz, cujos laços com eles seguiam unindo-os. Os amáveis e dedicados dona Matilda e Sr. Júlio, queridos pais de Elisa, e o companheiro Cássius, inseparável amigo de Cláudio.

Todos formavam ali uma grande família universal, unida e abençoada por Deus, cujo amor e amparo eram derramados sobre eles, iluminando-os e confortando-os.

E foi assim que se seguiram tanto aquele maravilhoso natal em família quanto a passagem de ano. Estavam todos ali, não unidos devido tão somente à doença de Elisa, mas principalmente porque se amavam. E apesar do sentimento de tristeza que poderia tê-los envolvido, todos mantiveram em seus corações a certeza de que Deus estava amparando-os.

Foram os sorrisos que reinaram naquele lar, enchendo-os de fé e esperança. Gargalhadas eram provocadas em todos pelas histórias de Alberto. E com estes sorrisos no rosto, todos se despediram de mais aquele ano. Felizes por estarem ali, e confiantes no porvir.

Chegado o ano de 1899, eu e meus queridos colegas do Frei Augusto estávamos finalmente em nosso último ano de estudos. Quantas não foram as mudanças provocadas em todos nós desde que tivemos abençoada oportunidade? Estávamos todos mais confiantes, serenos, mas principalmente mais conscientes do quão maravilhosa é a providência divina. Havíamos nos despojado de cargas que nos evitavam a ascensão, e nos sentíamos como verdadeiros irmãos e irmãs. Até então já havíamos tido a oportunidade de conhecer algumas das mais impressionantes e maravilhosas nuances que envolvem o chamado fluido universal. Graças a nossos gentis instrutores, pudemos presenciar e aprender valiosas técnicas de assistências. E a verdadeira estabilidade sobre este recurso dar-se-á tão somente através do esforço contínuo e dedicado.

Aprendemos o quão importantes são os pequenos gestos, se realizados com amor, carinho e desprendimento. Conhecemos a força das palavras, mas principalmente a do pensamento.

Seguimos à crosta em tarefas de resgate, e igualmente às regiões inferiores. Amparamos, aprendemos e principalmente nos doamos. Inexplicável a energia que nos invadia em cada auxílio que, com as bênçãos de Deus, pudemos acompanhar.

No entanto, formidável fora poder conhecer a história e todas as lições acerca de nosso querido Senhor Jesus Cristo. Emissário de Deus que nos ensinou o verdadeiro sentido da palavra "amor".

Confesso que algo em mim reluzia toda vez que tinha a oportunidade de aprofundar-me na vida do Messias. Verdadeira fonte de luz e inspiração. Sentia como se quisesse que o mundo todo conhecesse a força contida nas palavras e ensinamentos do filho de Deus.

Posso dizer que todos nos dedicamos e esforçamo-nos, a fim de aproveitar as belas oportunidades que estávamos tendo.

Apendemos a ter paciência e respeitar sempre as orientações, tanto dos nossos instrutores quanto de nossos amigos mais experientes. E foi trabalhando duro para controlar a ansiedade, que conseguira eu chegar até ali.

Desde que fora acolhido em nossa Morada, eu nunca mais tivera notícias ou pudera rever aqueles que no físico deixara. Queria muito tornar a ver Cláudio e Elisa depois do que o amigo Balthazar contara-me a respeito de tão maravilhosa doação que estes fizeram por mim. Mas sentia guardada no coração a certeza de que logo tornaria a vê-los.

Das Trevas à Luz

E conforme orientara-me o amigo, este reencontro, se eu continuasse com o progresso que vinha mantendo, seria possível ainda naquele mesmo ano.

Notícia esta que me enchera ainda mais de forças para dedicar-me a seguir firme e confiante. E foi com este pensamento que segui naquele ano.

Seguindo com os estudos no abençoado Frei Augusto, nos dirigíamos, acompanhados por uma de nossos atenciosos instrutores, a senhora Verusca, a um dos inúmeros postos de socorro situados às proximidades da crosta.

Nossa visita era valiosa oportunidade ao aprendizado. Segundo fomos informados, teríamos como principal objetivo recolher informações acerca dos trabalhos tão beneméritos realizados naquela casa.

Estes postos não eram locais fixos, podendo, com a força daqueles que os conceberam, serem remanejados conforme a necessidade mostrasse-se presente. Além de valioso recinto de amparo aos inúmeros que circulam nestas faixas, estes postos também servem de reduto restabelecedor aos grupos de samaritanos que trabalham ativamente em suas proximidades.

Após demasiado tempo, enfim atingimos a abençoada casa. Geralmente os postos são ramificações de determinada morada ou agrupamento de trabalhadores. No caso deste posto que visitávamos, encontrava-se interligado à nossa própria Morada Renascer.

Este posto chamava-se Luz no Caminho, e seu atual responsável chamava-se Ariston. Formado por seleto grupo de trabalhadores, esse posto, apesar do tamanho, procurava auxiliar a tantos quantos lhe fosse permitido. Porém tudo de forma tranquila e muito bem organizada. E trabalhando ativamente para que isto fosse possível, estavam duas incomparáveis senhoras, Carmélia e Otília.

Enquanto uma era espontânea e de sorriso fácil, a outra era serena e mais introspectiva. No entanto via-se claramente nas duas o quanto eram amáveis, dedicadas e humildes. Trataram-nos com total respeito e atenção, pois fizeram questão de acompanhar-nos, mostrando-nos todo o acolhedor local.

— Este é um dos centros de tratamento existentes aqui em nosso posto – indicou-nos a senhora Otília, apontando para uma das construções.

Apesar do posto de socorro estar situado em uma das regiões

inferiores, do lado interno tudo seguia muito calmo e tranquilo. De uma limpeza impecável, todo o local parecia reluzir uma singela luz própria.

Posso dizer que o posto Luz no Caminho era muito semelhante à nossa própria morada. É certo que o tamanho reduzido e a menor quantidade de trabalhadores diferiam. Mas sua beleza e a dedicação visível no semblante dos lá residentes, eram as mesmas. Enquanto seguíamos conhecendo aquela casa, fui surpreendido por um rosto muito familiar. Estava atuando como trabalhadora ali minha amiga, agora já formada, Merlinda.

Ela havia-se formado no Frei Augusto, e desde então seguia atuando junto aos trabalhadores tão dedicados do nosso posto.

— Matheus, que alegria poder tornar a vê-lo – cumprimentou-me.

— De minha parte também. Fico muito feliz que tenha vindo para cá.

— Vim assim que me formei. Apesar dos inumeráveis e tão importantes trabalhos existentes lá na Morada, eu sentia que precisava vir para cá. Conheci o posto Luz no Caminho assim como vocês, durante uma visita. E apaixonei-me.

— Fico muito feliz, Merlinda.

— Felicidade é poder atuar junto a estes nossos queridos irmãozinhos. Devo confessar que a cada dia de trabalho que realizo, apego-me cada vez mais. Mas e você, meu amigo Matheus, como está? Posso ver em seu semblante que está mais confiante, mais consciente de si.

— É verdade. Com relação a isto, não há como negar. A cada dia de estudos e dedicação que sigo tão abençoadamente tendo, eu sinto-me melhor. Sinto como se uma chuva restabelecedora lavasse-me por dentro. Sou imensamente agradecido a todos que têm me proporcionado esta bênção.

— Que alegria ouvir isto, Matheus. E você já possui algo em que deseja engajar-se quando se formar no Frei Augusto? Afinal este é o último ano, não é?

— Sim, é verdade. Graças a Deus fui agraciado com estes valorosos estudos, e enfim estamos no último ano. Mas sinceramente, devo-lhe confessar que não tenho certeza do que desejo fazer. Tudo o que conheci e todos estes trabalhos tão maravilhosos são, do fundo de meu coração, o que eu gostaria de fazer. Sei da importância

Das Trevas à Luz 413

de cada um, e, como todos que iniciam, ficaria lisonjeado se tivesse uma oportunidade.

— Mas – prossegui – reconheço meu estado ainda necessitado, e não sei se já poderia efetivamente ingressar em algo. Eu carrego ainda dentro de mim uma grande necessidade de retribuir um pouco do que tantos me deram enquanto estive atado às Trevas e perdido em mim mesmo. Hoje meu coração está repleto de amor, que anseia por ser derramado sobre todos. Vejo em cada um destes que, assim como eu um dia fora, ainda jazem perdidos e distantes da luz, queridos e tão amados irmãozinhos. Tenho vontade de abraçá-los e cuidá-los, mas como posso fazer isto plenamente se meu coração chama por redimir-se com os que no físico deixei?

— Creio que compreendo um pouco de como você se sente, Matheus. Quando aqui cheguei, também contava os dias para poder rever os familiares tão amados que ficaram. Mas isto é bem comum a todos. Não posso afirmar que se trate apenas de saudade, pois no fundo é um elo tão mais profundo e tão mais envolvente, que não existem palavras para explicar. Sei que somente a vivência entre cada um enquanto unidos, pelos laços físicos ou não, é que poderá dizer a melhor solução. No entanto peço-lhe que, por mais difícil que possa parecer encontrá-la neste momento, não a fique buscando – fez uma pausa e, sorrindo, prosseguiu.

— A solução para cada um de nossos problemas sempre, e somente, surge quando o momento for chegado. Até lá, não nos devemos ater a isto. Sei que ama e deseja fazer algo pelos que deixou. Mas, como nós tão bem aprendemos, a nossa família não se restringe somente aos laços consanguíneos e nem tanto aos que nos foram próximos. Assim como você disse muito bem, estes que se encontram aqui, e os ainda espalhados, são todos nossos queridos e tão amados irmãozinhos. Então, meu amigo, se a sombra da incerteza bateu-lhe às portas, não fique esperando que esta o consuma. Acenda sua luz interior e faça com que ela ilumine não apenas você, mas sim todos à sua volta – concluiu Merlinda.

Poderosas e sábias palavras. Minha amiga estava certa. Eu não deveria prender-me ou podar sentimentos que floresciam em mim de serem endereçados sobre os que naquele instante poderiam recebê-los. Todos somos irmãos e merecedores das nossas melhores intenções. Por isso seguiria desta forma, trabalharia e doar-me-ia aos que pudesse auxiliar. E aguardaria até que o tempo encarregasse-se de indicar-me o real caminho a seguir.

58 – O Templo das Orações

Quando oramos, conectamo-nos a Deus, a seus missionários, aos nossos anjos guardiões, aos nossos companheiros, irmãos e familiares que nos precederam, aos que ainda seguem encarcerados na roupagem física, e a todos que circundam mergulhados no fluido universal. A oração é o instrumento precioso trazido até nós através dos tempos, e cuja importância foi tão bem transmitida por nosso Senhor Jesus Cristo.

Jesus ensinou-nos este maravilhoso bem, cuja prática está ao alcance de todos, a qualquer momento e em qualquer local, desde que se compreendam sua alta importância e todos seus efeitos.

Templos de orações existem diversos e milhares, espalhados cada qual com sua orientação e objetivo. No entanto, apesar dos distintos e, em dados momentos, conflitantes fundamentos, todos fazem uso do mesmo e imutável instrumento: a oração.

Aquele que ora, seja para pedir ou agradecer, conecta-se com o todo. Faz isto livremente e sem obstáculos realmente efetivos. Concentra-se e lança sua vibração sobre e em direção a qualquer criatura. Independentemente dos laços, roupagens ou planos evolutivos.

Quando Deus disponibilizou-nos este instrumento, fê-lo consciente de todos os seus benefícios. Pois, mergulhados em seu seio, somos todos também instrumentos vivos de sua eterna sabedoria.

Por sermos parte integrante do todo, cuja meta é reunir condições para um dia alcançar o estado evolutivo que nos compete como filhos de Deus, seguimos invariavelmente unidos e trabalhando direta e indiretamente para isto. Uma vez que cada qual, conforme haja obtido seu devido mérito na senda, interage e participa, proporcionando a si e ao próximo desfrutarem ambos das devidas parcelas obtidas em cada etapa transposta.

Pode-se dizer que, como centelhas da mesma fonte, aquela que ainda luta por acender-se, é auxiliada pela que já atingiu este objetivo. E a que já atingiu, consegue, através do auxílio às dificuldades existentes naquela que luta por este benefício, trabalhar em si mesma, servindo assim tal auxílio como poderoso instrumento.

Das Trevas à Luz

415

Por isto, façamos todos ser útil esta bênção que nos foi entregue. Não se prive ou adie fazer tornar-se parte integrante de si este recurso. Utilize-o hoje, amanhã e sempre. Pois quem ora, está sempre conectado com Deus.

Aquele ano de 1899 estava sendo, assim como os anteriores, desde que fora acolhido em nossa abençoada Morada Renascer, muito proveitoso e elucidativo a cada lição aprendida, cada gesto, cada oportunidade que tinha de seguir junto de amigos queridos que tanto se doavam. Verdadeiros irmãos. As barreiras entre nós, moldadas em mim através dos tempos, haviam sido totalmente removidas.

Sentia-me um novo ser. Estava feliz com as inúmeras elucidações e ensinamentos obtidos. Seguia mais confiante e capaz de doar-me, procurando auxiliar a tantos quantos pudesse. Não mais renegava a presença de Deus em minha existência. Compreendi, e tinha-o como verdadeira fonte de luz, confortando, amparando e impulsionando-me a seguir cada vez mais firme na certeza de que ao seu lado somos todos incomparavelmente mais felizes.

E em cada oportunidade que tinha de aprender ou fazer algo pelo próximo, eu elevava o pensamento a Deus, agradecendo-lhe e pedindo forças para não mais me desviar do caminho reto e humilde.

Aprendera a orar com o coração. Permitindo que este maravilhoso rio de bênçãos, que nos conduz ao majestoso oceano que é Deus, pudesse fazer parte integrante de minha existência.

Em nossa querida Morada, ao final de cada tarde, nos harmonizávamos todos em verdadeiro gesto de união como Pai. Nós nos reuníamos prostrados em sincera e humilde oração, serenando os nossos corações, louvando e agradecendo a Deus por todas as oportunidades de aprendizado.

Enchia-me de felicidade poder estabelecer aquele contato tão majestoso com o Alto. Sentia-me renovado e amparado.

Enquanto no físico, nunca compreendera o real valor da oração. Nas poucas vezes que a realizara, fiz tão somente por influência de meu pai José. O qual, enquanto eu ainda me encontrava pequeno, sempre que eu permitia-lhe aproximar-se de mim, dizia-me a importância em estabelecermos este íntimo contato com Deus.

Contato este que tanto nos acalma e fortalece. Porém, não somente com Deus ou seu amado filho, nosso Senhor Jesus Cristo, mas sim contato entre todas as criaturas.

Quando oramos a Deus, ou a qualquer um, emitimos de nós pequenas, porém vibrantes, energias em formato de ondas, cujas intenções seguem fixamente envolvidas. Estas podem seguir direto ao seu objetivo e serem devidamente absorvidas por este, quando sua condição permite-lhe, ou serem cuidadosamente abraçadas e atendidas por emissários de Deus.

Em nossa Morada Renascer havia iluminadamente um abençoado local dedicado a este humilde e importante propósito, o de recolher as orações que ainda não podem ser recebidas por seus destinatários. Ao primeiro instante, pode parecer incompreensível crer na necessidade de existir um local específico a esta finalidade. No entanto, quando se compreende que o recebimento de uma oração está vinculado ao entendimento do endereçado, visualiza-se a importância deste humilde trabalho.

Podemos citar o caso de um ente que haja deixado o físico em direção às regiões inferiores, e sua condição não lhe permita que tal emanação, de orações a ele endereçadas, cheguem ao objetivo. Seja por causa do local onde este se encontra, ou devido ao seu próprio estado. E no físico hajam permanecido criaturas humildes, cujos desejos de benevolência para com este não o abandonaram. As orações que são endereçadas a ele, que não pode ainda recebê-las, não se perdem ou dissipam sem que hajam atingido seu objetivo. Elas são cuidadosamente coletadas em diversos locais específicos espalhados pelo globo, cuja função é prover que seus devidos destinatários possam, na medida do possível, serem por estas abraçados.

Em nossa Morada, o abençoado local onde este recurso era possível, chamava-se Templo das Orações. O responsável por coordenar as tarefas dos grupos de missionários que atuavam no Templo, estava à sua frente havia mais de um século. De estatura mediana, alguns cabelos grisalhos, uma barba espessa e olhar manso, seu bondoso dirigente chamava-se Salomão.

Estávamos nós, eu e meus queridos colegas, acompanhados por outro de nossos instrutores, o senhor Gregório, em valiosa visitação ao encantador local.

Após sermos gentilmente recebidos pelo dirigente, este nos convidou a conhecer o local.

Das Trevas à Luz

417

— Irão perceber que toda a estrutura principal que envolve nossa casa, se converge em direção a um único ponto. Este formato específico tem por finalidade auxiliar na captação das inumeráveis ondas que rumam espalhadas pelas regiões às quais estamos mais vinculados – explicou Salomão.

— Quer dizer que as orações de alguém que se encontra, por exemplo, em outro país, não chegam até aqui? – perguntou Lélio.

— Não diretamente. Mas se a oração tiver por objetivo esta finalidade, a distância em nada a impede. Uma vez que este não é o único local em condições de realizar este propósito. É incontável o número de missionários espalhados por todas as regiões, atuando em benefício de nossos irmãos – respondeu Salomão.

— Então é aqui que chegam primeiro as orações que minha mãe faz por mim? – quis saber Suzana.

— Se houve para você algum dado momento em que não retinha condições suficientes para absorvê-las, então podemos dizer que sim. Mas lembre-se que para nós a matéria não exerce influência alguma. Da mesma maneira que podemos todos levar o pensamento a determinado local, cuja condição permita-nos lá estar, as orações atravessam o espaço com a mesma velocidade. Nosso trabalho é o de apenas garantir que alcance seu objetivo final – explicou gentilmente o dirigente.

— Podemos dizer que as orações são como cartas? – indagou Otair.

— Exatamente. São singelas cartas, providas com as mais puras intenções daqueles que as enviam. Nós as recebemos cuidadosamente, e as transmitimos na maneira do possível aos seus destinatários.

— E quando alguém do físico ora por aquele que segue nas regiões inferiores? – perguntei.

— Se este retiver condições de permitir-se absorver as orações, mesmo que seja uma pequena fração, seu objetivo será alcançado. A oração o envolverá e neste buscará seu propósito. No entanto, se este se encontrar envolto em uma condição que não lhe permita isto, a oração será por nós coletada, e os devidos cuidados serão tomados – respondeu Salomão.

— Como vocês podem ver, tudo é muito bem organizado, e nada se perde. Porém desde que se utilize conscientemente – completou nosso instrutor.

Mais adiante, o bondoso dirigente mostrou-nos um dos locais onde ficam estas orações, cujos destinatários ainda jazem pelas regiões inferiores, sem condições de recebê-las. Neste local uma equipe específica registrava e, conforme as condições envolvidas, transpassava tais orações aos grupos de auxílio.

Confesso que me espantava com todo aquele zelo e cuidado para com algo que tempos atrás eu nem realizava.

Até mesmo para mim, que via tudo aquilo com meus próprios olhos, custava em conceber haver um local onde uma simples oração era tratada com tamanha importância. Na minha concepção, nós fazíamos a oração e esta apenas seguia seu curso. Nunca havia parado para pensar que os meios e estados de esclarecimento pudessem interferir.

De qualquer maneira, senti-me feliz por conhecer um pouco daquele simples, porém tão importante, trabalho que era ali realizado. Para mim, já era o suficiente só compreender que quando não apenas lançamos palavras, mas sim pequenas vibrações com finalidades benévolas, estas são tratadas tão cuidadosamente por criaturas tão dedicadas como as que conhecera.

Enquanto o grupo seguia com a visita, indaguei um dos trabalhadores se eu poderia saber o porquê de eu, desde que deixara o físico, nunca ter recebido orações endereçadas a mim. É certo que, dos que deixara no físico, eram poucos os que por mim prestar-se-iam a orar. Ainda mais levando em consideração o que eu fora. Porém Elisa sempre foi tão bondosa, que não compreendia esta nunca mais se ter lembrado de mim.

O trabalhador explicou-me que infelizmente o acesso a tais informações não me era possível. Para tal acesso, somente com o acompanhamento dos que por mim eram, na Morada Renascer, responsáveis.

Compreendi humildemente, e assim que possível conversaria com Balthazar, que era quem me tutorava na Morada, procurando obter informações. Como meu querido amigo encontrava-se em serviço fora de nossa Morada, infelizmente tal questionamento iria esperar.

Nos meses que se seguiram, foram inúmeras as oportunidades que eu tivera de exercer tudo o que de maravilhoso eu aprendera

Das Trevas à Luz 419

desde que entrara no Frei Augusto.

Nossos instrutores, conscientes de que a nossa turma havia-se empenhado e esforçado para conseguirmos chegar até ali, davam-nos a oportunidade de atuarmos ativamente em muitas das excursões que realizávamos. Conheciam as condições de cada um, e sabiam como poderiam retirar o melhor de todos.

Atuamos nos Centros de Recuperação existentes na Morada, nos abrigos do Posto de Socorro, junto a equipes de regate nas regiões inferiores, e também auxiliamos grupos de samaritanos na crosta. Todos nos doávamos humildemente a fim de auxiliarmos com tudo o que estivesse ao nosso alcance. Reconhecíamos que, apesar de estarmos no último ano e dentro em breve já podermos atuar como auxiliares diretos nas diferentes frentes da Morada, o caminho a seguir estava apenas no início. O trabalhador de Deus deve ter sempre em mente que na busca pela eterna felicidade, muitas são as oportunidades, porém poucos os trabalhadores.

Em nossa amada Morada, eu aprendera o verdadeiro valor de servir. Não me colocava acima, muito menos abaixo, de ninguém. Havia aprendido a enxergar minhas qualidades, porém não me esquecendo dos inúmeros defeitos que ainda tinha por superar.

Aprendera a ouvir. Respeitava humildemente todas as opiniões, mesmo que em dado momento não concordasse com estas. E nunca esnobava um conselho, fosse este dado por amigos, instrutores, pessoas mais velhas ou mais jovens. Todos traziam em si importantes fontes de ensinamento.

Aprendera a não julgar, nem as opiniões, muito menos as atitudes. Cada qual é o único que sabe o porquê de determinada frase ou atitude. Devemos respeitar sempre e procurar, na medida do possível, caso saibamos que nossa parcela poderá contribuir para o avanço de alguém, fazer o nosso melhor em benefício do próximo.

No entanto, seja pelas pequenas ou grandes dificuldades, que sempre são oportunidades, devemos ter em mente que jamais nos encontramos desamparados. Deus, juntamente com todos os seus missionários, caminha conosco lado a lado. Basta pedir-lhes força, que estes sempre nos indicarão o caminho a seguir.

Eu, prostrado em redenção, conseguira, com o auxílio e amparo de todos, compreender as tristes atitudes que praticara em meu percurso até ali. Em meu peito todas as marcas que provocara em meus irmãos, seguiam como verdadeiras cicatrizes, cujas marcas somente seriam suavizadas quando então eu tivesse a oportunidade de cair no abençoado sono do esquecimento de uma nova roupagem física.

Maravilhosa é a providência divina, que sabiamente nos proporciona lançar um véu sobre o passado a fim de que possamos todos iniciar sempre de um novo ponto de partida. Falhas e avanços em cada estágio intimamente aderem ao nosso espírito, moldando-nos o caráter interior. Verdadeiras lições da vida, cujas oportunidades surgem diante de nós a fim de que possamos, com cada degrau superado ou cada tropeço, tornarmo-nos conscientes de onde estamos e aonde devemos chegar.

Enfim, posso dizer que aprendera a lançar mão de toda vaidade, e entregara-me humildemente como verdadeiro servo. Todas as oportunidades que tivera desde meu acolhimento eram para mim fonte de luz e um bálsamo restaurador. Sentia-me renovado e com o coração repleto de paz e amor.

E foi com estes sentimentos que, chegando ao meio do ano, pude enfim receber a maravilhosa notícia de meu querido amigo Balthazar ao retornar de seus compromissos:

— Matheus, acabo de conversar com nosso abençoado dirigente da escola Frei Augusto, o senhor Eleutério. E este, vendo seu grande avanço, enfim permitiu que você vá visitar no físico aqueles cujas ligações com seu ser estendem-se mutuamente, Cláudio e Elisa.

59 – Aguardado reencontro

Diante da imensidão e importância do Sol, podemos verificar o quão pequeninos somos todos nós e o quanto ainda necessitamos esforçar-nos para que um dia possamos alcançar condições de emitir nossa própria luz.

Oportunidades a esta obtenção não nos faltam, pois na grandiosa senda do Senhor, inúmeros são os instrumentos, e incontáveis as oportunidades. Em cada pequeno gesto estão contidos recursos suficientes para garantir nosso próprio progresso. Basta que nos conscientizemos desta inesgotável assistência que tão gentilmente trabalhadores humildes e dedicados proporcionam-nos a todo instante.

Esta vida é grande bênção para que possamos seguir galgando em cada nova estrada que surge em nosso caminho. É nossa

Das Trevas à Luz

obrigação, como criaturas em constante progresso, aproveitar cada oportunidade. Oportunidade para agirmos e sermos tudo aquilo que podemos como filhos de um Pai sábio e amoroso.

Deus nosso Pai, através de seus mensageiros, indica-nos qual caminho devemos seguir. Insufla-nos força e coragem diante de cada obstáculo. Porém, como nos conhece e sabe que a vitória é melhor aproveitada somente se houver esforço e dedicação, deixa-nos a livre escolha, para que assim possamos, quando então estivermos à sua presença, sermos dignos de dizer que enfrentamos cada obstáculo, e com estes fizemos degraus repletos de amor, humildade, confiança, perseverança, sabedoria, amizade, auxílio, doação, respeito e fé.

Por isto tenhamos em mente que, por mais que procuremos a luz fora de nós, devemos lembrar-nos que esta está, e se permitirmos sempre estará, dentro de cada um de nós.

Meu coração, repleto de felicidade por tudo o que obtivera desde meu acolhimento na Morada Renascer, agora com a informação de que poderia tornar a rever Cláudio e Elisa, não se continha de emoção.

Poder rever aqueles que a mim tanto se dedicaram, apesar de meu estado tão perdido e distante de qualquer humanidade, era uma sensação inexplicável. Cláudio, o qual desejou ser meu pai, e Elisa, que para minha surpresa fora minha própria mãe, ambos queriam doar-se a mim para que eu pudesse encontrar auxílio e amparo. Criaturas que hoje se encontram junto a meu coração, e às quais, sem menosprezar todos amigos e irmãos que encontrei na Morada, serei eternamente grato.

Faltando poucos meses para formar-me no Frei Augusto, nosso querido dirigente, o senhor Eleutério, juntamente de meu querido amigo Balthazar, fez questão de pessoalmente parabenizar-me por todo esforço e empenho que demonstrara até ali.

— É com grande satisfação que o cumprimento, Matheus. Não por estar próxima a conclusão de seus estudos, mas por ter compreendido os grandes valores que nos movem. Seus instrutores não cansam de elogiá-lo. Todos reconhecem seu mérito e esforço, meu filho – falou o dirigente.

— Muito obrigado, senhor. Mas reconheço que isto ainda é

pouco perto do longo caminho de redenção que, se Deus permitir, pretendo continuar seguindo. Infelizmente, meu passado...

— Sim,– interrompeu-me gentilmente o dirigente – eu sei de seu passado. Mas como você bem sabe, não o devemos remoer em nossa memória. Se este, em determinado instante, trouxe-lhe a queda, era porque sua situação exigia que fosse daquela maneira. Mas você compreendeu os chamados erros ou falhas que cometeu, e decidiu melhorar, e isto é o mais importante. – falou-me sorrindo – Posso ver claramente em você, Matheus, que seu coração está puro e disposto a redimir-se. Sua tarefa está aqui apenas começando, pois você ainda auxiliará muitas pessoas. Mantenha sempre isto em mente, meu filho – concluiu o senhor Eleutério, dando-me então um longo e caloroso abraço.

— Matheus, sei que esta não será a primeira vez que visita o físico, pois em seu curso já tivera inúmeras oportunidades. No entanto, por tratarem-se de criaturas tão próximas a você, peço que procure agir com a mesma dedicação, amigo. Lembre-se que as influências podem provocar-lhe bastante desconforto se não se manter sereno – solicitou Balthazar.

— Não se preocupe. Vou esforçar-me para isto – respondi, sorrindo.

— Eu não tenho dúvidas. Bem, eu serei o seu guia até a residência de Cláudio e Elisa. Lá nos aguarda um grande amigo, que tem atuado dedicadamente junto do casal. Este possui fortes ligações com Cláudio, e por isto se tem empenhado muito em benefício do companheiro. Quando disse que iríamos, ele animou-se muito, pois gostaria muito de vê-lo, Matheus.

— E qual o nome dele? – perguntei.

— Ele chama-se Cássius – respondeu o amigo.

Enquanto nos preparávamos para seguir ao físico, em casa Cláudio conversava com Elisa sobre um sonho que tivera.

— O que houve, Cláudio, dormiu bem? – pergunta Elisa, quando Cláudio entra no quarto a fim de trazer-lhe o café da manhã.

— Sim, apenas estou um pouco confuso com o sonho que tive.

— Como assim, confuso? Você teve um sonho ruim?

— Na realidade não. Foi apenas um pouco estranho mesmo. Sabe quando você acorda e lembra de algumas partes do sonho, mas não tem a certeza se foi sonho ou algo que sua mente já viu?

Das Trevas à Luz 423

— Sim. Mas por que acha ser algo que você já tenha visto? Tem gente que afirma serem os sonhos montagens provocadas por nossa mente com fatos que vivenciamos – ponderou Elisa.

— Não sei explicar se é algo que realmente ocorreu. É apenas uma sensação estranha, como se fosse próximo a nós. Na verdade sinto-me até bem, como se uma vontade há muito tempo esquecida estivesse para realizar-se – imaginou Cláudio.

— Vai ver seja isto mesmo. Quem sabe no passado você não tenha desejado muito alguma coisa e acabou esquecendo-se. Fico feliz que tenha sido uma sensação boa.

— Felicidade vai ser para mim quando você sair desta cama – considerou Cláudio, abaixando a cabeça.

— Ora, mas o que é isto, meu amor? Nós já conversamos sobre este assunto e concordamos em entregar nas mãos de Deus.

— Sim, eu sei. Mas é que me dói o coração vê-la aí. Se pudesse, tomaria o seu lugar.

— Te amo – confortou-o Elisa.

— Sou eu que te amo. Você tem razão, vamos confiar. Deus sabe o que faz. Além do mais, amanhã o doutor Joaquim voltará da capital com os últimos resultados de seus exames após o início de tratamento, e tenho certeza que serão boas notícias – concluiu Cláudio.

Ao lado do casal, transmitindo-lhes a paz de sempre, encontrava-se o amigo do invisível, Cássius. Este fora quem, a pedido de seus superiores, insuflara em Cláudio, durante o sono, os desejos que no passado este possuía. Sabendo que logo, tanto este quanto Elisa receberiam a minha visita, Cássius auxiliou Cláudio para que este recordasse um pouco dos desejos que trouxera à nova existência física.

Quando retornou ao físico, Cláudio trouxera consigo o desejo de auxiliar-me. Porém meu estado, quando com este no físico estivera, impedia que ações mais efetivas fossem possíveis. Agora que meu estado vibracional era outro, poderíamos facilmente abraçar-nos em espírito, como almas irmãs.

Cássius gentilmente tentava preparar o amigo Cláudio para este reencontro que teríamos. Sabia como o estado de saúde de Elisa, por causa do câncer, era algo que o preocupava muito, e que isto poderia proporcionar um ambiente desconfortável tanto para mim quanto para ele.

Enquanto Cássius, no físico, preparava o ambiente ao reencontro que logo ocorreria, na Morada Renascer eu e Balthazar nos preparávamos para a partida. Nossa visita no físico teria o período de dois dias.

Como estávamos partindo em meu dia de folga na escola, deixaria de ter apenas um dia de aula, o que meu instrutor Gumercindo fez questão de dizer que não me prejudicaria.

— Matheus, – iniciou Balthazar – quero que aproveite ao máximo esta importante oportunidade que está tendo. Lembre-se que hoje já não mais fazemos parte integral do viver daqueles que deixamos. Suas escolhas e os caminhos que percorrem são necessidades envolventes a cada um. Nosso papel é o de auxiliar e sustentar suas vontades quando podemos fazê-lo, mas principalmente quando por estes somos convidados – salientou.

— Boa sorte, meu querido Matheus – desejou a amiga Ana Lúcia.

— Que Deus ilumine-lhe os caminhos – completaram os amigos do grupo da prece.

Como uma verdadeira família, cujas vibrações de boa viagem reinavam nos corações de cada um, meus amigos e colegas do Frei Augusto haviam ido acompanhar-nos à partida.

Todos conheciam minha história, sabiam o quanto eu tinha esperado por aquele momento e o quanto aquele reencontro significava para mim. Praticamente todos os meus colegas do Frei Augusto já haviam podido reencontrar os seus. Cada um a seu tempo, porém nenhum se demorara como eu.

Aquilo não me fazia sentir vergonha ou exclusão, muito pelo contrário, sentia-me feliz e agradecido por todo o zelo e carinho com que me tratavam. Eu sabia que se aquele reencontro só estava podendo ocorrer naquele momento, era porque eu não estava preparado e em condições de fazê-lo antes. Aprendera a respeitar e ter paciência. Compreendera que tudo sempre vem a seu tempo.

Após receber o caloroso abraço de cada um, ouvi atentamente as instruções do amigo Balthazar, e enfim partimos. Aquela não era a primeira vez em visitação à crosta, mas sentia-me diferente. Em meu peito, um misto de alegria e saudade inundava-me.

Enquanto seguíamos, diferentes lembranças invadiam-me a mente. Pequenos trechos de imagens e diálogos flutuavam diante de mim. E ecoando vivamente estava uma linda e singela melodia. Melodia esta que me fizera ir às lágrimas quando então, concentrando-me, percebi que era uma antiga lembrança. Impressionante

Das Trevas à Luz 425

crer que me lembrasse, mas quando é algo que toca o coração, dificilmente desaparece. A melodia que ouvia era de minha mãe, Elisa, quando então esta fora encarnada como Maria.

Chorei como uma criança, ao ser abençoado por maravilhosa recordação. Ouvir aquela terna voz, cheia de carinho e doçura, era maravilhoso. Uma linda canção de ninar, que minha amada mãe sempre cantava ao embalar-me para dormir.

Ao meu lado, o amigo Balthazar, sorrindo-me paternalmente, afagara meus cabelos ao ver-me emocionado. O iluminado amigo, sem pronunciar uma única palavra, humildemente me fez acalmar, e em seguida apontou, indicando que nos estávamos aproximando.

Não demorou muito para que enfim alcançássemos o nosso destino. Aportamos bem em frente à igreja, na praça central. O clima parecia bem tranquilo, e o sol, majestoso como sempre, iluminava todo o local.

A alguns metros de nós, um sorridente homem acenava-nos. Trajando vestes claras, aparentando quarenta anos, com cabelos escuros e de porte alto, este se aproximou de nós e humildemente se curvou, dando-nos as boas vindas. Era Cássius.

— Sejam bem vindos, meus amigos.

— Muito obrigado – retribuiu Balthazar.

— Espero que tenham feito uma boa viagem.

— Sim, viemos na paz de Deus. É muito bom poder revê-lo, meu querido amigo Cássius – falou Balthazar.

— É bom vê-lo também – respondeu.

— Cássius, quero apresentar-lhe nosso amigo Matheus.

— É um enorme prazer – disse Cássius, abraçando-me.

— O prazer é meu, Cássius. Espero não lhe dar trabalho. Sei que tem acompanhado Cláudio e Elisa há bastante tempo, e agradeço-lhe imensamente por tudo o que tem feito – falei.

— Não se preocupe, Matheus. Nosso amigo Balthazar aqui me falou muito bem a seu respeito, e o quanto se tem dedicado. Será uma grande alegria poder acompanhá-los – completou, sorrindo.

Após os cumprimentos, então Cássius gentilmente nos solicitou que o acompanhássemos à casa de Cláudio e Elisa. Antes, porém, como nos encontrávamos em frente à igreja, indaguei se eu não poderia aproveitar a oportunidade para entrar um instante.

— Sei dos nossos compromissos e meu coração não vê o momento de poder reencontrá-los, mas se não for abusar, eu gostaria muito de entrar um pouco – solicitei, humildemente.

Balthazar olhou para Cássius, e este, sorrindo, respondeu não haver problema algum. Ainda era cedo e a missa ainda não havia ocorrido. Geralmente, durante e após a missa, alguns irmãos perdidos, vindo à procura de auxílio e até mesmo acompanhando algumas pessoas do físico, permanecem recebendo assistência dos grupos de samaritanos. E às vezes é solicitado por bem aguardar os trabalhos de auxílio, antes de adentrar. Do contrário, poderia ser um pouco prejudicial tanto para os irmãos perdidos quanto para nós, devido às influências que podem surgir.

— Fique à vontade, Matheus. Não será abuso algum – completou Cássius.

Devido aos tristes fatos ocorridos no passado, quando eu então, revoltado, invadira a igreja e machucara Elisa, aquele se havia tornado para mim um local marcado em minha existência. Gostaria muito de poder entrar e prostrar-me em inteiro arrependimento por atos tão baixos quanto os que eu praticara na casa do Senhor.

Vinha eu humildemente, como filho arrependido, pedir perdão por ter fechado meus olhos e ter seguido por tristes caminhos.

Após uma breve oração, baixei minha cabeça e, assistido pelos amigos Cássius e Balthazar, transpassei as portas que tempos atrás eu, por imprudência, desejara nunca mais cruzar.

Difícil descrever a sensação que me acometera. Palavras não podem exemplificar com exatidão toda a comoção que me invadira quando abri meus olhos úmidos no lado de dentro da igreja. Tinha a sensação de estar sendo abraçado e confortado, como se todo o local estivesse acolhendo-me após eu ter passado por um extenso percurso.

Pude ver claramente todo o ambiente tomado por uma suave claridade, convidando-me a orar. Tomado por agradável emoção, aproximei-me do altar e, prostrado, iniciei humilde oração.

Pedi perdão pelos caminhos que cegamente segui, pelos corações que fiz sofrer e por toda pedra que atirei sem preocupar-me com suas consequências. Estava eu disposto a receber meu jugo por toda maledicência e profanação que por anos praticara. Dedicaria minha vida, se fosse possível, em penitência, levando tudo o que eu havia aprendido com meus erros, àqueles ainda perdidos.

Das Trevas à Luz

Em meu coração, poder transmitir o amor e auxílio, e, se permitido, divulgar as grandes lições e o maravilhoso exemplo de vida de nosso Senhor Jesus Cristo, era tudo que eu humildemente almejava. Foi então que, banhado por aquele sentimento de paz enquanto eu orava, compreendi a meta que dali em diante deveria seguir.

Olhando-me respeitosamente, os companheiros Cássius e Balthazar prostraram-se ao conceberem em mim o puro desejo de resgate que, se permitido, eu iria abraçar.

Então, após todos lançarmos nossas mentes ao Pai e agradecermo-lhe, Balthazar gentilmente me indicou que deveríamos prosseguir ao encontro do casal.

No caminho, enquanto nos dirigíamos à residência, pude presenciar mudanças na paisagem do local. Muitas casas haviam-se erguido, árvores crescido, e rostos novos haviam surgido nos anos em que estive distante.

A cada instante que ficávamos mais perto da residência, mais meu coração vibrava. Como estaria Cláudio após tantos anos? E Elisa se teria tornado uma mulher tão doce e gentil quanto aquela garota que conheci? E filhos, quantos eles teriam tido?

Eram tantos os questionamentos acerca destas criaturas tão boas e importantes para mim, que percebendo minha exaltação, Balthazar solicitou-me ter paciência.

Desculpe-me, Balthazar. Devo estar parecendo uma criança que não vê a hora de reencontrar os pais. É que depois de tudo o que causei a eles e também após conhecer nosso vínculo, eu quero muito revê-los. Quero-os muito bem e faria tudo para que fossem felizes.

— Não se desculpe, meu amigo. Sabemos o quanto este reencontro significa para você. Mas não se esqueça que esteve muito tempo fora. Cláudio e Elisa seguiram suas vidas, e algumas coisas podem ter mudado.

— Vejam, é ali a residência do casal – indicou Cássius.

Uma residência simples e humilde. O casal seguia morando na própria casa de Cláudio, de quando este morava somente com a mãe. Assim que avistei o local, recordei-me de quando, então encarnado, eu visitara Cláudio.

Não havia grandes mudanças. No geral era exatamente como me lembrava.

Porém, antes de entrarmos, Balthazar fez importantes considerações:

— Matheus, quero que aproveite bem esta valiosa oportunidade e recolha todas as informações necessárias ao seu progresso. Como conhecíamos suas pendências com estes irmãos, nossos superiores, aos quais humildemente nos reportamos, foram os responsáveis por tornar isto possível.

— Balthazar tem razão, meu amigo Matheus. – disse Cássius – Faça desta oportunidade entre aqueles a quem tanto preza, fonte de esclarecimentos para sua própria elevação interior. Como sabe, cada oportunidade e cada momento é único. Não nos devemos privar de lançar sempre o nosso melhor, independentemente de quais sejam as dificuldades. Muitas vezes não conseguimos compreender o que se passa por trás do sublime véu que cada ser, no decorrer de seu trajeto, necessita experimentar. Nós, como criaturas conscientes de nosso estado e conhecedoras dos inúmeros benefícios que determinadas provações tendem a proporcionar-nos enquanto no físico, devemos sempre aceitá-las e respeitá-las com resignação.

— Compreendo...

— Neste instante, emudeci quando no quarto do casal adentrei. A cena que presenciei, com a imagem de uma mulher doente, aspecto fraco e acamada, levou-me a questionar se realmente nos encontrávamos no lugar certo.

— Cássius, não me diga que esta mulher enferma e deitada nesta cama é quem eu estou pensando – indaguei-o, confuso.

— Sim, é Elisa.

— E o que ela tem? – perguntei, assustado.

— Elisa está com câncer, Matheus.

60 – Presente de Deus

"Eu sou a ressurreição e a vida; quem crê em mim, ainda que esteja morto, viverá. E todo aquele que vive, e crê em mim, nunca morrerá"[22], disse Jesus.

Quando temos fé, pode o céu desabar, que nada nos irá abalar. Podem as luzes apagarem-se, as portas fecharem-se e todos à nossa volta negarem-nos, que se tivermos fé e confiarmos naquele que veio para salvar-nos e indicar o correto caminho, jamais seremos desamparados.

[22] Novo Testamento, João 11: 25-26

Das Trevas à Luz

Todo aquele que crê em Jesus Cristo e aceita-o como nosso Senhor, poderá andar na beira de um precipício sem que a queda preocupe-o, ou entrar na jaula de um leão sem acontecer nada a ele. Jesus mesmo disse que ele é o caminho para o Pai[23]. Ao seu lado estamos seguros, e quando de suas mãos não mais soltamos, somos capazes de realizar qualquer coisa. Quando nos entregamos para Jesus e seguimos na estrada reta, podemos enxergá-la com mais clareza e sem o receio da queda.

Poderá o homem levantar-se mil vezes e seguir confiante, desde que não se deturpe ou fraqueje quando alguma provação bater-lhe às portas. Quem crê em Jesus, remove de si o charco enegrecido da dúvida e da incerteza, pois caminha livre e confiante. Sabe que não importam quantas pedras forem-lhe atiradas e nem quanto seu corpo seja marcado. Tem a certeza de que mais uma vez irá levantar-se e ao lado de nosso Senhor mais uma vez irá caminhar.

Por isto, não nos impeçamos de amar, auxiliar, doar-nos ou sermos verdadeiramente felizes como nosso Pai quer. Toda a beleza da vida está bem diante de nossas mãos. E com Jesus ao nosso lado, não há obstáculo que não possa ser superado.

Eu ainda estava em estado de choque, quando então Balthazar tocou em meu ombro, procurando acalmar-me.

Era visível o meu abalo por encontrar Elisa presa a uma cama e em estado tão delicado por causa de uma doença. Ainda mais uma doença como o câncer. Por instantes pensei estarmos enganados e aquela não ser Elisa. Mas logo percebi, com muita dificuldade, que apesar dos anos distante e dos maus tratos provocados pela doença, no fundo podia-se ver claramente que era a mesma Elisa que eu um dia conhecera.

Eu, por mais forças que buscasse, não conseguia conceber ver Elisa naquele estado. Pensava encontrá-la feliz e com filhos ao seu lado. Mas o que via era apenas uma humilde mulher sofrida e ao seu lado um marido triste e abatido.

Baixei a cabeça procurando reorganizar os pensamentos ainda atordoados, pois por mais que quisesse correr para abraçá-la e ampará-la em meu peito, meu corpo não se movia.

Foi então que, aproximando-se de mim, o amigo Cássius sorriu

---

[23] Novo Testamento, João 14: 6

e fez algo que eu não esperava. Ele tomou minha mão e colocou-a cuidadosamente sobre a mão de Elisa.

— Matheus, Elisa precisa de você – sussurrou o amigo. Ele não precisou dizer mais nada. Naquele momento compreendi o que eu estava fazendo. Tanto tempo havia esperado por aquele reencontro. Em meu coração, tão forte era o desejo de mais uma vez estar ao seu lado. E eu, quando finalmente estava tendo esta oportunidade, simplesmente havia ficado ali parado.

Quem era eu para dizer se Elisa estava infeliz ou não? Por acaso não havia aprendido no Frei Augusto a sempre observar as dificuldades como oportunidades? Não havia eu aprendido a sempre confiar e jamais duvidar das vontades do Pai?

Senti vergonha de como eu estava reagindo. Simplesmente por ter encontrado algo até então inesperado, parecia eu ter esquecido todos os ensinamentos e as grandes lições de nosso Senhor Jesus Cristo quando disse: "não julgueis segundo a aparência, mas julgai segundo a reta justiça"[24].

Imediatamente, ao cair em mim, ajoelhei-me ao lado do leito de Elisa, e ainda com minha mão posta sobre a sua, não me contive, e fui às lágrimas. Sem poder ver a mim ou meus companheiros, Elisa, reclinada na cama, talvez nem acreditasse que eu, seu algoz do passado, agora estava bem ali diante dela, suplicando-lhe seu perdão.

Todo meu coração, agora vertido em amor, direcionava todas as minhas forças sobre ela, procurando auxiliá-la de alguma maneira.

Olhei emocionado para o amigo Balthazar, e mentalmente lhe pedi perdão por não ter conseguido controlar-me e manter a calma como antes de partirmos eu havia prometido.

Este, paternalmente, acenou com a cabeça, indicando que estava tudo bem.

Perdi a noção do tempo que permaneci ali ao lado de Elisa. Esta, muito debilitada e abatida, pouco falava com Cláudio, que também, como eu, permanecera o tempo todo ao seu lado.

Aquele Cláudio que eu conhecera em minha última vida física, e cuja personalidade era a de alguém sempre decidido e confiante, agora me parecia outro. Nem era preciso ler seus pensamentos para ver que aquela situação havia-o desconsolado. Pensei comigo que se eu, que não mais me encontrava fisicamente entre eles, estava

---

[24] Novo Testamento, João, 7:24

Das Trevas à Luz   431

daquela maneira, podia imaginar como Cláudio sentia-se. Tão apegado e cuidadoso com a mulher, não deveria estar sendo fácil vê-la naquele estado tão triste.

— Matheus, – chamou-me Cássius – venha conosco até o outro cômodo, gostaria de falar-lhe um instante.

Dei então um suave beijo na testa de Elisa, e em seguida os acompanhei.

— Matheus, sei que não era esta a cena que esperava encontrar, mas apesar do estado avançado da doença, Elisa segue tranquila. Desde que soube da doença, jamais se deixou abater – explicou Cássius.

— Cássius está correto, meu amigo. Quando puder acalmar-se mais e verificar mais detidamente a tela mental de Elisa, irá constatar que sua mente segue inabalada. – falou Balthazar – Não sei se você sabia, mas desde pequena Elisa sempre procurou seguir os ensinamentos de Jesus. Jamais, em momento algum, ela deixou de ter fé ou confiar. Confie você também, meu amigo. Não deixe que as portas que você tão bem conseguiu com seu esforço e dedicação abrir, tornem-se novamente um obstáculo – concluiu.

— Matheus, nós confiamos em você, amigo. Sabemos que seu propósito ainda está apenas no começo. Gostaríamos que este seu encontro tivesse sido antes, mas seus superiores na Morada Renascer sabiam que ainda não estava preparado e que, por mais difícil que possa parecer, era para ser assim – comentou Cássius.

— Lembre-se do que você aprendeu, Matheus. Tudo a seu tempo. Fé, meu querido irmão, Jesus está com ela – concluiu Balthazar.

— Vocês têm razão, desculpem-me. Cássius, há quanto tempo Elisa descobriu que estava com câncer? – indaguei.

— Foi no ano passado – respondeu-me.

— E por acaso você sabe em qual parte do seu corpo está a doença, ou se ela chegou a realizar algum tratamento?

— Elisa está com câncer no útero. Os médicos do espaço, nossos queridos irmãos que encarecidamente a examinaram, disseram que a doença não se espalhou pelo corpo. E sim, ela tem realizado um tratamento a pedido de seu médico, o doutor Joaquim. Mas infelizmente não se está obtendo o progresso esperado. Se não me engano, Elisa terá nova consulta amanhã com o doutor, para este explicar-lhe como pretendem prosseguir.

— Obrigado, Cássius. Bem, se não se importam, eu gostaria muito de retornar para o quarto e ficar ao lado de Elisa – solicitei.

Após receber a permissão dos amigos, respirei fundo e segui para junto de seu leito. Ao retornar, coloquei-me de joelhos ao seu lado e, sem pensar muito, iniciei humilde oração. Sentia que eu precisava ficar ao lado de Elisa. Não por ela, pois quando, com a permissão de Balthazar, analisei sua tela mental, comprovei que esta realmente não sofria ou repudiava sua situação. Em sua mente, a confiança nas vontades de Deus e o amparo nos ensinamentos de Jesus eram um verdadeiro exemplo de fé e humildade. Sentia que deveria permanecer ao seu lado por mim mesmo. Apesar do estado fraco em que Elisa encontrava-se, esta era, em muito, mais forte que eu. Sua energia era doce, singela e verdadeira. Poder estar ao seu lado e sentir aquilo era, além de gratificante, confortador.

Como era domingo e, como de costume, dia de missa, e Balthazar possuía em nossa escalada pelo físico um trabalho a acompanhar na igreja, este pensou em indagar-me se gostaria de acompanhá-lo, mas como estava clara minha vontade de permanecer com Elisa, apenas informou-me.

Cássius, educado e sabendo o quanto aqueles momentos ao lado de Elisa eram importantes para mim, solicitou a Balthazar se poderia acompanhá-lo, o que foi prontamente atendido.

Cláudio também fazia questão de ir à missa pedir por sua amada, uma vez que se certificara que esta permaneceria bem.

Ali, a sós ao lado de Elisa, enquanto eu carinhosamente a olhava descansar em seu leito, senti como se o tempo houvesse parado.

Esquecendo minha condição de não possuir uma vestimenta física para confortá-la, delicadamente aproximei-me de seu leito e, como uma criança que busca auxílio, deitei-me ao seu lado, com a cabeça encostada em seu ombro.

Eu podia perceber claramente os lentos batimentos de seu coração, enquanto acompanhava sua respiração. Gostaria que, se fosse possível, Elisa soubesse que eu estava ali com ela, arrependido pelo que realizara no passado, e com o coração puro e renovado, disposto a seguir prostrado em redenção.

Contendo-me para que a emoção não me tomasse mais uma vez, respirei fundo e, de olhos fechados, elevei meu pensamento a

Das Trevas à Luz

433

Deus, nosso amado Pai, colocando-me como instrumento ao refazimento de Elisa, se fosse permitido. Todo meu ser vibrava desejando este propósito, que para mim seria muito importante.

Então, enquanto seguia ali ao seu lado, doando-me como possível, adormeci. Meus queridos amigos, ao retornarem, observando aquela cena, respeitosamente decidiram manter-me como estava.

Na manhã seguinte, logo cedo, o doutor Joaquim, preocupado e atencioso como sempre, enfim chegava à residência do casal, trazendo os últimos resultados dos exames de Elisa.

Apressamo-nos à sala a fim de também recebê-lo, mas pelo seu aspecto preocupado, algo parecia não ir bem.

E então, doutor Joaquim, o senhor trouxe os exames de Elisa? – indagou Cláudio, apreensivo.

— Sim, estão aqui comigo, porém temo não lhe trazer boas notícias.

— Pois então diga, doutor. O que houve?

— Não prefere aguardar a senhora sua mãe juntar-se a nós?

— Eu irei chamá-la. Aguarde só um instante, doutor.

Passados alguns minutos, enfim chegaram ambos à sala. A mãe de Cláudio, por ser uma senhora de idade, locomovia-se com um pouco de dificuldade, e por isto necessitava da assistência do filho.

— Querem que eu dê a notícia primeiramente a vocês, antes de falarmos com Elisa? – perguntou o doutor.

Elisa, devido a seu estado, não conseguia sair de seu leito, e passava a maior parte do tempo em repouso no quarto do casal.

— Se o senhor não se importa, eu gostaria de saber dos resultados primeiro. Não quero alarmar Elisa – solicitou Cláudio.

Eu estava apreensivo. Respeitosamente não busquei na tela mental do doutor o resultado dos exames, pois apesar de querer tanto saber, não utilizamos tal recurso apenas por comodidade. E também, eu necessitava saber dos prognósticos pelo próprio doutor.

Estávamos ali na sala, o doutor, sentado em uma poltrona; Cláudio, de pé ao lado de sua mãe, sentada em outra; e eu, Balthazar e Cássius, de pé atrás de Cláudio.

Apesar do pouco tempo ali aguardando, pareceu-me ser uma eternidade aquela espera.

Então o doutor inclinou-se para frente, retirou os óculos, e após uma breve respiração, explicou:

— Bem, como vocês sabem, o câncer não é uma doença que segue exatamente um padrão. Esta pode manter-se especificamente contida em uma região, um órgão, ou pode também espalhar-se. No caso de Elisa, a enfermidade iniciou-se na base do útero, e atualmente se encontra nele quase que em toda sua totalidade. – iniciou o doutor – Eu levei os exames de Elisa até um renomado amigo meu, que é especialista no assunto, e este foi enfático em afirmar que talvez só haja uma única chance de salvarmos Elisa e impedir o avanço da doença.

— Pois diga, doutor – adiantou-se Cláudio.

— É efetuarmos uma cirurgia para retirada do útero de Elisa.

Neste instante, Cláudio paralisa-se. Pois sabia que com a retirada do útero de Elisa, a chance de realizar o desejo do casal de ter filhos desapareceria. Apesar de não mais serem jovens e estarem por anos tentando sem sucesso, ter um filho seguia sendo seu maior sonho.

No entanto Cláudio não era egoísta, e concordava que a saúde e a integridade de sua amada Elisa eram mais importantes.

Confesso que me senti mal. Por mais que eu evitasse, vi na tela mental de Cláudio que o desejo de ser pai seguia vivo em seu interior. Este, desde que se recordava, sempre teve como um de seus grandes sonhos ser pai.

— Faça o que for preciso para salvar a vida de Elisa, doutor – implorou Cláudio, enxugando as lágrimas.

Chorei junto com Cláudio. Desoladora tristeza cultivar um grande sonho carregado por tanto tempo e não poder vê-lo concretizar--se. Este também pensou em como ficaria Elisa quando soubesse que somente a remoção do útero poderia salvá-la. Conhecia este também a vontade de Elisa de ser mãe, e partia-lhe o coração terem de dar-lhe aquela notícia.

Após Cláudio acalmar-se, o doutor Joaquim explicou como seria o procedimento e as chances de cura nestas intervenções. Indaguei Balthazar em pensamento se este já havia visto algo semelhante, mas ele respeitosamente me solicitou ter paciência e aguardarmos todas as considerações do doutor.

Pedi perdão, e em seguida ouvimos o doutor explicar que a cirurgia poderia ser realizada, desde que pelo especialista amigo dele, no consultório do mesmo, na capital.

Das Trevas à Luz 435

— Na capital? Mas como, doutor? – assustou-se Cláudio – Elisa está fraca e há tempos que ela tem dificuldades para sair de seu leito – explicou.

— Além do mais, não sabemos como Elisa reagiria ao enfrentar uma locomoção tão distante como esta – considerou dona Marta.

— Olha, vejam bem, eu compreendo a preocupação de vocês, também me preocupa o fato de Elisa ter de deslocar-se, mas esta é a única forma de podermos ajudá-la – explica o doutor Joaquim.

— Deve haver alguma outra forma, doutor – considera Cláudio.

— Desculpem-me, mas este meu colega, o doutor Alfredo, é o único especialista no assunto que conheço, capaz de operar Elisa sem que tenhamos de arcar com uma enorme despesa.

Neste instante, observando minha preocupação por Elisa ter de fazer extensa viagem até a capital, Balthazar sutilmente se aproxima de Cláudio e sugestiona-lhe a indagar o doutor Joaquim da possibilidade de este seu colega vir até Elisa para operá-la, ao invés de ela ir até ele.

Não demora para que Cláudio capte a sugestão de Balthazar e aceite-a.

— Doutor, mas se este seu colega é capaz de operar Elisa, por que não pedimos para que ele venha até nós?

Observando que o doutor fez menção de pensar na possibilidade, Cláudio prosseguiu.

— Sei que este seu colega já está fazendo muito por nós, e agradeço por isto, mas o senhor há de considerar que as chances de Elisa piorar durante a viagem são grandes. Por favor, doutor Joaquim, veja com o doutor Alfredo se não há a possibilidade de ele deslocar-se até aqui – solicita Cláudio.

— Não sei se isto seria possível. Não é apenas o fato do doutor Alfredo ter de vir até aqui, mas também todo o aparato cirúrgico que este possui em seu consultório. Eu precisaria conversar com ele e ver se existe esta possibilidade – explica o doutor.

— Cláudio tem razão, doutor. Elisa está acamada há dias e quando se move, sente dores. Se este seu colega puder vir até Elisa, talvez seja o mais prudente – concorda dona Marta.

O doutor faz uma pausa para pensar no assunto, e neste instante o amigo Cássius aproxima-se dele e gentilmente lhe sugestiona aceitar o pedido.

Como o ambiente da residência do casal era calmo e limpo espiritualmente, possuindo uma energia favorável, e o doutor Joaquim também era uma pessoa bem tranquila e receptiva, este logo aceitou a sugestão.

— Está bem, então. Falarei com o doutor Alfredo e pedirei para que, se possível, desloque-se até aqui. Nem que tenhamos de reunir um grupo para trazer seus equipamentos, irei solicitar-lhe este favor.

— Muito obrigado, doutor Joaquim. Não sei como faremos para pagar-lhe por tudo o que tem feito – agradece Cláudio, abraçando o doutor.

— Ora, o que é isto? Sabe muito bem que não me deve coisa alguma. Se eu puder auxiliar Elisa a ficar bem, já terei recebido meu pagamento. Possuo muita estima por vocês, e quero que ela fique boa, tanto quanto vocês – conclui o doutor – Bem, agora é melhor irmos conversar com Elisa e explicar-lhe como pretendemos proceder.

Olhei para Cássius e Balthazar, agradecendo-lhes pelo auxílio e carinho com que consideraram o assunto. Ambos sorriram, e em seguida nos dirigimos todos ao quarto onde Elisa repousava.

O doutor calmamente explicou a ela os resultados de seus exames e como pretendiam proceder. Com a mente tranquila e confiante na providência, Elisa ouviu tudo atentamente, apenas com o olhar doce de sempre e um leve sorriso.

Em nenhum momento esta se desesperou ou perdeu a fé. Muito pelo contrário, fez questão de dizer que confiava nas palavras do doutor e que faria o que ele achasse mais prudente.

No entanto, esta, mesmo sorrindo e confiante na cura, não pôde deixar que uma lágrima escorresse pelo seu rosto. O fato de ter de remover o útero, acabando com as chances de terem filhos, era de entristecer, mesmo sabendo que seria para o seu próprio bem.

Elisa timidamente olhou para Cláudio e, com os olhos úmidos, pediu-lhe perdão. Entristecia-a o fato de não ter podido dar ao amado companheiro um filho, como este tanto desejara. Cláudio, também emocionado, segurou firmemente as mãos de Elisa e disse-lhe que a maior felicidade de sua vida era poder estar ao seu lado. Não havia bênção maior do que poder acordar e vê-la sorrindo. E então se beijaram. E foi com aquela imagem que nos despedimos do casal.

Por mais dura que fosse a partida, era necessária, uma vez que

Das Trevas à Luz

eu, apesar de estar com o coração apertado, possuía obrigações e pendências a concluir no Frei Augusto.

Confesso que, em meu íntimo, desejei ficar com o casal. Meus queridos Cláudio e Elisa. Parti, deixando meu coração com eles e rogando ao Pai que os auxiliasse, fortalecesse e amparasse.

Abracei fortemente o amigo Cássius antes de retornarmos à Morada, e, beijando suas mãos, agradeci-lhe por tudo o que estava fazendo junto a eles. Pedi-lhe humildemente que prosseguisse com estes durante esta difícil etapa que ambos estavam enfrentando, e que, se possível, informasse a mim ou a Balthazar sobre o resultado da cirurgia de Elisa.

O amigo retribuiu o carinho e fez questão de dizer que faria todo o possível pelo casal. Sabia o quanto para mim era difícil deixá-los naquele momento, mas fez questão de incentivar-me a seguir em frente e jamais perder aquela luz que eu havia acendido em meu ser.

Despedimo-nos então, e com o coração banhado pelas bênçãos de Jesus, agradecemos ao Pai por aquela maravilhosa oportunidade, e pusemo-nos enfim em direção à Morada Renascer.

Nos dias que se seguiram, não pude deixar de pensar em como estaria Elisa e se o doutor Alfredo havia aceitado deslocar-se até sua residência para efetuar a operação. Contudo, por mais que meu coração estivesse com ela, eu possuía importantes obrigações e queria muito concluir aquela importante etapa de minha existência.

O ano estava quase acabando, e com isto chegava o término de meu curso no Frei Augusto. Após quase cinco anos, enfim estava eu a dois meses de formar-me.

Apesar de meu esforço em manter-me totalmente focado em minhas atividades e nos abençoados estudos, era evidente que em alguns momentos meu pensamento estava distante. Contudo meus queridos amigos de classe sempre me auxiliavam e puxavam-me a atenção quando percebiam isto.

Os dias passaram, as semanas, e quando dei por mim, estávamos somente a uma semana de formarmo-nos.

— E então, Matheus, já pensou no que irá fazer quando se formar? – indagou-me o querido padre Antônio, abordando-me enquanto estava eu sentado em um dos bancos do jardim.

Vendo que eu não respondera e seguia com o olhar distante, o padre gentilmente tocou-me o ombro.

— Matheus, tudo bem?

— Oi? Desculpe, padre, o senhor disse algo?

— Perguntei se você está bem. Quer me dizer o que está havendo? Vejo você com o aspecto tão preocupado? Nem parece feliz com a conclusão iminente de seu curso – lembrou-me o padre.

— Estou sim, padre. Não há como descrever a felicidade que estou sentindo por conseguir concluir este curso. Só tenho muito a agradecer.

— Fico feliz, meu filho. Você evoluiu e tornou-se um verdadeiro exemplo. Mas mesmo assim, sinto que ainda tem algo que o preocupa. Não estou querendo intrometer-me, mas é devido à sua visita ao físico?

— Não posso negar que sim, padre. O senhor soube que quando lá estive, encontrei Elisa doente e acamada. É que o tempo passou e desde então não tive notícias dela. Tenho vergonha de estar preso a isto, mas não consigo desvencilhar-me.

— Não tenha vergonha, meu filho, é perfeitamente normal preocupar-se com aqueles a quem você ama. Apesar de estarmos em regiões diferentes, os laços, se quisermos, nos manterão sempre ligados. O que você não deve, e também não faz bem, é seguir com a atenção dividida. Só conseguimos realizar bem as coisas e retirar destas o seu melhor, quando nos dedicamos por completo – explicou-me o padre e continuou.

— Você sabe que nosso amado Pai é quem sabe aquilo que é melhor para cada um de nós. Da mesma forma é com sua querida Elisa. Não pense que ele a abandonou e que esta segue entregue à própria sorte, Matheus. Pode ter certeza e confiar que ela não está só. Somente de você elevar seu pensamento em sua direção, desejando seu refazimento, já é de grande auxílio. Você sabe disto. Conhece muito bem como uma vibração de conforto e auxílio é poderosa bênção.

Atenciosamente eu permanecia ouvindo os sábios conselhos do padre Antônio, que prosseguiu:

Entende o que eu digo, meu filho? Agora... se é seu desejo estar com ela, fazer tudo o que estiver a seu alcance para isto, então vá atrás daquilo que seu coração almeja. Dedique-se e mostre que você possui condições para isto. Mas não se entregando pela metade ou agindo apenas por obrigação. Você deve abrir seu coração, de ma-

Das Trevas à Luz

439

neira que este alcance tantos quantos puder. Fazendo isto, verá que o caminho em busca de seu objetivo será muito mais fácil – concluiu o padre, abraçando-me.

O padre estava certo. Eu sabia exatamente o que deveria ser feito, e foi em direção a isto que foquei todas as minhas forças.

A semana seguiu, e muitas oportunidades surgiram. Verdadeiras lições e a certeza de que quando nos dedicamos e esforçamo-nos, entregando sempre o nosso melhor, muito mais gratificante é o resultado.

O ano de 1899 estava chegando ao fim, bem como o abençoado curso no Frei Augusto. Eu e meus queridos companheiros éramos só felicidade. Havíamos, com as bênçãos de Jesus, terminado aquela maravilhosa etapa de nossas existências.

Era dia de comemoração. Todos estávamos reunidos no salão principal, a fim de recebermos as parabenizações do nosso abençoado dirigente do Frei Augusto, o senhor Eleutério.

Estavam lá muitos amigos, pessoas importantes, como era o caso do grande trabalhador responsável por governar nossa querida Morada Renascer, juntamente com sua dedicada equipe.

Eram muitos rostos familiares, como o meu querido e eterno amigo Balthazar. O carinho e respeito por tudo o que ele fizera por mim seriam sempre lembrados.

E dentre os que ali estavam presentes, havia um rosto que para mim destacava-se, pois não contive a emoção quando, ao ter meu nome anunciado a fim de receber as bênçãos de todos, vi, sorrindo-me com orgulho, meu amado pai José. Este havia seguido até nossa Morada para parabenizar-me pela conclusão do curso, e também para dizer-me que ouvira de seus superiores que se eu seguisse daquela maneira, esforçando-me e dedicando-me no bem, dentro em breve eu teria a oportunidade de seguir junto a ele.

Não me continha de tanta alegria e felicidade. Parecia um sonho que se estava realizando. Meu amado pai e eu poderíamos, mais uma vez, ficarmos juntos.

Contudo, por mais que quisesse seguir para junto dele, eu sentia que ainda necessitava realizar algo junto daqueles que permaneciam no físico. Retinha em mim o desejo de mais uma vez estar junto destes e, se fosse permitido, redimir-me pelo sofrimento que no passado eu tanto lhes provocara. Conhecia o íntimo desejo que estes traziam em tornar-se pais e sabia o quanto isto era importante para eles. Por isto, se Deus permitisse-me, eu humildemente buscaria auxiliá-los da maneira que me fosse possível.

No físico era início de 1900, e na residência de Cláudio e Elisa, ambos elevavam o pensamento a Deus, agradecendo-lhe pelo doutor Joaquim ter conseguido com seu amigo, o doutor Alfredo, que este viesse até sua casa para operar Elisa.

Como este iria deslocar-se de seu consultório até ela, e necessitavam trazer alguns equipamentos e instrumentos cirúrgicos, a cirurgia acabou tendo de ser adiada, e ocorreria enfim dentro de alguns meses.

No início, tanto Cláudio quanto o doutor Joaquim preocuparam-se com o adiamento, prevendo uma possível piora de Elisa. Porém algumas análises realizadas pelo doutor comprovaram que, apesar de fraca, Elisa seguia estável.

Na cidade do casal, o dia seguia belo, com o sol banhando suavemente toda a região. As rosas coloriam e enfeitavam alegremente cada um dos jardins espalhados e cuidadosamente cultivados. Nas árvores e pomares, alguns pássaros cantavam, parecendo felizes pelo maravilhoso e abençoado dia.

No quarto de Elisa e Cláudio, estes, abraçados, faziam votos de amor, enquanto seus olhares eternamente apaixonados cruzavam-se carinhosamente.

— Cláudio, eu te amo. Obrigada por estar ao meu lado.

— Sou eu que a amo, Elisa. Se há alguém aqui que necessita agradecer por algo, este alguém sou eu. Estar ao seu lado é a maior bênção que eu poderia receber.

— Cláudio, preciso contar-lhe algo que há anos venho carregando. Sei que eu deveria ter-lhe contado há muito tempo, mas por mais que eu buscasse a coragem, infelizmente nunca a tive.

— Imagina, Elisa, não precisa me contar nada. Você não me deve nada.

— Sim, eu devo, você precisa saber. Saber que eu também, assim como você, sempre desejei ter filhos, ser mãe. Talvez o incidente que tivemos no penhasco possa de alguma forma ter sido um dos responsáveis por impedir isto... – respirou Elisa e prosseguiu – Você se lembra?

— Sim, é claro.

Das Trevas à Luz 441

— Então, acontece que não sei se foi só o ferimento em si, provocado pelo Matheus, que causou isto. Peço-lhe desculpas pelo que irei dizer, e estou arrependida por ter tido coragem de contar-lhe somente agora... Contar que quando eu fui ferida no ventre, não sabia, mas estava gráv... – interrompe-a Cláudio.

— Não precisa dizer Elisa, eu já sabia disto.

— Sabia? Mas como você soube? Quem lhe contou? – espanta-se.

— Ninguém me contou. Fui eu mesmo que vi quando, preocupado com seu estado de saúde, entrei desesperado na sala. Você estava desacordada, e por isto não me viu. Infelizmente eu vi quando o doutor segurava a pequena criança sem vida.

— Meu Deus, Cláudio. Mas por que você nunca me contou?

— Bem, eu tentei. Porém imaginei que por você nunca ter contado, era melhor assim. Se você nunca quis contar, era porque tinha seus motivos, e eu respeito isto.

— Ah, Cláudio, eu te amo. E você nunca ficou chateado ou com raiva do Matheus por isto?

— Sim, no começo. Mas depois compreendi que ele não teve culpa por tudo o que houve. O Matheus nunca foi um ser ruim. Apenas estava perdido, e naquele momento fez o que para ele era o necessário. Cada um age com as ferramentas que possui. Não sou eu quem deve julgá-lo ou condená-lo. Creio que ele mesmo já deve ter feito isto. – sorri Cláudio – Se quer saber, eu não sinto raiva alguma pelo que ocorreu. Se foi daquela forma, era porque naquele momento era necessário. Hoje eu não o vejo com revolta. Eu já o perdoei há muito tempo. Para mim, hoje eu o vejo como um filho, como alguém a quem, se eu pudesse, daria todo o meu carinho, dedicação e amor.

Os meses haviam passado e enfim era chegado o dia da cirurgia de Elisa. Na residência do casal, mais precisamente no quarto, foi montado todo o aparato necessário. O doutor Alfredo, acompanhado pelo amigo doutor Joaquim, cuidadosamente prepara Elisa, enquanto na sala Cláudio e sua mãe oram a Deus, rogando-lhe proteção.

Elisa, calma e tranquila, apesar do risco envolvente, mantinha-se confiante e serena enquanto o doutor Joaquim aplicava-lhe um sedativo e o doutor Alfredo preparava-se para iniciar o procedimento, fazendo antes mais alguns exames clínicos finais na paciente.

Tudo seguia como planejado até que uma grande surpresa toma

conta do médico. Este não acreditava no que estava constatando.

— Meu Deus! Elisa está grávida!

Uma pequena vida estava sendo gerada em seu ventre. A alegria e surpresa não poderia ser maior. Ainda consciente, Elisa espanta-se ao saber da descoberta.

— O que? Mas como Elisa pode estar grávida? – pergunta o doutor Joaquim, incrédulo com o que o doutor Alfredo dissera-lhe.

— Sinceramente, não sei como isto é possível. Ainda mais em se tratando de um caso de câncer no útero como o dela – responde este, buscando alguma explicação.

— Elisa, você sentiu alguma diferença que pudesse indicar algum sinal de gravidez no último mês? – questiona o doutor Joaquim.

— É difícil explicar, doutor. Como tenho sentido muitas dores na região, nem conseguiria sentir algo que me indicasse isto. E também, devido à doença, meu ciclo ficou todo alterado.

— Alfredo, o que você acha? Conseguimos saber o estado de saúde da criança? – questiona o doutor Joaquim.

— Bem, nós podemos realizar alguns exames, mas confesso que ainda estou impressionado. Nunca vi algo parecido em toda a minha vida. Nós estávamos prestes a iniciar a cirurgia de remoção do útero, e de repente descobrimos a existência de uma criança! Não sei como esta pode ter encontrado forças e condições suficientes para seguir adiante em um local tão danificado – preocupa-se o doutor Alfredo.

— Por favor, doutor Joaquim, se for possível, gostaria muito que Cláudio soubesse deste milagre – solicita Elisa.

Por solicitação dos médicos, Cláudio havia ficado na sala orando com sua mãe.

Realmente é um verdadeiro milagre! – concorda o doutor Joaquim.

— Contudo, se me permite, Elisa, deixe-me efetuar alguns exames a fim de verificar com exatidão a saúde da criança. Vamos por enquanto poupá-lo até que saibamos como esta realmente está. Acredito que algumas análises neste instante poderão nos indicar previamente seu estado. Não com exatidão, pois necessitaríamos de exames mais apurados, mas pelo menos o mais urgente podemos verificar – explica o doutor Alfredo.

— Muito emocionada com a surpresa, Elisa não se contém e

Das Trevas à Luz 443

vai às lágrimas. Esta jamais poderia imaginar estar grávida. Sentia como se Deus tivesse ouvido suas preces e lhe dado este abençoado presente.

Sua alegria e exaltação eram tão grandes que nem percebeu quando a anestesia, aplicada inicialmente em uma primeira dose, fizera seu efeito, fazendo-a desfalecer. Fora até bom esta acalmar-se para que o doutor pudesse analisá-la com mais tranquilidade.

Alguns minutos depois, enfim o doutor efetuara as devidas análises e comenta com o doutor Joaquim sua constatação.

— Bem, pelo que pude analisar, surpreendentemente a criança parece muito bem. Não vi nesta nada que neste momento indique algum problema.

— Meu Deus, como isto pode ter ocorrido, Alfredo? Você sabe o estado do útero de Elisa. Não consigo imaginar uma criança crescendo ali.

— Sim, e é isto o que me preocupa. A criança aparentemente está bem agora. Mas não sabemos como ela vai reagir com o tempo. Sinceramente esta gravidez é um risco para o bebê, mas principalmente para a mãe. Se consentirmos esta gestação no estado em que Elisa encontra-se, temo que esta não sobreviva.

— Sim, se não operarmos Elisa hoje, o câncer pode alastrar-se, e mais adiante pode ser que nem a cirurgia a salve – considera o doutor Joaquim.

— Não sei o que devemos fazer – questiona-se Alfredo.

— Sabe que nossa obrigação é preservar a vida da mãe. Se a cirurgia é a única chance de salvá-la, então esta aparentemente seria o caminho mais sábio. No entanto, como dizer a uma mãe que seu filho deve ser sacrificado para que esta se salve? Você não sabe, Alfredo, mas há anos que Cláudio e Elisa desejam um filho. Eu conheço-os há muito tempo, e este sempre foi o maior sonho deles – explica o doutor Joaquim.

— Sim, concordo com você, Joaquim. Mas não podemos ser negligentes. Esta gravidez é de alto risco e suas consequências são inimagináveis. Se formos pela lógica e pela razão, devemos optar por interrompê-la e removermos o útero. Se formos pelo coração, daí então entregamos nas mãos de Deus e rezamos para que tudo corra bem.

— Bom, vamos chamar o pai aqui e explicar-lhe a situação –

conclui o doutor Joaquim.

Como era de imaginar-se, a surpresa também tomara conta de Cláudio após este saber que sua amada estava grávida.

Enquanto Elisa ainda seguia inconsciente, os doutores explicaram a ele todos os riscos envolvidos na permissão desta gravidez inesperada. Alertaram das consequências tanto para a mãe quanto para a criança.

Enquanto sua mãe, a dona Marta, seguia em silêncio, apenas afagando os cabelos de Elisa, que seguia deitada no leito, Cláudio, com tudo o que os médicos estavam-lhe explicando, chorava confuso e preocupado.

Finalmente seu grande sonho de ser pai iria realizar-se, mas para isto arriscaria a vida de Elisa. Cláudio desejava muito ter aquele filho, mas seu amor por Elisa não permitia que esta se arriscasse. Em prantos, ele ajoelha-se e, com a cabeça apoiada no leito de Elisa, fica em silêncio, sem saber o que dizer. Até que escuta:

— Eu quero ter este filho – murmura Elisa, acordando.

— Não, Elisa. Você ouviu os riscos que existem se seguirmos com isto – responde Cláudio.

— Você não vê, Cláudio? Este filho é um presente de Deus para nós. Por favor, me deixe tê-lo – solicita Elisa, segurando em sua mão.

Cláudio podia ver claramente nos olhos cansados e úmidos da companheira, o quanto aquela oportunidade também era importante para ela. Em silêncio, ele então beija suavemente sua testa e concorda com a decisão de sua amada, afirmando-lhe que jamais irá abandoná-la.

Os dias seguem, e Elisa é o tempo todo acompanhada de perto pelo amado e pelo querido doutor Joaquim.

Passam-se então as semanas e enfim os meses, até que após uma longa, difícil e surpreendente gravidez, é chegado o aguardado dia do parto.

É 21 de dezembro de 1900, Elisa está em estado extremamente delicado, e seu corpo, visivelmente fraco e tomado pelo esforço realizado até ali.

Cuidadosamente assistida e amparada pelo doutor, todo o local é preparado e os cuidados necessários são tomados para a chegada da criança.

— Elisa, eu te amo.

Das Trevas à Luz

— Também te amo, Cláudio.

Então, segurando firme a mãe de Elisa, Cláudio abaixa a cabeça e inicia uma pequena oração.

Os minutos passam-se, e aos poucos todo o local fora sendo tomado por um completo silêncio. Apenas a ofegante respiração de Elisa podia ser ouvida.

Ali, deitada sobre seu leito, a enfraquecida mulher entregava-se de corpo e espírito àquele momento, não se importando com quaisquer riscos envolvidos.

Esta pedia em pensamento a Deus, que levasse sua vida se preciso, mas poupasse aquele pequeno ser que trazia em seu ventre.

A oração seguia por alguns instantes, até que, com bastante dificuldade, respirando fundo mais uma última vez, Elisa, com o coração tranquilo e sereno, sorri com lágrimas nos olhos, para então silenciar-se.

A querida e dedicada mãe havia doado todas as forças que lhe restavam, entregando sua vida para a concepção daquela aguardada e tão amada criança.

— Oh Deus, não! Elisa! – murmura Cláudio, inconsolável.

Ainda segurando firme em suas mãos, Cláudio lançava-se às lagrimas, sem forças para erguer a cabeça, quando, enfim, o choro e o desabrochar de uma vibrante criança ecoa por todo o ambiente, quebrando o silêncio.

Foi então que o emocionado pai, recolhendo forças, levantou a cabeça e, comovido, viu sua pequena criança, um lindo menino. Seu amado e esperado filho, com as bênçãos de Deus, finalmente havia nascido e surpreendentemente sua saúde estava perfeita.

Ainda com lágrimas nos olhos, este viu o pequeno filho ser cuidadosamente conduzido aos braços da mãe. E então, para sua surpresa e felicidade, Cláudio percebe que Elisa estava bem. Apesar de sem forças após o longo e difícil trabalho de parto, ela sorria, recebendo ternamente o amado filho em seus braços.

O pequeno presente de Deus, com sua doce e querida mãe, estavam bem e unidos. E para completar o verdadeiro milagre, constatou-se que após o nascimento da criança, de forma inesperada o câncer de Elisa havia simplesmente desaparecido.

Uma verdadeira família de Deus, e abençoada por Jesus, estava ali. Sobre suas cabeças, chuvas de paz e alegria banhavam-nos,

Das Trevas à Luz

446

unindo-os e fortalecendo aqueles maravilhosos laços de amor.

Então, contente e olhando para os queridos e emocionados pais, o doutor Joaquim indagou-lhes se já haviam escolhido um nome para o menino. Elisa assim explica-lhe que escolheram um nome que significa tudo o que seu amado filho representava para eles: um "presente de Deus". E sorrindo mutuamente, ela e Cláudio olharam--se e disseram:

— "Matheus".

"Aquele que não nascer de novo, não pode ver o reino de Deus"[25].

---

[25] Novo Testamento, João, 3:3

Das Trevas à Luz

AS MANHÃS SÃO ETERNAS
Alexandre / Almir Resende

14x21cm – 232 páginas
ISBN 978-85-7618-316-7

Que mistério liga, de remoto passado, o luminoso espírito Natanael a Nathan, um líder das Sombras, levando o primeiro a descer à cidadela sombria onde este reina, no intuito de resgatá-lo para a Luz? Por que o poderoso líder trevoso estremece ao defrontar-se com Alexandre, o auxiliar de Natanael?

Neste obra fascinante, vamos com Natanael e o jovem Augusto à cidade sombria de Nathan, e a conhecemos em detalhes: habitantes, edificações, o palácio do líder obscuro e a realidade energética do conjunto. Percorrendo os vales de sofrimento e seus guardiões, vemos os temidos dragões em ação, e deparamos com uma universidade trevosa onde se desenvolvem pesquisas e estratégias científicas avançadas: chips eletromagnéticos, experiências genéticas, indutores de obsessões, rastreadores psíquicos, técnicas de sondagem de almas, hipnose; enfim, toda uma avançada tecnologia a serviço das Trevas. E mais ainda: vemos desencarnados e encarnados em desdobramento sendo vitimados por elas.

Na contraparte da narrativa, em plena crosta, uma casa espírita, onde médicos desencarnados e extraterrestres operam juntos, socorre vítimas desses métodos invasivos. A presença dos companheiros da Irmandade Galática é uma constante na obra que nos conduz, inclusive, a um planeta mais feliz que a Terra, com o qual os personagens da história têm um vínculo original.

Várias tramas e destinos se entrelaçam, entre o Astral e a crosta, em torno do drama de Nathan e Natanael, enriquecendo de preciosos conhecimentos de realidades espirituais, de teor atualizado, esta obra que constitui verdadeiro compêndio de estudos avançados, em meio à envolvente narrativa que abrange muitas almas em trânsito das Trevas para a Luz.

DAS TREVAS À LUZ
foi confeccionado em impressão digital, em fevereiro de 2018
Conhecimento Editorial Ltda
(19) 3451-5440 — conhecimento@edconhecimento.com.br
Impresso em Super Snowbright_b 70g. - Hellefoss AG